重庆近代城市历史
研　究　丛　书

"十三五"重庆市重点出版物出版规划项目

重庆市出版专项资金资助项目

重庆近代城市历史研究丛书

权力、冲突与变革：
1926—1937 年重庆城市现代化研究

（增订本）

张 瑾 著

重庆大学出版社

图书在版编目（CIP）数据

权力、冲突与变革：1926—1937年重庆城市现代化研究/张瑾著.--增订本.--重庆：重庆大学出版社，2022.1

（重庆近代城市历史研究丛书）

ISBN 978-7-5689-1895-4

Ⅰ.①权… Ⅱ.①张… Ⅲ.①城市现代化—城市史—研究—重庆—1926—1937 Ⅳ.①F299.277.19

中国版本图书馆CIP数据核字（2019）第251707号

权力、冲突与变革：
1926—1937年重庆城市现代化研究
QUANLI CHONGTU YU BIANGE：
1926—1937 NIAN CHONGQING CHENGSHI XIANDAIHUA YANJIU
（增订本）

张　瑾　著

策划编辑：雷少波　张慧梓

责任编辑：张慧梓　许　璐　张家钧　　版式设计：张慧梓
责任校对：谢　芳　　　　　　　　　　责任印制：张　策

*

重庆大学出版社出版发行

出版人：饶帮华

社址：重庆市沙坪坝区大学城西路21号

邮编：401331

电话：（023）88617190　88617185（中小学）

传真：（023）88617186　88617166

网址：http://www.cqup.com.cn

邮箱：fxk@cqup.com.cn（营销中心）

全国新华书店经销

重庆俊蒲印务有限公司印刷

*

开本：787mm×1092mm　1/16　印张：31.75　字数：490千
2022年2月第1版　　2022年2月第1次印刷
ISBN 978-7-5689-1895-4　定价：158.00元

为城市存史

中国城市史学科肇始于 20 世纪 70 年代末、80 年代初，是在改革开放的大潮中伴随着中国经济体制改革从农村向城市的转移而逐步发展起来的。迄今 40 年了。

那时，我们国家工作的重心开始了从以阶级斗争为纲到以经济建设为中心的伟大转折。在中央高层的酝酿下，提出以重庆为突破口，将国家经济体制改革的进程从农村推向城市。这涉及管理体制的重大变革，其中一个设想就是，让重庆市脱离四川省，以新体制来承担改革重任。这在当时是一件很秘密的事。因此重庆市委对外只能提"如何正确认识重庆在社会主义现代化建设中的地位和责任，更好地发挥重庆这个经济中心城市的作用"。围绕这个主题，1982 年 3 月，以中共重庆市委研究室和重庆市经济学会的名义，召开了"发挥重庆经济中心作用讨论会"。会议的议题只有一个涉及历史——"近代以来重庆作为经济中心所发挥的作用"，希望以此论证由重庆承担国家城市经济体制改革重任的历史逻辑。会议组织者专门约请专家学者撰写了《重庆经济中心的形成及其演进》一文，用近代以来重庆城市由军政中心转变成为经济中心的历史，对重庆在当时国家经济社会发展全局中的作用进行了初步的论述。随后，《重庆日报》全文发表。由党报发表一篇城市经济史论文，不同寻常，加上坊间传闻的"重庆直辖"消息，引起了轰动。这是近代重庆城市历史研究的先声。大约一年之后，1983 年 2 月，中央批准重庆市为全国第一个经济体制综合改革试点大城市。为了搞好这次试点，发挥重庆作为长江上游经济中心的作用，从 1984 年起，国家对重庆市实行经济计划单列体制，从此拉开了中国经济体制改革从农村到城市转变的大幕。

40 年来，伴随着重庆城市的改革开放、发展进步，重庆城市历史研究取得了巨大的进步，在中国城市史研究领域里独树一帜。出版了《重庆开埠史》《近代重庆城市史》《重庆：一个内陆城市的崛起》《重庆通史》《权力、冲突与变革：1926—1937 年重庆城市现代化研究》《当代中国城市发展丛书——重庆卷》《中国和世界历史中的重庆》《重庆历史地图集》《重庆古旧地图研究》，以及《一个世纪的历程——

重庆开埠 100 周年》、《国民政府重庆陪都史》、"重庆抗战丛书"、《重庆抗战史》、《抗日战争时期重庆大轰炸研究》[1]、《走向平等：战时重庆的外交界与中国现代外交的黎明曙光（1938－1946）》[2] 等。

40 年中，成立了重庆市地方史研究会，秉持"弘扬优秀传统文化精神，推进地方历史文化研究"的宗旨，团结培养了一大批在中国史（尤其是巴渝、三峡、移民、抗战历史文化）和中共党史、专门史等领域里成就卓著的中青年专家学者，形成了"讲政治，崇学术，重团结，推新人，出成果，走正路"的优良传统，为重庆历史文化研究的繁荣发展贡献良多。

集 40 年之经验，我以为，以城市史研究和以城市历史研究为己任的学者，只有与城市的命运紧密相连，休戚与共，才会有蓬勃的生命力和持续发展的动力。

近年来，重庆大学出版社提出了编辑出版"重庆近代城市历史研究丛书"，并被批准为"十三五"重庆市重点出版物规划项目，获重庆市出版专项资金资助。这是重庆历史学界，尤其是近现代史学界的一件大好事，是面向下一个 40 年，重整行装再出发，继续为中国的城市发展提供历史借鉴和学术支撑的重大举措。

"重庆近代城市历史研究丛书"首先确立学术性的定位，即以科学的态度、求实的精神、学术的理论方法来研究城市的历史，努力揭示其发生发展的规律，而不是宣传性、普及性读物。第二，强调原创性的品质。努力开拓研究的新领域，史料的新披露，理论和方法的新运用。不炒冷饭，不做已有成果的简单重复，努力在现有基础上再探索、再深入、再创新。第三，坚持高水平的追求。确立以原创为目标，以研究为基础，以创新为追求的丛书特色，严格审稿标准，实行匿名评审，保证公正和高水准。这是为了在新的历史条件下展现重庆近现代历史研究在新观点、新材料、新方法方面的新担当、新作为、新水平，

---

[1] 该书随后获国家社科基金中华学术外译项目资助，以《重庆大轰炸研究》为名，2016 年在日本岩波书店出版日文版。
[2] 该书英文版，2018 年由荷兰博睿出版社出版。

努力贡献新时代的标志性成果。这种高水平的追求，还有助于在重庆形成包括文献、国际、建筑、文物、影像视角在内的不同的研究群体，完善重庆历史研究的学科结构，进而形成重庆历史学界的新版图。

"重庆近代城市历史研究丛书"，在选题上继续关注传统史学的重大领域，尤其关注那些至今尚没有系统成果的重要领域，比如城市空间、金融、新闻、地图、国际文化交流等；从微观视角入手，研究那些具有典型重庆个性现象的历史领域，比如防空洞、码头、兵工企业等；还从新的史学研究前沿切入，比如用影像史学、数字史学、心理史学、遗址遗迹考据的方法等，研究重庆近现代历史；还期待对独特的城市档案（如巴县档案）和海外史料新发掘基础上的选题。

"为城市存史，为市民立言，为后代续传统，为国史添篇章"是我们研究城市历史的理念，也是我们 40 年前出发的初心。

不忘初心，方得始终。

与作者们共勉。

2018 年 7 月 23 日
于十驾庐

序言

张瑾女士是土生土长的重庆人,硕士研究生毕业后,长期在高校任教。她对重庆的历史和文化,有着特殊的感情和兴趣,也作过许多研究。1996 年秋进入南京大学跟随我研究中华民国史,她选择了中国现代化的研究方向,并继续关注重庆历史的研究。我建议她不要动摇,就这一课题继续做下去,其间她曾利用访问美国的机会,搜集了大量珍贵史料,经过三年的艰苦努力,终于完成她的博士论文《权力、冲突与变革:1926—1937 年重庆城市现代化研究》。张瑾女士严谨的治学态度和论文的创新观点及富于启发性的结论,在答辩时受到专家们的好评,并被评选为南京大学优秀博士论文。现在,她的这部论著的出版,是她辛勤从事学术研究的丰硕成果,我由衷地向她表示祝贺。

　　20 世纪二三十年代,是民国历史的重要阶段,对西部中国的重庆而言,又是该城市社会变迁的关键时期。这十年,重庆经历了一个不充分的早期现代化进程。作为近代长江上游封闭内陆的开埠口岸,重庆的现代化进程异常缓慢、艰辛,反映出近代中国内陆城市现代化的必然轨迹。因而解剖重庆这一历史时段,具有典型意义。作者在传统史学的微观实证研究基础上,运用多学科的理论和方法,注重社会史和文化史的结合,利用丰富的中外文档案文献、地方史志,充分借鉴中外学术界最新研究成果,将这十年的重庆置于近代中国和世界现代化进程的历史大背景加以考察,探讨了近代"条约体系"的差异性,为中国城市多元发展模式的研究,提供典型的内陆个案。作者试图从理论上构建近代重庆城市现代化的动力机制、发展轨迹以及运行规律,提出了"从重庆发现历史"的思考。

　　民国时期,"军人干政"是一个比较普遍的现象,军阀与社会发展是军阀史研究的重要课题。作者对刘湘统治重庆历史的研究,是对四川军阀防区制研究的重大突破。1927 年至 1937 年,重庆是一个"有数万支枪为后盾"的军人的城市,成为刘湘军事权力膨胀的重要基地;与此同时,刘湘在重庆城市现代化进程中扮演了相当重要的角色。刘湘不仅是一般意义上的军阀,他又是重庆城市建设的"倡导者"和"改革者"。但四川军阀政权的各项变革,均以维护防区体制为目标。作者指出,建立在攫取城市经济资源基础上的变革,其基本出发点是扩充军事政治实力,这种政策导向下的城市变革是很难有所建树的,因而战前十年刘湘统治重庆的基础是脆弱的。其"军人干政"的合法性危机始终存在,主要来自南京中央政府的整合运动,以及重庆中国共产党人的抗争。刘湘在这方面的应对,不能不使其改革运动带有明显的局限性。

这场相对封闭状态下的军人政权自上而下的自我变革,不仅滞后,且十分被动,最终使重庆城市的现代化陷入一种"畸变"的困境。不过,刘湘以"军人干政"的政治权威动员民间资源,在重庆实施了一系列城市建设变革与举措,强化了政府的功能,增添了军阀政府的合法资源。与此同时,"军人干政"式的政治构架也颠覆了防区体制。刘湘统治时期,重庆的城市发展尽管大打折扣,却在现代化的进程中迈出了值得肯定的一步,为重庆在抗战时期的超常规发展奠定了基础。应该说,作者选择的研究视角和研究结论颇具新意。

就重庆城市发展历史研究看,作者对 20 世纪二三十年代重庆的"开放"格局的分析也是独特的。作者抓住了四川与外界联系的惟一"黄金水道"——川江。作者指出,重庆占据川江枢纽区位,使其与外界处于一种"潜在"的交流状态。这样的思路给四川军阀防区政治研究注入了新的特点。由此,引出了影响民国重庆城市现代化进程的特殊群体"下江人""旅外川人"等概念。作者指出,在防区制"封闭自为"的客观条件下,"下江人""旅外川人"成为沟通川内外的重要媒介,放大了沿海"现代性"要素对重庆的冲击与辐射效应。

战前重庆研究的另一个突破点是卢作孚的研究。卢作孚的研究,是本书的一个重点,也体现作者对重庆城市历史研究的最新思考。1997 年秋,作者赴美国康乃尔大学访问研究。在康乃尔大学历史系高家龙(Sherman Cochran)教授的鼓励下,她开始将卢作孚与抗战前重庆结合起来思考。作者从近代先进中国人探索国家民族出路的角度,将卢作孚定位为中国内陆现代化的呼唤者,突破了长期以来学术界从经济史的角度研究卢作孚的惯例。从这个意义上看,卢作孚成为重庆城市历史上不能不研究的关键人物。从卢作孚的现代化实践看,他在重庆的郊区——北碚的建设,远远超越了乡村建设的模式。以卢作孚为代表的呼唤城市现代化的地方精英的出现,在较为广泛的层面影响了刘湘军人政权的施政方针。作者研究认为,卢作孚以北碚为起点,以民生公司为纽带,用川江航运的商业语言表述了一个探索国家出路的地方精英的思考和抗争。卢作孚在封闭内陆的实践,不仅沟通了重庆与"下江"的交往,也显示了防区制下重庆城市现代化的曲折发展。

对重庆城市生活的研究,是本书的又一个特色。这是在重庆城市史研究领域首次提出从"发现生活"来观察重庆城市变迁。20 世纪 20 年代末期开始,重庆的城市建制和大规模的市政建设,表现出浓厚的模仿"上海模式"的特征,整个社会沉浸在一种"小上海"的自满之中,这表明重庆军人政权无法抵御长江下游城市文明的影响和辐射,也是军人对"现代化"的理解。作者抓住了影响 20 世纪二三十年代重庆人生活的三方面,即川江航运、"下江人"及其引入的"上海模式""旅外川人"掀起的改造四川运动。这些都是近代重庆城市社会史研究的崭新课题。当然,正如作者所言,关于近代重庆城市历史研究刚刚起步,作者提出的问题,如能从上述三个方面深入研究下去,相信其成果将进一步推动重庆城市研究。

张宪文

2002 年 6 月 20 日于南京大学

Preface

In the fall of 1997 Dr.Zhang Jin spent a semester at Cornell University. At the beginning of the semester she came to my office and asked whether she could attend my graduate seminar. She explained that she had never taken a course in an American university, and she was worried about her English, but we agreed that she would give the course a try.

She worked very hard in the course. She not only attended it but also came to my office hours for a series of conversations outside of class. In class she discovered the ideas that interested her, and outside class she discussed with me their relevance to her research on the history of Chongqing. For example, I mentioned the concept of Sino-foreign commercial rivalry which I had developed in a book on the history of the cigarette industry in China, and she pointed out the relevance of this concept to the rivalry between Lu Zuofu's Chongqing-based shipping business and its foreign competitors. I enjoyed our exchanges, and I became very hopeful about Dr. Zhang's plans for her future.

Now it is a great pleasure to see that she has returned to China, completed her Ph. D. under the supervision of my old friend Professor Zhang Xianwen and other colleagues at Nanjing University, and produced this book. I have learned a lot from reading her book, and I am very impressed to see that she has developed and refined her ideas far beyond the conversations that we had in 1997.

As a young scholar, she had already made a major contribution on this book, and she had shown her potential for continuing to contribute to research on modern Chinese history. I feel grateful to have had the chance to word with her in the past, and I have high hopes for her in the future.

Sherman Cochran
Professor
Department of History
Cornell University
May 2002

高家龙教授序言译文

　　1997 年秋,张瑾博士在康乃尔大学访问研究了一个学期。刚一开学,她就来到我的办公室,就她是否可以参加我的研究生班课程学习征求我的意见。她告诉我,她从来没有在美国的大学里进修过任何课程,因此,她担心她的英文能否适应研究生的专业讨论课。不过,我们认为她应该以这门课作一个尝试。

　　这门课,她学得十分努力。她不仅参加了全部课程的讨论,而且还在我的办公时间和我进行了一系列课程内容以外的研究讨论。在课堂内,她发现了许多让她感兴趣的西方学者们的研究观点。在课堂外,她就那些与她所从事的重庆历史研究的相关理论、观点和我展开了讨论。比如,我曾经在我的一本关于中国烟草工业历史的著作中,提出了中外商业竞争的概念。她指出,这个概念对卢作孚在重庆经营的轮船航运业和川江上外资企业的商业竞争是有启发意义的。我很高兴我们有这样的交流。因为这些学术对话,我对张博士未来的研究计划充满了信心。

　　现在,我非常高兴地看到张瑾博士回到中国。在我的老朋友张宪文教授和南京大学其他同事们的指导下,她完成了她的博士论文,在此基础上修改完成的书稿也即将出版。我从她的这本著作中学到了很多东西,她在书中的诸多相关论述给我留下了非常深刻的印象。她已经大大地发展了我关于“中外商业竞争”的概念,并将这个概念运用到卢作孚民生公司航运史的研究中。这些思考远远超越了我们在 1997 年的讨论内容,并形成了她个人的新观点。

　　作为一个青年学者,她已经在这本著作中做出了重要的贡献,书中的论述也展现了她未来在中国现代史研究领域发展的潜力。我为过去能有机会与她一起工作研究而感到高兴，与此同时，我也对她未来的学术发展寄予了厚望。

高家龙

美国康奈尔大学历史系教授

2002 年 5 月

Preface

A great city is the greatest cooperative work of humankind. So thought Mr. Dong Xiujia, who wrote a textbook on city planning in the 1930s. I certainly agree with him. Writing the history of a great city in all its complexity is one of the most valuable but difficult challenges a historian can take up. In her impressive work on Chongqing, Professor Zhang Jin shows us how to meet this challenge brilliantly.

Professor Zhang's book is remarkable for its thorough grounding in historical sources as well as for its thoughtful use of comparative analysis and theoretical insights on urban modernization. Its greatest contribution to our understanding of China's urban history, in my view, is its careful elucidation of the role of militarists in the creation of new style cities in China and the consequences their efforts had for subsequent urban development. The cooperation between Liu Xiang and Lu Zuofu in the construction of Chongqing between 1926 and 1937 is a striking story, but, as she rightly points out, not at all unusual. Militarists did work with entrepreneurs to build modernized cities across China in the republican period, but their efforts often lacked the public support necessary for sustainable urban development. Militarists helped lay the groundwork for China's modern cities, but at the same time contributed to a widespread distrust of—and perhaps even antipathy for—city administration. It was a mixed legacy.

China's urban system is the largest and most complex in the world. It is to be hoped that many more scholars will join Professor Zhang in tracing its torturous but glorious development. The sophistication and attention to detail of her book make it an excellent model for future historians to follow.

Kristin Stapleton

Kristin Stapleton

University of Kentucky

June 2002

序张瑾教授
《权力、冲突与变革：1926—1937 年重庆城市现代化研究》

上个世纪三十年代，董休甲在一本城市规划教科书中说，一座大城市的建成是人类通力合作最伟大的结果。我十分赞同他的观点。对一个历史学家来说，为一座复杂的大城市写史，其本身极具价值，也富于挑战性。这本书中，张瑾教授向我们显示了怎样漂亮地迎接这样的挑战。

张教授的书史料翔实，对于城市近代化比较研究具有理论深度。我认为，这本书的最大贡献在于，它阐明了军阀对近代城市风格的理解以及他们对近代城市建设中的作用。这个观点有助于我们认识一部中国城市化史。1926 年到 1937 年，刘湘和卢作孚合作共建重庆就是一个鲜明的例子。也正如她所指出的一样，这并非独特。军阀和实业家合作共建近代化城市在民国期间是比较普遍的。但是，他们的努力往往缺少民间的支持，而这对于城市的持续化发展至关重要。军阀们奠定了近代中国城市的基础，同时也失去了民间对"市政"的信任，甚至招致反抗。这是一份好坏参半的历史遗产。

中国的城市系统在全世界来说都是最大的，也最复杂。希望有更多的学者会跟张教授一道来研究其曲折而又辉煌的发展史。张教授治史的翔实、精到和成熟为后来者树立了一个典范。

司昆仑

美国肯塔基大学历史系

2002 年 6 月

目　录

图表目录

第三章

第四章

第五章

第六章

第七章

导　论

王笛在研究清代长江上游区域社会时论及了这一区域的重要性。 长江是横贯中国东西的经济和运输大动脉，重庆—武汉—上海这三个长江上最大的城市和港口，构成了联络中国腹地、中部和沿海的完整系统。 长江流域是中国最重要的经济区域，它沟通了西南、华中、华东（江南）几个大区的经济往来。 长江流域还是中国文化主要的组成部分，从上游的巴蜀文化，到中游的荆楚文化，再及下游的吴越文化，组成了一个长江文化带。 如果说作为长江上游的中心和主体的四川省"基本上包含了这一区域的全部社会特征"，[1]那么，重庆则既是这个中心的枢纽，又是条约体系沿江最西端的大商埠，研究重庆可以作为解剖整个长江上游区域社会的突破点，从而更好解读内陆城市的现代化轨迹。 20 世纪 80 年代末以来，"重庆城市史"成为国家"七五"期间社会科学重点研究项目，与上海、天津、武汉等大城市共同成为学术界关注的焦点。 重庆特殊的地理区位使得研究这个城市的意义远远超越了地域的界限，更具全国性的象征意义。

笔者之所以选择抗战前十年的重庆作为研究主题，主要基于以下的考虑。 首先，本书是在前人的研究基础上，试图填补这一领域的研究空白。 迄今为止，国内学术界最早和系统研究重庆城市史，是隗瀛涛教授带领的重庆城市史研究课题组。 课题组的王笛、谢放和周勇等人对晚清和抗战时期重庆城市史的研究已经取得重要成果，为笔者的进一步思考提供了坚实的基础和富于启发性的思路。 1991 年 9 月隗教授主编《近代重庆城市史》出版，该书以研究重庆城市结构和功能的发展演变为基本内容，从地域结构、城市经济、城市社会流动、城市政治、城市文化等五个方面对近代以来的重庆城市进行了细致的剖析，包括商业、工业、金融、交通中心的形成与发展；城市行政管理；民主思潮与爱国民主运动；新式教育；科学技术与文学艺术；新闻传播；重庆精神。 有

[1] 王笛，《跨出封闭的世界——长江上游区域社会研究（1644—1911）》，北京：中华书局，1993 年，第 12 页。

学者称，这是近代重庆城市史"全方位"研究的"巨著"。[1] 在此期间，该课题组还完成了相关阶段性成果，如《重庆城市史研究》、《重庆：一个内陆城市的崛起》和《重庆通史》等。 从整体上看，课题组对重庆城市史的研究有所突破，尤其对城市人口流动、城市社会组织结构的演变分析，颇有新意。 不过这一系列研究成果更关注晚清与抗战时期，呈现出研究时段的不平衡；同时，更偏重城市经济发展变迁的研究，从这些研究中，我们看到更多的是一部重庆城市经济发展变迁的历史。 而对介于两者之间的 20 世纪二三十年代缺乏研究。 1998 年 12 月，隗教授主持的国家社科"八五"重点课题成果《中国近代不同类型城市综合研究》出版。 该书将重庆定位为近代中国城市的"超常发展的沿海沿江综合型开放城市"，[2]这个"超常发展"主要指抗战时期。 抗战时期是近代重庆城市发展史上最辉煌的时期，这种"注入式"飞跃是空前的。 多年来，学术界倾注极大热情研究抗战重庆。 该书提出"城市的行政地位的提高为重庆的崛起准备了条件"，显示作者试图努力弥补抗战前十年的研究空白。 不过，这一问题尚未深入展开。 此外，该课题组运用了丰富的地方志、档案文献，但除了海关资料外，几乎没有运用其他的西文资料，这在相当程度上也限制了研究者的视野。 在研究方法上，上述成果大多缺乏比较的视野，尚未实现对传统地方史研究构架的重大突破。

大陆以外，台湾"中央研究院"研究员吕实强发表了若干晚清四川人口、军事、教案、社会的研究论文，论及整个四川在晚清民初的社会状况。 近年来，台湾的研究生开始关注重庆历史，不过，这些研究也多集中在抗战时期。[3] 对战前重庆的研究并不

[1] 余长安、陈建明，《一个历史学家的历史》，成都：四川教育出版社，1999 年，第 132 页。

[2] 隗瀛涛，《中国近代不同类型城市综合研究》，成都：四川大学出版社，1998 年，第 272 页。

[3] 陈逢申，《抗战时期重庆的社会变迁》(台湾中国文化大学史学研究所，硕士论文，1995 年)；陈逢申，《战争与文宣：以中国抗日战争时期的话剧、音乐及漫画为例（1937—1945）》(台湾中国文化大学史学研究所，博士论文，2004 年)；刘明宪，《战时重庆地区的纺织工人之研究》(台湾中国文化大学史学研究所，博士论文，2002 年)。

理想。 其中，彭宗诚的硕士论文《刘湘及其与国民政府之关系》，"试图以刘湘为中心，来探讨民初时期四川的军政状况"，"并透过刘湘与国民政府的互动来研究当时四川与中央的关系发展"。 因此，该文对四川军阀刘湘在川军中的崛起及其原因，对刘湘统一四川及其与中央政府的关系均做了较为细致的微观研究。[1]

在美国，罗伯特·凯普（Robert A. Kapp）是 20 世纪 70 年代研究四川军阀的学者。 他的博士论文研究民国时期四川军阀与中央政府的关系。 论文从"中央"与"地方"，或"国家"与"地区"的互动为切入点，重点解剖了 1911 年至 1938 年四川军阀与南京国民政府的关系。 尽管有学者评介凯普的研究专著"份（分）量既单薄，对四川军阀的研究也欠充分"[2]，但他富于启发的开拓性研究，是笔者进一步思考的基础。 实际上，凯普的研究也启发了后来所有关注四川军阀政治的学者，在这一基础上产生的成果，几乎未能突破他的研究思路。[3] 美国弗吉尼亚大学历史系白德瑞（Bradly W. Reed）教授以晚清的重庆为研究重点，据悉他准备研究晚清到民初重庆城市的社会生活，目前尚未看到他的研究成果。 魏朱棣（Judith Wyman）的博士论文研究清末民初重庆反洋教运动与重庆社会变迁，该文以丰富的英、美、法等国国家档案，从另一侧面展示了重庆城市早期社会变迁的实况。 麦岚（Lee McIsaac）研究抗战重庆历史，她的博士论文对重庆工人战时

[1] 彭宗诚，《刘湘及其与国民政府之关系》（台湾政治大学历史研究所硕士论文），2000 年 6 月。 此外，相关研究成果还有：韩静兰，《抗战前后中央政府与四川的军政关系（1935—1949）》（台湾师范大学历史研究所硕士论文）、杨惠媛，《民国四川团练之研究（1912—1936）》（台湾师范大学历史研究所硕士论文，1988 年）；王宏松，《"中央化"的诠释、实践与挑战：以蒋中正对四川的处置为例（1927—1949）》（台湾"国立"中正大学历史系研究所，博士论文，2017 年）。

[2] 陈明钵，《齐著〈中国军阀政治〉评介》，张玉法，《中国现代史论集》第 5 辑军阀政治，台北：台湾联经出版事业公司，1980 年，第 125 页。

[3] Robert A. Kapp. (1973) *Szechwan and the Chinese Republic: Provincial Militarism and Central Power, 1911—1938*, New Haven and London: Yele University; Robert A. Kapp. (1974). "Chungking as a Center of Warlord Power, 1926—1937," pp.143-170 in The Chinese City Between Two Worlds, ed. Mark Elvin and G. Skinner. Stanford: Stanford University Press.

生活状况进行了细致的研究，研究成果尚未出版。何稼书（Joshua H. Howard）研究抗战时期重庆兵工厂工人的历史，在研究重庆工人生活状况方面，与麦岚的研究十分接近。加州大学圣地亚哥分校历史系博士研究生刘璐正在做抗战重庆移民的博士论文。普林斯顿大学历史学博士罗安妮（Anne H. Reinhardt）研究长江航运，卢作孚经营的民生公司及川江航运问题。从90年代中期开始，美国学者逐渐将目光移至上海以外的中国城市，中国西部的重庆成为研究热点。他们在重庆城市研究理论框架、分析方法和研究资料的运用上的探索，给中国学者以相当的启发。不过，我们仍然注意到美国学者偏重对抗战时期重庆的研究。

海外学界约于20世纪70—80年代兴起城市研究热潮，其中尤以《城市史研究学刊》（*Journal of Urban History*）的创办最具有指标性的意义。不过，受到费正清的"西方冲击-中国反应"理论影响，海外学界对于中国的研究多集中于中国与西方之间的互动关系，对于中国本土及其社会的相关研究较为缺乏。柯文教授《在中国发现历史——中国中心观在美国的兴起》揭示"中国中心观"理论的兴起，致使海外与美国学界对于中国的研究，由"西方与中国的互动"转向"中国内部自身的发展"。海外学界对于中国城市史的研究，主要关注于两个面向：一为"城乡关系与城乡一体化"；二为"城市个案研究"。"城乡关系与城乡一体化"议题的研究，以1970年代施坚雅出版的《中华帝国晚期的城市》为代表，施氏于该书中提出一套区域研究模式，以及"城乡一体化"（Urban continuum）的观点，主张中国城市的城乡差距并不明显。施氏建构之中国城市研究的相关理论，至今依然为海外学界的主要观点，其理论实值得本研究借鉴与参考。除了建构理论外，海外学界对于城市个案的研究，成果亦十分丰硕，其中以"上海"最受到海外学界的欢迎，研究议题多元，如有集中于都市文化者，亦有集中于战时上海者，还有探究日常生活、娼妓、电影等相关主题的研究。相较于"上海"得到的关注，海外学界对于中国其余城市的研究较为缺乏，尤其是本书的研究主题"1927年—1937

年的重庆",可谓空白。 就海外学界对于重庆的研究看,大多集中于抗日战争时期,如李丹柯《重庆回声:战时中国妇女》(*Echoes of Chongqing*:*Women in Wartime China*,Urbana:University of Illinois Press,2010);何稼书《战时工人:中国兵工厂劳工,1937—1953》(*Workers at War*:*Labor in China's Arsenals*,*1937—1953*,Stanford University Press,2004);麦岚《作为一个国家的城市:在重庆建设战时首都》(*The City as Nation*:*Creating a Wartime Capital in Chongqing*,Honolulu:University of Hawaii Press,2000)。[1]

20世纪二三十年代重庆城市社会变迁是一个双重意义的选题。 纵观中外学术界的研究成果我们发现,已有的研究范式还缺乏这一时段的宏观理论构架,更无微观细致的实证个案分析。 事实上,民国重庆城市社会变迁的独特与复杂性,要求从传统单一的研究模式走向多向度的综合研究。 就重庆城市历史而言,战前十年是极为重要的过渡时期,它上承开埠时期的十多年历史,下启抗战陪都时期。 忽略对这一时段重庆城市发展实况的研究,是无法建构一个多层面的重庆城市现代化历史进程的理论框架和生动的立体动态图。 重庆开埠以后,城市发展逐渐超越地域空间,与长江流域,乃至世界均保持着相当密切的联系,即便是普遍认为最为"封闭"的军阀统治时期,重庆也从未中断过与外界的联系。 将重庆城市史纳入近代中国城市现代化历程中加以考察,才能较清晰而深刻地揭示重庆城市发展的量与质的内涵,重庆与"上海模式"[2]的差异凸显;同时,将重庆置于世界现代化历程

---

[1] 有关海外学界对中国城市史研究趋势的分析,可参见卢汉超,《西方城市史研究的范畴》,王希,《中国和世界历史中的重庆——重庆史研究论文选编》,重庆:重庆大学出版社,2013年,第16-33页。

[2] 所谓上海模式,主要指衡量上海城市现代化发展程度的若干城市物化环境的现代性指标。 在这里"上海模式"只是一个抽象的概念,其内涵糅合了这一时期的广州、上海、汉口等城市的市政建设经验与举措,习惯上以上海为中国现代化的"火车头",笔者用"上海模式"作为中国现代化建设最高成就的代表者。 一般而言,"上海模式"具备了同时代中国城市的所有物化环境指标,如高楼大厦、电影院、咖啡屋、西餐馆、崭新的轿车和新式的路灯,以及城市的新兴公用事业如照明、自来水、电话等,成为中国城市现代化的主要象征。 在中国城市现代化进程中,"上海模式"的辐射和影响力远远超越了其城市地域的范围,具有绝对的文化霸权。 有关"上海模式"参见本书第四章和第六章。

的层面加以考察，从外部世界考察重庆的变迁，可在比较的视野中，更清晰地探究作为一个后发展国家的内陆城市现代化的缓慢与曲折轨迹。

其次，选择 1926 年至 1937 年时段作为解剖的重点，主要是因为这是军阀对开埠口岸"独立自治"的十年。有学者指出，20 世纪二三十年代，南京国民政府通过自身军政力量和策略的优势，逐步确立了形式上对整个中国的统治权。但是，涉及地方的具体施政层面，南京国民政府的控制和影响则大多徒具虚名，思想文化领域内"多个世界"并存的情形亦是一种常态，而地处西南的四川在当时更基本等同是一个"国中的异乡"[1]。在中央与地方权力关系网络中，刘湘成功地以"地方自治""川人治川"等旗帜，号召"先统一四川，再统一全国"，基本维持了"偏安"巴渝的局面，中央政府的整合运动收效甚微。

从近代军阀史研究看，本书对深入解读近代中国军阀政治颇具象征意义。长期以来，学术界对近代军阀史的研究停留在谴责与批判的研究范式中，忽略对军阀政治与城市现代化的互动研究。这主要是因为军阀史研究尚未受到与其研究意义相等的重视。一方面，军阀统治给中国社会带来的战乱、腐败和贫穷对中国的现代化极具破坏性；另一方面，军阀时期的历史资料隐秘且不易搜集；更主要的是，人们始终无法走出民国时期军阀研究的误区和突破陈旧的研究构架，因此，学界对军阀政治与城市现代化的互动关系表现出沉默和冷淡。19 世纪 60 年代，加拿大学者陈志让就中国军阀研究很少受到学界的重视问题指出，这主要是因为军阀及其所处的时代在历史上的意义没有完全为人所知。有关军阀的论题多停留在"报纸的名人琐谈专栏"的地位。[2] 19 世纪 70 年代台湾"中央研究院"张玉法也认为，中国的知识界一

[1] 池翔，《国家与地方的互动：卢作孚在四川北碚的建设尝试（1927—1935）》，张瑾，《"城市史研究的新疆域：内陆与沿海城市的比较研究"国际学术会议论文选编》，重庆：重庆大学出版社，2016 年，第 321 页。

[2] [加] 陈志让，《中国军阀派系诠释》，张玉法，《中国现代史论集》第 5 辑军阀政治，台北：台湾联经出版事业公司，1980 年，第 4 页。

直以民初军阀作为嬉笑怒骂的对象，未以严肃的治学态度来研究。 这也许是受正统观念过度运用的影响，以致学者往往忽视客观问题的存在。[1]

刘湘统治时期是重庆城市史研究领域的薄弱环节。 20世纪30年代，全国媒体对四川军阀展开"口诛笔伐"，"落后""黑暗"成为军阀统治的主要象征，军阀本人也多半成为"强盗"的代名词。"举目全川，非政客式军阀，即骄子式武人，信义堕地，道德沦亡，一邱（丘）之貉，无从取舍，川局之坏，此其症结。"[2]且不说四川军阀防区制时代的社会城市变迁没有得到学术界应有的重视，刘湘统治下重庆城市发展的实况也基本没有深入研究。 当重庆城市史研究逐步成为热点以后，洋洋洒洒的宏著不断，却始终不愿覆盖这一时段。 从1926年开始，重庆即处于刘湘集团"近乎完全自治的"局面，与此同时，刘湘的二十一军以"军人干政"的政治构架治理重庆，开始了这个城市自开埠以来的"现代"意义的发展阶段。 1929年重庆建市是重庆城市现代化历程中的关键举措。 进入20世纪30年代，重庆颇具"现代意义"的市政建设在较大范围内启动。 兴建西部新城区，筹办城市的工业，改造和拓宽旧城区街道等规划开始全面展开。 随着邻近的江北、南岸区的城镇和乡村被划入新城区，城市空间突破了原来的城墙范围，旧城区的市容也为之改观，公路经过的地区，高层建筑开始出现，繁华区域逐渐由两江沿岸向公路两侧转移。 到抗战爆发初期，重庆作为中国战时"新都"，城市"现代性"景观凸显，并在一定程度上获得了"上海模式"熏陶下的"下江人"[3]的认可。

应该说，军阀刘湘与城市现代化的互动关系是解读这一时期

---

[1] 张玉法，《评介派氏著"军阀政治"》，张玉法，《中国现代史论集》第5辑军阀政治，台北：台湾联经出版事业公司，1980年，第93页。

[2] 《川民之无穷浩劫》，《国闻周报》第7卷第10期，1930年3月17日，第4页。

[3] 笔者将"下江人"的概念引入民国重庆城市史的研究领域系受美国学者麦岚对抗战时期重庆"下江"工人研究的启发。 麦岚是第一个从学术领域关注"下江人"的美国学者，不过，她的着眼点在抗战时期"下江技术工人"与本地（或四川）工人的冲突与融合。 参见 McIsaac, Lee, 1994, The Limits of Chinese Nationalism—the Workers in Wartime Chongqing, Ph.D. Dissertation, Yale University.

重庆城市现代化的关键。 这一时期，刘湘的"双重角色"表现十分突出，既是"搜刮"者和"盘剥"者，又是重庆城市建设的"倡导"者和"改革"者。 刘湘军事集团进入重庆以后开始吸收和接纳城市地方精英或归国人才，改变了军人政权的某些成分，从而也获得一定的民间认同感。 刘湘的权威，为重庆城市带来相对稳定的社会环境，在客观上推动了重庆城市现代化步伐。 1935 年参谋团入川和四川军阀防区制的结束，标志重庆走出"封闭"，实现了与全国政治的整合，重庆的城市现代化也因此迈出了关键的一步。 刘湘时期重庆社会变迁实况是怎样？ 重庆人在军阀统治下的生活状态又如何？ 这些都是重庆城市史研究不能回避的话题。

最后，新的中、外文史料的发掘和运用为本书的研究奠定了坚实的基础。 民国时期重庆城市有极为丰富的地方文献档案史料，这些珍贵和丰富的第一手史料是深入拓宽重庆城市史研究领域的重要基础。 不过，就从已有的研究成果看，地方档案和以《新蜀报》《商务日报》等为代表性的地方报刊的使用非常不够。而外文史料的运用，除使用部分海关（英文）史料及个别西方人关于长江的游记外，很少有在较广层面上大量运用英文文献的。这不能不影响研究者的视野和研究结论的客观性与科学性。 民国时期的英文报刊，诸如《密勒氏评论报》（*The China Weekly Review*），《字林西报》（*The North China Daily News*），《西部中国传教士新闻》（*The West China Missionary News*），《大陆报》（*The China Press*）等有大量反映这一时期重庆社会的新闻。 在海外出版的报道亚洲事务的西方主要媒体如《纽约时报》（*The New York Times*），《亚洲》（*Asia*），《今日中国》（*China Today*）也从外部世界密切关注着中国内陆的社会，这些都是研究重庆历史的重要史料。 此外，美、英等国政府的外交文件及档案中，以及在渝外资企业公司档案更有不少涉及对华内部事务和重庆商业经济史料，从另一角度反映出重庆城市社会的面貌和实况。

因此，本书注重社会史和文化史相结合的视野，利用丰富的中外文档案文献、地方史志等史料，充分借鉴中外学术界最新的研究成果，研究重庆在近代中国城市"条约体系"中的差异性。同时，基于以上思考，笔者试图从理论上阐释 20 世纪二三十年代重庆城市现代化的动力机制、发展轨迹以及运行规律，提出"从重庆发现历史"的思考。

在近代中国城市史的研究中，学者们已经注意在传统的史学研究基础上运用多学科的理论与方法，如社会学、经济学、政治学、人口学、行政学、文化人类学、传播学以及现代化等。 现代化理论研究者指出，广义上的现代化是一个世界性的历史过程，是指人类社会从工业革命以来所经历的一场急剧变革，这场变革以工业化为推动力，导致传统的农业社会向现代工业社会的全球性大转变，它使工业主义渗透到经济、政治、文化、思想各个领域，引起相关领域深刻的变化；狭义而言，现代化又不是一个自然的社会演变过程，它是落后国家采取高效率的途径（其中包括可利用的传统因素），通过有计划的经济技术改造和学习世界先进，带动广泛的社会改革，以迅速赶上先进工业国和适应现代世界环境的发展过程。[1] 因此，现代化是一个社会发展、演变的过程，是传统社会向现代社会的多层面同步转变的过程。

对世界大多数国家和亚洲所有国家来说，现代化进程要求它们按照少数西方国家首先采用的技术模式和制度模式对自身进行修改和调整。 现代知识造就的组织形式和生产方式，自愿接受也罢，武力强加也罢，都在 19 世纪的岁月里变成了一股强大的势力。[2] 不同的国家和地区现代化进程的起步时间和启动方式是各不相同的，这便是世界现代化发展进程中的"早发内生型"现代化和"后发外生型"现代化发展模式。[3] 所谓"早发内生型"是指一个国家内部自身发展因素成为推动现代化发展的直接动

[1] 罗荣渠，《现代化新论——中国的现代化之路》，上海：华东师范大学出版社，2012 年，第 78 页。
[2] [美]吉尔伯特·罗兹曼，《中国的现代化》，国家社科基金"比较现代化"课题组译，南京：江苏人民出版社，2014 年，第 17 页。
[3] 美国社会学家 M.列维将现代化进程归纳为两大类型："内源发展者"和"后来者"，即"早发内生型"现代化和"后发外生型"现代化。

力。"后发外生型"则是指通过输入西方国家的现代化因素和西方文明以促使本国的现代化发展，这种模式的特征是早期现代化启动要素源自外部世界的生存挑战和现代化的示范效应。

从理论上讲，现代化的先行者是在自身基础上由传统社会内部直接产生出现代化的动力，并由此驱动而直升到现代化社会中去的。这一过程，往往伴随海外的殖民、掠夺贸易与侵略战争，借助别国的资源才得以完成。而现代化的后来者则是在外来的强加与影响下为谋生存与发展而起步的。因此，除缺乏可直接转化的技术、价值、物质、社会资源外，在现代化发展的速率与绝对值方面与先行者存在着巨大的差异，尤为严重的是面临着与先行者完全不同的传统社会的转型——社会一致认同的匮乏与先行者的压迫、剥夺和竞争压力的干扰这两个严峻的现实课题。其付出的脱胎换骨的社会代价远较前者为大，明显处于不利的地位。

现代化过程又是一个传统性不断削弱，现代性不断增强的过程。每个社会的传统性内部都有发展出现代性的可能，因此，现代化是传统制度的价值观念在功能上对现代性要求不断适应的过程。由于传统社会内部传统性和现代性之间的兼容关系较弱，无力从社会内部产生出推动现代化的强大动力，外部的刺激尤显重要。中国的现代化属"后发外生型"，最初的诱发和刺激因素主要源自外部世界的生存挑战和现代化的示范效应。有学者指出，从发展类型看，是从半殖民地半封建社会的被动依附型现代化向自主的赶超型现代化逐步升级的过程；从发展的主体来看，是由少数前卫派先锋人士逐渐汇集成精英集团，进而由新兴的阶层、阶级的认同与行为渐次推向全社会、全民族的过程；从外延内涵而言，是引进学习与表层的器物模仿向社会制度、文化观念的根本变革逐步深化的过程，其中，缓慢渐进的平凡普通的日常生活变化是一个极为重要又常为人忽视的中介点；从时间轨迹来看，中国的现代化经历了风云变幻，呈大起大落而又未间断的坎坷曲折发展曲线；而在空间地域上，则是由点（上海等少数通商口岸）经线（东南沿江沿海地区）到面（东部到中、西部）的分层梯度推进的过程。[1]

的确，中国的现代化发展呈现极大的不平衡。现代化往往是在某些地区，特别是那些条件相对较好的地区首先开始。其结果就是在传统社会汪洋大海之中形成一些规模和范围都极为有限的现代化孤岛，即所谓"增长极"。随时间的推移，逐渐形成"二元结构"。这种特殊历史条件下形成的国家发展格局，也影响了国内区域城市间的格局：沿海与内陆的差异。近代条约体系中，上海与重庆的差异典型地体现了这一格局的特征。

以现代化的理论考察抗战爆发之前十年重庆城市历史，从理论构架上，本书着重把握以下逻辑：首先，应重新认识重庆在条约体系中的地位和作用，并将重庆置于一个比较的视野中加以解剖。重庆与"上海模式"的差异，典型示范了近代中国城市现代化的多元格局。战前十年，重庆"封闭"与"开放"的语境，"下江人""旅外川人"[2]，以及西方人的视野是解读20世纪二三十年代重庆城市变迁的关键。

其次，须把握战前十年在重庆城市历史上的转型特征，深刻认识军阀政治与重庆城市现代化的互动所塑造出的重庆个案。刘湘以"军人干政"的政治权威动员民间资源，在重庆实施了一系

[1] 忻平，《从上海发现历史——现代化进程中的上海人及其社会生活（1927—1937）》，上海：上海人民出版社，1996年，第27页。
[2] 笔者继"下江人"之后，提出"旅外川人"的概念。近代以来，经重庆出川，留学海外的学生很多，都可以归为"旅外川人"。在近代重庆城市现代化进程中，"旅外川人"与"下江人"一起，共同成为重庆与外部世界沟通的重要桥梁。20世纪20年代初期开始，"旅外川人"为阻止四川内战奔走于川内外各种政治势力之间，成为影响川局、推动刘湘变革的重要力量。与此同时，为获得广泛的民间认同，四川各军阀招贤纳士，旅外川籍人士中的知识分子开始作为军中谋士，如刘航琛、何北衡、范崇实等成为二十一军集团体制内的文官。"旅外川人"的话语主要参见《渝声季刊》《四川留日同乡会年刊》《蜀文》《西蜀青年》《民大四川同乡会会刊》《大夏四川同乡会会刊》等刊。30年代以后，伴随全国批评四川的呼声，"旅外川人"再次活跃，积极发声。比如由主要集中在上海、南京和北平的川籍人士创办的《国立成都大学旅沪同学会会刊》《四川旅沪同乡会会刊》《大夏四川同学会会刊》《蜀评》等杂志，旅居北平的四川籍人士创办的《北京大学四川同乡会会刊》《蜀铎》杂志，以及旅居南京的四川人参与创办的《西南评论》《四川问题》等，均以报刊改造落后闭塞的家乡，拯救川人，试图运用舆论，介绍新思潮，抨击军人控制下四川之不良的政治。他们相信"舆论是建设的基础，是改革的先锋"。"旅外川人"回川以后，也在重庆创办"将四川的一切介绍出外，把省外的一切交换进来，以求从文化上帮助建设新四川"的现代刊物。

列城市建设变革与举措，强化了政府的功能，增添了军阀政府的合法资源；"军人干政"的"自掘坟墓"式构架也颠覆了防区体制。

最后，把握城乡互动逻辑，从防区政治层面考察重庆城市与周边腹地的变动，认识周边乡村的贫穷和破产，放大了本已存在的城乡二元结构。20世纪二三十年代重庆都市的畸形繁荣与乡村的贫困化巨大反差制约了重庆城市的现代化发展。

基于以上认识，笔者以为，战前十年重庆城市现代化展示了三个基本的走向。

一、转型与发展——"封闭"中的变迁

理论上看，所谓社会转型，实际上是一种整体性的社会结构变迁，是城市从传统农业社会向近代工业社会的转变，伴随着这一转变的，是社会政治、经济、文化等诸方面的新旧结构的更替过程。它有两层最基本的含义，其一，社会转型是一种社会质变的过程，通常要延续较长时间，是一个持续性的结构调整、变动的过程。其二，社会转型又是一种特殊的结构性变动，与社会发展相联系。它不仅意味着经济结构的转换，同时也意味着其他社会结构层面的转换。转型还意味着从一种稳定结构向另一种稳定结构的过渡，呈现出复杂性、不稳定性和阶段性的特征。[1]

将1926年至1937年界定为重庆城市史上的转型时期，为我们提供了一个从更广阔的范围来把握近代重庆历史的思维空间。在这个空间下，城市社会景观的变化表现为多层面的运动过程，各种内外新旧因素的制约与影响，又呈现各个层面交错运动态势。这个时期，重庆在"政治分裂"与"统一"，"传统"与"现代"交织，"封闭"与"开放"的语境下，社会经济在快速"发展"。其中，解析防区制这一特殊的城市政治体制的产生、运作以及消

---

[1] 马敏，《社会转型与文化变迁国际学术讨论会综述》，《历史研究》1996年第3期，第176-177页。

亡，对认识重庆城市现代化进程意义深远。

转型时期又是重庆实现城市功能转换的时期，从经济上看，这十年重庆实现了从一个地区性的商业贸易港口向长江上游区域的经济中心城市的转变，以外贸为主的商业化浪潮成为带动重庆城市化的重要因素；同一时期的城市近代工业以及新兴产业也直接介入了城市的经济结构，城市的经济前所未有地迅速增长，城市现代化的推动力量在兴起和聚集。总体而言，这十年，重庆城市现代化的启动机制开始形成，尽管这一时期传统与现代往往相互交织，难以剥离，且呈现出畸形态势，但重庆仍然缓慢而艰难地在向现代社会迈进，形成一个"并未中断的发展时期"。到30年代中期，在"上海模式"的冲击和拉动下，重庆城市现代化强行启动，并为战时重庆作为陪都奠定了坚实的基础。

通常在认识战前十年的重庆城市的发展环境时，"封闭"总是其显著的特征。典型的话语是美国学者罗伯特·凯普所说的，1927年后，四川实际上变成了同外部政权毫无实质联系的一个与世隔绝的、近乎完全自治的军阀主义化地区。[1]。笔者以为，战前十年，重庆并非人们想象中的封闭。当整个四川省处于封闭防区体制下，重庆占据的特殊地理区位和刘湘的强大权威，使得重庆几乎从未中断过与长江中下游地区（或外界）的政治、经济和文化的交流，这是一种相对开放的态势。

所谓"开放"，主要体现在以下方面。第一，地理环境上看，重庆所占据的川江枢纽区位，使其有别于川省其他防区，与外界处于一种"潜在"的交流状态。最值得注意的是川江航运的发展给重庆城市带来了超出经济意义的资源，即川江航运沟通了重庆与外界的联系。在军阀混战时期，进出重庆的"轮船运输始终没有中断"[2]。川江航运的繁荣带给重庆的是具有优先吸纳

[1] Robert A. Kapp, *Szechwan and Chinese Republic*, *Provincial Militarism and Central Power 1911—1938*, New Haven and London: Yale University Press, 1973, p.14.
[2] 周勇、刘景修，《近代重庆经济与社会发展》，成都：四川大学出版社，1987年，第442页。

和接收外来新生事物的优势。 30 年代初，"下江人"通过卢作孚创办的民生公司走进重庆，也开始了重庆与以"下江人"为代表的沿海文明在思想文化上的交流。 这种沟通远比经济上贸易流通的意义来得深刻。 一方面防区制"封闭自为"的客观条件也造就了刘湘"向东"的发展态势。 另一方面刘湘以其智囊团的核心人物以及在京、沪、宁等地川籍人士——"旅外川人"——为媒介，放大了沿海"现代性"要素的辐射效应。

第二，从中央与地方关系看，30 年代初，军阀刘湘与重庆均为备受全国舆论关注的"焦点"。 尽管在 1935 年以前南京国民政府从未真正实现对四川的整合，不过名义上归属中央政府的二十一军，必然在舆论上接受全国的监督，防区时代的重庆一直没有逃脱中央整合的辐射。 伴随刘湘实力的膨胀，中央整合全川的条件日益成熟。 此间，卢作孚在重庆的郊区北碚大规模的现代化"精神"建设，从体制内逐渐改变了防区政治的构架，重庆又因北碚的凸现，再度成为全国关注的焦点。

第三，从国内局势看，全国媒体"整合四川"、"打破封闭"和"分裂"的呼声强烈，"封闭"的重庆处于全面"开放"的边缘，民国以来四川军阀防区政治的封闭构架逐渐为国家"统一"的大潮所淹没。 防区制的最终结束表明重庆在城市现代化的进程中迈出了重要的一步。

应该指出，在白色恐怖下中国共产党的地方组织活动的同时，防区体制内重庆人的觉醒，以及地方民族资本的成长壮大，突破了军阀政治本身的封闭性，成为颠覆防区政治的主要因素。以卢作孚为代表的城市精英努力与外界沟通与联系，大大改变了重庆为军阀所封闭的态势；换言之，重庆始终处于"内外一致"的全国政治的监督和现代性要素的冲击之下。

第四，20 年代末期开始的重庆城市建制和全方位的市政建设的展开，表现出浓厚的以模仿"上海模式"为特征，整个社会沉浸在一种"小上海"的自满之中，这表明重庆军人政权无法抵御长江下游流域城市文明的影响和辐射，也是军人对"现代化"的理解。 刘湘政权为获得城市社会的广泛认同，对沿海的种种现代举措是急于模仿，[1]反过来又助推了重庆与"下江"和沿海地区的交流潮。

不过，20 世纪二三十年代重庆的"开放"与"发展"呈现出转型时期所特有的混乱、新旧杂存的社会景观。 军阀时期的封闭政治理念、独立自治与眼界不出川的文化心态成为阻碍重庆城市现代化的主要因素。[2] 此间重庆城市一切市政纳入"军人干政"轨迹，军事因素渗透到城市的政治、经济、思想文化及社会各领域，加之军人并非代表新兴领导群体，因此，转型时期也意味着更浓烈的封建意识。

二、特殊的演变轨迹——"条约体系"的内陆个案

对所有现代化的后起国家和地区而言，首先遇到的问题便是后来者必须缩短差距。 在它们之前已经现代化的国家，便是它们的榜样。 吉尔伯特·罗兹曼（Gilbert Rozman）认为，"现代化一般都是国际相互依存性急剧增加的运作过程，所有传统社会都是立足于较低水平的相互依赖性和相应高度的地方自给自足性基础上的。 先行国家是在很长一个时期逐渐发展到这一步的，而后来的国家则在一夜之间忽然跃到这一步。"[3]

美国学者柯文（Paul A. Cohen）在研究王韬时指出，中国近代史上一个未曾研究的巨大课题是沿海与内地的差异，[4]这种差异深刻地影响了沿海与内陆城市的发展模式与速度。 近代以来，西

---

[1] 潘文华，《布告市民说明全市利害应兴应革五大原则文（1927 年 11 月）》，《重庆市市政公报》1928 年第 1 期，第 117-122 页。

[2] 实际上直到 1934 年刘湘才第一次迈出四川的大门。 1934 年张公权入川考察时，十分委婉地批评道"尤盼向来足未出四川之军政当局，多到外省游历，使各省与夫南京上海多与四川沟通，则四川之进步建设，当更迅速。"参见《张公权畅论游历四川感想》，《商务日报》1934 年 6 月 19 日，第 6 版。

[3] [美]吉尔伯特·罗兹曼，《中国的现代化》，国家社科基金"比较现代化"课题组译，南京：江苏人民出版社，2014 年，第 428 页。

[4] [美]柯文，《在传统与现代性之间——王韬与晚清改革》，雷颐、罗检秋译，南京：江苏人民出版社，2006 年，第 152 页。

方人首先在中国的沿海建立据点，后来又扩展到长江沿岸。 在这些据点及周围地区，逐渐发展出一种文化：它在经济基础上是商业超过农业，在行政和社会管理方面是现代性多于传统性；其思想倾向是西方的（基督教）压倒中国的（儒学）；它在全球倾向和事务方面更是外向而非内向。 这即是近代中国"条约口岸体系"。 近代中国的条约开埠口岸是中国城市发展的特殊类型。 条约体系源自 1842 年中英《南京条约》开辟的广州、上海、厦门、宁波、福州五口。 第二次鸦片战争，列强进一步扩大其在华的侵略势力，条约口岸成倍增长，成为西方在中国渗透势力的重要媒介。 中日甲午战争以后，列强强租中国的港湾和土地，强求开放新的口岸，"条约体系"沿长江等内河流域向内陆延伸。 19 世纪末，中国近代"条约口岸体系"成"T"形格局，即沿海沿江分布构架。

条约口岸既是受西方强权和文化直接影响的焦点，又是中国最具现代性特征的城市群，上海则是条约体系中城市现代化程度最高的典型代表，也是内陆变革的促进因素。 作为开埠口岸，重庆与所有的内陆城市一样，成为上海当然的腹地，因而也就离不开上海城市现代化的辐射和拉动。 如果仅仅从这个意义上讲，重庆可以看成"条约体系"外的城市。

近代中国城市现代化，是由沿海城市向内陆浪潮式的辐射滚动发展，而非由条约体系扩散到内陆地区的范式。 这种由西方—上海—内陆重庆—周边腹地中小城市，或以中心城市上海为源头，即大文明龙头——亚文明小龙头的运行轨迹，除了上海表现出来典型的西方"冲击"与"回应"的变迁外，内陆城市发展的实际参照系通常是沿海文明，即"上海模式"，而非"西方冲击"。 换句话说，尽管内陆开埠城市的现代化启动也部分来自西方文明，但从实际的城市现代性的增长看，西方的示范效应远远弱于"上海模式"的辐射力。 对深处内陆的重庆而言，来自西方的"冲击"和"示范"随时间与空间深入而逐渐减弱，相反则是中华同源文化的巨大拉力不断增强。 来自沿海的"上海模式"，这种经过吸纳和消化过的"西方文明"似乎更易为传统性浓厚的内陆城市接纳，并且随时间和空间的推进更显强大的辐射力。而对重庆周边的腹地而言，"现代化"的指标又来自吸附了"上海模式"，同时又具有浓厚内陆传统色彩的"重庆时髦"，即内陆城市亚文明。因此，这一时期重庆城市不仅具有承上启下的转型作用，且具有承东启西的"亚辐射"的内陆现代化模式意义。从这两方面理解重庆的城市社会变迁，可以看到其特性和代表性。

20世纪20年代末期，以模仿"上海模式"的市政建设为标志，重庆逐步形成"小上海"风格。"上海模式"的强烈示范效应，使其渗透内陆，介入、打破重庆城市传统社会的自然演化的逻辑进程。不过，在以模仿"上海模式"为取向的重庆，一方面缺乏沿海"条约口岸体系"租界的示范，重庆城市的现代化模式转向以物质文化为核心内容的"上海模式"为榜样，并在三十年代获得社会的广泛认同；另一方面，以地方精英卢作孚提倡的"北碚模式"为示范，是对"上海模式"和"重庆模式"的挑战。以卢作孚为代表的呼唤城市现代化的地方精英出现，并在较为广泛的层面对刘湘政权进行现代化灌输和示意，在相当程度上影响了刘湘军人政权的施政方针。[1] 简言之，20世纪二三十年代重庆所受到"上海模式"的冲击远远大于开埠时期的"西方冲击"；以卢作孚为代表的城市精英成长显示了防区制内重庆城市的现代性机制

[1] 卢作孚在《东北游记》中谈到"统一有两种方式：一种是用武力一部分一部分地打下去。这个方式已经有十九年的证明不成功了。还有一种方式，就是各经营各的地方，一桩事一桩事地逐渐联合起来，最后便统一。这就是今后须得采用的方式"。这应该说是在卢作孚在特殊的防区制下鼓励刘湘建设地方。而实际上也是如此，刘湘多少受到卢作孚的影响（卢作孚北碚建设对刘湘影响相当明显。在30年代初以后，大谈先"四川统一"，才是"中央统一"。卢作孚将防区制的负面效应巧妙地化为积极的建设浪潮，这不能不说是一种聪明的做法。卢作孚还说："力量的大小绝不能从官兵数目上去计算，亦绝不能从枪枝（支）子弹的数目上去计算。""终须知道：真正的力量大小，还不在军队本身，而在政治影响。军队力量只能及于疆场，政治影响却可以弥漫及于全国。""什么是政治影响？就是在不良的政治状况下面做一个好榜样。给以人学，给予人享，譬如无希望的国家，闹得无宁日，那里要是有一幅干净土，而且把那一幅干净土经营得十分美好，便会引起全国人集中的希望，便会影响及于全国了，成绩愈好，影响愈大。范围愈小，成绩愈好。"卢作孚，《四川人的大梦其醒》，凌耀伦、熊甫，《卢作孚文集》（增订本），2012年，第68页。

开始建立起初步的回应机制。 在"传统性"仍然占优势的社会中，在防区体制下革命话语备受打击而成长缓慢时，[1]"现代性"取向的地方精英的成长是重庆城市现代化发展的最显著标志。

三、"军人干政"[2]与重庆城市现代化

美国学者罗兹曼认为，"军阀对中国政治的改造，对于当时中国总体社会正在经历着的现代化进程来说，具有深远的意义，既有破坏性的一面，也有建设性的一面"。[3] 1927 年至 1937 年，刘湘在重庆建立的是一个"有数万支枪为后盾"[4]的政权；重庆带给刘湘的不仅是个人权力膨胀和武力统一四川的资源，也提供了军阀在城市现代化进程中扮演角色的舞台空间。 深入剖析刘湘与重庆城市的互动关系，可为"军人干政"的研究提供一个典型范例。

研究二十一军对重庆的"军人干政"，不能不首先研究军阀刘湘。 严格地说，在刘湘的话语中很难找到真正意义上的现代化理念。 其所谓"建设"思想在很大程度上是由卢作孚、胡光麃等人灌输的。[5] 1933 年下半年，一位驻纽约的《泰晤士报》通讯记者采访刘湘，得出了这样的观感：对于治军，刘湘是一个现代化

---

[1] "三三一"惨案后，刘湘对重庆地区的中国共产党组织的活动实施了一系列严酷的打击，革命话语权在重庆受到极大的局限。

[2] 本书使用的"军人干政"，系借鉴陈志让关于"军绅政权"的概念。 所谓刘湘时期的"军人干政"，是一个依靠文职官僚与士绅来维持政权运转的军事化政权。 在"军人干政"的军阀政治运行模式中，政治化的军事将领及其所代表的利益集团占据权力中枢，在国家和地方的政治生活中居主导地位，而政治集团和职业政客官僚成为其附庸、工具或摆设。 学术界有关"军人干政"的阐释，在亨廷顿《变化社会中的政治秩序》第四章有较为详细的论述。 不过，该概念与笔者在此使用的"军人干政"的定义有区别。 亨廷顿所谓"军人干政"乃全面"政治化"的社会，在这个社会中，不仅是军人，且各种势力均政治化……军人干政是政治现代化中最显著的特点。 他也使用了"普力夺"社会的概念。 参见亨廷顿，《变化社会中的政治秩序》，王冠华、刘为等译，上海：上海人民出版社，2015 年，第 160-214 页。

[3] [美] 吉尔伯特·罗兹曼，《中国的现代化》，国家社科基金"比较现代化"课题组译，南京：江苏人民出版社，2014 年，第 246 页。

[4] 沈云龙、张朋园，《刘航琛先生访问记录》，台北："中央研究院"近代史所口述历史 22 辑，1990 年，第 134 页。

[5] 胡光麃，《波逐六十年》，沈云龙，《近代中国史料丛刊续编》第 62 辑，台北：文海出版社，1979 年，第 281-282 页。

主义者[1]，因为他注重现代军事武器的装备，成为川军中唯一装备有飞机和军舰的军阀。也许正是由于刘湘注重军备的现代化，才使得他对城市建设的现代化也颇感兴趣。不过，刘湘在其幕僚和周围的非军事人才的影响下，能顺应时代潮流，虚心接受并采纳归国留学人才关于重庆城市现代化建设规划的建议，使重庆城市建设具有较为明确的现代化取向，实属难能可贵。[2]

刘湘个人的军事强权及其与城市绅商建立的盟友关系，是重庆在战前十年稳定的关键因素。20年代中期，刘湘集团在川军中的绝对权威给重庆城市的发展提供了相对"稳定"的外部条件，重庆开始了现代意义的市政建设启动时期。刘湘为重庆建立"军人干政"的城市管理新构架，以获取民间合法性资源为主要目的，但客观上因吸纳地方精英改变了"军人干政"色彩，为防区制的"自我颠覆"埋下了伏笔。1935年，"国家统一"的声浪造就了地方与中央权力整合，参谋团入川结束了自民初以来重庆的独立状态，重庆城市的发展成为南京中央政府现代化规划中的一部分。总之，二十一军对重庆的"军人干政"及其一系列市政建设规划是促使重庆城市变迁的重要因素。

需要说明的是，刘湘时期重庆的"稳定"实质意味着以军事强权攫取城市经济资源，刘湘变革重庆的种种举措基本出发点是以扩充军事政治实力为目标，这种政策导向下的城市变革很难有所建树。因而战前十年刘湘统治重庆的基础是脆弱的。其"军人干政"的合法性危机始终存在，主要来自中央政府的整合运

[1] [美]吉尔门，《四川游记》（下篇），《四川月报》第3卷第6期，1933年12月，第2页。

[2] 1932年当毕业于美国麻省理工学院电机工程系的胡光麃回到重庆时，看到供应全市电源的重庆电灯厂仅有一台300 kW发电机，而这台购自德国的老式机器"因为机器和外线都很陈旧失修，容量太小，电压太低，虽有若无，路灯不亮，只见几缕红丝"，于是胡氏对刘湘的第一项建议便是充实重庆的发电容量，改换全市的输电设备。他说电气动力是发展工业的基本条件，电灯照明对市容和治安更关重要。胡氏的"有了充足的电源，才能吸引外间人们来此观光，继以资金和技术从事建设和生产"一席话深得"治川"热情极高的刘湘赞同，"刘氏极以我言为是，就责成重庆市长潘文华和刘航琛先生为电力厂正副筹备主任，委托华西公司拟具全部计划。"参见胡光麃，《波逐六十年》，沈云龙，《近代中国史料丛刊续编》第62辑，台北：文海出版社，1979年，第295-296页。

动，以及重庆中国共产党人前仆后继的英勇抗争。这不能不让刘湘政权将主要精力投入镇压中共地方组织的活动和应付南京国民政府的权力整合。即使是城市现代化的建设规划，也以增添政权合法性资源为目标，这样的规划和建设的投入自然无法有系统性和一致性。

二十一军驻渝期间诸多举措均以攫取地方经济资源为主要目标，苛捐杂税的重压使得重庆城市经济严重萎缩，加之防区制人为地割裂重庆与周边农村的天然经济关系，城乡反哺失衡，重庆城市化外部环境受到严重干扰。为使军人政权合法化，刘湘集团与重庆绅商联合，"军—绅"政权深刻影响着重庆城市经济变迁。

中国的现代化是在民族生存危机下启动的。作为后发外生型的国家，中国现代化的启动一开始就蒙上了沉重的耻辱，并处于艰难的困境之中。在列强的军事、外交、经济多重压力之下，民族的独立、领土的完整和国家的尊严始终受到挑战。因此，在社会变迁的历程中，民族主义始终是现代化最有号召力的社会动员旗帜，成为凝聚人心和整合社会意识形态的象征。伴随川江航运业的民间"经济民族主义"情绪，在动员地方绅商和民众方面起了重要的整合作用，为"军人干政"增添了现实的合法性。

防区时代的重庆城市经济以川江航运率先冲破军阀"封闭"的政治理念。重庆早期工业化的缓慢启动，现代色彩的经济部门滥觞，以刘湘军事集团的官办军工企业带动，到1936年，重庆初步的城市工业布局已经形成，地方民族资本渐渐成长，并冲出重庆，与全国发生了联系。

战前十年刘湘对重庆的治理，从总的说来，在城市的政治、经济、社会、教育等方面一系列的发展举措，在客观上成为抗战时期重庆城市现代化大发展的基本变量，在重庆城市现代化进程中，军阀扮演了颇为重要的角色。

总之，本书所提出的思考不过是对重庆城市历史的初步探索。在这一领域，这样的研究刚刚起步，可供深入研究和思考的课题很多。尤其当我们从"发现生活"来观察重庆城市变迁，当我们从历史学、社会学、经济学、政治学和文化人类学等多学科交叉的视野思考，笔者认为影响 20 世纪二三十年代重庆城市社会变迁的三方面都是可以继续延伸下去的话题，这就是和川江航运相连的"下江人"及其引入的"上海模式"，"旅外川人"掀起的改造四川运动，以及近代以来重庆人对西方列强的仇视心态与重庆的开放历程。

第一章

————————

城市资源与开埠通商

从某种意义上说，重庆城市优越的地理区位和丰富的商贸资源是吸引西方世界打开这个内陆口岸巨大市场的重要动力。 为拓展中国内陆的市场，西方列强不惜开辟川江险峻的航道。 伴随不平等条约而来的是川江航运的开辟与繁荣，重庆再也无法回到从前封闭的历史情势之中，在屈辱中对外开放已成必然。

开埠通商使这个古老的城市破天荒地受到西方文明的第一次猛烈冲击，在极其被动的局势下，重庆开启了现代化的艰难历程。 开埠通商也促使重庆"向东"发展，凸现"黄金水道"的意义。 重庆开埠后，与"下江"地区的交流愈加频繁，为长江中下游物质文明的传入打开了通道。 本章论述重庆城市资源、开埠通商及其对城市发展的意义，重点以川江航运的开辟及重庆对外开放为切入点，探究重庆城市早期现代化的若干特点与沿海"条约体系"的差异。

第一节　城市资源的优势特征

近代以来，重庆城市颇具特色的地理区位，富饶的自然资源以及壮丽的地理景观，给西方人留下了极为深刻的印象。 也正因如此，重庆成了以英国为首的西方列强打开内陆的门户以及侵略和掠夺中国的重要目标。 笔者以为，重庆城市的资源主要从两个方面理解，第一是城市独特的地理区位资源，第二则是区位优势带来的川江航运贸易资源。

一、重庆的地理区位优势

重庆市位于四川盆地东部，城区坐落在长江上游最大的支流——嘉陵江与长江的汇合处，自然地理颇具特色。 全市范围处于北纬 28 度 22 分至 30 度 26 分，东经 105 度 17 分至 107 度 04

分，东西相距 208 公里，南北相距 220 公里。[1] 从地形上看，这个城市"三面环水，一面通陆。东南西三面与巴县接壤；北界江北，与嘉陵一衣带水；南障大江，江边有黄葛、海棠、龙门、玄坛、弹子五渡，皆列涂山之麓。俯瞰全市，宛如秋叶泛二江之中。陆道距城十五里曰浮图关，狭长如鹅颈。若凿断鹅颈，重庆可成孤州。关之四面，皆峭壁矗立，历史上有'天险'之称"。总之，重庆地势险要，"据水陆要冲，东下夔荆，西窥成都，南走滇黔，北通汉中，不独为西南数省转运商品之枢纽，且为军事上所必争，实握全蜀之锁钥"[2]。

图 1-1　民初重庆城图——重庆市规划局、重庆市勘测院，《重庆历史地图集》第二卷，西安：西安地图出版社，2017 年，第 65 页。

因地处川中方山丘陵、川东平行岭谷和川南边缘山地的交接地带，重庆的地形大势从南北向长江河谷倾斜，逐级降低。南部有金佛山、黑山、石壕山等山脉，海拔高度为 800 米到 1 900 米，沿江一带则降至 200 米到 300 米。北部山脉以背斜构造低山为

[1] 隗瀛涛，《近代重庆城市史》，成都：四川大学出版社，1991 年，第 50 页。
[2] 重庆市政府秘书处，《重庆市一览》，重庆市政府庶务股，1936 年，第 6 页。

主，多呈北东—南北向，并向西突出成弧状的平行排列，从东至西有黄草山、明月山、铜锣山、华蓥山、中梁山、缙云山、云雾山、巴岳山，这些山脉大都呈"一山一岭"或"一山一槽两岭"及"一山二槽三岭"的地貌组合形态，海拔高度由北向南逐级降低。 这种南北高、中间低的地形不但影响着重庆地区的气候特征，产生河谷气候效应，而且影响着江河的流向，有利于东西之间的水上交通，但不利于南北间的陆上联系。[1]

长江上游是中国地理上相对封闭的地带，也是中国经济和文化上的独特区域。 从地理环境的因素考察，四川地处我国西南内陆腹地，东障巴山，西屏邛崃，南踞苗山，北倚秦岭。 从地形构造看，这一区域属于典型的盆地地貌，围绕四周的都是海拔1 000~3 000 米的山地或高原，天府之国，巴山蜀水，皆蜗居于盆地之中，仅一线长江与外部沟通，形成一个相对独立、封闭的自然经济区域。

长江在四川境内约 2 800 公里，横穿四川全境。 长江流经之地皆为四川最富庶的农业与富矿区域，不仅粮食作物占重要地位，且盛产糖、麻、桐、茶和药材等重要经济作物，所谓"民物殷丰，城镇稠密"。 这种封闭的自然地理环境，使得四川与外界的联系十分困难，然而，正是这种封闭的自然地理环境，造就了重庆在四川，乃至在长江上游区域的地理优势。

在"封闭""独立"的四川盆地东部，重庆占据了一个相对开放的地理区位。 就重庆与外部的联系看，重庆是中国内陆与中部、沿海的接合部，内接广袤、辽阔的腹地，外联江海，战略地位非常重要。 重庆又是四川省与外界联系的一个重要枢纽，是进入四川和西南的门户，因此，重庆有"四川之咽喉"，"扬（杨）子江上流之锁钥"之称。[2]

尽管重庆附近"褶曲山脉骈列"，对外交通困难，"水路多

---

[1] 隗瀛涛，《近代重庆城市史》，成都：四川大学出版社，1991 年，第 50-51 页。
[2] 金沙，《四川贸易谭（续第一号）》，《四川》第 2 期，1908 年 1 月 15 日，第 87 页。

峡，陆路多须翻山"，但由水路可从长江上游、下游以及嘉陵江三个方向进入重庆。而"重庆向外之陆路交通线，向四方放射"，这些公路有向正南的川黔路，向西南的沿江大路，向西方的大小川东路，向西北沿涪江的路，向北沿嘉陵江之路，向东北沿渠江之路，"莫不辐辏于重庆"[1]。

重庆得天独厚的地理区位资源优势，突出地表现在长江上游水道交通网络上枢纽口岸的价值。近代以来，长江上游地区的交通运输以长江及支流的木船航运为脉络，与此相联系的是散布在城乡各地的石板小路。长江为主干河流，全域众水归流，汇集于长江，形成一个天然而完整的水道交通网。四川省有大小河流540条，总长4.4万公里，其中可以通航的河流有90余条。大小河流，以长江为主干，皆汇于长江，不注入长江者极少。上游交通在铁路未修建时，以川江为大动脉。据王笛研究统计，长江上游七大干流[2]通航里程为4 062公里，支流达97条，通航里程达7 914公里，干支流相加计11 976公里。[3]

四川省境内的长江又称为川江。[4]川江以重庆为枢纽，直接沟通了奉节、万县、忠县、涪陵、江津、合江、泸州、南溪、宜宾以及金沙江下游、云南东川以北地区。以此为主干，川江在涪陵接纳乌江，在重庆城区接纳嘉陵江，在江津接纳綦江，在泸州接纳沱江，在宜宾接纳岷江，从而使重庆与川东南的涪陵、黔江地区，川南的泸州、宜宾地区，川中的自贡、内江地区，川西的乐山、成都、德阳、雅安地区发生联系。

在众多的支流中，与重庆地区关系最密切的是四川盆地内流域面积最大、通航里程最长的嘉陵江。嘉陵江在四川境内由广元

---

[1] 郑励俭，《四川新地志》，正中书局，1946年，第345页。
[2] 七大干流为：长江及其支流，岷江及其支流，沱江及其支流，嘉陵江及其支流，涪江及其支流，渠江及其支流，乌江及其支流。
[3] 王笛，《跨出封闭的世界——长江上游区域社会研究（1644—1911）》，北京：中华书局，2001年，第38页。
[4] 对川江的界定，有不同的说法。有指长江上游宜昌至宜宾段航道，也有泛指宜昌以上四川境内长江主流和支流。笔者以为前者可以显示"黄金水道"的基本特征。

至重庆 1 006 公里，穿川北、川东，支流 5 条 597 公里，均全年通航，是联系陕甘的要道。据记载，"以长江之支流而言，其水道之繁复、航线之辽阔者，当以嘉陵江为巨擘，盖以渠、涪之支流，凡川东北繁华城镇，悉被网罗，以贯通甘陕，载重四十吨之民船，由涪可以上溯太和镇，由渠可以上溯三汇，由嘉陵可以上溯南充，北道之货，胥由是出。"[1]在辽阔的嘉陵江流域内，连接着合川、武胜、南充、蓬安、南部、阆中、苍溪、剑阁、广元以及陕南、甘南地区，其支流涪江和渠江又分别连接着潼南、遂宁、蓬溪、射洪、盐亭、三台、中江、绵阳、江油，以及广安、渠县、达县、宣汉、平昌、通江、巴中、南江等广大地区。此外，重庆与四川盆地内的绝大部分州县都有着河流联系，是四川盆地水系的枢纽，四川盆地的大部分州县（除下川东的三峡地区外）可以通过与重庆通航的大小河流，将输出的物资源源不断地运往重庆，并由此输往长江中下游地区。[2]

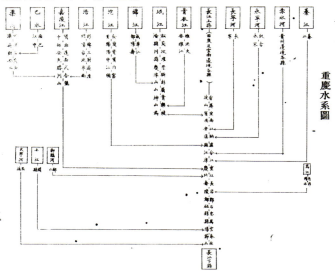

图 1-2　重庆水系图——重庆市政府秘书处，《重庆市一览》，重庆市政府庶务股，1936 年，第 59 页。

［1］张肖梅，《四川经济参考资料》，中国国民经济研究所，1939 年，H4。
［2］隗瀛涛，《近代重庆城市史》，成都：四川大学出版社，1991 年，第 108 页。

二、重庆的商贸资源优势

明清以前，重庆主要是一个区域性的政治中心和军事重镇。公元前 316 年，秦灭巴国，设巴郡，郡治在江州县（今重庆市）。由于防卫的需要，公元前 314 年张仪在此筑城，作为秦王朝统治川东地区的军事、政治据点。 漫长的封建时代，重庆始终只是一个区域性军事城堡，工商业并不发达，城市的规模也不大。 唐宋以后，重庆作为长江上游诸干支流总汇的优势首次得到体现，成为川东及滇、黔各地货物转运地，重庆开始由单一军政中心向政治、军事、经济、文化等多种功能的城市转型。 明清时期，随四川地区的粮食作物和经济作物的发展，四川通过长江航运对省外的贸易有所发展，重庆逐渐发展为长江上游的商品集散地。

占据川江水运"交接点"的位置，也就占据了长江上游的商业贸易优势。 位于长江及其支流嘉陵江汇流之点的重庆城，俨然"全省之经济中心。"[1]王笛指出，在长江上游区域中心地带的经济区域，包括 2 个中心城市，即重庆和成都；5 个区域城市，即泸州、宜宾、乐山、万县和南充（当时有 16 个区域城市，只有广元在核心之外）；16 个地区城市：即达县、三汇、广安、涪州、合州、荣昌、合江、阆中、绵州、三台、遂宁、汉州、灌县、简州、内江、邛州（当时有 21 个地区城市，除上述外，还有奉节、彭水、雅安以及略阳和昭通）。[2]

重庆的水运优势是四川各地所不能比拟的。 清代，重庆已是长江上游重要的商品和货物集散中心，"三江总会，水陆冲衢，商贾云屯，百物萃聚"，各种商品"或贩自剑南、川西、番藏之地，或运自滇、黔、秦、楚、吴、越、闽、豫、两粤之间，水牵云转，

---

[1] 袁著，《重庆都市发展之地理的根据》，《四川经济月刊》第 9 卷第 5 期，1938 年 5 月，第 53 页。

[2] 王笛，《近代长江上游城市系统与市场结构》，《近代史研究》1991 年第 6 期，第 107 页。

万里贸迁"[1]。 而重庆—汉口—苏州的长江航线，是米、木、盐、棉、布、洋广杂货的主要干流。 这条主干道的商品流通，具有长距离运销、全国性流通的性质。 长江上游的商品运输以水路为主体，长途贩运也往往以河流为依托，以沿河城市为网络，形成了以重庆为枢纽的商贸网络。 长江主要支流嘉陵江、沱江、岷江流域都是粮、棉、糖、盐产区，汇流而下，集中重庆再转运汉口。 作为长江东西贸易主干道的起点，重庆也是长江商品集散中心，城市商品的吞吐量和经济吸引力、辐射能力强，通过长江支流及主干道，重庆还建立起与沿江省市互联的流通网络。

优越的地理区位优势，使得重庆很早就具备发展内外交通的条件。 从宜昌到重庆，长江上游分为上段和下段，重庆处于长江上游的中继港地位，而对川江航路而言，则可称之为终航点，"重庆占水运上之优势，宜其可以独占鳌头矣"[2]。 由于"地当长江与嘉陵江合流，为全川水道总汇之区。 凡川西川南货物由长江运来，川北及川东北绥宣一带物产则由嘉陵江运来，皆集中于重庆；然后汇转出口，销行国内外各口岸"。"重庆既为川省水运之中心；凡货物吐纳：如洋货进口，及土货出口，皆赖为转输。 即不通水运之地方亦多由渝上载，或起卸货物。 故重庆实为全川水陆运输之中心也。"[3]实际上，因为与四川邻接的各省多无河流直接通海，其货物亦以长江水运之便，天然成为重庆城市贸易的辐射地，"凡陕、甘南部，西康金沙江以东，云南宣威以北，黔省苗岭以北之地，皆为其后背势力所及。 是重庆者，亦西南各省之经济的重心也"[4]。

商业的发展扩大了重庆城市的规模。 19 世纪是重庆城市人口增长最迅速的时期，重庆城市人口结构变化明显。 据记载，重庆

[1] 乾隆《巴县志》卷 10，风土·物产，清嘉庆二十五年（1820 年）刻本，见：《中国地方志集成·重庆府县志辑》，第 2 册，巴蜀书社影印本，2016 年，第 571 页。
[2] 袁著，《重庆都市发展之地理的根据》，《四川经济月刊》第 9 卷第 5 期，1938 年 5 月，第 56 页。
[3] 重庆市政府秘书处，《重庆市一览》，重庆市政府庶务股，1936 年，第 59-62 页。
[4] 郑励俭，《四川新地志》，正中书局，1946 年，第 343 页。

"自晚明献乱，而土著为之一空，外来者什九皆湖广人"[1]。 作为长江上游最大的港口城市，重庆以其优越的地理区位成为由东部入川移民的第一个最大的落脚点。 随着城市的商业发展，重庆开始吸收大量的商业性移民，以川江木船航运为例，外省仅在"大江拉把手"者，"每年逗留川中者不下十余万人，岁增一岁，人众不可记计"。[2] 城市商业人口的比重日益加重，据巴县档案记载，乾隆十八年（1753 年）重庆定远厢有 300 户，而其中从事工商业者占 208 户，为总户数的 69.3%。 又据同治巴县志，嘉庆十八年（1813 年）重庆金紫坊、灵壁坊共有 534 户，其中从事工商业者 362 户，为总户数的 67.8%。 据这一时期的西方人观察，重庆的商业基本上被移民所掌控，富裕商人主要是外省人。[3] 嘉庆年间经各省客长清查，当时在重庆领牙贴者共 109 行，几乎全为外省人，综计江西 40 行、湖广 43 行、福建 11 行、江南 5 行、陕西 6 行、广东 2 行，而四川本籍（保宁府）仅 2 行。 并且上述 109 家商行中，以经营山货、棉花、靛青药材者为最多，这四项共有 62 行经营，占总行数的 56.9%，主要集中在江西（山货、药材）和湖广（棉花、靛青）商人手中。[4]

随着城市商业的发展，城区内已经形成主要的商业区，当时城内下半城既是重庆的政治中心，也是主要商业区，重庆的主要码头、交易市场、著名店铺都位于此。 有学者估计，像城区内的繁华之区如千厮、朝天、东水、太平、储奇、南纪各门一带的主要贸易区，其从事工商业的人口应超过总人数的一半，人口中以从事各种经济活动为生者在这些街区已占主导地位。[5]

———————————

[1] 民国《巴县志》卷 10，1939 年刻本，第 37 页。
[2] 严如煜，《三省边防备览》卷 9，"民食"，转引自王笛，《跨出封闭的世界——长江上游区域社会研究（1644—1911）》，北京：中华书局，2001 年，第 255 页。
[3] "Baron Richthofen's Letters, 1870-1872," Shanghai：Printed at the North China Herald，（1903），p.200.
[4] 王笛，《跨出封闭的世界——长江上游区域社会研究（1644—1911）》，北京：中华书局，2001 年，第 255-256 页。
[5] 巴月，《清初到开埠前后的重庆区域人口与城市人口》，《一个世纪的历程，重庆开埠 100 周年》，重庆：重庆出版社，1992 年，第 232 页。

经过明末清初的战乱，清政府为恢复四川经济，实行休养生息的政策，移大量湖广、江西、陕西、福建、广东等省无地或少地农民入川垦荒，使四川的经济逐渐恢复和发展起来，也造就了重庆城市商品经济的活跃与繁荣。清代，以重庆为中心的长途贩运的兴起和川江水上贸易的繁荣，使重庆迅速由一个地方军事政治中心成长为商业码头，"因商而兴"。随着重庆成为西部长途贩运的起落点，重庆所经历的"商业化"浪潮的冲击，使重庆迅速成为长江上游地区的陆路贸易中心，水上航运中心，既积累了商业资本，也发达了商业网络，奠定了未来城市功能的格局，重庆的地理优势也随之转化为经济优势，为日后重庆的城市发展准备了内部条件。

第二节　跨出封闭的世界——重庆开埠

在近代中国城市中，开埠通商的条约城市独具特色。重庆就是长江上游最大的开埠口岸，是"条约体系"的重要城市之一。1891 年的重庆开埠，开始了重庆城市新的发展阶段。川江航运的开辟与贸易的繁荣使重庆与长江中下游的唯一"黄金水道"优势凸现；而日本租界示范效应的缺失，使重庆人有机会转而模仿"上海模式"。川江上的轮船航运为重庆接受来自"下江"地区的现代性冲击打开了通道。

一、内陆的商机

重庆与国内市场的联系主要依靠长江航运，在川江轮船通航以前，木船成为长江货物运输的主要形式。重庆既是长江东西贸易主干线的起点，又是长江上游商品集散中心。川江的主要支流如嘉陵江、沱江、岷江流域所产的粮、棉、油、盐、糖、烟、丝、麻、布、竹木器、茶、纸、药材、山货皆以重庆为汇聚点。各类货物大都通过水路在重庆集中，再运至四川各地及省外。

清中叶，重庆见于记载的商业行帮就有 25 个，各业牙行 150 余家。[1] 各地商人云集重庆，以此作为贸易中继站。 以重庆为中心的船帮组织十分发达，云集了整个四川境内的长江航运船帮。 往来于重庆及两江上下游以"大江拉把手"[2]为职业的水手、纤夫常年在万人以上。 城内的部分街区工商业人口的比重已经超过其他人口的比重，全市的工商业人口大致占人口总数的三分之一。 乾隆年间，重庆以商人为主体和核心的移民组织——会馆已经普遍建立，主要设有湖广、江西、福建、广东、江南、浙江、山西、陕西等八省会馆。 会馆设有主持馆务并与地方政府进行公务联系的"首事"，即重庆的所谓"八省首事"。 他们逐渐参与了重庆的税捐征收、地方保甲、城市消防、组织团练、重大债务清理以及地方公益慈善事业的管理、商业行帮规则的制定等，[3]在城市社会生活中发挥相当重要的作用。

我们从近代西方世界有关重庆的描述中，也可以印证这个城市早期商业繁荣的景观。 19 世纪 60 年代初，伴随汉口被开辟为条约口岸，长江上游轮船航运的开辟日益显示出必要性，西方世界开始考察上游枢纽口岸重庆的商务与市场。

对于西方世界而言，重庆的城市资源优势首先表现在商业贸易上，重庆是打开中国西部市场的枢纽。 1869 年，英国驻汉口领事在考察了长江上游的市场后指出，"重庆贸易相当著名，此外它地处长江上游的分叉口，位置十分有利"，它既能大量吸收英国的纺织品和消费品向四川各地扩散，又能输出英国急需的土产品。"为了促进对华贸易，要说服（英国）政府在下次修订条约时，为英国商人取得通过长江进入中国腹地（的权利），长江有一千英里可以通航。 这样，货物过境可以避免通过满大人之手，他们征收

---

[1] 向楚等，《巴县志》卷4，上，巴县文献委员会，1939 年。
[2] 到清朝中期，仅往来于重庆及两江上下游以"大江拉把手"为职业的水手、纤夫常年在万人以上。 参见周勇，《重庆通史》（一、二册），重庆：重庆出版社，2014 年，第219 页。
[3] 隗瀛涛，《近代重庆城市史》，成都：四川大学出版社，1991 年，第94 页。

图1-3　晚清重庆全景——重庆中国三峡博物馆藏。

重税，阻滞运输。可以通过放弃现有的两、三个较小的沿海口岸，从中国换取这一让予权，这样做的结果将使英国北部的制造品对中国的输出增加四倍。""到那时，我们（英国）的制造品在交纳海关税以后将存在重庆，而来自本省以及来自云南、贵州各大城市的买主，就能够从这个据点（重庆）用子口税单运走他们购买的货物，只须交付转口税便能运到最后的目的地"[1]。

重庆成为西方人看好的西部中国"有潜力的市场"。因为这座"西部中国的商业都市"，不仅非常富饶，也是"帝国最繁忙的城市之一"[2]。在这个彻头彻尾的商业城市里，有大量的木船往来于此，并且与帝国其他各主要地区都保持着联系。这里有大的钱庄，有做大宗贸易的富裕的商人。[3]"运往扬子江下游和国外的商品必须经过重庆，同样，进入内地的洋货也必须上行到重庆进行交流。这样一来，其结果就全部外贸和相当的内陆省份贸易而言，重庆是四川省的商品集散地，也是唯一的集散地"[4]。

内陆贸易网络中，重庆的商贸枢纽地位优势十分突出。一位美国人这样描述重庆：就沿海各省、华北与整个长江流域而言，重庆是深入中国内陆的最后一个商埠；而从中国西部与外界接壤的角度看，重庆又是深入喜马拉雅另一面的广大神秘领域、与西洋接触的第一扇门户了。[5]作为通往中国内陆最富庶的四川省的门户，重庆城市的巨大商业价值，深深地吸引着西方商人。他们迫切地希望通过打开四川的门户——重庆来占领广阔的内陆市场。"扬子江之富庶，原料出产的数量以及货物消费的力量"是英

[1] 聂宝璋，《中国近代航运史资料》第 1 辑（下册），上海：上海人民出版社，1983 年，第 374、373、400 页。
[2] Isabella L. Bird, *The Yangtze Valley and Beyond*, *An Account of Journeys in China*, *Chiefly in the Province of Szechuan And Among The Man-Tze of Some Territory*, London John Murray. 1899, pp. 495.
[3] "*Baron Richthofen's Letters* 1870-1872," Shanghai：Printed at the North-China Herald, （1903），p.200.
[4] Blackburn Chamber of Commerce, *Report of the Mission to China* 1896-1897, Blackburn：The Northeast Lancashire Press Company, 1898, p. 34-35.
[5] ［美］贝西尔，《美国医生看旧重庆》，钱士、汪宏声译，重庆：重庆出版社，1989 年，第 172 页。

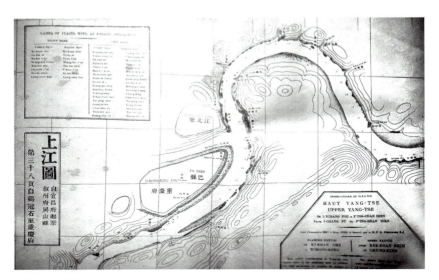

图 1-4 开埠期间的重庆城与长江上游区位图——张晓耿、张译丹,《昨夜西风:重庆开埠影像志》,重庆:西南师范大学出版社,2017 年,第 161 页。

国在远东的最有潜力的市场;同时,"扬子江因交通便利,略事经营,即为英国未来最大而最进步的市场"[1]。 控制扬子江流域,将势力范围向长江上游的四川省渗透自然是英国最为竭力实施的目标,重庆成为实现这一梦想的理想城市。

早期西方世界对重庆的看法,以在四川经商的英国商人阿奇博尔德·约翰·立德(Archibald John Little,又译作立德乐、利特尔)[2]的话语为典型。 1883 年初,立德游历内地,由上海乘轮船到达汉口,然后换木船溯江而上,探察川江航道,经 40 日(一说 50 多天)到达重庆。 立德是近代以来西方人在重庆从事商业活动的第一个英国人。 与早期在长江上游探险的西方军人吉尔(Gill)和驻渝的英国领事(E.C.Baber)等官员不同的是,立德既是一个"中国通",又是一位商人。[3] 他有在上海和中国其他地

---

[1] 方秋苇,《最近列强对四川之环攻》,《东方杂志》第 31 卷第 24 号,1934 年 12 月 16 日,第 86 页。

[2] 《外稿:天足会年会纪略:立德乐君:[照片]》,《万国公报》第 216 期,1907 年 12 月,第 47 页。

[3] Lyman P. Van Slyke, *Yangtze—Nature, History, and the Rive*, Stanford Alumni Association, California, 1988, p.169.

图 1-5 立德肖像——《万国公报》1907 年第 216 期,第 47 页。

方经营商业的经验。[1] 作为商人,立德在重庆开埠以前已经在那里居住了八年。[2] 西方传媒称立德是"中国西部的开路先锋","很少有人像立德那样熟悉西部中国","他的著作……是有关中国的标准书"[3]。

立德对重庆的认识甚至影响了整个西方世界。 他的《穿过长江三峡:在中国西部经商和旅行》一书,对长江上游的经济、社会、文化和风土人情进行了全面的介绍,这是西方世界早期关于四川山川物产的重要著述,在西方世界引起反响。 立德对重庆城市的商业前景作了乐观的预测,他说,"将这个四川省人口最多的商业都市开为商埠,肯定像最近一个住在那里的领事所言,将会在西部中国制造另外一个上海,那样会发现辽阔西部的富庶所在,而重庆正是这一步骤的关键城市。"[4]他将重庆定位于"商业都市""中心城市""上游的纽约""中国的西部的上海"。 立德因为"在川日久,深知川中矿产之富藏,复回英游说各实业家,劝其投资川中,以开发富源[5]"。 立德深知进入四川的关键是打通通往长江上游的航运水

[1] R.S. Gundry, in Archibald Little, *Gleanings From Fifty Years In China*, London: Sampson Low, Marston & Co. Ltd., 1910.
[2] Isabella L. Bird, *The Yangtze Valley and Beyond*, *An Account of Journeys in China*, *Chiefly in the Province of Szechuan and Among the Man-Tze of Some Territory*, London: John Murray, 1899, p. 495.
[3] 《捷报》1909 年 7 月 31 日,第 262 页;《捷报》1908 年 11 月 7 日,第 362 页。 转引自彭朝贵,《英商立德乐在四川的罪恶活动》,中国人民政治协商会议四川省文史资料研究会,《四川文史资料选辑》第 25 辑,1981 年,第 1 页。
[4] Little, *Though the Yang-tze Gorges*, *or Trade and Travel in Western China*, London: Sampson Low, Marston, Searle and Rivington, 1888, pp.5-6.
[5] 邓少琴,《近代川江航运简史》,重庆:重庆地方史资料组,1982 年,第 88 页。

道，于是他开始全身心致力于长江上游轮船航运的开辟活动。"英国绅士们，当然是被他说服了。于是绅士们都争相认股，建造船只。"[1]

晚清以来，西方资本世界的商人和探险家在长江上游和重庆从事经济活动，对开发重庆城市的经济产生了深刻的影响。这些早期的探险家和商人充当了早期西方殖民掠夺者的角色，当然，在这些殖民掠夺活动的背后，不乏若干富于创新的开发中国内陆的经济设想。西方人这种考察重庆地位和经济发展潜力的思维观念，不仅是打开川江航运的借口，实际上也深深地影响了近代重庆商人开发重庆城市资源的实践，民国时期的卢作孚创建民生公司在川江航运业的运作与竞争正是这一经济发展概念的延续。

二、重庆开埠后的城市发展指向

近代中国与西方世界的相遇是两种不同世界秩序的会合。在这场中国最初步入世界舞台的冲突中，清政府始终处于外交弱势，极端被动。加之封闭的外交体制和自我陶醉的文化心态，清王朝已经无法体察中英两国（中西）国势的急剧变迁，更不能对西方近代外交体制的严峻挑战作出敏锐的反应，最终成了西方殖民者的猎物。

《中英南京条约》的签订定下了近代中国屈辱的不平等的条约体制，也使得近代中国的条约口岸成为极其特殊的城市类型。1856 年，英国以"亚罗号事件"为借口，发动了第二次鸦片战争，随即法国加入侵华战争。1858 年英法联军兵临天津城外，清政府再一次先后与俄、美、英、法四国签订了屈辱的和约，满足了各国的侵华要求。其中《中英天津条约》第 10 款规定："长江一带各口，英商船只俱可通商。惟现在江上下游均有贼匪，除镇江一年后立口通商外，其余俟地方平靖，大英钦差大臣与清特派之大学士尚书会议，准将自汉口溯流至海各地，选择不逾三口，准

---

[1] 盛先良，《川江航行之起源及其经过》，《新世界》第 25 期，1933 年 7 月，第 7 页。

为英船出进货物通商之区。"第 11 款又规定:"广州、福州、厦门、宁波、上海五处,已有江宁条约旧准通商外,即在牛庄、登州、台湾、潮州、琼州等府城口,嗣后皆准英商亦可任意与无论何人买卖,船货随时往来。 至于听便居住,赁房、买屋,租地起造礼拜堂、医院、坟茔等事,并另有取益防损诸节,悉照已通商五口无异。"[1]

第二次鸦片战争的结果,英、法达到了渗透长江流域的目的,清政府被迫开放了长江中下游的汉口、九江和镇江三个城市。 列强取得汉口以下长江水道的航行特权,立即开始从事入侵汉口以上的侵略活动。 1861 年,一批外国冒险家私乘帆船入川,对川江航运状况进行调查,此航行长达 5 个月之久,一路上搜集有关水流险滩和帆船航行的资料。 1865 年和 1868 年法国人和英国人又先后派出人员,对四川的政治、经济、地貌、人物及风俗等情况详加考察,并写出许多报告书。[2] 1869 年,上海的英国商会在发给英国外交部的备忘录中强调"除非汉口以上的长江航线开放通航,对华贸易就不能扩张"。 1872 年初,英国商会联合会又在另一份备忘录强调川江通航的意义,一旦通航实现,就能使四川"差不多和欧洲直接连系起来"。[3]

1875 年 3 月 19 日,英国借口"马嘉理事件"正式向清政府总理衙门提出解决事件的 6 条要求,其中包括开重庆为通商口岸和向重庆派驻领事的要求。 次年 9 月,在英国军舰的威胁下,李鸿章和威妥玛(T. F. Wade)正式签署了《中英烟台条约》。 条约分"了结滇案""优待往来""通商事务"三部分和"另议专条"。其中"通商事务"一节明确规定:"湖北宜昌、安徽芜湖、浙江温州、广东北海四处添开通商口岸。 作为领事官驻扎处所","四川重庆府可由英国派员驻寓,查看川省英商事宜。 轮船未抵重庆以

[1] 王铁崖,《中外旧约章汇编》第 1 册,北京:生活·读书·新知三联书店,1957 年,第 97-98 页。
[2] 陶瀛涛等,《四川近代史》,成都:四川省社会科学院出版社,1985 年,第 128-129 页。
[3] 聂宝璋,《川江航权是怎样丧失的?》,《历史研究》1962 年第 5 期,第 131 页。

前，英国商民不得在彼居住，开设行栈。俟轮船能上驶后，再行议办。"[1]

《中英烟台条约》将宜昌列为通商口岸，宜昌地处鄂西，为川江之咽喉，"当长江中上游分界处，山岭重叠，地势险要，被称为'川鄂咽喉'，历来是兵家必争之地，川鄂货运过载转运港口"。[2] 宜昌的开放使重庆直接暴露于西方势力面前。不过，"宜埠虽开，无补市场，于是中外人士，更瞩目于四川天府物产之富饶，派员视察，认为非开辟川江，商务无由繁荣，而重庆一埠，遂为外人觊觎之焦点，必使之开辟而后已"。[3]

《中英烟台条约》使英国获得"派员驻寓"重庆的特权，重庆"在特殊条件下开放"了。1882 年，英国直接向重庆派驻领事，[4] 四川省因此而门户洞开。很显然，英国急于选择重庆作为通商口岸，一方面是因为重庆巨大的商业价值。这种价值主要体现在：第一，贸易的吞吐量；第二，人口众多的潜力市场；第三，水陆交通的枢纽，四川省的门户。重庆成为列强夺取长江上游，开辟中国西部市场的首要目标。另一方面，由于重庆所处的战略地位，使得重庆开埠和川江通航已超越了四川一省的市场开拓，而成为英国借以实现其囊括中国整个西南的庞大战略计划的重要步骤。

不过，《中英烟台条约》虽规定英国可在重庆"派员驻寓"，但英国商人却不能在重庆居住，外国商品也不能进入重庆。在《中英烟台条约》谈判过程中，英国公使威妥玛就提出将重庆作为通商口岸，清政府以"川江峡滩险阻，轮船为不能行"拒绝了英国的要求。不过，在《中英烟台条约》签订后的十年间，英商"屡探峡江险阻"。

---

[1] 王铁崖，《中外旧约章汇编》第 1 册，北京：生活·读书·新知三联书店，1957 年，第 349 页。
[2] 李再权，《宜昌市贸易史料》(1) 第 13 页，转引自隗瀛涛，《中国近代不同类型城市综合研究》，成都：四川大学出版社，1998 年，第 198 页。
[3] 邓少琴，《近代川江航运简史》，重庆：重庆地方史资料组，1982 年，第 2 页。
[4] 隗瀛涛、周勇，《重庆开埠史》，重庆：重庆出版社，1997 年，第 11 页。

1886 年 5 月 12 日，英国驻重庆领事在曼彻斯特商会做了一次关于重庆问题的报告。他全面地介绍了重庆和四川的丰富资源和市场潜力，着重论证了重庆对外开埠和轮船通航重庆的迫切性和可能性。他指出，重庆开埠将导致英国对华贸易的扩大，这种扩大将不仅限于重庆，也不仅限于四川，而是遍及贵州、云南在内的整个中国西南地区。与此同时，英国派驻重庆的领事谢立三（Hoise）往来于川江和四川水系，勘测水道。他在一份报告中指出，只要宜昌至重庆通航，则汉口一路洋货可自重庆转运至贵州、云南和广西，以及四川的泸州、叙府、嘉定、合州。英国驻京代办乐观地预测"英国国旗随着中国西部的这个伟大的曼彻斯特城（重庆）的制造品而四处飘扬的日子，已经不远了"[1]。

1890 年 3 月 31 日，中英两国在北京订立了《烟台条约续增专条》，此即《重庆开埠通商条约》。主要内容有：

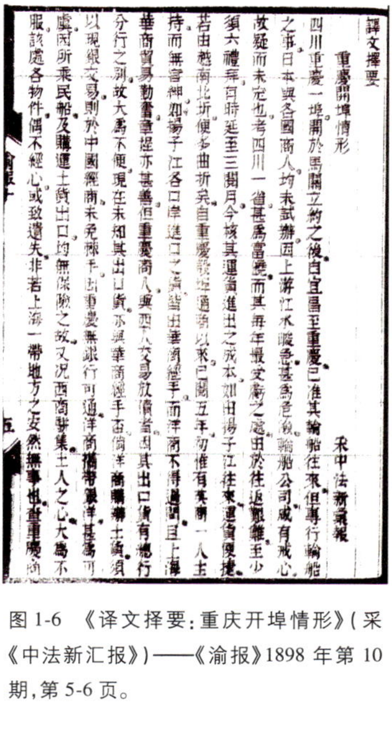

（一）"重庆即准作为通商口岸无异"；

（二）"英商自宜昌至重庆往来运货，或雇佣华船，自备华式之船，均听其便"；

（三）"此等船只自宜昌至重庆往来装载运货，与轮船至上海赴宜昌往来所载之货无异，即照条约税则及长江统共章程一律办理"。除此以外的规定，由宜昌关监督、川东道、重庆宜昌税务司及英国领事"会商妥定"[2]。

至此，英国正式取得了重庆开埠的条约权利。4 月 7 日，伦

图 1-6 《译文择要：重庆开埠情形》（采《中法新汇报》）——《渝报》1898 年第 10 期，第 5-6 页。

［1］聂宝璋，《中国近代航运史资料》第 1 辑（下册），上海：上海人民出版社，1983 年，第 401 页。

［2］隗瀛涛、周勇，《重庆开埠史》，重庆：重庆出版社，1997 年，第 19 页。

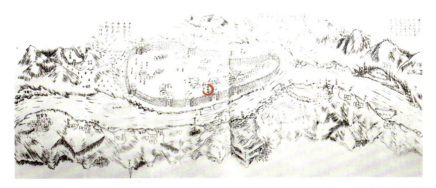

图 1-7　重庆海关管辖范围图（19世纪重庆城区手绘图，红圈内标明为"重庆关"。开埠时期重庆海关的管辖范围本只是这沿江短短一线）——张晓耿、张译丹，《昨夜西风：重庆开埠影像志》，重庆：西南师范大学出版社，2017年，第29页。

敦《泰晤士报》以《重庆地位升级，取得商埠特权》为题，报道了中英订立《烟台条约续增专条》的消息，受到英国工商界的普遍欢迎。"无论如何我们满意地获悉在（中国）已经开放的十九处商埠之外，又增加了第二十个口岸（重庆），而且是位于中国最富庶和最有利可图的地区之一的口岸。经过十四年的努力，《芝罘条约》关于开放重庆的条款不再是一纸空文。"[1]中国海关的英总税务司任命英人好博逊为重庆海关税务司，海关的行政管理权和征收关税权已完全落入西方列强之手。经勘测选址，制定章程，1891年3月1日（光绪十七年正月二十一日），重庆海关成立，重庆开埠。

　　重庆的开埠使英国最终实现了扩大商务、掠夺四川资源的战略目标，并将其侵略势力延伸至长江上游最大的商业口岸。甲午战争后，根据《中日马关条约》，重庆对日本开埠，日本的侵略势力也进入重庆。《中日马关条约》大大扩展了日本侵略重庆的特权，它规定日本轮船可以从湖北宜昌溯长江而上至四川重庆，取得川江通轮、附搭行李、装运货物的特权。这是中国在法律上承

---

[1]　聂宝璋，《中国近代航运史资料》第1辑（下册），上海：上海人民出版社，1983年，第410页。

认列强轮船在川江航行的合法性。

陈旭麓先生指出，近代中国"开埠之趋向是：由沿海入长江；由下游而上游，并逐步进入内陆腹地。 这些埠口，在中国封闭的社会体系上戳开了大大小小的窟窿。 外国资本主义的东西因之而源源不断地泻入、渗开。 这是一种既富于贪婪的侵略性，又充满进取精神和生命力的东西。 它们在旧社会的肌体里沉淀、发芽、生根、膨胀"[1]。 从 1842 年到 1922 年，中国先后经条约被迫开放的商埠共计 79 个，分布以沿海、沿江和东北三个地区为主，其中沿海有 19 个，沿江有 13 个，东北 23 个，西南 9 个，西藏 3 个，西北 12 个。[2] 从近代开埠的口岸分布来看，条约商埠主要是沿着沿海和沿江两条轴线，由东部沿海向西部内陆腹地渗透，由长江下游向上游延伸。 重庆的开埠，标志着中国条约体系的主体格局的形成，即以上海为中心的中国近代"T"字（沿海、沿江区位走势）条约格局形成。 在条约体系的城市群中，沿海城市带具有极大的辐射和影响力。

开埠通商使得重庆的城市地理区位优势得以充分发挥，奠定了重庆作为长江上游区域经济中心的经济基础。 可以说，重庆开埠是城市结构转型的主要外力。 这种外力的特征表现在城市商业的突出的超常发展，由此带动了重庆在全国城市的经济地位，政治地位的迅速提高，为重庆成为长江上游区域的经济中心城市发展奠定了相当的基础。 开埠通商又使得重庆的地理区位优势得以进一步凸现，这主要体现在重庆城市商业贸易功能的强化和川江轮船航运的繁荣与发达，因此奠定了重庆城市发展的经济基础。

商业贸易是重庆城市经济发展的增长点。"西方文明"初期的冲击波体现在外层带（就地理或文化而言）方面，主要是现代商业的冲击。 外国商品大量输入，进出口贸易急剧增长。 外商在

[1] 陈旭麓，《近代中国社会的新陈代谢》，北京：生活·读书·新知三联书店，2017 年，第 115 页。

[2] 隗瀛涛，《中国近代不同类型城市综合研究》，成都：四川大学出版社，1998 年，第 22 页。

重庆开设的洋行、公司，直接向四川各地倾销商品，掠夺原料。外商在重庆开设的洋行也形成了自己的商业购销网络，它们帝国主义洋行收买和利用洋奴买办为它攒货，而买办又依靠字号，字号依靠行栈，行栈依靠中路，中路依靠产区贩商和各地山客，为洋人卖力而从中获利，[1]美孚石油公司在 1910 年进入重庆，1913年在重庆建油库、建营业办公机构。到 1927 年美孚已在四川境内发展经销商 50 多家。民国初年重庆输出的猪鬃、桐油、肠衣等，来源大多限于四川省内，到 20 世纪二三十年代其集纳范围已扩展到湖北、云南、贵州等地。1929 年，肠衣在国际市场销量大增，英商安利洋行和法商吉利洋行便一方面支持为他们攒货的商贩在川北各地抢货，一方面向贵州等地拓展市场。[2]

重庆开埠后，商品贸易发展很快，尤其是进出口贸易的数值猛增，在重庆城市经济结构中占据主导地位，进出口贸易成为重庆城市的一个主要功能。重庆进出口贸易总值，1891 年为白银628 万海关两，到 1901 年增至 2 426 万海关两，10 年之间增长了近 3 倍；1911 年又上升到 2 914 万海关两，为开埠时的 4.6 倍。其中进口总值由 1891 年的 445 万海关两增至 1911 年的 1 907 万海关两，出口总值由 202 万海关两增至 1 006 万海关两。其次，开埠以后重庆的商品结构也发生了巨大变化：进口货物中传统的手工业（湖广土布、铁器）和土特产品基本上已被机制洋货（洋纱、洋布、呢绒、金属品等）代替。据统计，1891—1901 年的 10 年间，在进口货值中，洋货占 80％以上，到 1911 年以前一般也在70％以上，这些进口洋货中，纺织品又约占 70％。出口货物中，不仅原有的生丝、绸缎、白蜡、药材等出国货值大大增长，而且又增加了猪鬃、羊毛、羽毛等新品种。这些变化表明，开埠以后的

[1] 中国人民政治协商会议四川省重庆市委员会文史资料研究委员会，《重庆文史资料选辑》第 3 辑，重庆：重庆出版社，1979 年，第 82 页。
[2] 沈祖炜，《近代重庆、上海经济关系简析》，孟宇涵，《历史科学与城市发展：重庆城市史研讨会论文集》，重庆：重庆出版社，2001 年，第 28-29 页。

重庆商品市场已经迅速扩大到国际市场的范围。[1]

此外，开埠前后的重庆城市商业贸易功能的加强，使得城市的资本迅速积累。首先是重庆占据地理区位上的优势，通过长距离贸易贩运迅速积累了资金，"临（邻）省外洋来川之品，较产地十倍至昂"[2]，例如重庆布商在清咸同年间约有10余家，资本总额约银1万两以上。到光绪初年增至30家，资本共计9万两以上。光绪中叶又发展到60家，资本额约36万两以上，到宣统时，已有90家，资本额至少在90万两以上。[3] 再如重庆商人刘继陶在光绪时集股5万两银，组成"德生义"商号，经营山货、药材，不到两年的时间，德生义的资金，就积累到10万两银子以上。之后，刘继陶放手经营，不断扩大业务，先后派学徒深入滇、黔产地大量收购山货、药材。此后，德生义以重庆为枢纽，进出口贸易一帆风顺，盈利越积越多。重庆开埠以后，德生义在重庆以土货出口，从宜、汉进货棉花、布匹，很快盈利20多万两银子，连同当时的德生义的资金号称百万。刘继陶遂成为重庆最早的一个"百万富翁"[4]。另一商人杨文光1886年与他人合资1万两组成"聚兴仁"商号，从事进出口贸易，1898年便获净利达60万两，为其资本的60倍。清末他拥有资金在100万两以上。[5]

商业贸易的迅速发展，使重庆产生出一个新的商业冲击浪潮。美国田纳西大学教授郝延平研究指出，"19世纪中国同西方的经济关系，促进了成熟的商业资本主义，这一商业资本主义构成

[1] 周勇，《一个世纪的历程——重庆开埠100周年》，重庆：重庆出版社，1992年，第41页。

[2] 《四川教育官报》光绪三十三年，第7册，《奏议》。转引自周勇，《重庆通史》（一、二册），重庆：重庆出版社，2014年，第278-279页。

[3] 卓德全等，《重庆布匹商业的早期概况》，《重庆文史资料选辑》第3辑，重庆：重庆出版社，1979年，第32-36页。

[4] 中国民主建国会重庆市委员会、重庆市工商联合会文史资料工作委员会，《重庆工商人物志》，重庆：重庆出版社，1984年，第3-5页。

[5] 中国民主建国会重庆市委员会、重庆市工商联合会文史资料工作委员会，《重庆工商人物志》，重庆：重庆出版社，1984年，第19-30页。

一场商业革命。 在 18 世纪后期,中国沿海地区经历了新的商业活动的酝酿,从中显露出一个新的经济结构。 在 19 世纪 20 年代到 80 年代之间,市场结构、商业的金融方面、贸易中心、航运以及经营方式等变化如此广泛、显著和迅速,以致从总的后果来看,似乎是革命性的。"[1]从某种程度上说,重庆就是在这个"商业革命"的冲击下,城市发生了巨大的变迁。 而这个变迁持续到 20 世纪的二三十年代,以卢作孚民生公司和地方商人的商战和竞争意识的出现为高潮。

与中国条约体系的城市相比较,重庆在受到西方商业的影响和殖民文化的冲击方面,远远小于沿海的各商埠。 隗瀛涛教授指出,重庆的开埠揭开了重庆城市近代生活史,"开埠带来了重庆城市经济结构、社会结构、地域结构的变化,也带来了社会观念和社会心理的变化。 同时也激起了重庆人近代民族意识的觉醒,近代意义的民族解放运动的兴起"[2]。 当然,应该看到的是,开埠时期,重庆城市的巨大变迁仅仅是起步而已,甚至到了抗战前夕,重庆城市结构的变迁都未能达到上述估计的程度。 谢放研究认为,对开埠到民初的重庆城市商业贸易变迁,不能夸大西方的冲击对于重庆传统商品经济的解构能力。[3]

此外,开埠以后重庆外贸主要控制在华商手中,也是明证。据统计,1890—1911 年,外国在重庆设立的洋行、公司、药房、酒店 51 家。[4]这些洋行专门经营进出口贸易,川江航运、煤矿、猪鬃等,进出口贸易成为城市经济中占主导地位的支柱行业,具有支配作用。 重庆城市经济运作开始被置于国际资本市场,西方资本主义的经济因素的影响加深,并日趋边缘化。

[1] [美]郝延平,《中国近代商业革命》,陈潮、陈任泽,上海:上海人民出版社,1991年,第 1 页。
[2] 隗瀛涛,《论重庆开埠与重庆城市近代化》,载《一个世纪的历程——重庆开埠 100 周年》,重庆:重庆出版社,1992 年,第 12 页。
[3] 谢放,《开埠前后重庆进出口贸易的演变》,载《一个世纪的历程——重庆开埠 100 周年》,重庆:重庆出版社,1992 年,第 291 页。
[4] 隗瀛涛、周勇,《重庆开埠史》,重庆:重庆出版社,1997 年,第 52-55 页。

图1-8　卜内门洋碱公司广告图——张晓耿、张译丹,《昨夜西风:重庆开埠影像志》,重庆:西南师范大学出版社,2017年,第83页。

重庆开埠以后的对外贸易,是以进口洋纱、洋布和出口生丝、药材、山货等为大宗,但经营这些进出口贸易的商人和机构主要还不是洋商,而是华商。[1] 重庆本地的12家同业公会,经营着棉花、棉纱、布匹、食盐、丝绸、食糖、纸张、杂货等商品,它们与外省会馆特别是中、汉大商及所属商行、字号,"构成了重庆商业流通的主渠道"[2],如占洋货进口值50%~60%以上的洋纱进口,就由27家重庆商人垄断经营,同时形成了一个完整的洋布销售网。外国在渝的商行多系经营丝绸土产和原料,仅在桐油、猪鬃、肠衣等方面利用买办行商力量一度居于垄断地位,但这些物资在1911年以前的出口总值中仅占百分之几,大量出口物资仍然由华商经营。1911年以后,桐油、猪鬃出口才逐渐上升到20%以上,但经营这些物资的也不全是外商。因此,"重庆商业主要部分是在华商手中"[3]的结论应该是符合事实的,这是重庆区别于条约体系中其他城市的重要因素。

再看川江航运业,直到20年代初期外资并不占主要地位。另据这一时期的西方媒体的研究报道,重庆对于西方的回应并不是像一般估计的那样乐观。重庆海关报告指出,"在重庆初开为通商口岸时,关心售卖洋货的人们都抱着生意兴隆的大希望;虽然

---

[1] 《译文择要:重庆开埠情形(采《中法新汇报》)》,《渝报》第10期,1898年1月,第5-6页。

[2] 周勇,《重庆:一个内陆城市的崛起》,重庆:重庆出版社,1989年,第125页。

[3] 周勇,《重庆通史》(一、二册),重庆:重庆出版社,2014年,第291页。

输入数量确属步步高升，但是实现的成绩却未如预期之好。"[1]开埠以来城市商贸发展幅度的迟缓，显示重庆对来自西方的"冲击"之"回应"机制尚未建立。

三、重庆的日本租界

条约体系城市群的最大特征是外国租界的设立，租界是西方势力渗透中国社会的重要媒介。有学者指出，"设有租界的约开商埠与没有设立租界的约开商埠具有很大的区别。"据统计，从1845年第一个租界上海英租界的建立开始，半个多世纪中，西方列强先后在近代中国的条约体系中设立了25个专管租界和2个公共租界。[2]事实上，条约体系城市群中，租界的示范作用很不平衡，重庆的日本租界就是一个典型例子。1901年日本强租南岸王家沱，设立专管租界，这是最早开辟于中国内陆腹地的外国租界。日本租界是早期重庆作为开埠城市的重要符号，从租界对重庆的影响也可以看出重庆与条约体系其他城市的差异特征。

重庆开埠以后，川东道张华奎鉴于重庆府城朝天门处长江南岸的王家沱"地旷民稀，易与华商隔别"[3]，指定该地为各国通商界址。中日双方就远离主城的租界选址进行了交涉。1896年5月，日本驻上海总领事珍田舍已到重庆选择日租界界址。升任川东道的张华奎根据清政府的指令，仅同意日人在重庆设立通商场，并力主将日本通商场"归并王家沱一处，为各国通商总场"[4]。珍田舍已力图将日本通商场设在较为繁华的区域，"别索江北厅地"，张华奎"以非原约拒之"。珍田舍已又力争通商场的行政管理权等，张华奎也坚决地加以拒绝。经过几番交涉，双方就重庆日本通商场等问题拟定合同。在日本公使的威胁恫吓

[1]《1892年—1901年重庆海关十年调查报告》，周勇、刘景修，《近代重庆经济与社会发展》，成都：四川大学出版社，1987年，第117页。
[2] 隗瀛涛，《中国近代不同类型城市综合研究》，成都：四川大学出版社，1998年，第222-224页。
[3] 顾廷龙、戴逸，《李鸿章全集》26电报六，合肥：安徽教育出版社，2008年，第227页。
[4] 向楚，《巴县志选注》，重庆：重庆出版社，1989年，第732页。

下，1896 年 10 月 19 日，清政府与日本方面签订了《中日公立文凭》。 日本学者研究指出，从该 4 条的内容看，也可以想象出是日本借着战胜的势头对清政府施威，终于逼迫清政府让步。 日本也终于正式获得在中国 8 个城市开设租界的权利，而其中重庆租界是距离日本本土最为遥远的一处。[1]

此后，经过多次交涉，到 1901 年 9 月 24 日，川东道宝棻与日本驻重庆副领事山崎桂订立《重庆日本商民专界约书》。《专界约书》共 22 条，第一条明确规定了租界的位置与面积，以王家沱长江沿岸（南北方向）约 100 丈为宽，包括长江岩坎沙滩 50 丈长及内陆（东西方向）350 丈，共计 400 丈的长方形土地被定为租界，长江沿岸向东 100 丈为上等地，再往东 100 丈为中等地，剩余 150 丈为下等地。[2]

根据《专界约书》，租界内"警察之权、管辖道路之权及其余界内一切施政事宜，悉归日本领事官管理"。 规定王家沱专管租界的租期为 30 年，其租用方法为中国方面负责向地主收买界内土地，然后交给日本领事馆，专供日本商民承租执业。 至此，重庆地方政府对王家沱地区的行政管理权、司法权完全丧失。 迄今为止，有关王家沱租界的中文文献是匮乏的。 能够看到的典型记载有：日本人在租界内"大胆建筑市街，设置巡捕，添造堆栈、码头，创办学校、工厂，并派遣兵轮游弋江面，常驻保护"[3]。 很快，日本租界内开设了有邻公司、大阪公司、又新丝厂、武林洋行、日清公司等，大批日本军舰、商轮、挂旗船停泊在王家沱江

[1] 田畑光永，《长江上游的梦痕——重庆租界》，[日] 大里浩秋、孙安石，《租界研究新动态（历史·建筑）》，上海：上海人民出版社，2011 年，第 86-89 页。 有关王家沱日本租界的中日交涉研究，还可参见李少军，《甲午战争后六年间长江流域通商口岸日租界设立问题述论》，《近代史研究》2016 年第 1 期，第 4-29 页，第 160 页；王进，《近二十年重庆日租界研究述评》，《重庆三峡学院学报》2016 年第 4 期，第 109-113 页。

[2] 王铁崖，《中外旧约章汇编》第 2 册，北京：生活·读书·新知三联书店，1959 年，第 1 页。

[3] 黄淑君，《重庆工人运动史（1919—1949）》，重庆：西南师范大学出版社，1986 年，第 137 页。

图1-9　王家沱租界图——张晓耿、张译丹,《昨夜西风:重庆开埠影像志》,重庆:西南师范大学出版社,2017年,第159页。

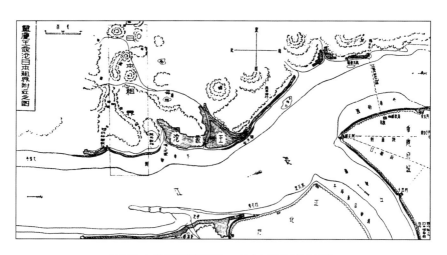

图1-10　王家沱租界附近图——重庆中国三峡博物馆藏。

面，俨然成"一个四川内地的一个小日本国"[1]。

值得注意的是，重庆日租界的"现代"示范效应极其有限。由于史料的局限，笔者无法就日本如何在重庆的租界内部统治的实况进行深入的研究。不过，有一点很清楚，即日本所占据的租界位置并非市区繁华商业区段。据邓少琴的文字，直到 1901 年，王家沱租界"惟是年尚无日商居住其地。次年日人始在王家沱设立火柴公司，其出品为红头火柴，销行贵州。重庆市场集中大城，王家沱偏在南岸下游，往来不便，以是日人虽据有租界，而商务无由繁荣"[2]。商务不振，界内土地鲜有租赁者，制约了日租界的拓展，租界内的大规模现代化建设也更无从谈起。因未实行《居留民团法》，重庆的日租界实际上运行的是领事独裁的行政体制，日本政府自己也将其称为"未发达"的租界。[3] 事实上，重庆的日租界似乎并未呈现出繁荣的图景，租界内建成的房屋屈指可数。据记载，直到 20 世纪 30 年代，当地只租出 232 亩土地，只占租界总面积的七分之一。[4]

日本学者田畑光永专题讨论王家沱日租界的"萧条""不景气"状况。他指出："重庆租界与其他城市租界不同的是，其设置并不是由于侨民的活动带来的需要，而是租界的设置成为侨民等活动从无到有的开端。此外，由于重庆特殊的地理条件，长江的洪流把日租界与繁华的城市中心（城内）分隔开来，并且没有接通两岸的桥梁，所以自始至终，租界内的日本人，都比在租界之外城内居住的日本人要少得多。由于领事馆也设在城内，可以说日租界并没能成为重庆日本人活动的据点。""与租界一词给人的商业、服务业中心的印象相反，设在重庆租界内的，主要是雇用当地劳动力的生产工厂。而且目前能够确认的，也只有火柴工厂和纤维工厂两家而已。"这一判断是基于日本外务省外交史料馆藏

[1]《收回王家沱特委会敬告租界内本国民众》，《新蜀报》1931 年 10 月 21 日，第 6 版。
[2] 邓少琴，《近代川江航运简史》，重庆：重庆地方史资料组，1982 年，第 63 页。
[3] 费成康，《中国租界史》，上海：上海社会科学院出版社，1991 年，第 170-174 页。
[4] 向楚，《巴县志选注》，重庆：重庆出版社，1989 年，第 733-742 页。

的公电、报告等史料。 作者大量援引日方上述文献，尝试再现重庆租界的历史面貌，为展示王家沱租界内部景象提供了细节。 据1907年日本驻重庆领事馆代理池永林《辖区内区域状况调查》报告，位于重庆城长江对岸下游约2英里之右岸，王家沱租界内"仅有宫坂九郎的火柴制造所。 欧美人自不必论，本邦人亦多于城内与清国人杂居"。 田畑光永指出，"作为甲午战争的战胜国之一，先于他国而获得的重庆租界，实际上是在没有经过对其必要性及其有用性的考察与研究的情况下，匆忙购买的一种期货。"[1]

日本王家沱租界的这种"惨淡开局"一直在持续。 1921年，重庆领事馆馆内报告对此有较为具体描述，报告称："我租界距重庆城较远，其间交通（须得横渡长江）亦甚为不便（尤其夏季涨水期行舟甚为危险，以至于时而与重庆之交通断绝），时至今日，经济上尚未有任何之发展。 若非周遭现一极大之变化，于较近之将来似难有所期待。 以今日之状况推想不久之将来，唯能寄希望于重庆法人之较大发展，则作为法人之仓库或是工厂，或许多少能有所发展而已"。 该报告还提供了租界内日本侨民居住人数与招募中国工人的调查情况。 报告称："目前除邦人经营之有邻公司（火柴工厂）及又新丝厂（制丝工厂），只有不满400之原有支那农民居住耕作于此。"田畑光永指出，从这份报告可观察出记录者——日本驻重庆官员的心态，即"租界发展的评价标准只设定在日本人势力扩大这一点上，并为形势不如所愿而遗憾的态度"。再据重庆日本领事馆的《重庆概览》1926年4月对居住在重庆的外国人数的统计，日本在渝的侨民由73人增加到121人，就总人数而言，仅次于英国，居于第2位，但增长势头则远远不及英国。在约书签订后的30年，对那些居住在租界内的充当工厂工人或事务员的日侨来说，虽然处于日本的专管区域，但由于交通上的不

---

[1] 田畑光永，《长江上游的梦痕——重庆租界》，［日］大里浩秋、孙安石，《租界研究新动态（历史·建筑）》，上海：上海人民出版社，2011年，第84页，第99页。

便，其发展颇不尽人意。[1]

20 年代末期重庆城市建设全面启动，城市空间拓展到南岸，重庆的日租界有了发展的机遇。但"九一八"以来全民族的抗日救亡运动，以及激烈的民族主义情绪和抵制日货的冲击，重庆的王家沱日租界最终还是没有获得随重庆城市空间拓展而可能带来的发展机会，"西方文明的示范和城市管理与建设的展示"效应在重庆彻底失败。加之"日本在四川之势力比较英、法薄弱，数十年来都是一种商务关系的维持"。即使是商务关系，日本的影响也不能与英国相比。以川江航运为例，"九一八"后，"日本在川江所活动的商轮货运亦被压倒，取而代之的是英国太古公司"。实际上，日本到了 30 年代初期以后，在华北取得独立地位，并在中原获得飞速的发展，才将其势力注重到四川省。1934 年以后，日本政府派定四川的领事为中野高一，开始在重庆王家沱租界"计划修筑市街"，注意于"繁荣"之表现，[2]以强化日本对四川地方的影响。这一切似乎无济于事。

事实上，王家沱租界从它设立起，就一直遭到重庆人民的强烈反对，重庆人民对租界有着切齿之恨。据目前能够看到的材料，王家沱日租界留给重庆的多半是"掠夺"与"侵犯主权"的话语，如王家沱租界内"不惟中国官厅不敢侵越它的权限，而且界内华人，反受它的支配与侮辱"；日本人在租界内"公然常带武器

图 1-11　漫画：南岸王家沱——《商务日报》1934 年 7 月 22 日。

[1] 田畑光永，《长江上游的梦痕——重庆租界》，[日] 大里浩秋、孙安石，《租界研究新动态（历史·建筑）》，上海：上海人民出版社，2011 年，第 105-107、109、112 页。

[2] 方秋苇，《最近列强对四川之环攻》，《东方杂志》第 31 卷第 24 期，1934 年 12 月 16 日，第 90 页。

横行市街，白昼行劫，毒打华人。并界内大道不准华人经过，俨然夺主喧宾。甚且窝盗漏税，包办玛琲（吗啡）"；"王家沱地方，日水兵目无法纪，狂醉裸体，窜扰四乡，估奸估抢，时有所闻。附近一带路断行人、无辜同胞听其凌辱"；"王家沱界内日本人，利用华人资本，吸取华工血汗，以充实他的商业，雄厚他的势力，将骨炸油，坐享其成。"[1]王家沱日本租界的经营，在重庆激起的是仇恨，并非"现代"的辐射源。

在民族主义运动的激发下，重庆市工人、学生和商人以罢工、示威和罢市等方式展开了声势浩大的收回王家沱租界的运动。1931年8月31日，巴县"民气激昂"，各团体召开集会。9月15日，重庆市与江北县、巴县地方自治促进会代表召开联席茶话会议，决定于18日上午10时在巴县地方自治促进会礼堂召开扩大会议。次日，自治促进会联合发表了一市二县《民众自主收回王家沱筹备会通知》。9月20日，巴县县政府呈请国民政府外交部收回王家沱日租界电，缕陈理由六项，称"目前中国民气，不似从前，职恐蕴酿日久，一旦爆发，难于抑压，转碍中日友谊。此王家沱日本专管界，为敦睦邦交计，应即收回之理由也。"[2]。

1931年9月24日，王家沱租界租期届满（《专界约书》第10条规定租契以30年为期），正值"九一八"事变以后全国反日怒潮，重庆各界再次掀起了收回租界的运动，声援全国人民的抗日救亡运动。四川各界民众自动收回王家沱租界运动大会发表《告民众书》，并呈文四川善后督办署，要求该署"照会驻渝日领事，迅速交还王家沱，以全领土而维国体"。新组成的"四川各界民众反日救国大会自动收回日租界特组委员会"发表《告租界内本国民众书》，严正指出："日本人在王家沱地方，不惟恶佃欺主，藐视国权，而且凌辱华人，坐享权利。种种不法，在此三十年内

---

[1]《四川各界民众反日救国大会自动收回王家沱日租界特组委员会告租界内本国民众书》，四川大学历史，《四川人民收回重庆王家沱日租界斗争档案资料选辑》《四川人民反帝斗争档案资料》，成都：四川人民出版社，1962年，第164-165页。

[2] 观海，《重庆王家沱日租界地方政府拟自动收回》，《观海》第1期，1931年6月，第28页。

我们已经受够了。今年九月二十四日，三十年租期已满，我们的政府软弱，是不可靠的，难道我们民众还能听其占据王家沱，继续支配及侮辱我们吗？！望大家一致的奋斗，自动收回"。[1] 10月4日的《东京朝日新闻》第2版，以《重庆形势动荡、各地之排日状况》为题报道王家沱租界收回运动事态，称："（重庆）日本领事馆的墙壁被张贴20～30张反日宣传传单，形势不容乐观。反日会在报上公布日清汽船的买办、警察局的通牒、航行向导等人的姓名，威胁说如果3日之内不退去将不择手段。"10日，该报第2版刊发《重庆全体邦人、只有撤离一途》。[2] 在重庆人民强大的"经济绝交"——反日罢工，抵制日货，停止给日本人供应生活用品——的压力下，同年10月22日，驻渝日本领事、侨民和兵舰被迫撤出重庆，24日政府当局接管了王家沱。至此，"日本租界的领事馆及商务机关全部瓦解了"[3]。

应该说，作为近代中国不平等条约体制下的开埠口岸，重庆的特征并不典型。就王家沱专管租界的特殊状况看，这个凭借甲午战争之影响设立起来的重庆的唯一租界，不仅"没能成为日本人活跃的舞台"[4]，而且对重庆城市的现代化进程，也远未发挥出"样板"的示范效应。在运行短短30余年后即为中国抗日民族意识的巨大洪流所吞没。

[1]《四川各界民众自动收回王家沱日租界记事录》，黄淑君：《重庆工人运动史（1919—1949年）》，重庆：西南师范大学出版社，1986年，第141页。有关"九一八"事变后巴县地方自治促进会组织收回王家沱日租界的抗议活动记载另参见：《巴县呈覆收回期满王家沱日租界情形及日本不守诺言案》，四川省档案馆藏陆军第二十一军司令部全宗，档案号：民176-01-225，1931年11月，第1-35页。

[2] 田畑光永，《长江上游的梦痕——重庆租界》，[日]大里浩秋、孙安石，《租界研究新动态（历史·建筑）》，上海：上海人民出版社，2011年，第120-121页。

[3] 方秋苇，《最近列强对四川之环攻》，《东方杂志》第31卷第24期，1934年12月16日，第90页。另据隗瀛涛，《近代重庆城市史》第635-636页：1932年日本获得国民政府的同意，以看守财产为由，再次派员回到王家沱。直到抗战爆发，才由重庆市政府接管王家沱租界，日领事下旗回国。

[4] 田畑光永，《长江上游的梦痕——重庆租界》，[日]大里浩秋、孙安石，《租界研究新动态（历史·建筑）》，上海：上海人民出版社，2011年，第125页。

四、各国领事馆和洋行的设立

重庆开埠以后，西方影响还通过设立驻渝领事馆、传教士、教会医院以及教会学校等方式渗透到内陆。而驻扎在城里的各国使领馆，则成为重庆城市早期国际化的一种符号。

早在开埠以前，英国已向重庆派设领事，但当时是否设有领事馆，不详。[1] 1890年中英《烟台条约续增专条》订立，英国从此不仅取得了重庆开埠的条约权利，且得以凭此在重庆建立领事馆。同年，英国驻重庆领事馆成立，以卢福礼为首任领事。馆址初设方家十字麦家院，1900年以后迁至领事巷。[2] 这是西方国家在重庆设立的第一个领事馆，成为英国管理四川事务的枢纽。

甲午战争以后，西方列强掀起瓜分中国的狂潮，内陆重庆自然成为他们掠夺的重要目标。1896年法国、日本、美国也要求在渝设立领事馆。经与清政府议定，法国政府于1896年3月在重庆设立领事馆，任命原驻汉口副理事哈士为首任领事，继任者还有安迪、穆文吉、何世康等人。馆址设于城内的二仙庵。[3]

《马关条约》使日本得在重庆设立领事馆。1896年5月日本首任驻渝领事加藤义三到达重庆。同月，领事馆设于城内小梁子五公馆。[4] 同年7月，中日两国订立的《通商行船条约》第三款规定了领事特权，即："大日本国大皇帝陛下，酌视日本国利益相关情形，可设立总领事、领事、副领事及代理领事驻中国已开及日后约开通商各口岸城镇。各领事等官，中国官员应以相当礼貌接待，并各员应得分位职权、裁判管辖权及优例豁免，利益均照

[1] 隗瀛涛、周勇，《重庆开埠史》，重庆：重庆出版社，1997年，第32页。

[2] 向楚，《巴县志选注》，重庆：重庆出版社，1989年，第702页。

[3]《法国在重庆设领事案》，见巴县档案，四川大学历史系原藏抄件。转引自隗瀛涛，《近代重庆城市史》，成都：四川大学出版社，1991年，第587页。

[4] 隗瀛涛，《近代重庆城市史》，成都：四川大学出版社，1991年，第587页。另据清末《重庆租界商埠图》的标示，日本领事馆于1907年6月白须直到任后才迁于"临江门大井街"，而1912年5月又迁至培德堂。参见马剑、孔琳，《日本京都大学藏清末〈重庆租界商埠图〉》，《历史档案》2013年第3期，第139页。

现时或日后相待最优之国相等之官一律享受。"[1]1911 年前，担任领事的先后有高桥德太郎、堺与三吉、山崎桂、富田义铨、德丸作藏、池永林一、白须直、河西信等人。[2] 1928 年 3 月末，日本重庆领事馆辖内有日侨 86 人，主要是居留民会和一些商业界人士，如日清汽船会社等。 这些日本侨民除了游人，还有教师等，但更多的是商人及家属，他们还成立过日侨团体。[3]

继英国、法国、日本之后，1896 年 12 月，美国在重庆开设领事馆，首任领事石密特。 此后，在 1911 年前担任此职的还有密勒、米哲尔、潘生、贝克等人。[4] 其馆址在城内五福官前。

1904 年 8 月，德国在重庆领事馆建立，派两官员办理四川一省的交涉事务。 其中一名副领事为米雷尔，驻重庆"经理日行公事"，另一名副领事卜思则"时常须往成都"。[5]

与领事馆密切联系的是西方渗透到内陆的公司、洋行、学堂、医院等载体，展开了一个全面影响内陆民众的网络。 开埠以后，英、法、日、美、德各国纷纷在重庆设立洋行、公司、商行、教堂、学校、医院，重庆成为西方列强侵略西部中国和渗透势力的据点。 1890 年，重庆第一家外国洋行——立德洋行在下陕西街开办，专门经营进出口贸易，以及航运、煤矿、猪鬃等。 以后，立德还开办专门从事运输业的重庆有限转运公司和专为挂旗船保险的利川保险公司。[6] 据统计，1890—1911 年外国先后在重庆设立过的洋行、公司、药房等共 46 家，其中英国 15 家，德国和日本各 11 家，法国和美国各 4 家，英美合办 1 家。 1911 年实际在

---

[1] 隗瀛涛、周勇，《重庆开埠史》，重庆：重庆出版社，1997 年，第 32-33 页。

[2] 向楚等，《巴县志》卷 16，交涉，1939 年，第 51 页。

[3] 房建昌，《近现代设于重庆和成都的日本领事馆》，《档案史料与研究》2001 年第 3 期，第 88-96 页。

[4] 隗瀛涛、周勇，《重庆开埠史》，重庆：重庆出版社，1997 年，第 33 页。

[5] 《公牍：外务部咨准德使照称在重庆设立领事文》，《四川官报》第 29 期，1904 年 11 月，第 5 页。 另据邓少琴，《近代川江航运简史》"大事年表"（重庆地方史资料丛刊，1982 年 10 月，第 137 页），1904 年德国在重庆设立领事馆，领事为米罗（Mullor）。

[6] 周勇，《重庆：一个内陆城市的崛起》，重庆：重庆出版社，1997 年，第 103 页。

重庆的外国商务机构达 28 家。[1]

在近代重庆城市发展史上，西方教会和传教士是一股特殊的政治力量。 重庆开埠以前，传教士在相当程度上卷入了本国政府侵略中国的事务，并扮演了重要角色。 据立德记载，1883 年重庆有三个基督教传教团：美国循道宗教团，中国内陆传教团和天主教传教团。 后者是最老、最重要的一个，在重庆的教徒超过3 000人。[2] 另据统计，重庆开埠十年内，在重庆的西方教会由 7 个增加到 9 个，增长近 30%；在川外籍传教士由 175 个增加到 315 个，增长了 180%，医院学校等由 13 个增加到 673 个，增长了51 倍。[3]

民国以后，西方传教士在重庆的传教及其在重庆的慈善事业，一直没有中断过。 20 世纪的最初十年，在重庆的传教士活动颇具声势。 据一位美国商人的观察，1917 年 4 月，在重庆活动的传教士来自英国、加拿大和美国等国。 这些传教士在这座城市的西边创办了不少的教会学校。[4] 直到 20 世纪 30 年代，重庆的江面都停泊着美国等西方国家的兵舰，这不仅显示了重庆是一个"开放的口岸"，更为重要的是"这意味着英国和美国拥有一种特权，这种特权就是他们的商业兴趣可以得到保护"[5]。 这种"作为美国人危难时候的庇护所"成为"华盛顿"的代表。[6]

---

［1］王笛，《跨出封闭的世界：长江上游区域社会的研究（1644—1911）》，北京：中华书局，2001 年，第 292-293 页。

［2］［英］阿奇博尔德·约翰·立德，《扁舟过三峡》，黄立思译，昆明：云南人民出版社，2016 年，第 105 页。

［3］周勇，《重庆：一个内陆城市的崛起》，重庆：重庆出版社，1997 年，第 88 页。

［4］Chester Fritz, *China Journey: A Diary of Six Months in Western Inland China* (1917), The School of International Studies University of Washington and the Chester Fritz Library University of North Dakota, 1981, p.72.

［5］"A Refugee Letter: On Chungking—Ichang Steamer, CHI PIN," *The West China Missionary News*, (April, 1927), pp.19, 19-20.另外，有关西方军舰保护外侨和商民的资料可参见：William L. Hall, "*A Fortnight On A Cargo-Boat, I. Chungking to Hochow*," *Asia*, Vol. 22, (April 1922), pp.167-221.

［6］［美］贝西尔，《美国医生看旧重庆》，钱士、汪宏声译，重庆：重庆出版社，1989 年，第 103 页。

图 1-12　法国军舰"奥立"号停泊在法国水师兵营下面的岸边

图 1-13　重庆的日舰:旗舰"比良"号停靠岸边,左上角是"势多"号,右上方是"坚田"号

图 1-14　德国军舰 Vzterland 号停靠在重庆长江边

图 1-12、1-13、1-14 来源:张晓耿、张译丹,《昨夜西风:重庆开埠影像志》,重庆:西南师范大学出版社,2017 年,第 195、168、105 页。

第三节　川江航运的开辟与重庆的开放

川江，重庆与外界交流的"黄金水道"。 西方列强致力于川江轮船航运的开辟，为重庆的开埠铺平了道路。 不过，真正商业意义上的川江航运是从四川川江公司开始的，这是川人"争夺利权"的产物。 在"经济民族主义"旗帜下，川江航运中外商业竞争白热化。 对重庆城市而言，轮船的到来，改变的将不仅仅是经济结构，也不仅仅是贸易的繁荣；更为重要的是，轮船成为沟通重庆与外界的"桥梁"。"黄金水道"的意义第一次如此深刻地表现出改变重庆人生活的趋势。

一、川江航运的开辟

重庆，这个西方人梦寐以求的西部市场，不论城市本身是否具备了发展的条件，占据这个口岸就可以有着超常的发展空间。尽管对重庆而言，发展的机遇是从屈辱的被动中获得，但川江轮船航运的开辟，为重庆摆脱封闭的状态打开了最现实的途径。

川江上轮船的通航是 19 世纪 80 年代中叶以后英国人侵略活动向重庆不断渗透的结果，也是重庆开埠的前提条件。 航业为交通的命脉，也是贸易消长的关键因素。 为打开长江上游极具战略意义的商业中心城市重庆的市场，开辟并垄断川江轮船航运权便成为外资在长江上游活动最初的起点。 早在 19 世纪 60 年代，英、法等列强开始为汉口以上的长江上游轮船通航而努力调查市场、搜集资料。 1872 年，英国商会再次上书英国政府，要求长江上游开放，以便使"中国最富足勤勉的一省（四川）几乎可以直接与欧洲交通"[1]。 1876 年 9 月，中英签署《烟台条约》，湖北宜昌增

---

[1] ［英］伯尔考维茨，《中国通与英国外交部》，陈衍、江载华译，北京：商务印书馆，1959 年，第 133 页。

开为商埠。尽管清政府规定轮船未抵重庆以前，英国商民不得在此开设行栈，西方人却开始以前所未有的热情谋求川江轮船航运的事业。1881 年 12 月，英国驻重庆领事谢立三在亲自乘帆船渡过他认为宜渝间唯一真正意义上的险滩——新滩后，宣称"有什么理由会堵住一艘同样吃水，利用蒸汽动力而又有特殊构造的轮船上驶呢？"[1] 另一位英国驻重庆的领事盘斯曾在全年乘帆船往来宜渝，考察航运，他指出，宜昌至重庆的川江水道，每年足有 9 个月时间可以毫无障碍地通小轮，其余 3 个月也可以利用通常的方法帮助轮船过滩。他们对在川江上航行轮船充满信心。[2]

立德是最早配置轮船驶入川江的英国商人。他在川江所从事的探险、市场调查、设计轮船结构、配置轮船入川的一系列活动，为川江航运的开辟做了精心的准备。1883 年立德第一次到四川。他从上海搭乘轮船到汉口，随后改乘木船西上。沿途所见让立德深信四川的资源是罕见的富有，扩大洋货在内陆的销量是完全可能的，只要"操纵灵便、吃水不超过现行帆船而马力强大的轮船"便能开进川江。立德坚信，"川江如无轮船行驶，重庆开埠亦毫无作用。"[3] 此后，立德开始利用轮船在川江上试航。

立德开辟川江航运的设想获得英国资产阶级和政府的广泛认同。英国驻北京公使欧格纳（Mr. O'Conor）向立德表达了政府支持的态度。[4] 1886 年曼彻斯特商会特别成立了一个组织，支持立德的行动。[5]《泰晤士报》宣称，假如立德成功，"则七千万人口的贸易就送到门上来了"，而兰开夏、密德兰、约克夏的制造品则可从伦敦、利物浦经过一次简单转运，缴付 5% 的进口税一直深

[1] 聂宝璋，《川江航权是怎样丧失的？》，《历史研究》1962 年第 5 期，第 133 页。
[2] 王绍荃，《四川内河航运史》（古近代部分），成都：四川人民出版社，1989 年，第 123 页。
[3] 彭朝贵，《英商立德乐在四川的罪恶活动》，中国人民政治协商会议四川省委员会文史资料研究委员会，《四川文史资料选辑》第 25 辑，成都：四川人民出版社，1981 年，第 4 页。
[4] "The Preamble To The Chungking Agreement"，*The North-China Herald*，March 13, 1891, p. 298.
[5]《快报》1886 年 8 月 20 日，第 872 页。转引自聂宝璋，《川江航权是怎样丧失的？》，《历史研究》1962 年第 5 期，第 134 页。

入亚洲的心脏地带。[1]

1884年，立德开始经营汉口至宜昌的冬季轮船业务，取得了枯水季节轮船航运的经验。1885年，立德正式向清政府申请宜昌与重庆之间行驶轮船的执照。1887年，他组成川江轮船公司（The Upper Yangtze Steam Navigation Co., Ltd），拥有1万英镑的资本。[2] 同年，他在英国特制的"固陵"号轮船运抵装配。1889年2月，驶抵宜昌，并"修筑公司""建造码头"，大有"以宜昌为川江航运的根据地"，准备上驶重庆。但立德的计划遭到川江沿岸以木船业为生的船工的激烈反对，清王朝深恐"酿成事端"，最后以重庆地方政府出资13万元将"固陵"号和房屋、码头全部转售给招商局，仅仅允许"固陵"号"行驶宜汉"。"固陵"号事件引起中英两国交涉，于1890年3月签订《烟台条约续增专条》，主要内容有：清政府承认"重庆即准作为通商口岸"，但英商只能"雇佣华船，或自备华式之船"，不得行轮。

《马关条约》的签订，使得西方列强有了在川江上的航运特权。1897年，英国人蒲蓝田（S.C.Plant）率测量队对川江宜昌至重庆航道进行系统测量。1897年，英国人利用控制中国海关行政权的便利条件，以履约为名，强迫清政府出资1.5万两，由海关职员英国人泰勒（Tyler）带领工程人员，对川江云阳境内的新滩进行整治。接着，立德在上海定制一艘7吨重的小轮船，取名"利川"（Leechuen）。在

图1-15　第一艘外国轮船"利川"号驶入川江抵达重庆——张晓耿、张译丹，《昨夜西风：重庆开埠影像志》，重庆：西南师范大学出版社，2017年，第79页。

［1］聂宝璋，《川江航权是怎样丧失的？》，《历史研究》1962年第5期，第134页。
［2］Lyman P. Van Slyke, *Yangtze—Nature, History, and the Rive*, Stanford Alumni Association, Stanford, California, 1988, p.170.

经过 20 多天的艰辛航行，1898 年 3 月 9 日"利川"号抵达重庆，圆满完成川江上的处女航。 这是外国轮船首次侵入重庆。 据记载，为迎接"利川"号抵达重庆，在渝英美日领事"偕中英美人士五十余人，特坐官船摇旗往迎。"当"利川"号抵渝，"重庆官署则已派遣炮船结彩张灯在江排列以候，至则鸣炮为庆，江上爆竹之声，一时齐发，波涛为之震惊。 立德乐乃停轮朝天门下，以供中外人士参观焉。"[1]"利川"虽无商业价值，但试航的成功，实现了英国政府图谋已久的川江行轮计划。[2] 在渝"各国的领事都向立德乐道贺，慰勉有加，竟像是哥伦布发现了新大陆"[3]。

1899 年，英国政府又派出两艘浅水炮舰"山鸡"号（Woodcock）和"山莺"号（Woodlark）驶达宜昌，次年 5 月 7 日抵达重庆。 不久，"山莺"号和"山鸡"号还分别上驶泸州、叙府（宜宾），沿江勘测绘图，开外国军舰闯入川江之先例。 1900 年 6 月 20 日，立德组织溥安公司，专为开辟川江航运制造了"先行"号（Pioneer，又译"肇通"号）商轮，经过 7 天航行由宜昌抵达重庆，首开川江行驶商轮的记录。"先行"号载重 331 吨，宽 30 英尺，它虽两度航行成功，但因船体太宽，在河道狭处运转不便，因而未能正式投入航运。 在"先行"号上驶重庆不久，德国人

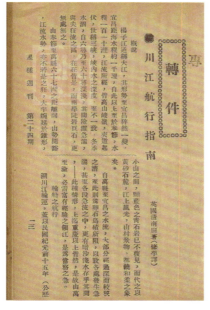

图 1-16 《川江航行指南》——《星槎》1930 年第 24 期，第 13-19 页。

[1] 邓少琴，《近代川江航运简史》，重庆：重庆地方史资料组，1982 年，第 56 页。
[2] 凌耀伦，《民生公司史》，北京：人民交通出版社，1990 年，第 4 页。
[3] 盛先良，《川江航行之起源及其经过》，《新世界》1933 年第 25 期，第 7 页。

也制造了一艘性能更加优异的"瑞生"号（Svihsiang）轮船，但自宜昌起航不久就在崆岭滩触礁沉没。[1]

川江水急滩多，行船甚难。尤其在每年的 7 至 9 月的洪水期，航行危险，船只被迫停航。涸季水最深 60 英寻，最浅仅 6 英寻（海洋测量中的深度单位，1 英寻 = 2 码 = 6 英尺 = 72 英寸 = 1.828 8 米），江水较缓；洪水季波涛汹涌，气势澎湃。由于川江航行的险恶，每年都有难以数计的木船遇险。清末轮船通航以后，每年都有轮船遇险。据不完全统计，1898—1916 年，川江轮船遇险计 46 艘。[2] 但川江险峻的航道并没有阻止西方列强开辟川江轮运的决心，历年仍不断有外轮冒险闯入。

立德热心鼓励英国商人投资川江航运，打开四川这个人口众多而富有省份的巨大市场。在立德的说服下，英国的绅士们真的动心了，他们"都争相认股，建造船只"，立德还聘请英国航海专家蒲蓝田赴川考察川江航道。蒲蓝田的贡献不仅在勘测川江航道，绘制河道图，炸毁明石暗礁，安设浮标及标杆，且回国造船上，他还竭力使英国商人相信投资川江是可以获利的。[3] 不过，值得注意的是，从重庆开埠到 1911 年辛亥革命爆发的 20 年间，是川江航运"外商"独霸的时代。但西方国家在川江轮运方面并没有取得商业利益。在川江上航行的外国轮船，主要还是各国军舰，几乎没有商业性运输。[4] 兵舰的驶入标志着川江航行权的完全丧失，为日后的外国商船闯入川江铺平了道路。

毋庸置疑，川江航运开辟的最初出发点是西方的侵略。经济利益的驱使和强占具有军事战略价值的长江上游口岸的需要，面对长江上游的封闭态势，开辟险峻的川江航运成为寻求西部市场

[1] 凌耀伦，《民生公司史》，北京：人民交通出版社，1990 年，第 4 页。

[2] 王笛，《跨出封闭的世界——长江上游区域社会研究（1644—1911）》，北京：中华书局，2001 年，第 38-39 页。

[3] 蒲蓝田在《川江航行指南》中分别详细叙述了川江流域的地理状况，并特别为西船驶入川江流域撰写了驾驶须知，参见［英］蒲蓝（南）田，徐修平译，《川江航行指南》，《星槎》，第 24-50 期，1930—1931 年。

[4] 周勇，《重庆：一个内陆城市的崛起》，重庆：重庆出版社，1997 年，第 100 页。

和获取丰富原料的唯一手段。 一方面，以立德为代表的西方人在客观上充当了开辟川江轮船航运的先锋；另一方面，在不平等条约下的川江航运，势必激起民族主义的情绪，也刺激了长江上游民族轮船航运业的出现。

川江航运的开辟，川江商业贸易的繁荣与发展凸现了重庆日本租界示范效应的弱小；相反，外部"现代性"的冲击主要通过"黄金水道"的贸易交流的渠道实现。 从本质上说，开埠对重庆最大的意义在于"沟通"，并由此开始了川江航运中外商业竞争。川江航运的开辟与中外商业竞争机制的引入，开启了重庆城市历史上在屈辱条约下的被动开放。

二、川江上的中外商业竞争

条约制度，不仅给西方列强带来诸多商业贸易经营的优势和特权，同时也诱发了内陆民族资本加入竞争行列。 从某种意义上讲，19世纪末重庆开埠以后城市经济发展的历史，又是一部充满中外商业竞争的历史。 立德以开辟长江上游的轮船航运为契入点，激起英国商人打开重庆市场的热情，这一行动不仅深刻地影响了川江航运早期的商业竞争，而且给重庆城市的发展以深远的影响。

"扬子江航业在我国实居于最重要之地位，中外航商竞争极为激烈"。[1] 民初出现的川江航运中外商业竞争，是重庆开埠以后城市发展的重要主题和特征。 川江轮船航运业的繁荣与发达，是重庆城市迅速崛起的重要因素。 早在轮船航运开辟以前，长江上游的商品贸易基本上依靠木船。 重庆与国内市场的联系主要依靠长江航运，尤其在铁路未兴起之前，川省物资可以通过与重庆通航的大小河流，源源不断地运到重庆，并由此输往长江中下游地区。 这个川江交通大动脉具有极强的商业贸易功能，谁拥有川江航运权，谁就握有四川的贸易优势。"外人窥天府之富藏，而力图

---

[1] 王洸，《中国航业》，商务印书馆，1933年，第82页。

有以辟之"。[1]

在川江轮船航运之前，传统的木船是商业竞争的主体。 清末民初，川江木船运输业曾一度繁荣。 19 世纪 80 年代，每年进出入重庆的木船有 5 000~7 000 艘，载货量达 24 万吨。 当时，几乎所有四川水系的船帮组织皆云集重庆。 有研究者估计，当时在宜昌至重庆的航线上，有民船六七千只，80 年代后期，该线沿江的船户和纤工总计不少于 20 万人，若加上其家属，赖木船以为生者恐不下百万。[2] 又据重庆海关统计，19 世纪末 20 世纪初，重庆常年抵埠和离埠的民船不下 2 万只，运载约 50 万吨。[3] 到辛亥革命前，川江上的民船纤夫估计有 200 万之多。[4]

早期川江航业的中外商业竞争主要表现在"挂旗船"与"非挂旗船"[5]之间的竞争：即外商以挂旗船方式同中国民船争利。根据 1890 年《烟台条约续增专条》的规定，英商可以自己制造木船或雇佣中国木船，挂外国旗由川江上驶重庆，享有与轮船在其他口岸和水域同等的权益。 重庆开埠以后，立德洋行在重庆挂牌，同时太古（Butterfield & Swire）、怡和（Jardine, Martheson & Co.）等外资大企业也纷纷在川江上利用木船运货了。 1891 年 6 月 18 日，重庆开埠后的第一艘挂旗船是英国太古洋行租用的中国木船，装载白蜡、黄丝离开重庆，驶往宜昌。 7 月 2 日，英商立德洋行也租用木船，装载煤油、海带抵达重庆。 据重庆海关 1892 年统计，"半数以上的上行船只和三分之二的下行船只都挂英国旗，主要是太古和怡和两个洋行"[6]。 1893 年进入重庆的英货

---

[1] 张肖梅，《四川经济参考资料》，中国国民经济研究所，1939 年，H5。

[2] 聂宝璋，《川江航权是怎样丧失的？》，《历史研究》1962 年第 5 期，第 132-135 页。

[3] 《1892—1901 年重庆海关十年报告·民船进出口》，周勇、刘景修，《近代重庆经济与社会发展：1876—1949》，成都：四川大学出版社，1987 年，第 140 页。

[4] 邓少琴，《近代川江航运简史》，重庆：重庆地方史资料组，1982 年，第 122 页。

[5] 挂旗船即指洋商租用的中国民船，因悬挂外国旗帜而享有特权，这一现象持续到 20 世纪二三十年代；非挂旗船则为中国普通厘金船。

[6] 《重庆海关税务司署理英国领事弗雷择（E.H. Fraser）给罗斯伯利（Rosebery）伯爵的报告》（1892 年），周勇、刘景修，《近代重庆经济与社会发展：1876—1949》，成都：四川大学出版社，1987 年，第 167 页。

船就达1 038只，总吨位 2.3 万吨，占当年总进口船只的 59%；美货船 253 只，总吨位 7 000 吨，占 14.4%；中国船则 470 只，总吨位 6.4 万吨，占 26.6%。[1] 1896 年，英国挂旗船占全部挂旗船船只和吨位数的 75%，占该口挂旗船贸易额的 78%。[2]

据重庆海关 1892 年的调查，进出重庆的木船有 48 种，分别来自湖南、湖北、贵州、云南和四川，其中四川各地的船只占 80%。[3] 当 1893 年郑观应考察川江航业时，对外商以货船挂洋旗即可与洋货一样享有免厘的优待，及"商务利权悉入西人掌握"的现状痛心疾首。[4] 故此期川江航业的竞争的格局可以说是外资独垄时代，中外商业竞争并不存在。

可以说，外商在早期川江航运业中没有真正的中国竞争对手。 1905 年进出重庆的英货船达 1 687 只，总吨位 5.72 万吨，占 70.6%；美国货船下降为 4 只，总吨位 87 吨，仅占总进口船只的 0.1%；同年，日本货船 231 只，总吨位 6 856 吨，占 8.5%；法国货船 4 只，载货 46 吨，占 0.1%；中国货船上升至 587 只，总吨位 1.69万吨，占 20.8%。[5] 很显然，英国人无须建造或购买中国式的木船，只需租用民船便可垄断川江航业。

与此同时，因享有不平等条约所赋予的特权，依赖外资的中国"挂旗船"在竞争中也处于极有利的地位。 而怡和、太古、公泰、立德等四家洋行所采取的"挂旗"策略，吸引着大批中国民船，只要"给银五两"[6]，即准挂该洋行的旗帜。 民国初年，重

[1] 第8表，《最近四十五年重庆进出口船只吨位按国别百分比较统计》，甘祠森，《最近四十五年来四川省进出口贸易统计（1891—1935）》，民生实业公司经济研究室，1936 年，第 117 页。
[2] 周勇、刘景修，《近代重庆经济与社会发展：1876—1949》，成都：四川大学出版社，1987 年，第 240 页。
[3] 隗瀛涛，《近代重庆城市史》，成都：四川大学出版社，1991 年，第 326-328 页。
[4] 盛档，《长江日记》，光绪十九年三月初七日，转引自夏东元，《郑观应传》，上海：华东师范大学出版社，1985 年，第 113 页。
[5] 据甘祠森，《最近四十五年来四川省进出口贸易统计（1891—1935）》第 8 表 "最近四十五年重庆进出口船只吨位按国别百分比较统计"。
[6] 盛档，《长江日记》，转引自夏东元，《郑观应传》，上海：华东师范大学出版社，1985 年，第 113 页。

庆海关的四川进出口贸易统计，仍然表明洋货的承运者主要是挂旗船。英国领事甚至预测"即使将来川江上有了轮船，在很长的时间里，该航线的危险及专门运输工具的代价必然使运费很高，因此大宗货物是不会由这些轮船运输的"[1]。

从商业性质上看，川江航业商业运输的开辟乃中国商人首创。这也为川江航业的中外商业竞争格局带来了最初的向度。外商积极开辟川江航运，刺激了内陆民族资本投资轮运，以自办公司方式来抵制外人对川江轮运权的侵夺。1908年初，经四川劝业道周善培的倡导并奏请清政府批准，组成了官商合办的川江轮船股份有限公司（简称川江公司），这是川江上行驶商轮，从事商业性营运的第一家轮船公司。

护理川督赵尔丰在《奏川省设立川江轮船有限公司折》阐明设立川江轮船公司的目的和迫切性："川省民庶殷繁，物产饶富，行人估（贾）客，悉以大江为惯塗（途）"，而"各国商人亦深知此路航业余羡可图"十余年来始终未放弃涉足川江，"惟有自行设立轮船公司，庶几通航便捷，杜绝觊觎"。而"外人既难终却，曷若鼓舞蜀中绅商自行创办。能行，则我占先着，主权自有；难行，则以此谢客，断其希望"。[2] 1908年3月21日，官商合办的"川江公司"正式创办，1909年10月，该公司第一艘商轮蜀通号由船长英国人蒲蓝田带领，从宜昌驶往重庆。

蜀通号专门为川江航行而设计，长115英尺，宽15英尺，吃水3英尺，载重37吨，拖驳159吨，装有600匹马力的水管式锅炉，时速13.5里。因系专门为川江航运而设计，因此仅用65小时即由宜昌到达重庆。[3] 1910年，蜀通号共航行14次，1911年

---

[1]《重庆海关税务司弗雷泽（E.H. Fraser）给金伯利（Kimberley）伯爵的报告》（1893年），周勇、刘景修，《近代重庆经济与社会发展：1876—1949》，成都：四川大学出版社，1987年，第185页。

[2]《四川官报》戊申第2册，"奏议"，转引自王笛，《跨出封闭的世界——长江上游区域社会研究（1644—1911年）》，北京：中华书局，2001年，第42页。

[3]《重庆海关署税务司阿其苏给海关总署的年度报告》（1910年2月28日），隗瀛涛，《近代重庆城市史》，成都：四川大学出版社，1991年，第332页。

达到月平均航行两次，"总是货物满载，乘客拥挤"，它的保险费也低于民船，前者为货价的 1.5%，后者则需 4%。[1] 自 1914 年起，蜀通号一直为川江轮船公司挣得厚利，每年支付股息的 30%。 重庆海关称蜀通号的成功，是很有意义的新鲜尝试，"这些新的大胆尝试证明十分使人兴奋"，对仍然犹豫于川江航道的艰险的外商而言，蜀通号的事例证明"只要有适当的船舰和熟练的领航人，扬子江上游蒸汽航行的困难是完全能够克服的"[2]，显示出外资对加入川江竞争的意向。 海关报告还指出，"中国人对川江航运业十分热心，他们似乎已完全意识到正常的轮船运输可带来丰厚的利润，并可接续其利于将来"。[3] 到 1919 年，海关仍然对蜀通号津津乐道，开始为投资航运作准备，"已有迹象表明，增加轮船可以大大克服目前的重重困难。 现在一些比较保守的轮船公司也开始知道川江航运有利可图"[4]。 蜀通号的商业营运开启了川江中外商业竞争的新时代。

1914 年是川江航运史上重要的一年。 因为"航业创办之初，颇有利润；川人遂以为大利所在，集资经营"。 1914 年，川江公司又投资 20 万元，向英国订购一艘新船"蜀亨"号投入航运。1913 年，原川江铁路公司也成立川路轮船公司，从上海购得"大川""利川"，两轮均为 800 马力，载重 200 吨，可载客 200 余人的浅水轮，第二年，两船开始航行。 不久，该公司又有"巨川""济川"商轮加入川江竞争的行列。 同年，瑞庆公司的"庆余""瑞余"号投入使用；还是这一年，利川公司的小轮"利骏"、庆安公司的"庆安"轮加入川江航运。 1919 年，华商轮船"洪福""洪江"也投入川江运输。 一时间，"轮船事业，风起云涌；华轮日有增

[1]《1902—1911 年重庆海关十年报告》，周勇、刘景修，《近代重庆经济与社会发展：1876—1949》，成都：四川大学出版社，1987 年，第 149-150 页。
[2]《1912—1921 年重庆海关十年报告》，周勇、刘景修，《近代重庆经济与社会发展：1876—1949》，成都：四川大学出版社，1987 年，第 336 页。
[3]《1914 年重庆海关年度报告》，周勇、刘景修，《近代重庆经济与社会发展：1876—1949》，成都：四川大学出版社，1987 年，第 392 页。
[4]《1919 年重庆海关年度报告》，周勇、刘景修，《近代重庆经济与社会发展：1876—1949》，成都：四川大学出版社，1987 年，第 430 页。

加；而外轮亦乘机而起"[1]。 川江航业处于华轮独营的时代。

在华人船业利润的诱引下，外资商船开始加入竞争行列。"从宜昌到重庆的长江上游的航道是世界上内河航道最危险的航路"[2]，这一时期，为了打开四川的广阔市场，倾销煤油，美孚油行专门购置的适合川江洪水行驶的油轮"美平""美峡""美川"以及拖轮"美滩"等4艘和适合枯水行驶的"美泸"一艘，[3]与英国亚细亚油行特购的适合川江航道的浅水轮"安澜"号一起挤入川江。"这是第一批属于洋商所有的在这一带经常贸易的轮船"[4]。 1920年英商隆茂洋行建造的"隆茂"号行驶于渝宜航线，首先打破竞争格局。"隆茂"长20尺，641吨，其性能远远优于"蜀通"号。 此后，英商之太古、怡和、白理洋行、美商大来洋行、日商天华洋行、日清汽船公司、法商聚福洋行纷纷建造适于川江航行的吃水浅的船只。

外轮驶入川江领域，使中外航商开始了经济意义上的以争夺利润、开拓航线为主要目标的直接竞争。 从此，川江上"轮舶为之大通。 宜渝一段历程进出口吨位之增加，由1919年的五万吨，到1926年的四十万吨"，"八年之间，增加八倍"，被称为川江航业的中兴时代，也是川江华洋航业竞争之剧烈时代。 中外轮船行驶川江，"中外各公司，乃相率竞航，希图独霸"[5]，改变了商业竞争的格局。

宜渝线上，每年都有新轮投入。 据调查，在1920年时，驶川的轮船，大小共计30余艘，除太古、怡和、捷江、日清，四大公司外，其余的小公司为数甚多，有船一艘，即可成立一家公司，因

[1] 张肖梅，《四川经济参考资料》，中国国民经济研究所，1939年，H5。
[2] H.G.W. Woodhead, *The Yangtze and Its Problems*, Shanghai: The Mercury Press, 1931, p.72.
[3] 王百揆、江维德，《美孚石油公司在重庆的经济掠夺》，中国民主建国会重庆市委员会、重庆市工商业联合会文史资料工作委员会，《重庆工商史料》第1辑，重庆：重庆出版社，1982年，第126页。
[4] 《1912—1921重庆海关十年报告》，周勇、刘景修，《近代重庆经济与社会发展：1876—1949》，1987年，第336页。
[5] 袁著，《重庆都市发展之地理的根据》，《四川经济月刊》第9卷5期，1938年5月，第55-56页。

此竞争愈加剧烈。[1] 剧烈的商业竞争显示出长江"黄金水道"的贸易价值，同时也使得重庆城市资源优势进一步凸现。

20世纪二十年代开始，川江航运的竞争格局以外资垄断为特征。外资抬高运价，垄断经营的方式，以宜渝线为例，在很短的时间内，运费平均增长50%。[2] 而重要进出口物资棉花的运价则涨到骇人听闻的程度。1921年，打包棉花从上海至美国间的运价不过每吨12元，而运到重庆则被外轮抬到280元左右，是前者的23.33倍。[3] 川江轮运巨额的利润进一步吸引了大批外轮的到来。

1924年扬子江上游航行之汽船及马达船计有43艘，较诸1923年计增13艘之多，按重庆海关报告：1924年宜渝间来往船只之注册者，计858艘，共得339 201吨；1923年则为628艘及253 902吨；增加230艘，85 299吨；至于自重庆更上溯之船只，注册数目及总吨数，1923年为254艘，53 508吨；1924年为713艘，135 142吨；增加459艘，81 634吨。[4] 至1925年，"外轮增至二十七艘，川江航路木船殆以绝迹，遂皆为外商汽船之活动区域矣"[5]。"川江往来的外轮，多似过江之鲫"[6]。外资企业甚至向川江上段渗透，"泸州、叙府、嘉定一带，外轮亦任意航行，毫无阻碍"，川江上的民族资本已经"无法与外人竞争"。[7]

试看这一时期的川江活动的外资航业大资本：

太古是伦敦中国航业公司（China Navigation Co.）的大股东。中国航业公司创立于1867年，由英国人投资，资本100万镑，总公司设在伦敦。1875年，开始经营长江航线，在中国的一切事宜

[1]《四十年来川江航业简史》，《四川经济月刊》第3卷6期，1935年6月，第224页。

[2] 王绍荃，《四川内河航运史古近代部分》，成都：四川人民出版社，1989年，第180页。

[3] 聂宝璋，《川江航权是怎样丧失的？》，《历史研究》1962年5期，第145页。

[4] 王洸，《中国航业》，商务印书馆，1933年，第86-87页。

[5] 郑励俭，《四川新地志》，正中书局，1947年，第280页。

[6] 王洸，《中国水运志》，台北：台湾中华大典编会行，1966年，第192页。

[7] 郭寿生，《各国航业政策实况与收回航权问题》，上海华通书局，1930年，第112-113页。

全委托太古洋行经理。 其在各地遍设分支机构，各埠码头仓栈拖驳设备精良，是在华外资航业的三巨头之一。 该公司业务重货运，经营航线密布长江内河沿岸。[1]

怡和即渣甸洋行(Jardine, Matheson & Co.)是印度中国航业公司（Indo China Steam Navigation Co.）的经理人。 印度中国航业公司创立于 1875 年，资本 120 万镑，总公司设在伦敦。 从事中国内河沿海及远东的航业。 怡和经理的川江航线有宜昌重庆线，经万县。 配有"嘉和"（1 311 吨）、"福和"（950 吨）、"庆和"（617吨）、"新昌和"（500 吨）四艘。 比较而言，怡和不如太古。

日清汽船会社经营长江航业，虽较太古、怡和为晚，但因合并四家日商轮船而组成，实力相当雄厚，在长江航业，与太古、怡和并驾而驱。 经营宜昌重庆线，配有"云阳丸"（1 037 吨）、"长阳丸"（568 吨）、"宜阳丸"（943 吨）等。"日轮颇有包办（辨）中国全部航业的野心，英商公司如怡和太古等向来在中国航业占第一位，平日于营业上以为不断进步，于长江，华南，华北各路非常重视，当然不肯让日本压倒，必将与之对抗，结果英日航商各有充分的资本与其帝国主义政府的援助，愈是竞争则愈是发展，吃亏的只有苟延残喘的中国航业而已"。[2]

英商亚细亚火油公司（Asiatic Petroleum Co.）自行运油到内地经销，船只属小型。 1911 年该公司在宜昌设立支店，专运煤油，约在 1916 年，自以"安澜"一船运至重庆，回航则运载桐油的输出品。 以其运费偿其运油之费，后来经营获利，陆续添置许多船只，航线大增。 在川江宜渝线上，配有蜀光（731 吨）、滇光（731 吨）两艘。

美孚油公司（Standard Oil Co.）为运送煤油及自用品，民国六年（1917 年），置"美滩"号，航行宜昌重庆间，下行兼运商货。在汉口重庆线配有"美平"（1 048 吨），美卢（305 吨）两艘。

---

[1] 王洸，《中国水运志》，台北：台湾中华大典编印会，1966 年，第 174-178 页。
[2] 郭寿生，《各国航业政策实况与收回航权问题》，上海华通书局，1930 年，第 170 页。

卢作孚说，"在这十几年中，由中国公司的创始，到外国公司的继起；由看重一时利益旋起旋落的若干中外公司的经营，到英商太古、怡和，日商日清，凭扬子江中下游的基础，有计划地伸入扬子江上游，以成不可拔的势力；因为内地一时的不宁，中国旗轮船日减，外国旗轮船日增，中国人所有的轮船，亦几乎无不挂外国旗。"[1]

川江轮船航运的开辟使"重庆已不再像从前年间只有依赖民船作为唯一的交通工具才能达到的遥远城市了"[2]，一位长期住在中国的西方人认为，"将蒸汽船航线开辟到扬子江的上游重庆，这个离上海 1 427 英里的城市是现代航运业最浪漫的事业之一"[3]。更为重要的是，重庆航运业的发展"意味着广大遥远的人口与西方制造商之间以及住在扬子江下游地带千百万人民及海口之间的自由而廉价的交通"，"安全、快速与价廉的交通"，[4]不仅给重庆带来商业上的巨大利润，而且使川江航运繁荣和发达，成为打破封闭地理环境的关键因素，有关交往一旦形成，现状就会改变。

应该看到，重庆的发展轨迹有些略不同于沿海城市发展的外部环境，呈现出一种开放趋势下的封闭。一方面，开埠通商，日本租界的设立，并未给重庆打开一个真正意义上回应现代化的"窗口"，以为模仿；另一方面，川江航运的开辟与繁荣，又使得封闭的重庆从此可以与"下江"地区自由交往。"下江"水道的开辟，无疑为重庆转向东方的上海提供了基本的条件。正是这一发展轨迹深刻地影响了民国时期重庆城市发展的走向。我们承认开埠对重庆城市的巨大冲击，即对城市社会经济结构产生了深刻的

[1] 卢作孚，《一桩惨淡经营的事业——民生实业公司》（1943 年 10 月），凌耀伦、熊甫，《卢作孚文集》（增订本），北京：北京大学出版社，2012 年，第 409 页。
[2] 《重庆海关 1912—1921 年十年报告》，周勇、刘景修，《近代重庆经济与社会发展：1876—1949》，成都：四川大学出版社，1987 年，第 335 页。
[3] H.G.W. Woodhead, *The Yangtze and Its Problems*, Shanghai: The Mercury Press, 1931, p.21.
[4] 聂宝璋，《中国近代航运史资料》第 1 辑（下册），上海：上海人民出版社，1983 年，第 398 页。

冲击，但我们也应该看到这种冲击的有限性，尤其是对于处于沿江城市带最西端的重庆，地理的和自身传统的因素构架更是产生出较大的抵制力削弱了外来的冲击波。

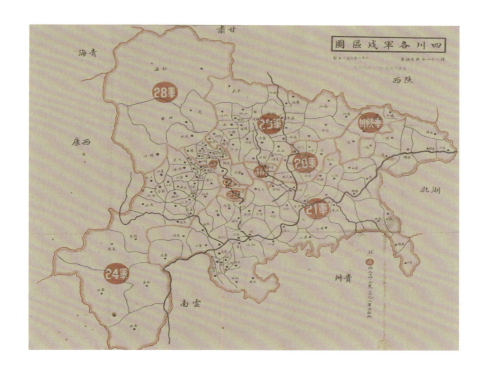

第二章

相对封闭中的政治递嬗

防区制是民国时期四川军阀的基本政治构架。 对刘湘而言，防区制既是独立实施"军人干政"的合法性政治资源，也是抗衡省外干涉和中央权威的有效构架。 防区政治从一开始就深刻地影响着重庆城市的发展与变迁。 1935 年参谋团入川后，重庆城市的发展开始纳入国家统一的战略中，城市发展也进入新的阶段。 本章研究防区制下城市政治变迁。 以 20 世纪二三十年代防区制构架形成、运作机制为切入点，以参谋团入川和南京国民政府成功整合防区体制下的四川为分析重点，探讨重庆城市突破自身约束，走向开放的意义。

第一节　防区时代权力资源的再分配

本质上讲，防区制是重庆社会经济发展，城市沟通和繁荣的最大障碍。 防区制使各派军阀攫取地方经济资源合法化，随之而来的"军人干政"也就顺理成章。 军人在防区内所拥有的高度权力，使他们不同程度地卷入地方经济建设之中，多少改变了防区体制的内涵。

一、防区政治与刘湘集团的崛起

袁世凯以复辟帝制的方式来填补辛亥革命后的政治权威真空，打破了民初政治社会的权威均衡，各派势力均以自身所拥有的军事实力来角逐政治权力。 护国战争让逐渐成长起来的地方实力派军人有了干预政治的机会，也显示出社会对于国家政治权力的解构力量的强化和地方对中央权威的公开挑战。 在整个社会军事化过程中，随着政治分裂，传统权威的全面崩溃，新的政治资源逐渐落入各派军人手中，"从整个国家的角度看，军人在政治上首要的领导地位已经奠下了基础。 军人不再是绅士阶级的附庸，不再是驯服的政治斗争的工具,而变成了政治斗争的主角"[1]。

当中国社会经历着由帝制向共和逐渐转变的痛苦过程时,20世纪初年的四川也正处于全省社会的军阀黩武主义和分裂主义的无序化过程。军阀主义的浪潮席卷整个地方政府和社会。社会军事化最突出的特征就是武装势力遍及全省,武装割据代替了合法的文官政治。"川政不纲,越十七载,始由军人专政,因以产出防区恶制,而酿成今日之割裂现象。"[2]防区制正是这一时期动荡不安的社会变迁的重要内容。大致来说,四川军阀的防区制经历了两个时期:

1.防区制的形成与发展

防区制的形成与四川军阀的形成同步。1911年11月27日四川宣布独立,"大汉军政府"成立标志清朝统治在四川的结束。有学者指出,"对民国后的中国政治秩序来说,护国战争的胜利,与其说是民主共和力量的成功,不如说是地方势力再次崛起,中央集权的权力体系被再次打破的标志"。此后,中国政治生活又重陷更深刻的权威危机和权力危机。[3]西南地区反对袁世凯称帝的护国战争,以四川为主要战场。云南都督唐继尧利用护国战争,将势力渗透到四川,也为日后川省分裂埋下了伏笔。护国战争后,四川的军事力量呈现出复杂性和初步的地域分割性,为省内军阀集团的形成和分裂割据提供了条件;段祺瑞政府对西南各省的政治失控,又使四川军阀的形成和分裂割据有了现实的可能。

护国战争结束后,滇、黔军控制了四川富庶区域。入川滇军驻扎上下川东一带,以宜宾、泸州为军事据点。入川黔军则驻兵重庆和万县等地。1917年"刘、罗""刘、戴"成都巷战,这是西南军阀内部混战的开端,也是四川军阀形成的标志。同年9

---

[1] [加]陈志让,《军绅政权:近代中国的军阀时期》,桂林:广西师范大学出版社,2008年,第24页。

[2] 石荣廷、李奎安,《请愿书一》,《四川重庆各法团机关李石两代表请愿纪录》,上海蜀评社,1928年,第5页。

[3] 许纪霖、陈达凯,《中国现代化史:第一卷1800—1949》,上海:生活·读书·新知三联书店,1995年,第380页。

月，护法运动，云南唐继尧以"靖国"为名，增兵四川，四川由川军与滇黔军队共同驻防。各军割据一方，"就地划饷"，防区格局渐成定制。中央政府不但"渐失统驭能力"，中央法令也"已成具文"，合法的省政府主席竟"徒存名号"[1]。

1918年7月，四川靖国军总司令熊克武颁布"四川靖国各军卫戍区域表"，承认各军驻防现状。[2] 1919年2月，熊克武任四川督军以后，曾一度谋求统一川省军、政令，收回军、政、财各权。但各军不服熊的调动和命令，仍旧截留税款，自行委任官吏。1919年4月，熊克武再次明令发表"四川靖国各军驻防区域表"，将原"卫戍区域"改为"驻防区域"，而"防区"作为军阀割据地之特定含义的名称，在四川固定下来了，[3]不久，"防区"一词也见诸政府文件，防区制最终形成。

从某种意义上看，四川军阀防区制成为均衡各军事集团实力的重要机制。一般而言，军事实力决定防区的大小，也决定防区的权力均衡。不过，此种均衡并非静态，因此，防区制往往成为动荡的社会政局、军阀混战以及防区频繁更替的根源。防区划分以后，四川爆发的第一场军阀大战，即1920年川、滇、黔军阀战争。川、滇、黔各军防区贫富不均，是引发这场战争的重要因素。四川军政商界对滇黔军占据富饶区域表达了相当的不满，指出，"凡川东南财富之区，悉作滇、黔两军防地，仅以面积计算，已占全省三十之二，又指定四川所有盐税、关税、烟酒等税，概充联军军饷，实则作为滇、黔军饷""而四川兵工、造币两厂，统归联军管辖支配，实则全归滇、黔军所有"[4]。四川绅商甚至呼吁

---

[1] 甘绩镛，《如何改进今日之四川》，《四川月报》第2卷第2期，1933年2月，第1-15页。
[2] 《戊午周报》第9期，1918年7月。转引自匡珊吉、杨光彦，《四川军阀史》，成都：四川人民出版社，1991年，第94页。
[3] 匡珊吉、杨光彦，《四川军阀史》，成都：四川人民出版社，1991年，第97页。
[4] 《重庆联军会议前后》，四川省文史研究馆，《四川军阀史料》第2辑，成都：四川人民出版社，1983年，第40页。

川军"把川土收回，带兵直捣昆明、贵阳，叫他还我们的银钱！"[1]这一年，川军编为三个军，但懋辛、刘湘、刘成勋分任三军军长。在"川人治川"的语境下，1920年10月滇黔军人被逐出四川。

刘湘（1890—1938）又名元勋，字甫澄，四川省大邑县安仁镇人。1908年，刘湘入四川陆军速成学堂。1909年毕业后，"适清末改革军制，任四川陆军第十七镇排长队官"。1912年，任四川陆军第一师营长，成

图 2-1　川军领袖刘湘小影——《时报图画周刊》1921 年第 73 期，第 1 页。

渝战后任团长。1917年，刘湘驻防合川，因"剿捕巨匪有功，改旅长"。1918年，升任师长，"川滇之役，战绩最著"。1919年，刘湘任四川陆军第二军军长、川军前敌总司令。很快，经全川将领推举，任四川川军总司令兼省长。[2] 1920年在川、滇、黔军阀大混战中，刘湘所部将滇黔军逐出川境。同年12月，四川各军联合办事处在重庆成立，刘湘出任处长。[3]

随之而来的是四川军阀的"关门"内战时期。1921年2月，四川爆发三军联合驱逐刘存厚出川的战争。1922年7月，熊克

［1］邓锡侯，《1920年川、滇、黔军阀混战前后》，四川省文史研究馆，《四川军阀史料》第 2 辑，成都：四川人民出版社，1983 年，第 149 页。

［2］《名人录：刘湘》，《国闻周报》第 2 卷第 8 期，1925 年 3 月 8 日，第 1 页。

［3］重庆市地方志编纂委员会总编室，《重庆名人辞典》，成都：四川大学出版社，1992 年，第 155 页。另据档案记载，在 1907 年，刘湘为第 33 混成旅朱庆澜部。1909 年扩编为第 17 军（镇）。1912 年改称川军第 1 师，1914 年刘湘任师长。1915 年改称第 15 师。1916 年仍称川军第 1 师。1918 年改称川军第 2 师。1920 年扩编为川军第 2 军，刘湘任军长。参见中国第二历史档案馆藏：《国防部本部隶属各部队主官简历驻地与部队沿革手册》，全宗号 783，卷宗号 393；《第 21 军战史资料》，全宗号 787，卷宗号 6774。转引自李宝明，《国民革命军陆军沿革史》，北京：中华书局，2018 年，第 60 页。

武、但懋辛集团与刘湘、杨森集团爆发"一、二军之战"。 1923
年爆发南北军阀卷入的最大的一场战争，即所谓"讨贼之役"。
这场战争以刘湘、杨森、邓锡侯、田颂尧、刘文辉等联合，将长期
依附南方政府的熊克武、但懋辛、石青阳、颜德基等逐出四川，也
开展了声势浩大的"礼请北军出境"，强化了"川人治川"[1]的
军阀政治理念。 1925 年 9 月，川军爆发"统一之战"，以杨森惨
败告终。 刘湘取代杨森成为"四川善后督办"[2]。 经过重新分
配后的防区，第一次出现了相对稳定的格局。

1925 年的"统一之战"颇具象征意义，基本完成川军新旧集
团的更替，即所谓四川军阀的第一、二代军人[3]的过渡。 1926
年 5 月，刘湘联合杨森，将黔军袁祖铭逐出重庆，结束了民国以来
的外省军人干预四川事务的历史。[4] 1926 年以前，经过防区制
整合后的四川军阀政治格局，由杨森、刘湘、刘文辉、邓锡侯、刘
成勋、田颂尧、赖心辉七巨头"割据一角，自为雄长"。

2. "封闭"自治的防区时代

1926 年 11 月 27 日，南京国民政府任命刘湘为国民革命军第
二十一军军长，12 月 8 日，刘湘在重庆就任国民革命军第二十一

---

[1] 小波，《吴佩孚侵川与四川"讨贼之役"》，中国人民政治协商会议四川省委员会、四川
省省志编辑委员会，《四川文史资料选辑》第 5 辑，成都：四川人民出版社，1988 年，第
106 页。
[2] 《川各军将领公推刘湘为四川善后督办电》（1925 年 7 月），四川省文史研究馆，《四川军
阀史料》第 3 辑，成都：四川人民出版社，1985 年，第 490 页。
[3] 凯普将熊克武、但懋辛、刘成勋、杨庶堪、石青阳、黄复生、刘存厚等称为四川军阀的第
一代军人，这些军人是在清末受过国内或国外教育，成长于辛亥革命以后的政治舞台上；
而刘湘、刘文辉、杨森、邓锡侯、田颂尧则是第二代军人的代表，他们没有出国留学的背
景，是成长于民国初年的四川政治失序的状态中的强权人物，并于 1926 年取代第一代军
人。 参见 Robert A. Kapp, *Szechwan and Chinese Republic*, *Provincial Militarism and Central
Power* 1911—1938, New Haven：Yale University Press, 1973. pp.11-13, pp.24-32.
[4] 1926 年 5 月，川黔边防督办袁祖铭被川军攻击，率师撤出重庆。 刘湘、杨森等部川军联
合入重庆，并派部队追击黔军。 袁下令所部由川南回黔。 周开庆，《民国川事纪要》，
台北：四川文献研究社，1972 年，第 334 页。

军军长职。[1] 从 1926 年底到 1935 年，防区制进入相对稳定的时期，整个川省弥漫着"川人治川"的空气。 此间，值得注意的是，从 1926 年底至 1927 年初，川军各部纷纷改旗易帜，表示效忠南京国民政府，"蜀中乃遍地皆革命军"。 川军各部将获得国民革命军第二十、二十一、二十二、二十三、二十四、二十八、二十九军军长职。 全省军队总数已达 30 万人以上，"兵额之多，番号之杂，为全国任何军任何省所不及"[2]。 南京中央政府无力整合地方，暂时默认防区制的事实，为四川军阀防区制在夹缝中的生存提供了有利的外部条件。 于是防区制成为民国四川政治唯一可行的政治构架，统一的省政府经济、行政、司法、教育等职能被分割成各自防区内的职权，防区成为省内的独立王国。

1926 年底，四川军阀的防区态势如下。

二十军杨森部：50 个师，人枪 16、17 万，防区有下川东 20 余县。

二十一军刘湘部：9 个师，1 个独立机炮司令部，若干独立、混成步兵旅，防区有重庆及其附近的上川东地区。 刘湘以四川善后督办名义驻扎重庆。

---

[1] 周开庆：《民国川事纪要》，台北：四川文献研究社，1972 年，第 344 页。 据李宝明统计，刘湘的二十一军下辖 7 个师 1 个混成旅，驻防以重庆为中心的川东地区（1927 年 5 月，武汉国民政府任命该军第 5 师师长向成杰为第二十一军军长），1928 年 9 月，二十一军缩编为 3 个师，师长唐式遵、王缵绪、刘湘。 不久，王陵基接任第 3 师师长。 1929 年 1 月，刘湘击败第 20 军杨森部，获取川东二十余县，收编范绍增部，改编为第二十一军第四师。 3 月，唐式遵出师湖北宜昌，讨伐新桂系军。 1930 年，刘湘收编第二十军（郭汝栋部）陈兰亭、廖海涛两师。 1931 年 6 月，王陵基率该军一部到鄂西"进剿"红军（1932 年底撤回四川）。 1932 年 10 月，二十一军占据重庆周边 27 县，下辖第 1、第 2、第 3、第 4 师和指导师、模范师[师长唐式遵、王缵绪、王陵基、范绍增、潘文华、刘湘（兼任）]以及川东边防军第 1、2、3 路（司令陈兰亭、魏瀛洲、魏楷），约 10 万人。 1932 年 10 月至 1933 年 9 月，刘湘所部与第二十四军刘文辉交战。 1933 年 1 月，成立第 5 师。 1933 年 11 月 1 日至 1934 年 9 月 22 日，"围剿"川陕根据地，由开江、开县向宣汉、达县、万源进攻。 1935 年 1 月至 3 月在川黔边境追堵中央红军。 4 月，控制嘉陵江以东地区。 7 月，守备名山之雅安一线。 1935 年 10 月，二十一军整编，因所辖部队较多，分编为第二十一、第二十三、第四十四军。 第二十一军下辖第一、第四和暂编第二师，师长饶国华、范绍增、彭诚孚。 11 月进出名山、雅安。 参见李宝明，《国民革命军陆军沿革史》，北京：中华书局，2018 年，第 60-61 页。

[2] 文公直，《最近三十年中国军事史》，沈云龙，《近代中国史料丛刊》第 64 辑，台北：文海出版社，1971 年，第 424 页。

图 2-2　四川军人群像——《文华》1933 年第 40 期，第 20 页。

二十二军赖心辉部：人枪较少，防区仅有下川南的泸州、纳溪及上川东的江津、永川等9县。

二十三军刘成勋部：驻防川西数县及宁雅属各县。

二十四军刘文辉部：据有上下川南大片防区，共27县，军部设成都。

二十八军邓锡侯部：3个师，7个混成旅，司令部设于成都，防区有川西北20余县。此外，驻防川北遂宁、安岳、蓬溪、渠县、广安、岳池、合川、武胜、潼南9县的李家钰、罗泽洲、陈书农等部与邓锡侯保持着松散的隶属关系。

二十九军田颂尧部：3个师，3个路司令，驻防成都及川北绵阳、三台等26个县。军部设于三台。此外，川陕边防督办刘存厚驻防达县、宣汉、城口、万源等县，以达县为军政中心。

图2-3　1926—1930年初四川防区格局图（局部）——重庆市规划局、重庆市勘测院，《重庆历史地图集》第二卷，西安：西安地图出版社，2017年，第227页。

防区内的经济资源是衡量军事实力的主要指标，控制富庶防区的意义深远，刘湘独占重庆的优势十分明显。《纽约时报》称重庆是真正进入四川省的门户。[1]《密勒氏评论》称重庆"地控长江上游的进出口地方""扼住川省的咽喉"，占据重庆便可以任意拦截长江上的军火运输供应。因此，"刘湘的防区——指重庆市——最具有战略意义"[2]。

民初以来，重庆成为各派军阀抢夺的目标，其战略价值甚至超越军事政治的实力。辛亥革命时期，重庆是四川省的革命中心之一，1911 年革命党人在重庆成立"蜀军政府"，宣告了清王朝在重庆统治的结束。但这个组织仅存数月便夭折。此后，重庆政权不断更换。1913 年随着反袁的"二次革命"失败，贵州军人乘机占领这个城市。直到 1916 年，重庆大多数时间是被袁世凯派出的北洋军队，包括曹锟的军队占据着。袁世凯倒台以后，重庆始终为外省"客军"——云南、贵州军人把持。在军阀混战中，重庆常常"此据彼争，甲退乙来，几无一年之安全"[3]。1920 年 10 月，四川督军熊克武与刘湘联合进驻重庆。1921 年 7 月，熊克武支持刘湘就任四川各军总司令兼四川省省长，刘湘即在重庆就职。尽管如此，重庆仍然是各军队争夺的重要目标。从 1912 年至 1926 年，巴县县长就有 28 位之多，[4]反映出民初川东地区的政治不稳定。

就政治学的层面而言，防区制是转型社会的军阀"权力均势"的统治范式，有着较为重要的权力整合作用。[5]所谓"无形中久成一种均势"，即"虽极力拥兵。而轻易不战。虽割据而不破裂"[6]。当然，这种"别具一格的放任自流"的统治范式尽管

[1] Hallett Abend，"Szechuan Province Runs Own Affairs," *The New York Times*，19(April，1931)，8E.
[2] Harold R. Isaacs，"Szechuan，Happy Military Ground，May Be United Shortly," *The China Weekly Review*，5(September，1931)，p.20; "Szechuan-The Hotbed of Civil Wars," *The China Weekly Review*，22(October，1932)，p.345.
[3] 重庆中国银行，《重庆经济概况》，重庆中国银行，1934 年，第 2 页。
[4] 民国《巴县志》卷 6 职官，1939 年刻本，第 54-59 页。
[5] 有关军阀政治的"权力均势"系统分析与政治学意义的理论范型讨论，参见 [美] 齐锡生，《中国的军阀政治（1916—1928）》，杨云若、萧延中译，北京：中国人民大学出版社，2010 年，第 168-172 页。
[6] 《论整理四川》，《国闻周报》第 8 卷第 1 期，1931 年 1 月 1 日，第 3 页。

没有法令根据，"在川政失轨，省府未能行使职权的时候，自亦有其过渡和维持现状的意义"[1]。 1927 年以后，由五位第二代军人分而治之的四川表现出相对的稳定趋势，"各军防区之势均力敌，局势反较前安定"[2]。 军事冲突多发生在各防区的边缘。从 1927 年至 1935 年，导致防区边缘变化主要是两次战争，一次是 1929 年刘湘打败杨森[3]，另一次是 1932 年刘湘将刘文辉赶至西康。 防区的稳定，为军人卷入地方政治经济建设提供了外部环境与条件，尤其是刘湘的二十一军驻防的中心城市重庆就远离战乱近十年。

1932 年，因为"二刘大战"，四川军阀的权力均衡被打破了。据日本驻汉口总领事馆武官田尻秘密报告，刘湘的二十一军在"二刘大战"之前已统治着 36 县的防地，重庆、万县、宜昌等长江要地全在其手中，因为扼住省内外的主要交通线的长江，独占贸易上的利益，同时制武器输入的死命，拥有直系部队 18 万精兵，加上李家钰、罗泽洲两小部为旁系部队，总数已不下 21 万人。[4] 从某种程度看，在"二刘大战"爆发之前，刘湘集团整合全川军事的实力已然具备。

"二刘大战"以刘湘的二十一军大获全胜而告终。此后，刘湘所辖二十一军各部实力更加显赫，刘湘本人

图 2-4 漫画：大义灭亲 内战英雄——《论语》1932 年第 4 期，第 23 页。

[1] 周开庆，《建设新四川的展望》，《国闻周报》第 12 卷第 20 期，1935 年 5 月 27 日，第 6 页。
[2] 张肖梅，《四川经济参考资料》，中国国民经济研究所，1939 年，C1。
[3] 值得注意的是，据 1929 年的调查，刘湘的二十一军驻防的区域已经从以重庆巴县为中心的区域延伸至长江下游的川东奉节县及湖北省内，如湖北宜县、归州县、巴东县等。 参见《四川二十一军各部驻地调查》，《军事杂志(南京)》第 17 期，1929 年 11 月 1 日，第 186-187 页。
[4] 田尻，《四川动乱概观》，杨凡译，《近代史资料》1962 年第 4 期，中国科学院近代史研究所近代史资料编辑组，北京：中华书局，1963 年，第 50 页。

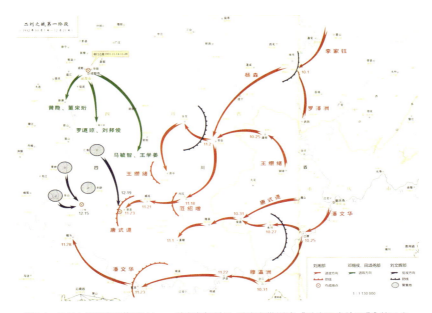

图 2-5　二刘大战军事局势图（1）——重庆市规划局、重庆市勘测院，《重庆历史地图集》第二卷，西安：西安地图出版社，2017 年，第 228-229 页。

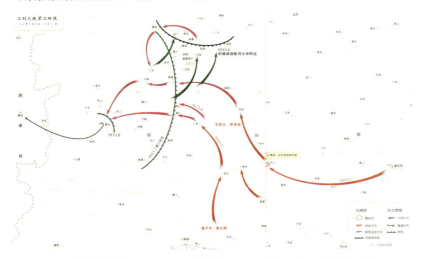

图 2-6　二刘大战军事局势图（2）——重庆市规划局、重庆市勘测院，《重庆历史地图集》第二卷，西安：西安地图出版社，2017 年，第 230-231 页。

还兼任航空司令、机关枪司令、坦克军队司令，统帅部队共计九万至十万余人，另有飞机二十架，兵舰三支，自动枪一万枝。[1] 二十一军防区控制拓展至湖北西部施南、利川、宜昌、沙市等共计四十六县，其经济财富更是超过其他军阀的总和，"获得了以江津、永川、潼南、大足、内江、自流井、南溪、泸州、合江为界的广大的得天独厚的防地，长江的要港，上游的全部掌握在他的手中，尤其多年垂涎而不能染指的自流井的产盐地也拿到手，现在，他的势力在四川无人可比"。此外，作为川军中的李家钰部获得资中、安岳间的地区，罗泽洲部获得顺庆附近地区，均作为刘湘的旁系军受其指挥。[2]

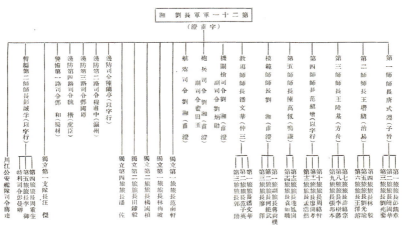

图 2-7　二十一军部队系统图——《复兴月刊》1935 年第 3 卷第 6-7 期，第 169-183 页。

参谋团入川以前，川省各军有正式番号的军队有 6 个军，即：第二十军，第二十一军，第二十三军，第二十四军，第二十八军，第二十九军。8 个师：新编第四师，新编第六师，新编第二十三师；暂编第一师，暂编第二师，暂编第五师，暂编第六师，暂编第

［1］《战后各军之形势》，《四川月报》，第 1 卷第 6 期，1932 年 12 月，第 131 页。
［2］田尻，《四川动乱概观》，杨凡译，《近代史资料》1962 年第 4 期，中国科学院近代史研究所近代史资料编辑组，北京：中华书局，1963 年，第 56-57 页。

七师。 10 个旅：新编第九旅；暂编第一、第二、第三、第四、第六、第七、第八、第九、第十旅。 在防区制的构架中，二十一军已经显示出强大军事力量，比如在各师旅的编制中，除新编第六、第二十三两师独立，暂编第五、第六、第七等三师归第二十四军节制外，其余均归第二十一军节制。[1] 美国学者凯普指出，"地方的统治权力逐渐集中在越来越少的人手中，这表明防区制也是不稳定的现象"[2]。 防区体制的异动表明，各军平衡一旦打破，防区制的消亡已是早晚之事。 卢作孚在分析四川的政局时，也预测"二十一军已在四川占了绝对多数的地位，军事已有了重心，已失了对抗的形势，至少统一已成了趋势"[3]。

防区制也导致"权力优势"的新一代军人集团的崛起，制造了新的不平衡。 这些在革命中成长起来的军事首领，凭借个人控制的军队，依靠集团的权威，实施自治的武力统治，逐渐建立起具有地方合法性的军事政治资本。 以军事学堂出身结合而成的政治军事派系，经过多年的战争角逐，逐渐产生了川军的几大集团，到 1926 年基本完成了过渡。 辛亥革命后，首先出现的"武备系"，到 1918 年逐渐衰亡，让位于"速成系"和"保定系"[4]。

[1] 贺国光，《国民政府军事委员会委员长行营参谋团大事记》中册，北京：军事科学院军事图书馆，1986 年影印本，第 450-451 页。

[2] Robert A. Kapp, *Szechwan and Chinese Republic, Provincial Militarism and Central Power, 1911—1938*, New Haven: Yale University Press, 1973, p.105.

[3] 卢作孚，《整个四川的五个要求》，《新世界》第 40 期，1934 年 2 月 16 日，第 4 页。

[4] "武备系"以四川武备学堂师生结合而形成，任师长以上职务的就有尹昌衡、胡景伊、陈宧、周骏、彭光烈、孙兆鸾、刘存厚等，该系统形成于民国初年，1918 年后衰弱；而以四川陆军速成学堂出身的军官结合而成的"速成系"，于 1919 年开始崭露头角，该集团以刘湘为首，中心人物有杨森、唐式遵、潘文华、王缵绪、徐孝刚、张斯可等；以陆军小学出身的军官及由陆军小学、陆军中学升入保定军官学校毕业的军官结合而形成的"保定系"，大致形成于 20 年代初期，以邓锡侯、田颂尧、刘文辉为首脑。（参见匡珊吉、杨光彦，《四川军阀史》第 7 页，成都：四川人民出版社，1991 年；张仲雷，《清末民初四川的军事学堂及川军派系》，《辛亥革命回忆录》第 3 集，北京：文史资料出版社，1962 年，第 345-364 页。）此外，在"速成系"和"保定系"之外，还有"杂色系"一说。"杂色系"以李其相、罗泽洲为首领。 该系周旋于"速成系"与"保定系"之间，"要以维持均势现象为主"。（参见张培均，《四川政权之系统及行政现状》，《复兴月刊》第 3 卷第6、7 期合刊，1935 年 3 月 1 日，第 138 页。）四川军阀派系错综复杂，另据文献，四川军阀派系除"速成系"（又名"二军系"）"保定系"外，还有"军官系"（李家钰、罗泽州）、"旧二师系"（刘存厚、田颂尧、邓锡侯），以及"大邑系"（刘文辉、刘湘）。（参见《川战——川中各军派系表》，《四川月报》第 1 卷第 5 期，1932 年 11 月，第 146 页。）

刘湘集团是战火中崛起的典型。刘湘自护国战争后迅速崛起，靖国战争后被熊克武委任为川军第二师师长，驻扎川东九县，"跻于四川军队一个独立系统的首领之列"[1]，1921年6月6日，刘湘被川军各部将"推为川军总司令兼省长"[2]，刘湘将其司令部设于重庆。

1925年8月24日，"统一之战"胜利之际，刘湘以"督办四川军务善后事宜"名义，召集联军各部和中立各部首脑或全权代表召开"善后会议"，会议作出五大决议：第一，盐税必须由督办四川军务善后事宜公署统一提拨；第二，瓜分杨森武装，刘湘接收了王缵绪、王正钧，何金鳌、李雅材、兰文彬、朱宗懋、郭汝栋、白驹等8个师及吴行光、向成杰、王文俊、包晓岚、乔得寿、黄瑾怀、谢国钧等7个旅和何畔、郭昌明两个路司令残部。其余残部由川军各部瓜分；第三，各部饷额，每月按拥有的厂造枪实数，每支大洋10元计发；第四，联军复员后，战时机构一律撤销。刘湘、袁祖铭两督署仍驻重庆；邓锡侯、刘文辉、田颂尧的督办、帮办等署和赖心辉的省长公署迁驻成都；第五，各军部队复员，按照会议决定地点移防，限于10月上旬完成。[3]由此，自流井善后会议的决议最大限度地固化了刘湘集团的利益。

在刘湘的倡议下，1925年12月26日至1926年2月11日，川军第二次善后会议在成都召开。会议主要议题是：第一，处理兵工厂问题；第二，分配造币厂所制造的银币和自流井盐款；第三，个别防区的调整；第四，按照比例裁减军队；此外，还列有一些民政事项。[4]出席会议的有35个师，29个混成旅和19个独立旅的指挥官和他们的代表，另有16名其他军事首脑，148个县的文

---

[1] 米庆云、马振夷、姜荫梧，《刘湘兴亡纪略》，四川省文史研究馆，《成都文史资料选辑》第4辑，中国人民政治协商会议四川省成都市委员会文史资料研究委员会，1983年，第67页。
[2] 《川军将领通告推举刘湘任川军总司令兼四川省长电》（1921年6月6日），四川省文史研究馆，《四川军阀史料》第3辑，成都：四川人民出版社，1985年，第267页。
[3] 乔诚、杨续云，《刘湘》，北京：华夏出版社，1987年，第67页。
[4] 乔诚、杨续云，《刘湘》，北京：华夏出版社，1987年，第67-68页。

职代表，以及省教育会，省农会，成都、重庆两地的商会代表，等等。[1] 会议通过了一系列阻止军人滥用权力的决议案，企图在四川重建合法权力中心，稳定本省纷乱的政治与社会秩序。[2]

实际上在会议召开之时，全省的行政系统已渐次过渡到以军队为基础，各军防区中行政设施，各不相同，政治绝对不统一，而基层"各县行政人员都属军人出身"，时人谴责道："四川今日已成为无法可守之世界，暴力滋蔓，纪纲荡然，人民固饱受军人之摧残压抑"[3]。旅居外省的川人致电刘湘，谴责防区体制下川省政治失序，对善后会议能否结束混乱川局表示怀疑，通电指出："年来军权扩大，碍及民政。省长等于附庸，知事几为传舍，监司大吏属之，今日之军佐曹长，亦忝民社之任。中枢失职，统系纷纭，法纪荡然，民不堪命。……善后会议受人民委托，来自乡邑，更洞悉症结，计必能运缜密之心思，成圆满之方案，为我七千万人民慰也。惟际此贞元相替，国宪既无肩适，而省宪又非咄嗟可办，纳民轨物，宜由善后会议暂定公约，为全省军民共定信条。否则徒善不足为政，徒法不能以治行，会议成效，殆篾如耳"[4]。四川省议会也对善后会议通电质疑，称："川乱频年，地方糜烂，人民憔悴于虐政之下，无所告诉……乃我川军民两长，适于是时自颁条例，召集各县代表，加入军事人员，组织善后

---

[1] 叶茂林，《四川善后会议录》第 1 册，沈云龙，《近代中国史料丛刊续编》第 31 辑，台湾：文海出版社，1976 年，第 21-22 页。

[2] 叶茂林，《四川善后会议录》第 2 册，沈云龙，《近代中国史料丛刊续编》第 31 辑，台北：文海出版社，1976 年，第 367-413 页。另据张惠昌《四川军阀混战中的"善后会议"》一文，历时两月的四川省善后会议议决案达数十起，其中军事收束、财政整理、维持社会安宁秩序等对于川局前途、治乱安危关系甚巨，闭幕式上刘湘等到会致辞，宣称"自今以后，对于议决公布各案，誓愿竭其驽钝，努力奉行，以期不负我代表诸君之盛意，及地方人民望治之宏愿，邦人君子，幸昭察之。"然而，因军阀战乱再起，善后会议的决议案只议决平拨盐款六十万元作为成都大学经费一案有结果，其余各决议案，均成泡影。参见四川省文史研究馆，《四川军阀史料》第 4 辑，成都：四川人民出版社，1987 年，第 20-21 页。

[3] 《对召开善后会议之主张电》（1925 年 9 月 9 日），谢增寿、何尊沛、张广华，《张澜文集》，北京：群言出版社，2014 年，第 68 页。

[4] 《旅京川人杨庶堪等对善后会议之意见电》（1925 年 10 月 16 日），四川省文史研究馆，《四川军阀史料》第 4 辑，成都：四川人民出版社，1987 年，第 212-213 页。

会议。于武力弥漫之下，得兹一线曙光，提倡民治，在疆吏藉免寡人政府之嫌，而地方人民乘此时机参与政治，宁非差强人意之举。惟是权限未明，性质奚似？植基未固者，效果难言，体制未常者，能力薄弱，此项会议，其权源之赋与，适从何来？职权之规定，范围安在？倘若不详为明订而共同确认，则推行难期尽利。大之，将有抵触法令之虞，小之，适为涂饰耳目之具。越权生事，其弊有不可胜言者。本会管窥所得，请一陈之：查该条例第四条第一项云，议决军民两长交议之善后各案；第二项云，关于省善后事宜，得建议军民两长。释其文义，觉该会议得行议决之事项，仅限于军民两长提交之案，此外，则但得建议，以备采择而已。是则，提案权纯为军民两长所专有，而各代表则无。其于议制之精神，固已完全失却矣。"[1]

民间社会抗议"军人干政"虽群情激昂，却无回天之力。早在 1925 年 5 月 25 日，张澜即发出通电，提出解决川事之必要办法，即："（一）议定裁兵标准及办法。公推裁兵委员长认真执行。有不遵重者，则声罪致讨。其裁兵费用，即照澜前次宥电所陈办理。（二）议定军饷统筹办法，公推财政委员长执行，绝对废除防区制，不准自由征派。（三）从速组织制定省宪机关，赶于短期内将省宪完成，以后川事，悉依省宪进行，俾入轨道，并免受外方波动之害。（四）在省宪未完成以前，各师旅长地位，暂仍其旧，俟省宪完成后，即依照省宪办理。惟其所有部队，只许裁减，不准增添。"[2]加之社会名流绅商的参会，"军人干政"在相当意义上被赋予合法的诠释。四川政治全面转向军人自治时期，遏制军阀主义化已成为一句空话，此次会议被认为"全由刘湘一手操纵"[3]，因为代表们通过的每一项决议，都必须送给刘湘与赖心辉去考虑和履行，当时两人分任四川善后督办和省长。各主

［1］《川省议会对四川善后会议提出质疑电》（1925 年 11 月 8 日），四川省文史研究馆，《四川军阀史料》第 4 辑，成都：四川人民出版社，1987 年，第 215-216 页。
［2］《为根本解决川事办法电》（1925 年 5 月 25 日），谢增寿、何尊沛、张广华，《张澜文集》（1911—1946），北京：群言出版社，2014 年，第 65-66 页。
［3］乔诚、杨续云，《刘湘》，北京：华夏出版社，1987 年，第 68 页。

图 2-8 四川省善后督办兼二十一军军长刘湘
肖像——国民革命军第二十一军司令部政务
处,《施政汇编》上编第一册,1933 年。

要议案,"议案成立后,函送督署查照施行,并由正、副议长和张澜等有声望的代表亲自往见刘湘,督促实施"[1]。

1928 年国民政府改组四川省政府,除川省实力派外,中央参与政府人员增多。 此后,国民政府调整策略,动员和依靠国民政府中地位显赫的川籍委员。随着刘湘集团军事实力的膨胀和四川防区均衡的打破,中央政府又逐渐将政策的重心转移至四川本省实力派。

1931 年,国民政府重提整合川政,表现出对刘湘的高度信任。 同年 1 月 1 日,国民政府明令授勋:刘湘着给予一等宝鼎章。 2 月 24 日,行政院第 14 次国务会议决议,请任命刘湘为四川省善后督办,所有四川各军归该督办全权编遣。 6 月 14 日,国民党第三届五中全会第二次会议上,刘湘当选为国民政府委员。[2] 刘湘的二十一军在四川军阀政治军事角逐中大有"挟天子以令诸侯"的气势。 如果说 1931 年再度改组的川省政府中,国民政府还顾及各实力派均有参加政府的"权力均衡"策略,那么,随着刘湘的二十一军集团实力膨胀,已经显示出"有形成一个中心力量与中心人物"的现实可能性。1935 年,改组成立的四川省政府的明显特点,即有意将整理川政

[1] 张惠昌,《四川军阀混战中的"善后会议"》,四川省文史研究馆,《四川军阀史料》第 4辑,成都:四川人民出版社,1987 年,第 19 页。
[2] 周开庆,《民国川事纪要》,台北:四川文献研究社,1975 年,第 433、436、451 页。

的全权交给刘湘。[1]

二、防区政治构架的若干特征

防区既是各军武力占据的结果，又是维持军队给养，赖以生存的地盘。 控制一定的地盘既是安全的基础，又是供养军队的必须。 如何有效地控制防区内的资源为军事服务，便成为军阀政治运行的重要内容。 防区是军阀权威的象征，但防区制从一开始就注定是一种不良机制，正如齐锡生指出，"一般来说，军阀最重视维护他们在国家政治生活中的权力和地位。 首先要求控制一定的区域，拥有一块地盘不仅为了有较好的防御地位，而且也是为了有可靠的财经来源。 以这样的目的去管理一片地区，很明显会使这个军阀处于恶性循环之中。 为了保护新得到的地区，这个军阀就需要扩大其军队的规模，他还要奖励为其尽过犬马之劳的下级。 他常以这一地区的一部分、或金钱、或答应扩充他们的军队来奖励这些下级。 为了满足这些要求，这个军阀就要有新的收入。 因此，军阀们往往被驱使去推行扩张主义政策。 他们的力量愈强大，他们的政治地位就愈有保证。 但是他们愈是强大，他们需要满足下级日渐增长的报酬也愈多。 所以，防守地区的需要常常要求有更多财源与更大地区，而它们又反过来造成更多的防守需要。 这些军人合理的做法，应该是力求经济自给。 为达到这一目标，最起码应该筑起一道经济之墙以挡住对手的任何敌对性影响。 但更重要的，是在健全的基础上发展他们的政治和军事力量。 他们必须在其地区内加强经济管理，开发新的资源，更有

---

[1] 周开庆，《建设新四川的展望》，《国闻周报》第 12 卷第 20 期，1935 年 5 月 27 日，第 8、10 页。 另外，吕实强研究指出，国民政府之所以选择刘湘作为统一四川的突破口，还因为刘湘从北伐到中原大战，始终都拥护中央，相当值得信赖，在四川诸将领中亦算是深明大义并能肩负重任之人。 参见吕实强，《抗战前蒋中正先生对四川基地的建设》，载《蒋中正先生与现代中国学术讨论集》第 3 册，台北："中央"文物供应社，1986 年。 1935 年 10 月，川军整编，刘湘部缩编为 11 个师 5 个独立旅共 84 个团。 1937 年 7 月，再次缩编，保留 11 个师 7 个独立旅共 60 个团。 参见李宝明，《国民革命军陆军沿革史》，北京：中华书局，2018 年，第 567 页。

效地动员和利用现有资源，以长期发展经济。 但是，事实上，军阀们的经济政策阻碍了这些目标的实现。"[1]

就功能而言，防区制的最基本的任务乃是提供军队的给养和开支，即所谓"一个军阀要有坚强的个性、下属军官和军队。 他的问题是先要训练他们、赢得他们的个人忠诚，尔后要供给他们食用花费。 为此，他需要得到对一个大城市、一个省、一条商路或铁路的税收或得到其他军阀或列强的支持"[2]。 因此，防区的经济功能首先就是搜刮与盘剥地方资源。 防区各级行政设施的主要目的是使军长能供养他的军队，并不惜牺牲其他军人的利益来改善和巩固自身在四川的地位。 这样一来，四川军阀政府的主要职能就是榨取本地社会财富与资源。[3]

税收是军阀财政收入的基本来源，是军阀统治赖以存在的经济基础。 四川的财政，自辛亥以后逐渐陷入紊乱，防区制形成后，各军以此为地盘，一切税收，均由防区内的最高军事将领各自筹募，自由征取；一切开支也由他们视政治、军事、经济之需要自由分配。 以二十一军为例，二十一军为解决财政入不敷出所采取的搜刮手段有：①绅商派垫（此为针对城市资产者）；②田粮预征（承担者主要为农民）；③百货加税（针对进出口货物的税）；④公债发行（以未来之税收，作担保而发行公债，先向商场派售，继而又向商场押借，再进而向商场抛售）；⑤期票短借（由最富的盐帮，而到土帮，当仍然入不敷出时，又以总金库之名义，自出期票给予各部队军需，持向商场贴借。 后又因总金库之期票过多，乃由总金库经理个人署名，可添一重保障之期票，向市场活动）；⑥钞票抵押（以官方金融机关发行之钞票向银钱业抵押短借）；⑦"通货膨胀"（粮契税券发行额之不敷防区扩大后之流通，官方

[1] [美]齐锡生，《中国的军阀政治（1916—1928）》，杨云若、肖延中译，北京：中国人民大学出版社，2010年，第144页。
[2] [美]费正清、赖肖尔，《中国：传统与变革》，陈仲丹等译，南京：江苏人民出版社，1992年，第442页。
[3] Robert A. Kapp，*Szechwan and Chinese Republic*，*Provincial Militarism and Central Power* 1911-1938，New Haven：Yale University Press，1973，p.40.

遂又成立银行，致力于钞票之发行）；⑧借用公单（利用银钱业之"信用交易工具"——公单，而吸用全市之余赀）。尽一切可能搜刮地方即二十一军"所谓理财"的"哲理"。[1] 1935年10月新的四川省政府裁撤的防区时代苛捐杂税就达120种之多，同时被裁并的税收机关达50余所。[2]

防区制又是一种"畸形的行政状态"，是"军人干政"的主要渠道。所谓"军人干政"，也即"军绅政权"，是指"军事集团政治化，军队首领及其所代表的利益集团在国家政治生活中起主导作用的政权形式。政治集团和政客（所谓'绅'）成为军事利益

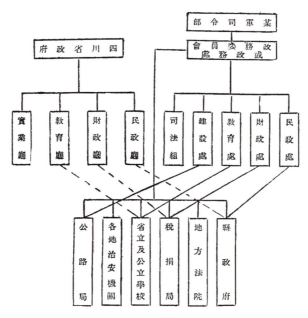

图2-9　四川防区制政权系统图——张培均，《四川政权之系统及行政现状》，《复兴月刊》1935年第3卷第6-7期，第4页。

原图说明：(1)实线表示实际上统辖权；(2)虚线表示形式上统辖权；(3)司法组织只有二十一军有此机关。

［1］张禹九，《四川之金融恐怖与刘湘东下》，《银行周报》第18卷第47期，1934年12月4日，第16页。
［2］张肖梅，《四川经济参考资料》，中国国民经济研究所，1939年，C146。

集团的附庸、工具或摆设"。[1] 在"军人干政"的格局下，军人取得对社会、政治和经济资源的控制权，成为掌握政权的唯一力量。即"一切政治设施，举立法司法民财建教等一切行政包刮（括）在内，均由防区军事长官主持，只见军权之活动，未见政权之存在，特殊政局，于焉造成"[2]，这样的体制只能是"军部为各该戍区最高命令机关，所以四川无吏治，只有军治"[3]。各军"以军部为最高行政机关，政务处为主管考核之机关，其性质虽不对外，但对军长既负完全责任，为一切政务发号施令之原动力。故列为系统之主要机关"。[4] 军事控制主要体现在：第一，军长有权任命县长和县府各科室的负责人，其权力直接渗透防区基层；第二，防区内的文职人员与军人有千丝万缕的联系，有许多县级官员本身就是现役军官。在这种畸形的行政状态下，全川被分为若干个军区，各军首脑拥有"最高无上的统治权"，将"整个的四川分成了七八省"，而"在某一个戍区内的军民财政教育建设以及团务等，均归该戍区的军事首长全权处理，这一个军事首长，就等于那一省的省府主席"[5]。如此机制，表明军人牢牢控制行政权力的实质。

从思想层面考察，防区制的存在，还得益于伴随四川军阀形成而弥漫全省的军阀政治理念，"川人治川"。防区制对民国四川社会的影响大大超越了政治和军事的内涵。四川军阀"川人治川"的政治理念，无疑强化了四川封闭独立的自然环境；而川军的自我封闭的意识从文化心态上对整个社会起了催眠、抑制的作

---

[1] 许纪霖、陈达凯，《中国现代化史：第一卷 1800—1949》，上海：生活·读书·新知三联书店，1995 年，第 380 页。

[2] 张培均，《四川政权之系统及行政现状》，《复兴月刊》第 3 卷第 6、7 期合刊，1935 年 3 月 1 日，第 138 页。

[3] 灵均，《四川现实政治调查》，《复兴月刊》第 3 卷第 6、7 期合刊，1935 年 3 月 1 日，第 368 页。

[4] 国民革命军第二十一军司令部政务处，《施政汇编》上编第二册建设纲要，1933 年，第 154 页。

[5] 周开庆，《建设新四川的展望》，《国闻周报》第 12 卷第 20 期，1935 年 5 月 27 日，第 5 页。

用。 民初，四川频繁卷入全国政治风云中，为抵制外省军事力量干预四川政治，逐渐产生出四川军阀的政治意识形态，"川人治川"是其话语代表。 这种狭隘的地方自治的理念，成了四川军阀意识形态的重要组成部分。 不仅使防区制的分裂更为长久和现实，也使得四川军阀并无兴趣参与全国的政治，民族国家观念淡漠。 加之，民初四川频频遭到外来势力的侵扰，"川人治川"在川民中有一定的社会基础，并在相当程度上获得了民间社会的认同，渐渐转化为整个社会认同的军阀文化心态。 不过，1926 年以后的省内形势对四川军阀封闭形态有所冲击。[1]

四川防区制的合法运行，得益于两个重要条件。 一是军人政权吸附地方精英和文官制度。"军人干政"构架存在致命的弱点，即需要文官的认同。 由此，军阀往往不自觉地改变自身构架，导致了防区制的异化。 以刘湘的二十一军为例，吸纳地方精英和各方人才改变了"军人干政"的色彩。 以刘湘支持卢作孚民生公司"统一川江"为例，刘湘以军人政府的权威来提高卢作孚的"声望"，任命卢作孚担任二十一军川江航务管理处处长，很快使其有了"超越"一般商人的声望，为京沪各方人士所熟知。[2] 此外，卢作孚接任江、巴、璧、合四县特组峡防团练局局长之后，在以北碚为中心的地区实施的一系列社会变革运动，从根本上动摇了二十一军防区制最初的原则——保守地方与封闭自治，率先形成开放的格局，给防区制注入了新鲜的因素。 1933 年 9 月 24 日，卢作孚在峡防局周会上说："现在我们正在用力做这几个运动，就是用力运动省外的人以及国外的人都到四川来，'把科学家运动到四川来帮助我们探查地上和地下的出产，把工程师运动到四川来，

[1] 1926 年，四川军阀通电加入国民政府是封闭的四川受到革命洪流强烈震撼的结果。 漆南薰认为，从地理关系而言，"川省之东道既开，革命洪涛，滔滔卷入，渝中首当其冲，泸蓉次蒙其卷荡。 此种革新势力之所及，即川民变化之所在"。 他甚至认为易帜以后的四川"已成整个的革命势力之四川"，"已渐趋于解放之路程"。 参见漆南薰，《川局之一大变化》（1926 年 11 月 24 日），中共重庆市委党史工作委员会等，《漆南薰遗著选编》（内部发行），1987 年，第 171、192 页。
[2] 刘航琛，《戎幕半生》，沈云龙，《近代中国史料丛刊续编》第 49 辑，台北：文海出版社，1978 年，第 176-177 页。

利用四川所有的出产帮助我们确定生产的计划，把金融界有力量的人运动到四川来，帮助我们的钱去经营或开发各种事业'，'还要促起世界上的人都到四川来，或来考察，或来游历，使世界上的科学家都到四川来，世界上的工程师都到四川来，世界上的金融界或实业界有力量的人都一齐欢迎到四川来。'"卢作孚希望通过这种办法，使"各方面都集中精力来创造来建设，把四川的各个地方布满铁路之网，布满电线之网，一切大规模的工业都次第举办起来，集中生产大批出口，使原来贫穷的人都会变为有钱的富家翁了。这样一来，不单是可以把'魔窟'转变为'桃源'，而且是也要把'天府'造成一个'天国'"[1]。在30年代国内时局变迁之际，防区制内生长出"回应"统一的内在推动力。

二是"爱国主义""民族主义"的动员旗帜。"许多军阀也打着爱国主义、民族主义的幌子，以使他们的行动合法化。无论他们实际的动机如何，通过这种宣传，军阀也助长了一种观念的流行，即中国人应该关心民族的境遇，应争取全民族的进步"[2]。二十一军以川江航务管理处的名义，借用民间的爱国热情和"经济民族主义"情绪，对内河航线上的外资船只进行检查。这些特点在刘湘时期的防区政治中成为明显的特征。纵观刘湘的话语，民族主义情绪相当强烈，甚至成为一种民众动员的口号，为"军人干政"增添了合法性资源。

第二节　权力的整合——参谋团入川

1935年以前，相对的封闭态势和实质上的独立自治隔阻了外部的权力渗透。驻重庆期间，刘湘迅速巩固其在川军中的地位，

---

[1] 卢作孚，《中国科学社来四川开年会以后》，《嘉陵江日报》1933年10月12日，10月15日。
[2] [美]费正清，《剑桥中华民国史》第1部，章建刚译，上海：上海人民出版社，1991年，第336页。

获得了相当丰厚的地方经济与政治资源；而占据重庆的优势又使二十一军在四川军阀的权力角逐中发展出统一四川的态势，成为南京国民政府整合四川的主要依靠。伴随参谋团入川，中央权威的渗透，重庆自开埠以来的"封闭"状态结束。防区制的废除，无疑为重庆城市的发展带来了发展的机遇。

一、防区制解体——地方权力的新困境

"蜀道难难于上青天"，地理区位的封闭无疑增加了人们对军阀政治下四川社会认知的困难。"因三峡之险所阻隔的四川，仍然是另一天地，不受中原大势的影响，超然地彼此不相关联。"[1]有人指出，"外省人士，视四川状况，多以新闻消息为根据，其隔膜情形，与外国人士视吾国情形相同。"[2] 1930年，旅居上海的四川青年王宜昌将自己的家乡称作"异乡"。他在《关于国立成都大学》一文中写道："有一个'异乡'在现在底中国秘密地存在着。这个'异乡'，就是僻处西南底四川。南北东西各外省人士，为着要了解这个'异乡'，正在组织着考察四川底团体。不论政治家，实业家，思想家，研究家，商人，教士等等，都在注意着四川了"。作者借外省人的话语概括这个"异乡"，即："文化落后""野蛮混乱""崎岖险阻""神秘难知"。[3]这一说法无疑突显了四川省的特殊性。

外部世界对川省的"隔膜"情绪颇具象征意义。《密勒氏评论》指出，"就政治而言，四川总是处于一个半独立的地位"[4]。

[1] 田尻，《四川动乱概观》，杨凡译，《近代史资料》1962年第4期，北京：中华书局，1963年，第48页。

[2] 李振吾、陈慧一，《川游见闻》，《生活（上海1925A）》第6卷第11期，1931年3月7日，第227页。

[3] 王宜昌，《关于国立成都大学》，《国立成都大学旅沪同学会会刊》1930年第1期，第5页。

[4] "Szechwan Decides to Stage Its Own Civil War," *The China Weekly Review*, 11(April,1931), p. 189.

《纽约时报》也评论说，"四川是一个王国，而不是一个省"[1]。天津《大公报》批评道，"二十年来川省对于中央，多处不即不离状态。"[2]

20世纪30年代初开始，刘湘在重庆近乎完全"自治"的局面开始遭遇种种危机，封闭式的自主权威受到来自各方面的挑战。[3] 就权力政治层面考察，刘湘的二十一军面临的权力危机主要表现为：

第一，全国媒体的尖锐抨击，动摇了刘湘政治权威的合法性。"国家统一"的政治信念，使得四川军阀长期割据自为的合法性产生了危机，即陷入了既希望保持现有政治独立性，又无法否认全国统一的原则的尴尬局面，也就无法逃脱全国媒体的尖锐抨击。有人指出，"如果世间果有地狱的话，那么四川老百姓所居的，便是地狱的十八层。如果人类真有吸血鬼时，那么四川军阀便是比四大天王还伟大的吸血鬼"[4]。在所有的批评中，四川军人成众矢之的，不仅有"四川号称魔窟，而魔窟中之群魔，厥为军人"[5]，有人指出，"四川军人万恶，中国殆无人不知，而'川阀'一简称名词，散见中国舆论界，亦惟四川所专有。中国不论朝野，每一谈及川事，辄有不足耻数之慨，是诚川人之大辱，而川阀犹不足责也"[6]。整个四川社会因军人的统治，便简直是"漆

［1］Hallett Abend, "Developments in Szechuan Means Chinese Realignment," *The New York Times*, 9（September, 1934），p.1.

［2］《刘湘入京与整理川政》，《国闻周报》第11卷第47期，1934年，11月26日，第2-3页。

［3］实际上在1927年川军归属南京国民政府以后，四川军阀防区制曾经面临合法性危机，1929年达到高潮。白崇禧批评四川军阀"都是一些没有眼光和没有远见的人"。（《嘉陵江日报》1928年7月29日。）唐式遵说"外省人骂得川人狗血淋头"（《嘉陵江日报》1928年8月15日。）1931年初"川中各界组织中央解决川事四川民众促进会"，并推举代表入京请愿，要求中央派兵入川，以期彻底解决川事。参见周开庆，《民国川事纪要》，台北：四川文献研究社，1975年，第434页。

［4］田倬之，《四川问题》，《国闻周报》第11卷第29期，1934年7月23日，第2页。

［5］胡先骕，《蜀游杂感》，《独立评论》第70号，1933年10月1日，第16页。将四川军阀统治下的四川冠以"魔窟"等词汇表述的媒介文本还可参见举庭，《魔窟四川》，《北平周报》第86期，1934年9月16日，第4-8页；叔永，《如何解决四川问题》，《独立评论》1932年第26号，第12页。

［6］再蒸，《勉四川进步军人!》，《骨鲠》第26期，1934年3月20日，第4页。

黑一团之区域"。[1] 在外省人的视野中，"四川政治之坏，冠绝宇内"，这种"军权万能"的"酋长政治"实属"罪恶累累"。[2] 因为多年川局扰攘不宁，以致"'下江'的工商界人士闻而裹足，都不愿到四川去"[3]。 1932 年"二刘大战"爆发，更激起全国舆论的强烈反响。 南京中央政府重申整理川政之令，谴责防区制导致的军阀混战，"近更罔顾国难，藉故交兵，军旅因内战而捐精英，黎庶因兵劫而膏锋镝"。[4]《大公报》尖锐指出，"今当大势一变之时，四川各将，如再不觉悟，只有坐受淘汰"。[5] 四川军阀所面临的困境无疑给中央整合四川似契机。 有评论呼吁："四川的同胞们！ 时至今日，你们还在希望军阀回头吗？ 我相信军阀是不会回头的，只有大家一致打倒军阀，才是我们的出路。 你们还在希望英雄出世吗？ 我相信不会有什么英雄出世的，如果大家都能去与军阀拼命，自然大家就是英雄了。"[6]曾经一度成功抗衡了中央权威的"川人自治"口号，此时显得苍白无力。 刘湘在公共场合演讲时说，"所以不管是军事的责任，政治的责任，经济的责任，以及诸种事的责任，都得先自负起责来，然后听命于中央办理"[7]。 这似乎在暗示"首先实现四川的统一"，然后"统一于中央权威之下"。 这是重庆走出"自治"下"全封闭"的重要象征。

第二，中国工农红军入川彻底动摇了刘湘在四川的自治偏安之基础。 刘湘在重庆的"独立自治"是脆弱的。 在二十一军的防

[1]《论四川善后公债》，《国闻周报》第 8 卷第 30 期，1931 年 8 月 3 日，第 5-6 页。
[2]《刘湘入京与整理川政》，《国闻周报》第 11 卷第 47 期，1934 年 11 月 26 日，第 2-3 页。
[3] 胡光麃，《波逐六十年》，沈云龙，《近代中国史料丛刊续编》第 62 辑，台北：文海出版社，1979 年，第 279 页。
[4] 周开庆、刘航琛，《刘湘先生年谱》，台北：四川文献研究社，1975 年，第 73 页。
[5]《四川新省府成立》，《大公报》1935 年 2 月 11 日，第 2 版。
[6] 吾真，《论四川底进步》，《一八社刊》第 2 期，1932 年 5 月，第 67 页。
[7]《主席致开会词》《刘督办训词》，《新世界》第 58 期，1934 年 11 月 16 日，第 7 页。

区内，刘湘对中国共产党活动的防范与清剿举措异常严苛。[1]
1931 年 6 月，刘湘颁布"清共条例"，严密清查共产党人的活动，
并责成二十一军防区各县成立清共委员会。[2] 就现存资料看，
二十一军厉行的"清共"举措多以学校为检查重心，比如通令各
校，"不准学生参加任何党派，即学生自治会，在'清共'期间，
亦暂时停止活动，以防流弊"，并颁布各学校"清除共党"办法大
纲，各级学校清查反动暂行条例，规定学校训育方面，"应纠正学
生思想，趋于纯正，平日检查学生书籍，日记，信扎（札），取具
妥保实行连坐，并饬册报学生的思想行动，及保结表"。 责令各
县县长、教育科长，汇报小学教员的思想行动，"随时考查，严加
防范"。 经过这样严厉的措施，按照二十一军自己的评价是，数
年以来，二十一军成区内各学校没有发现共产党的活动。[3]

事实上，刘湘控制下的重庆，中国共产党人从未放弃对马克
思主义真理的信仰，地方党组织的活动非常活跃。 早在 1922 年中
国社会主义青年团重庆地方团，即重庆团地委成立，到 1924 年发
展团员 24 名。 1925 年开始在团员中发展中共党员。 1926 年，中
共重庆地委成立，杨闇公、吴玉章、朱德、刘伯承等人先后在地委
中任职。 在杨闇公等人组织领导下，重庆成为四川中共党组织活

[1] 关于刘湘的二十一军驻渝期间对重庆所实施的严密控制，以及对中国共产党的高压政
策，可从这一时期二十一军的报告和通报等秘密公文档案中获得若干信息。 参见重庆市
档案馆藏重庆市政府全宗 0053 卷 12 密令等案卷。 此外，相关文献还可参见四川省档案
馆藏，如：《陆军二十一军司令部第二、第六师江巴卫成司令，隆昌内江綦江县知事，重
庆特别市民生局等关于密缉共产党的指令令，呈，函》（1928 年），案卷号 22；《陆军第
二十一军司令部 四川省立第一高级商科中学，重庆南岸中学，重庆市反国家主义大同盟
关于清查国家主义派的指令，呈，宣传》（1929 年），案卷号 23；《陆军二十一军司令部
第一、三、六七师，资中、隆昌，巴县知事，重庆市长等关于查禁川潮小册，缉拿共产党
的指令，呈》（1927 年），案卷号 24；《陆军第二十一军司令部国民党四川省党部筹备
处，江巴卫成总司令关于取缔"反动"传单及查拿共产党的指、训令，呈》（1927 年），
案卷号 25；《陆军第二十一军司令部关于防范共产党秘密工作的指令密令》（1932 年），
案卷号 39 等。
[2] 刘湘，《四川善后督办公署训令：特字第 80 号》（1931 年 6 月），《涪陵县政周刊》第 10
期，1931 年 7 月 5 日，第 22-23 页。 刘湘在成区内大力"清共"的举措，还可参见刘
湘，《国民革命军第二十一军司令部训令：特字第 53 号》（1932 年 5 月），《涪陵县政旬
刊》第 5 期，1932 年 5 月 31 日，第 39-47 页。
[3] 国民革命军第二十一军司令部政务处，《施政汇编》下编第三册教育章令，1933 年，第
102-104 页；《清共办法》，《施政特刊》（教育之部），1935 年 2 月，第 86 页。

图2-10 中国共产党在渝活动图——重庆市规划局、重庆市勘测院,《重庆历史地图集》第二卷,西安:西安地图出版社,2017年,第216页。

动的中心,是全国党员发展最快的地区之一。[1] 通过各种群众性的组织,中国共产党在防区制的重庆逐渐扩大了其政治的影响,成为重庆颇具影响力的组织,对启迪民众的觉悟和民族主义、爱国主义产生了很大的影响。

当"二刘大战"正酣之时,中国工农红军徐向前部队已经进入四川。 红军入川,被称作是防区制的"催命符"[2]。 美国学者凯普指出,"徐向前部队进入四川,加深了四川军阀的危机",这支队伍很快发展为"勇敢、机动、善战(即使装备不良)的近十万人的战斗部队,这是对刘湘和其他军事领袖自1925—1926年掌权以来的集体生存的第一次真正威胁"[3]。 1933年10月4日,

[1] 隗瀛涛,《近代重庆城市史》,成都:四川大学出版社,1991年,第618-619页。

[2] 对红军入川导致的防区政治困境以及南京中央政府权力向四川省的渗透,《纽约时报》予以了跟踪报道,参见:*American Mission in China*,NYT,Jan 26,1935,Pg.10;*Americans flying to Safety in China*,Apr 19,1935,Pg.16;*Chengdu Prepares for Siege by Reds*,Apr 21,1935,Pg.14;*Chiang will shift Nanchang air base*,By HALLETT ABEND,Sep15,1935,Pg.E12;*China is renewing wide driver on Reds*,Feb 8,1935,Pg.5;*Szechuan Advance Hurried by Chinang*,by C. YATES McDANIEL,Mar 31,1935,Pg.E5;*Szechwan dismayed by note withdrawal*,Sep 20,1935,Pg.5;*Szewchuan Welcome Chiang*,Mar 4,1935,Pg.5

[3] Robert A. Kapp,*Szechwan and Chinese Republic*,*Provincial Militarism and Central Power*,1911—1938,New Haven:Yale University Press,1973,p.98.

刘湘正式就任四川"剿匪"总司令职。 11月初，在刘湘的指挥下，川军总计出动一百多个团，近二十万兵力，分六路向川陕根据地发动围攻。 然而，军阀混战和"剿共"战事，使得"财力雄厚"的二十一军财政状况日益恶化，进入紧急状态。 1933年，二十一军的财政支出比1931年几乎增加了一倍，而1933年的赤字却比1929年和1930年增加了三倍。[1] 到1934年年中，四川面临一场迅速蔓延的社会和经济危机。 有人认为，如果没有红军的入川，四川军阀的防区制恐怕仍然将继续存在。[2]

1934年8月下旬刘湘因"剿共"遭遇种种困难，呈请辞去本兼各职。 经南京国民政府中央及各方挽留，始打消辞意。 10月22日通电复职。 11月13日刘湘离渝东下，20日抵达南京，面谒蒋介石请求安川方略。 所谓安川方略，主要有：请中央派大员入川，统筹"剿共"事宜，川省各军统属蒋介石政府，限期"剿共"；整理、改革四川庶政，打破防区制，组织统一的四川省政府，将川省政治纳入中央的政治统驭之下；整理四川省财政等。《纽约时报》以"南京权威逐渐增强，面对红军的威胁，四川军阀对南京中央政府屈服"为题，报道说："四川军阀刘湘的南京之行被认为是一个心照不宣的默认，即他没有能力在他的省内独自应付因共产党人而日益增长的复杂局面"[3]。 在南京，刘湘对记者表示，"四川为中央之四川，本人负川省善后责任，一切惟中央之命是从。 川省危迫至今而极，惟有整个在中央指挥之下，徐图挽救"[4]，四川防区制的极度困境溢于言表。

第三，1931年九一八事变后，中日民族矛盾的激化，改变了中央和地方关系的格局。 九一八事变以后全国形势的发展，要求南京中央政府对日本的侵略政策作出理智的反应。 因此，打破分

---

[1] 张禹九，《四川之金融恐怖与刘湘东下》，《银行周报》第18卷第47期，1934年12月4日，第14-23页。 另参见林骥材，《匪患中川黔财政之难关》，《国闻周报》第12卷第21期，1935年6月3日，第1页。

[2] 《甘乃光先生讲演记录》，《新世界》第78期，1935年9月16日，第5页。

[3] "Nanking Displays Growing Strength," *The New York Times*, 27(November, 1934), p.11.

[4] 周开庆、刘航琛，《刘湘先生年谱》，台北：四川文献研究社，1975年，第103页。

裂，准备抗战成为一致的呼声，“外患一天一天的加紧，更加强了四川地位的重要性”[1]。舆论普遍认为，“四川者，西南之经济中心而中国之最后生命线也，四川不救，中国未必有救，欲救中国，自必先救四川”[2]。四川成为全国关注的焦点，“外省人民团体，咸注意于川省之建设事业；盖四川政局之平静与否，四川实业之发达与否，非特与川省人民有切身关系。即与外省人民亦有重大影响。不仅是也，我国处此国势凌弱，外患日迫之时，一旦海口封锁，原料断绝，则惟有赖诸国内固有之储藏。以川省物产之丰富，诚为我国可贵之宝库，足供一旦战争时之需要。或谓以四川之物产与天险将为我国之经济中心，并可为我国最后之防线非虚语也”[3]。

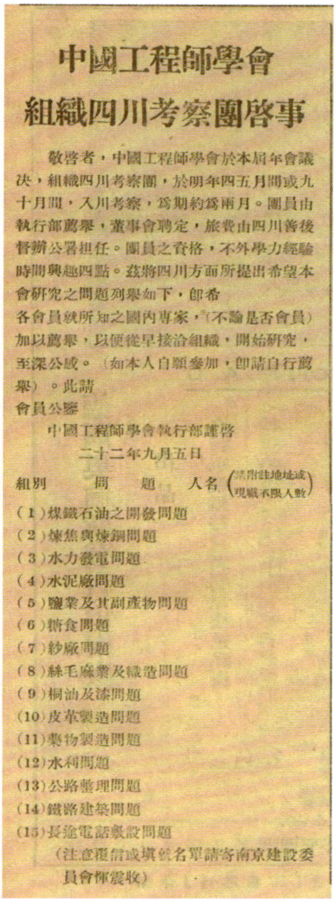
中國工程師學會

組織四川考察團啓事

敬啓者，中國工程師學會於本屆年會議決，組織四川考察團，於明年四五月間或九十月間，入川考察，爲期約爲兩月。團員由執行部薦舉，董事會聘定，旅費由四川善後督辦公署担任。團員之資格，不外學力經驗時間興趣四點。玆將四川方面所提出希望本會研究之問題列舉如下，卽希

各會員就所知之國內專家，（不論是否會員）加以薦舉，以便從早接洽組織，開始研究，至深公感。（如本人自願參加，卽請自行薦舉）。此請

會員公鑒

中國工程師學會執行部謹啓

二十二年九月五日

組別　問　題　人名（請附註地址或現職不限人數）

（1）煤鐵石油之開發問題

（2）煉焦與煉鋼問題

（3）水力發電問題

（4）水泥廠問題

（5）鹽業及其副產物問題

（6）糖食問題

（7）紗廠問題

（8）絲毛麻業及織造問題

（9）桐油及漆問題

（10）皮革製造問題

（11）藥物製造問題

（12）水利問題

（13）公路整理問題

（14）鐵路建築問題

（15）長途電話敷設問題

（注意覆信或填寫名單請寄南京建設委員會惲震收）

图 2-11　中国工程师学会组织四川考察团启事——《工程周刊》1933 年第 2 卷第 13 期，第 208 页。

川江航运的繁荣推动了透过长江“黄金水道”的省际交流，“游川人士，日见繁多”[4]。1933 年夏，中国科学社第十八次年会在重庆北碚举行。[5] 1934 年 2 月，全国各地的新闻界组织川康考察团，入川考察政治及实业情况。同年 4 月间，中国工程师学会又

[1] 张群，《川政统一与刘故主席》，周开庆、刘航琛，《刘湘先生年谱》，台北：四川文献研究社，1975 年，第 183 页。

[2]《对于考察团之最低希望》，《四川经济月刊》第 1 卷第 5 期，1934 年 5 月，第 1 页。

[3] 顾毓珍，《考察四川化学工业之初步报告》，《四川月报》第 5 卷第 3 期，1934 年 9 月，第 113-114 页。

[4] 重庆中国银行，《宜昌到重庆》，中国银行，1934 年，弁言。

[5] 唐幼峰，《中国科学社第十八次年会经过》，《青年世界杂志》第 2 卷第 4 期，1933 年 10 月，第 6-31 页。

应刘湘之特聘，组织 25 人的四川考察团，入川考察。 4 月 28 日，中国工程师学会四川考察团抵达重庆。 团长胡庶华[1]抵渝后发表谈话："四川地大物博，在全国政治上经济上均占重要地位，倘能利用科学方法与工程技术，改良已有之生产，研究现在之计划，发展未来之事业，当不仅有助于四川之建设，即国计民生与夫民族复兴，亦多利赖。"[2]5 月，中国银行总经理张公权及上海其他银行代表数人，也相继入川考察金融现状。 张公权事后发表游川观感，他指出，四川军阀之防区体制乃川政之首要病症，"打消防区制"方能使四川政治财政统一。[3] 于是"'到四川去'的声浪已经成为当局和金融界人们的一致的要求了"。[4]在一片"开放四川"的呼声下，破除防区制，发展四川社会经济已经成为一股不可逆转的时代潮流。 南京国民政府借助这一情势对防区制大加讨伐，"今拥兵不急于外侮之捍御，为政不先于流亡之安集，而惟内讧是务，聚敛是先，虽胜不武，虽富不仁"[5]。 蒋介石入川以后，动员"我党政军各界同志以及全省民众，更须创成一种绝大的舆论力量"以消除这"最恶劣、最落伍之防区制"[6]。

第四，防区政治的自我解构机制，所谓自掘坟墓式的机制是刘湘面临的又一困境。 可以从两个层次理解：首先，是川人痛恨军阀政治，对防区制的种种尖锐批评频频出现于媒体上，川人在外的各种同乡会组织的动员作用，使得四川军阀的自治受到极大

---

[1] 胡庶华（1886—1986），号春藻，湖南攸县人，清末秀才，北京译学馆毕业，早年留学德国柏林工业大学，获冶金工程师学位，曾充克虏伯砲厂见习工程师、湖南楚怡工业学校教员，此前曾任湖南公立工业专门学校事务主任兼教员、国立武昌大学总务长兼教授、江苏省教育厅长、上海炼钢厂厂长、汉阳兵工厂厂长、农矿部烈山煤矿局局长、农矿部技监、农矿部农民司司长、林政司司长、立法院立法委员、国立同济大学校长、湖南大学校长。参见《四川省立重庆大学教职员一览表》（1936 年度），重庆市档案馆藏国立重庆大学全宗，档案号：0120000400193000000001000。
[2] 周开庆、刘航琛，《刘湘先生年谱》，台北：四川文献研究社，1975 年，第 95 页。
[3] 《张公权川游观感》，《复兴月刊》第 3 卷第 6-7 期，1935 年 3 月 1 日，第 7 页。
[4] 宪文，《开发四川》，《新中华》第 2 卷第 13 期，1934 年 7 月 10 日，第 1 页。
[5] 《国民政府公报》（1932 年 11 月 23 日），洛字第 67 号，朱汇森，《中华民国史事纪要（初稿）》（1926—1937 年），台北：中华民国史料研究中心，1987 年，第 792 页。
[6] 周开庆，《民国川事纪要》，台北：四川文献研究社，1975 年，第 576 页。

的挑战。"川民憔悴于虐政久亦"[1]，"盖防区不破，割据终成，一切罪恶，万难消弭"[2]。 一个值得注意的现象是，民国时期"旅外川人"逐渐成为影响川局的重要力量。[3]"二刘大战"爆发后，在京沪的川籍中央委员戴季陶、石青阳、张群均对四川的混乱严加声讨。[4] 戴季陶谴责"二刘大战"，说："此次川乱，双方死亡至少当在五万以上，军费消耗不知若干万万，人民直接间接生命财产之损失，尤不能数计。 倘以如此巨量之财力人力从事建设，恐国内之第一伟大建设当已完成。"[5]1932年10月12日，川中94位将领联名通电，提出"治川纲要"十六条，其要点乃"打破防区制""裁兵""打破群雄格局""统一全川，亟谋建设"等。[6] 防区内部的权力失衡，更加放大了四川军人干政的制度性危机。

其次，军—绅政权中绅商的离心倾向是解构防区政治的又一致命要素。 这一时期，地方精英的觉醒使得防区政治渐渐丧失其

---

[1]《成都市商会向刘湘建议川局善后办法电（1933年8月26日）》，四川省文史研究馆，《四川军阀史料》第5辑，成都：四川人民出版社，1988年，第329页。

[2]《四川旅沪同乡会向中央条陈安定川局意见电（1933年7月30日）》，四川省文史研究馆，《四川军阀史料》第5辑，成都：四川人民出版社，1988年，第328页。

[3] 1920年代初，旅居北平、上海、南京等地的川人士积极参与国民政府整理四川政局的活动，逐渐形成一个重要的群体——"旅外川人"（或称"旅外同人"）。 这些"从乌烟瘴气的家乡，跑出来求学问，求光明之道"的川籍青年，多创办刊物，意欲以言论救家乡。 这些旅居外省的川籍人士大多数游离于权力核心之外，他们或以同乡会或以同学会的组织活动，辅以请愿、通电等方式进行议政，逐渐成为一股不可忽视的力量，直接影响着四川政局的发展。 而那些参与国民政府"共商川局前途措施"的均为"四川有历史的同志及社会上有地位的人"，其中主要的成员是国民政府的中央委员戴季陶、熊克武、黄复生、张群，卢师谛、曹叔实等，他们又被称为"京沪同志"。 他们定期约集四川军阀各军代表驻京沪代表，齐集南京开会商讨川政改进事宜。 参见：上海四川同学会会刊《蜀文》创刊号；周开庆，《民国川事纪要》，台北：四川文献研究社，1975年，第372-375页。

[4] 早在20世纪20年代中期，戴季陶即谴责川军连年混战造成"兵匪横行，劫掠焚杀，肆行无忌"的政治环境，他指出："且看今天川军各部的将领，他们没有一个不会互相打过几仗，也几乎全都是互相换过兰谱，结过弟兄，做过同志。""在这一种社会里面，什么关系还可以说得上相信呢？ 靠法律吗，法律当然是早没有了效力；靠道德吗，道德更是故纸堆中的废话；靠人吗，早上是朋友晚上就是仇人；靠家族吗，不是同床异梦，便是同室操戈。 大家到无路可走的时候，强者便靠自己的腕力，杀人放火，无所不为，弱者便只有靠神佛的力量，作无形的信障。 迷保的发达，就是为此。"戴季陶，《回想录（四）：兵匪横行的四川》，《湖州月刊》第2卷第2期，1925年5月1日，第46页。

[5] 周开庆，《民国川事纪要》，台北：四川文献研究社，1975年，第499页。

[6] 周开庆、刘航琛，《刘湘先生年谱》，台北：四川文献研究社，1975年，第68页。

民间的合法性。卢作孚说，"我们盼望四川的领导，领导万人而有一致的具体办法，而且使这办法经过共同决定，以成共同信仰。同时又使四川纳入全中国的整个的领导之下，促成全中国有一致的具体办法。""今天以后的中国，应靠法治不能靠人治。所需于人的，亦重在造法的训练和守法的训练。如果四川政治上的领导者，能领导人们上此轨道来，我们相信很容易地打破防区制度，而为分工制度；很容易变冲突为合作，很容易统一四川，并助中国统一。只需要勇气与毅力，从自己训练起，没有旁的困难的问题。"[1]他还说，"一个集团可以反对他一个集团的要求，但绝不会反对整个四川的要求，故最好是以整个四川的要求统一川局"[2]。地方精英的"国家""民族"意识的增强，为南京国民政府统一四川奠定了基础。

地方资本发展经济愿望的膨胀，是军—绅政权出现裂痕的决定性因素。重庆工商界经济实力的增长，表现出强烈的跨越重庆、四川省的愿望。为拓展资本市场，地方资本竭力促成建立一个新的"政治秩序"，即废除防区制，建立新的政治秩序以利于发展经济，形成一股不可逆转的时代潮流。以卢作孚为代表的防区官员的觉醒，成为促使"开放"四川运动又一重要因素。胡先骕指出："卢君之办社会事业，并不忘情于四川政局之改革。""二刘大战"后，卢氏"即游说诸军阀巨头劝之息内争，以共趋建设之途；以彼在社会上地位，其言论殊为军人所重视"[3]。在卢作孚看来，"统一是此日四川的需要，亦是此日中国的需要。长久安定之局，须仰赖着整个的秩序。如何开发四川，尤须确定出整个的秩序。整个秩序的完成，即是川局统一的完成；然而不可以急切求之，须由各方面相安，办到各方面相信，最后办到各方不再依赖着武力，依赖秩序，须从最高领袖提倡起，从现状起，着手整

---

[1] 卢作孚，《四川问题》（1931年6月2日），凌耀伦、熊甫，《卢作孚文集》（增订本），北京：北京大学出版社，2012年，第140-141页。
[2] 卢作孚，《整个四川的五个要求》，《新世界》第40期，1934年2月16日，第4页。
[3] 胡先骕，《蜀游杂感》，《独立评论》第70号，1933年9月8日，第16页。

理"[1]。 地方精英的"国家""民族"意识的增强，为中央统一四川奠定了基础。

二、参谋团入川——中央权威的渗透

早在 1928 年，南京国民政府就致力于四川诸种权力的均衡。[2] 但由于种种原因，中央对于川事，在事实上无力过问。北伐结束以后，川内民众及川外人士，主张解决川事之声盛高，中央政府也觉得川政应加以整饬，遂于 1928 年下半年发表川省政府委员人选，并发表治川纲领。 治川纲领内容如下："四川僻处西陲，频年内讧，兵多而匪益滋，税重而民益困，政出多门，民生凋敝，秉钧失职，无可讳言。 迭据旅外商民在川人士，或文电呼号，或来京请愿，政府关怀川局，无时或忘。 惟治病须去其标，

图 2-12　刘湘赴京与军委会参谋团入川路线图——重庆市规划局、重庆市勘测院，《重庆历史地图集》第二卷，西安：西安地图出版社，2017 年，第 232 页。

---

[1] 卢作孚，《整个四川的五个要求》，《新世界》第 40 期，1934 年 2 月 16 日，第 7-8 页。

[2] 1928 年北伐结束以后，川内外人士主张解决川事之"声浪"甚高，中央政府也借助这一声势频繁宣布解决川事举措，诸如以国民党内声望颇高的川籍委员的话语作为号召，试图在四川建构中央权威的合法性。

振衣先提其领。 业经任命委员，克日成立省政府，树统一之机关，破防区之弊制，以至低之限度，为初步之筹维。"[1]

1929 年 1 月 12 日，为制止川军混战，蒋介石电刘湘团结川中将领，协同中央政府收拾川局。 电文称："中央对子惠（杨森）曲予成全，而卒悍然不顾抗命称兵，屡戒不悛。 今日已下令免职查办，以明功罪，而伸纪纲。 惟残部回窜，以川情复杂，难保无他变。 尚希与自乾（刘文辉）兄，切实团结邓（锡侯）、田（颂尧）诸军，协力应付，妥为收拾"。 14 日，蒋介石又电第二十八军军长邓锡侯、第二十九军军长田颂尧，告以中央已将第二十军军长杨森免职查办，用伸国纪。"诸兄仗义执言，公忠体国，至深佩慰。 务请与刘湘、刘文辉诸兄和衷共济，负责收拾川局。"[2] 30 年代初期，刘湘实力增强俨然已成中央统一四川之依靠。 1930 年 3 月 19 日，蒋介石电勉刘文辉，曰："川乱泯梦，非经一度之整理，难得彻底之解决，兄与甫澄（刘湘）兄合作，自当由兄与甫澄完全负责，凡中央力所能及者，无不可以容纳，时局虽多故，中央自有消灭一切反叛，与补助兄等定川之力。"[3]4 月 23 日，蒋又电二十八军军长邓锡侯协力巩固川局，称："今后川局，军事方面应即肃清反动，撤废防区，裁减部队，以免自焚。 政治方面应即巩固省府，整理财政，革除烦苛，以苏民困，凡此皆当今急务，全赖兄等协力以图，中央必信任勿渝。 望合成中心势力，共排障碍，勇猛精进以行之，此亦救川自救唯一之出路。"[4]同年 12 月 8 日，蒋介石收到四川代表杜炳章来电，称："甫澄（刘湘）于川中将领资望较深，效命中央始终无二，可否由中央委甫澄为川康边务督办，节制该省区军队。 在川可督率编遣，在康可统筹国

［1］《国民政府整理川政令》（1928 年 11 月 8 日），四川省文史研究馆，《四川军阀史料》第 5 辑，成都：四川人民出版社，1988 年，第 323 页。

［2］《蒋中正致刘湘电》，1929 年 1 月 12 日，吕芳上，《蒋中正先生年谱长编》第 2 册，台北："国史馆"，中正纪念堂，中正文教基金会，2014 年，第 362-363 页。

［3］吕芳上，《蒋中正先生年谱长编》第 3 册，台北："国史馆"，中正纪念堂，中正文教基金会，2014 年，第 67-68 页。

［4］吕芳上，《蒋中正先生年谱长编》第 2 册，台北："国史馆"，中正纪念堂，中正文教基金会，2014 年，第 419 页。

防，于国于川均不无裨益。"当天，蒋介石致电四川军事特派员曾扩情，令其赴四川询明刘湘之意，并立即回复。[1] 这种与刘湘转商川局处置办法的做法本身，表明刘湘地位的显赫，以及蒋介石南京国民政府对四川问题的高度重视。[2]

1931 年 2 月 24 日，蒋介石主持国务会议，决议改组四川省政府，任命刘文辉、邓锡侯、田颂尧、杨森为四川省府委员，并指定刘文辉为主席。 决议任命刘湘为四川善后督办，所有四川各军统归全权编遣。[3] 25 日，令刘湘以督办名义节制调遣川军。[4]《大公报》对川局执掌人的选择也寄予在刘湘，"中央本委任刘湘，依多年经过观之。 刘要为川将之杰出者。 政府果欲使刘负全责，亦无不可。 然必须乘此群阀惶恐之日，为四川树立革新之根基，其最要者第一。"[5]

尽管如此，直到 20 世纪 30 年代初期，四川的政治仍然一如既往地处于防区政治的控制之下。 南京政府对于川局始终有整理之心，无整合之力，四川仍然处于失控、游离状况。 国民政府干预四川事务的失败，显示防区政治构架的牢固性，仅仅靠政治的外力无法打破这一封闭的构架。 1932 年 9 月 25 日，蒋介石得报川军内部冲突日趋紧张，遂电四川善后督办刘湘询问真相，并谓："此次川中万一有事，恐绝非一隅，关系小之足以牵动西南全局，大之足以招致国际压迫……现值国难愈加严重时期，吾人益宜事事持重，切盼吾兄极力消弭，设法阻止"[6]。 1932 年 11 月 23

[1] 周琇環，《蒋中正总统档案——事略稿本》（1930 年 10 月至 1931 年 1 月），第 9 册，台北："国史馆"，2004 年，第 181-182 页。
[2] 另据记者观察，刘湘首次出川赴南京觐见蒋介石，其"所备受之优礼，驾同时到京之尼国副总统而上之，或亦其为土皇帝，斯得有此。见:《刘湘的风头》，《礼拜六》1934 年第 581 期，第 642 页。
[3] 高素兰，《蒋中正总统档案——事略稿本》（1932 年 2 月至 4 月），第 10 册，台北：国史馆，2004 年，第 165 页。
[4]《蒋中正日记》（未刊本），1931 年 2 月 25 日。
[5]《论整理四川》，《国闻周报》第 8 卷第 1 期，1931 年 1 月 1 日，第 3 页。
[6] 王正华，《蒋中正总统档案——事略稿本》（1932 年 8 月至 9 月），第 16 册，台北："国史"馆，2004 年，第 537 页。

日，国民政府重申整理川政之令，指出川政一切症结"首在防区恶制"[1]。 打破防区制，整合川军势力，即将其纳入中央化的过程，是中央政权在空间上扩大和其对地域社会各种层次的影响力的深化。 1933 年 6 月 1日，行政院国务会议决议整理四川省军事政治原则。

图 2-13　刘湘:四川时局中之重心人物——《新中华》1937 年第 5 卷第 11期,第 2 页。

防区制内的经济变迁成为中央和地方成功整合的重要因素。 一方面，川江航运等新兴民族资本改变了传统区域经济的性质，要求拓展市场打破防区制的束缚；另一方面，具有现代意识的地方精英开始认识到打破四川的封闭还需借助外力，将四川与全国联系起来了。 卢作孚指出："为了四川未来的开发，须仰赖于中原的人力和财力的帮助。 要使中原的人力或财力肯到四川来帮助，尤须仰赖于四川的安定，且须安定有了保证……内地不一定都不安定，但以其无保障，便为人们所恐惧。 尤其谈到四川，便联想到战争与土匪……虽然事实上是没有的，然而他的脑筋中是有的。所以安定必须有办法，在那办法之下，必须有保证，大之绝不至有战争，小之绝不至有土匪，中间绝不至于有军人恃赖兵力轶出法轨。 使一切人们都相信赖，然后本省的人敢于做事，中原的人敢于到川省来作事，科学家敢到四川作研究的工作，工程师敢到四川设计工作，金融界敢到四川投资，卖机器的厂家或行家，敢到四川来卖机器，许多中外人士都敢到四川来游历，不需要欢迎，只需要安定，使他们相信。"[2]

进驻重庆以后，二十一军集团与城市绅商和地方精英的整合

---

[1] 四川省文史研究馆，《四川军阀史料》第 5 辑，成都：四川人民出版社，1988 年，第 321页。

[2] 卢作孚，《整个四川的五个要求》，《新世界》第 40 期，1934 年 2 月 16 日，第 6 页。

关系已使得"军人干政"发生若干变异，吸纳合法资源的种种举措促使防区制构架的变迁。 1935年地方中央权力整合的条件已经成熟。 1933年6月，当"二刘大战"尚未结束时，川局渐趋明朗，四川各军纷纷拥护刘湘。 刘湘在川军中的显赫实力已经造成四川统一的新格局，成为中央政权倚重的现实基础。 贺国光说："刘甫澄湘在川康诸将中，部队较多，其数约占川康全部兵力五分之三，幕府中亦济济多士，因此安川先须安刘。"[1]

对南京中央政府选择以刘湘为依靠统一四川的原因，有媒体这样分析："中央应付川局，殆仍责成刘湘收拾，此在今日，自为正当办法；盖刘湘在川将中以视邓锡侯田颂尧杨森辈，实力究为最强，舍彼无可总揽全局者，一也。 刘湘防区概为富庶之地，其人不殖私财，自奉俭约，个人声望较佳，对商界颇顾信用，过去所负商款，据闻已达三千万元之巨，政府此际经营四川，无论人力无暇及此，财力更所不逮，则舍利用刘湘外，殊无资格更佳之人，二也。 川中将领向来急则相合，缓则相图，以利为鹄，罔识大体。 湘之失败，原于袍泽观望，互看笑话者为多。 现在形势迫切，各军群龙无首，亦在惶恐，前途归宿，非为赤匪所制，即受客军宰割，二者皆非川军所能堪，故此际慰留刘湘而为之解除困难，以策后效，或为川省各军所赞同，较之整个拆散，另起炉灶，自为易办，三也。"[2]

中央权威的渗透是以改革川政为先导，这在相当程度上与刘湘的"治川"积极性吻合。 一方面，刘湘的合作态度，推进了整合的速度；另一方面，统一四川的步伐也得到地方社会的广泛认同。 重庆工商界的著名人士美丰银行康心如，民生公司卢作孚和聚兴诚银行的杨粲三等对中央统一"均持欢迎态度"[3]，表现了

[1] 周开庆、刘航琛，《刘湘先生年谱》，台北：四川文献研究社，1975年，第194页。
[2]《川局何以善后？》，《国闻周报》第11卷第36期，1934年9月10日，第1-2页。
[3] 中国民主建国会重庆市委员会、重庆市工商联合会文史资料工作委员会，《重庆工商人物志》，重庆：重庆出版社，1984年．第149页。

图 2-14 参谋团主任贺国光肖像——《宪兵杂志》1933 年第 1 卷第 5 期,第 8 页。

重庆经济界人士相当积极的合作态度。[1]

1934 年底的刘湘南京之行预示了四川与中央关系的新起点,四川省开始在实质上被纳入一个统一的中央政治构架。 参谋团,全称即 "国民政府军事委员会委员长行营参谋团",1934 年底在南昌筹建,1935 年 1 月 12 日,由主任贺国光率领,到达重庆。 同年 11 月,参谋团改组为 "重庆行营"。 参谋团作为蒋介石南京政府中央权威的全权代言人,职权显赫,俨然 "钦差大臣"。 参谋团入川,中央政府开始实现了对川军有效控制的第一步:即松动了自辛亥以来四川紧闭的大门。

从参谋团的机构组成看,这是一个更具军事性质的建制,反映出国民政府整合地方的军事模式取向。 据 "国民政府军事委员会委员长行营参谋团组织大纲" 规定,"参谋团以主任,副主任,秘书,第一处,第二处,政治训练处人员,以及高级参谋,督察专员,各级督察员等组织之"。[2] 又据《国闻周报》,"参谋团的编制设中将主任一,少(中)将副主任一,少(中)将高级参谋十,参议无定,上校秘书二,中校一,另有各级督察员,副官电务员等,第一处担任军事,设少将处长一,上校副处长一,参谋九,第二处担任政治,除参谋改处员外,余同,第一处总务处设上校处

---

[1] 据台北 "国史馆" 藏 "蒋中正总统文物" 档案显示,在参谋团入川之际,卢作孚以社会人士和四川省政府建设厅长等多重身份积极有为,在中央统一四川的历史进程中扮演了十分重要的角色。 参见张守广,《卢作孚与川康整军》,王希,《中国和世界历史中的重庆——重庆史研究论文选编》,重庆:重庆大学出版社,2013 年,第 268-282 页。

[2]《国民政府军事委员会委员长行营参谋团组织大纲》,《四川月报》第 6 卷第 1 期,1935 年 1 月,第 230-231 页。

长一，军需副官等十余员。政训处另定，在川各军师均设政训分处，总计官佐七十九员（政训处除外）。"[1]在实际的运作过程中，参谋团还设置了《组织大纲》规定以外的机构，如设有办公厅，第一、二、三处，政训处、军法处、交通处、运输处、边政委员会、铁肩总队、别动总队、川黔二省公路监理处等。[2]

参谋团的人员，均为中央和地方政权中的权力核心人物，中央、地方人员兼顾，四川人多，且教育背景多为留学归国，表明了蒋介石重视四川的决心。如参谋团的主任贺国光，湖北人蒲圻人，早年就读于"四川陆军速成学堂"，与速成军阀刘湘、杨森、潘文华、王缵绪、唐式遵等同学。后入北平陆军大学，历任师、军长等高级职务，入川前是蒋介石"南昌行营"参谋长兼第一厅厅长，主管军事。参谋团入川前，贺国光曾对中央社记者谈及个人与川省的渊源，称"余与刘甫澄幼年在川同学，并在川同事八年，交谊甚笃"[3]。尽管如此，贺国光以外省人的身份出任参谋团主任，是国民政府势力真正进入四川的重要象征。再如，参谋团副主任杨吉辉，四川资阳人，陆军大学毕业，与贺国光是先后同学。杨为刘湘的亲信，忠实的高级幕僚，曾任二十一军军官教育团教育长、军参谋长、混成旅长、兵工厂总办等要职。参谋团组建时，由刘湘推荐经蒋介石批准，作为贺国光的副手。政训处处长康泽，四川安岳人，黄埔军校第三期毕业生，毕业于莫斯科中山大学，也是别动队总队长。副处长叶维，四川华阳人，毕业于黄埔军校第四期政治科，后赴日本士官学校留学，回国后加入"复兴社"，系骨干成员。军法处处长余钟秀，湖北人，日本法政大学高等研究科毕业。边政委员会常委李璜，四川成都人，法国巴黎大学高等研究实习院比较宗教学系毕业。边政委员会常委兼秘书沈重宇，四川内江人，毕业于美国纽约大学研究院；边政委员会第一组委员、政组长姜稣生，四川彭山人，日本早稻田大

［1］《参谋团启程入川》，《国闻周报》第 12 卷第 2 期，1935 年 1 月 7 日，第 3 页。
［2］匡珊吉、杨光彦，《四川军阀史》，成都：四川人民出版社，1991 年，第 435-436 页。
［3］《参谋团启程入川》，《国闻周报》第 12 卷第 2 期，1935 年 1 月 7 日，第 3 页。

学研究院毕业。 川黔二省公路监理处处长胡嘉诏，江西人，于日本京都大学土木工学科毕业。[1] 至于参谋团一般成员，尤其是政训处的科长、科员等大多都有留学背景。 由此可见，中央对整合四川政治的决心和重视程度。

参谋团入川后，该团高级官员也曾多次在公众和媒体面前一再声明，该团责任只在"剿共"，绝不干涉川中任何行政。[4] 不过，从参谋团入川的实际运作看，所谓"安川"不仅"干涉"独立已久的四川军阀政治，且力图将四川的政治纳入中央政府的政治范畴，把四川的军队纳入全国统一指挥、全国统一编制的军事体系的这一政治整合目标。[5] 此外，从参谋团入川后所遭遇到的川军部分将领的反抗的事实看，也充分说明参谋团的"权力整合"使命占据了相当核心的地位。 即使是"剿共"军事行动，也在相当范围内以这一目标作为中心内容，诸如规定川军师长以上

蒋介石在重庆设立参谋团行营的主要目标有二：第一，策划"围剿"中国共产党的中国工农红军；第二，乃对四川地方军阀权力进行整合，以统一川政，结束四川军阀割据。[2] 参谋团的公开目标主要是，堵击工农红军长征，围攻川陕苏区的红四方面军，负责运筹、指导、维系、督察、考核四川各军的"反共"军务，督促并指导与"反共"军事有关的政治设施等。[3] 而在其施政大纲中对其另一项重要使命：即"安川"并未作详细阐释。

---

[1]《国民政府军事委员会委员长行营参谋团职员录》，行营参谋团办公厅，1935 年 9 月，四川省档案馆藏民国资料，资料号：3-497/47。

[2] 按照贺国光的回忆，参谋团在四川的工作有三大项：第一，军事"剿共"；第二，对四川进行政治经济整合，以统一川政；第三，协调中央地方关系，构筑后方根据地。 参见郭廷以、王聿均、张朋园，《贺国光先生访问纪录》，台北"中央研究院"近代史所《口述历史》（七），1996 年，第 31 页。

[3] 入川参谋团组织大纲规定的七项具体任务为：（甲）运筹剿匪作战计划；（乙）指导剿匪各军军事行动；（丙）维系各军间之密切联络；（丁）督察各军对于剿匪之勤惰，审拟奖惩，呈请委员长核夺施行；（戊）考核各军之械弹分配与消耗情形，及剿匪军费之用，查考经理卫生情报事宜；（己）搜集诸种情报，随时向委员长呈报；（庚）督促并指导与剿匪攸关之政治设施。 参见《国民政府军事委员会委员长行营参谋团组织大纲》，《四川月报》第 6 卷第 1 期，1935 年 1 月，第 231 页。

[4]《参谋团畅游北碚》，《商务日报》1935 年 2 月 22 日，第 7 版。

[5] 贺国光，《八十自述》，中国国民党中央委员会党史委员会，《革命人物志》第 16 集，台北："中央"文物供应社，1977 年，第 259 页。

要定期向参谋团作军事报告；凡向刘湘总部报告的军情，需分报参谋团，由参谋团向川军各路派出的督察专员和各级督察员，随军行动，督察各路军官作战，实行监军，并担任情报联络。 这些任务，使得参谋团开始将权力渐渐渗透入川军各部里。[1]

1935 年 10 月下旬，一位住在重庆的英国观察家报告说，"可以有理由说，在过去一整年中，中央政府在国内采取的每一个政治和军事的步骤都包含着一个主要目的：占领和统一四川……这场战斗取得的成就极为引人注目。 四川军阀以往各自为政的局面今天已被完全摧毁了。 中央政府的军队和官吏在全省占据着战略上和政治上的每一个重要位置"[2]。 参谋团入川，象征国民政府在国家政治现代化进程中迈出实质性的一步，此即所谓"中央政府享有的对内主权不被地方或区域性权力所左右"[3]。

第三节　构建四川"新"秩序

参谋团入川改变了民国以来四川政治格局，也为四川省带来了"改革浪潮"[4]。 1935 年是四川省政局实现重大转变的一年。 这年 2 月，新改组的四川省政府在重庆成立。 天津《大公报》评论，"省府之设重庆，尤为一新纪元"[5]，四川从此结束分裂割据的状态，走向全省的整合。 在督促川军全力围剿红军的同时，南京国民政府还实施了一系列改革川政的举措，不过这一切的出发点均为权力整合。

[1] 郭廷以、王聿均、张朋园，《贺国光先生访问纪录》，台北"中央研究院"近代史所《口述历史》（七），1996 年，第 31-34 页。
[2] Robert A. Kapp, *Szechwan and Chinese Republic*, *Provincial Militarism and Central Power 1911—1938*, New Haven：Yale University Press, 1973, pp.108-109.
[3] ［美］塞缪尔·P.亨廷顿，《变化社会中的政治秩序》，王冠华、刘为等译，上海：上海人民出版社，2015 年，第 27 页。
[4] 我们仅从 1935 年重庆《商务日报》就可以看出重庆社会的"新"气象，从前城市中混乱不堪的景观被禁烟、新生活运动、修建公路等新规划所代替，传媒大渲染的"国家""民族"意识的话语十分显眼，来自外部世界的冲击以前所未有的冲击力影响着市民社会。
[5] 《四川新省府成立》，《国闻周报》第 12 卷第 6 期，1935 年 2 月 18 日，第 3 页。

一、改组省政府与统一川政

1934 年 11 月 20 日，刘湘抵达南京，面谒蒋介石陈述今后"剿共"办法、一切善后问题，并与蒋就川事作具体商谈。 11 月 24 日，蒋介石决定"剿共"与整理川政办法，准由刘湘重组四川省政府。 11 月 28 日，蒋介石在日记里写道："四川问题，既信任甫澄（刘湘），当不使其失望。"30 日，他又记："四川方针决委刘以专责。"[1]12 月 18 日，国民政府行政院举行会议，议决改组四川省政府，以刘湘等 7 人为委员，刘湘兼任主席，甘绩镛兼任民政厅长，刘航琛兼任财政厅长，郭文钦兼任建设厅长，杨全宇兼任教育厅长，邓汉祥兼任秘书长。 12 月 21 日，国民政府明令改组四川省政府：①四川省驻防委员刘文辉、郭昌明、张铮、向传义、邓锡侯、田颂尧、杨森、稽祖佑、林耀辉，均应免本职；②兼四川省政府主席刘文辉应免兼职；③兼四川省政府民政厅厅长刘文辉，兼四川省政府财政厅厅长郭昌明，兼四川省政府教育厅厅长张铮，兼四川省政府建设厅厅长向传义均应免职。 其任命与 18 日行政院会议决议相同。[2]

1935 年是四川省政局发生重大转变的一年。 这一年 2 月 9 日，国民政府任命刘湘为四川省保安司令。 10 日，四川善后督办刘湘在重庆就任四川省政府主席一职。[3] 四川省政府的首项任务就是废除公认为四川社会和经济弊端之源的防区制，刘湘则被授予了整理四川军政的全权。 当天，刘湘发表就职宣言："今日之四川，地理环境，政治环境，均随内外形势而大变，一省生命与中华民国整个生命，息息相关，救川即是救国，责任决无旁

---

[1]《蒋介石日记》（未刊本），1934 年 11 月 28、30 日。

[2] 周开庆，《民国川事纪要》，台北：四川文献研究社，1975 年，第 557-558 页。 另据国民政府行政院 233 次会议决议对新近成立的四川省政府作部分的改组，卢作孚被任命为建设厅厅长，开始积极筹划四川省的各项建设事宜。 新成立的四川省政府各主要负责人均与刘湘有"深长之历史关系"，故在省政府成立之初被人讥讽为"清一色的刘湘政府"。 参见《川省府三厅长之更动》，《西南评论》第 1 号，1935 年 10 月 6 日，第 3-4 页。

[3]《四川省政府成立纪实》，《四川省政府公报》第 1 期，1935 年 3 月 1 日，第 22-24 页。

贷"[1]。 据当年报道记载，新省府成立后，"工作颇为紧张，刘氏每日清晨即至省府内处理要公，各厅长及秘书长，均按时到署，努力工作，刘复鉴于亲民之官，首重清廉，庶黎民得安居乐业，特通令各县，剀切诰诫，努力自求进步，切戒苛细扰民"。[2]

2月10日，刘湘以二十一军军长名义，令成区各县县长将过去代管的一切政务，完全归还四川省政府。 训令称："查蜀处边陲，自古称为难治……

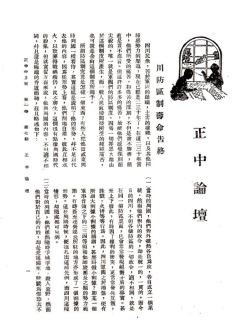

图 2-15 《川防区制寿命告终》——《正中》1935年第 1 卷第 7 期，第 6-7 页。

军兴以来，庶政不修，百业凋敝，流离满途，盗贼蜂起。 地方半遭糜烂，人人难解倒悬，其势岌岌，不可终日。 本军长睹此情形，因思同处漏舟，若不早为补救，一旦覆亡，均遭灭顶之祸。 乃抱救己因以救人，与爱川所以爱国之念，不得已出而权宜处理政务，远体中央法规之意旨，近察当地特殊之情形，斟酌损益，将军民两政，截然划分，各明统系。 其属于军事，则依据军事法令处理之，属于民事者，则依据政治法规处理之，力除以军统政之积弊，籍收军民合作之效……中央眷念西陲，令湘组织健全省府，爰从二月十号省府成立之日起，将往昔代管之一切政务，完全归还四川省府。 此后一切政治之设施，统由四川省府秉承中央

[1]《刘主席就职宣言》，《四川省政府公报》第 1 期，1935 年 3 月 1 日，第 3 页。
[2]《四川省府主席刘湘就职宣言》，《中央周报》第 350 期，1935 年 2 月 18 日，第 6-7 页。

之法令，切实奉行，焕然新猷，指顾可期。吾川民众将重睹太平景象，是则湘之所祈祷而荣幸者也。除分别函令外，为此令仰该县即便一体遵照。"[1]训令发出之后，邓锡侯、罗泽洲、田颂尧、李家钰等先后电呈刘湘，表示拥护省政府，交出民财政务。二十一军通令卫戍区各县长，自即日起，将往昔代管之一切政务，完全归还川省府，此后一切政治设施，统由川省府秉承中央法令，切实奉行。

2月15日，罗泽州致电刘湘，请派员接收防戍区内民财政务，宣称，"吾川自酿成防区制以来，政出多门，财政紊乱，军民交困，于斯为极"。同日，邓锡侯致电刘湘，表明，"川中防区恶制，纷扰连年，今幸省府遵令改设，振刷一新，锡侯即于贵府成立之日，将戍区民财政务奉还省府，并令饬戍区各县县长，将所有民财教建各政，一律秉承省令，切实遵行，前本部所设之政务委员会，亦立即撤消用明权限，而符统一等语"[2]。

为加速整合地方权力进程，2月20日，蒋介石电令刘湘、邓锡侯、田颂尧、李家钰、罗泽洲、杨森等川军将领，要求戍区将民财政各权速交四川省政府，并勉励各军的积极态度。电令说："今值该省府改组成立，各军将领已先后宣言打破防区，交还政权，足见剥极必复，新机已生，殊堪嘉慰。惟迁善贵在力行，除弊尤宜迅速。望该省府与各军将领妥商接收各戍区办法，克日移交具报，无稍瞻顾。"[3]3月1日，四川省政府宣布，从即日起，川中各军月饷，由四川善后督办公署统收统支。3月9日，蒋介石致电四川省政府主席刘湘，"嘉奖川省统一完成"。电文指出："川局混乱廿有余年，现省政府成立，事权统一，主持有人，又得硕划尽筹，导入正轨，政治臻澄清之域，士马有饱腾之欢，批（披）阅来电，良用嘉慰，希仍督率群僚，努力迈进，益懋勋猷，用抒中央

[1] 周开庆、刘航琛，《刘湘先生年谱》，台北：四川文献研究社，1975年，第115页。
[2] 《川省打破防区制度》，《复兴月刊》第3卷6、7期合刊，1935年3月1日，第381-382页。
[3] 周开庆、刘航琛，《刘湘先生年谱》，台北：四川文献研究社，1975年，第115-116页。

西顾之忧，实所厚望。"[1]

川中各军先后宣言打破防区制，交还政权。省政府各军防区接收后，为安抚各军，对各军原委各县县长，征收局长一律留用，并于 1935 年 4、5 月将县局长进行分批对调。上述举措，打破了各军霸占地盘，自委官吏，自征赋税的局面。将各军人员对调防区也使四川各派军阀与地方政权逐渐脱离了关系，各军军费自 3 月起，由四川善后督办公署统筹核发。至此，存在近 20 年的防区制宣告结束。

防区制破除以后，各军军费统由四川善后督办公署统筹、核拨，又大大削弱了各军的独立性。不过，要真正打破军阀割据，统一四川省财政是关键的举措。6 月 30 日，国民政府公布"民国二十四年四川善后公债条例"十一条，规定国民政府为督促四川"剿共"，办理善后建设事业及整理债务，发行公债。公债额定为国币七千万元，7 月 1 日按票面十足发行。[2] 7 月 12 日，国民政府立法院会议通过《民国二十四年整理四川金融库卷》十一条，准发四川金融库券三千万元。[3] 这是中央政府以财政金融力量协助刘湘"剿共"和善后建设的重要措施，也是中央权力渗透四川的重要象征。为统一全省财政，7 月 13 日成立四川省政府财政整理委员会，颁布若干有关财政的通令、规定和办法。国民政府也派出财政部驻川财政专员，监督四川省财政统一工作。7 月 15 日，整理四川省财政和执行预算的"军事委员会委员长行营驻川财政监理处"成立，财政部四川省财政特派员关吉玉兼任处长，四川省财政厅厅长刘航琛兼任副处长，实现全面控制四川省财政。9 月 10 日，参谋团行营发布《收销四川地钞及收兑四川杂

---

[1]《蒋委员长电刘湘》，《中央日报》1935 年 3 月 9 日，第 2 版。
[2]《民国二十四年四川善后公债条例》，《四川省政府公报》第 25 期，1935 年 11 月，第 1 页。
[3] 匡珊吉、杨光彦，《四川军阀史》，成都：四川人民出版社，1991 年，第 441 页。

币办法》[1]。 到 1935 年底，四川省财政统一初见成效。 田赋征收为一年一征，防区时代名目繁多的苛捐杂税为"一税制"代替。重庆、成都建立中央银行分行，在万县设立办事处。 四川军阀紊乱的货币制度逐步统一起来。

四川省政府改组以后，川军的整编工作进入实质性阶段。1935 年 6 月 25 日，参谋团着手第一期缩编川军，将川军由原三百五十个团减为两百个团左右。 10 月第一期整编基本结束，各部均纳入全国陆军统一编制。 11 月 1 日，军事委员会委员长重庆行营正式成立，国民政府强化了对川军的控制，也开始了第二期川军整编工作。 国民政府对川军将领逐步实行军衔授予，在相当程度上分化、瓦解了四川军阀。 1937 年川康整军会议在重庆召开，国民政府再度整合川军工作。 1937 年 8 月，南京国民政府完成四川整军工作，基本实现军队国家化。[2]

二、改革声浪与四川"新"气象

刘湘主持的四川省政府于 1935 年开始在更广泛的领域实施一系列重大改革，即：对四川省紊乱币制和税收制度的改革；加快四川省公路建设，开始将四川纳入全国公路网；控制四川的鸦片产销，开展大张旗鼓的禁烟运动；推进新生活运动等。[3] 这些方案表明中央权威以前所未有的方式渗透到四川社会的各个层面。

1935 年，《复兴月刊》开辟"四川专号"栏目，宣称栏目宗旨乃"欲介绍天然伟大之实象于国人，以促国人爱护四川，注意四川，发展四川"。"四川专号"栏目表达了对刘湘执政川局的期

---

[1] 四川省地方志编纂委员会，《四川省志·附录》，成都：四川科学技术出版社，2003 年，第 197 页。

[2] 整编以后的川军，各军直属国民政府军事委员会，其人事、经理、装备都由军委会掌握；另外，军事编制、番号与全国军队基本统一。 不过，据《四川军阀史》，整编以后，刘湘控制的二十一军实力变化不大。 有关川军的整编参见：匡珊吉、杨光彦，《四川军阀史》，成都：四川人民出版社，1991 年，第 458-469 页。

[3] 刘湘的二十一军集团有关新生活运动的相关函件参见《重庆市新生活运动促进会、陆军第二十一军司令部关于开展新生活运动的公函、训令暨重庆分院公务人员名表》，四川省档案馆藏，民 176-07-13124，193400-193500。

图 2-16 《刘湘畅谈施政》——《国民公报》1935 年 3
月 16 日,第 3 版。

待,称"虽尚不能谓尽善尽美,然在川局论,究已走进一步,由此
扩而充之,全川之合理的省政府,当有形成之望"[1]。

谈川省"新"气象,不能不研究卢作孚就任四川省建设厅厅
长的变革。 1935 年 10 月 8 日,国民政府发布明令,四川省政府
局部改组,免去郭昌明四川省政府委员和建设厅厅长职,卢作孚
继任四川省政府委员兼建设厅厅长。 12 月 13 日卢作孚"到任视
事",直至1937 年 7 月 7 日,国民政府命令准卢作孚辞去建设厅
厅长兼职。[2] 卢作孚任四川省建设厅厅长前后的一年半时间,
正是四川省呈现出新气象的时期,也是四川省建设广泛获得全国

---

[1] 赵正平,《何以发行四川专号》,《复兴月刊》第 3 卷第 6、7 期合刊,1935 年 3 月 1 日,
第 1-10 页。

[2] 周开庆,《卢作孚传记》,《川康渝文物馆丛书》第 19 种,台北:川康渝文物馆,1987
年,第 57-58 页。 另据《民生实业公司简讯》的记载,卢作孚到建设厅视事的时间为 12
月 14 日。 参见张守广,《卢作孚年谱长编》(上),中国社会科学出版社,2014 年,第
554 页。

图 2-17　漫画：四川已踏上新的坦途了——《公论半月刊》1935 年第 1 期，第 34 页。

认同的时期。

试看卢作孚任职期间的主要举措：

第一，建立起新工作秩序。 ①对建设厅进行彻底改革，打破旧有的衙门作风，树立廉洁奉公、苦干实干的新风。 ②四处延揽各方专业人才。 ③主持拟定"一九三六年建设施政纲要"，提出四川建设的三个指导原则：必须先有明确的目的，必须先有充分的准备，必须先有整个的计划。 ④开展农业、工商业、矿产及森林资源的调查工作；开展水利建设、水力发电和矿区的测量工作；开展各个地区的气象观测工作；开展农业改良及除灭虫害的试验研究工作。

第二，发展农业生产、农业技术及农业加工工业，大力进行农业基础设施建设。 ①扩充水利局，大力进行水利建设。 大修都江堰水利工程，改善川西平原灌溉网。 还分别在灌县、千佛岩、合川、青滩设立各条河流区域水文测量站。 ②对农业气象进行监测。 在各县设立观测气象的四等测候所，在产棉区遂宁、产糖区内江、产桑区乐山设立三等测候所。 ③发展粮食生产。 与四川大学农学院合作进行水稻和小麦的育种、栽培、防治病虫害的试验；成立稻麦改进所；开办农业技士训练班；成立省粮食管理委员会。 ④发展棉花生产，在遂宁设立棉作试验场。 ⑤发展蔗糖生产。 成立甘蔗试验场；引入爪哇甘蔗品种进行试种。

⑥发展桐油生产，大力进行优良品种试验和推广。 ⑦发展蚕丝生产。 设立蚕桑改良场，进行新品种试验；将改良的白茧蚕种五万张和从外地买回的秋蚕种八千张，免费送给农民试养；引进良种桑苗，在南充、乐山、巴县设立制种场；在北碚设立蚕种制造场；设烘茧厂；聘请蚕专家尹良莹并有蚕业指导人员，分往农村指导育蚕方法。 ⑧整理四川林务。 四川边区森林应由省编为公有林，公有林施行株伐则应同时营造，整理全川整个林业办法，立即起草林务处规程、省公有林管理规划、伐木规划。 开发森林资源。 对川西、川北森林进行调查，找到修建成渝铁路所需的枕木材料和造纸原料；筹办了中国木材公司和嘉乐造纸厂。 ⑨发展畜牧业。 设立家畜保育所；大量制造血清，以预防家畜病疫；推广家畜良种；在重点畜牧地区，设立家畜保育站。

第三，开展矿产资源和进行工商业建设。 ①成立由建设厅、重庆大学和中国西部科学院联合组成的地质矿产调查队。 分赴全省各地调查煤炭、石油、铁矿、铜矿资源，绘制全省的矿产分布图，将全省划为几个矿区和重工业区。 ②统制全川丝业，成立蚕丝管理局和四川生丝贸易公司。 ③统制川省山货药材，拟组织大规模之公司。 ④在资中设立糖厂。 ⑤设立造纸厂，以利用四川丰富之原料。 ⑥设立卤厂，供应纸厂之需要，亦为川盐找到一出路。 ⑦设立电厂，以供工业之需。 ⑧设立植物油厂，扩大桐油出口。 ⑨改进荣昌烧酒房的陶瓷业生产，挑选优秀工作者去江苏学习技术。 ⑩改进棕榈业生产。

第四，全力发展交通运输。 ①公路建设。 全面规划全省的公路建设，加紧建成了川鄂、川湘、川康等公路干线，扩充了省内各地的公路网。 ②成渝铁路建设。 会同铁道部组成官商合营的川黔铁路公司。 勘测路线，运输成渝铁路建设所需器材，寻找所需的枕木材料。 请准发行建设公债三千万元，用于四川各项建设。 ③派出电讯工程组到四川各县调查和整理乡村电话，普遍在各县安设收音机。 ④整理河道，疏浚航道，大力发展航运。

第五，文化教育、新村建设及对四川的宣传和大力引进人才。 ①举办四川物展会，盛况空前。 ②进行成都新村建设的试验。 ③与平教会合作，进行乡村建设试验。 ④帮助四川大学迁校。 ⑤积极帮助科学家到四川进行科学考察，热情邀请他们参与四川各方面建设。 并从各方面延揽专业人才。[1]

综上所述，卢作孚就任四川省建设厅厅长期间的举措，有以下特点：

其一，这是刘湘统治重庆期间建设规划最为宏大的时期。 卢作孚上任后，"对于全省资源之调查统计与开发计划，尤为注意"。 如1936年四川省政府颁布"四川建设三年计划纲领"，这个计划共分十大项，内容涉及国防建设、地政整理、改进生产、发展交通、改进金融及各项产业，以及改革教育，革新县政等。 不久，又拟订"四川后方国防基本建设大纲"，纲要内容有：第一，尽量发展五大资源，包括动力资源（煤油、石油、水力），金属资源（铁、铜、锑、金、铅与锌），化学资源（硫、硝、盐），粮食资源（米、麦、杂粮），服装资源（棉花、羊毛与皮革）。 第二，创立或扩充八大工业：①钢铁部门；②炼钢部门；③兵工部门；④机器部门；⑤基本化学部门；⑥水泥部门；⑦纺织部门；⑧伐木部门，附设纸厂。 第三，次第修筑三大铁路：修筑成昆铁路，修筑成宝铁路，完成成渝铁路。[2] 这些计划深刻地改变了重庆城市产业结构，对抗战陪都的基础建设贡献极大，四川省面貌也焕然一新。

其二，引进"外资"的力度加大，开发四川的思路更为明确。 卢作孚就任建设厅厅长期间，频繁穿梭于长江下游沿海城市和重

[1] 以上关于卢作孚在四川省建设厅任职期间的工作由原民生实业有限公司研究室龙海据四川省档案馆馆藏资料整理而成。 另参见卢作孚，《四川省最近之经济建设行政》，《实业部月刊》1937年第2卷第2期，第149-153页；卢作孚，《一年来之四川省建设》，《中国建设（上海1930）》第15卷第3期，1937年3月，第15-20页；《建设厅拟定廿五年度施政原则》，《四川经济月刊》第5卷第4期，1936年5月；《四川建设施政纲领》（1936年7月10日），凌耀伦、熊甫，《卢作孚文集》（增订本），北京：北京大学出版社，2012年，第327-330页。

[2] 周开庆，《卢作孚传记》，《川康渝文物丛书》第19种，台北：川康渝文物馆，1987年，第58-59页。

庆之间，筹措建设经费和延聘"下江"地区的技术专家，大有将其在北碚建设的经验推广于重庆乃至整个四川省。

其三，在政治上积极协助中央政府整合川军，实现四川最后的统一。作为刘湘的代表，卢作孚穿梭于重庆与南京之间，从政治上积极促成中央整合四川的工作圆满完成，最终实现了"川军国家化"。为防区制的真正结束画上了圆满的句号。防区制的消除，彻底消除四川军阀政治的负面影响，启迪川人的现代性觉悟。

新的省政府成立后，最引人注目的改革是在四川省引进了行政督察专员制度，从政治上打破了军阀防区制之基础。全省被划为 18 个行政督察专员区，各区所辖县从 5 个到 12 个不等。[1] 每一专区设有行政督察专员一人，第一区专署设温江，专员嵇祖佑（北洋时期的刘湘驻京代表）；第二区专署设资中，专员王次甫（由杨永泰介绍）；第三区专署设重庆（后迁永川），专员沈鹏（杨永泰介绍）；第四区专署设眉山，专员梁正麟（曾任邓锡侯的秘书长）；第五区专署设乐山，专员陈炳光（西山会议派）；第六区专署设宜宾，专员冷薰南（刘文辉部师长）；第七区专署设泸县，专员裴刚（共和党四川负责人）；第八区专署设涪陵（后迁西阳），专员赵鹤（刘湘的速成同学）；第九区专署设万县，专员罗经猷（杨永泰介绍）；第十区专署设大竹，专员侯建国（刘湘速成同学）；第十一区专署设南充，专员刘光烈（曾任熊克武代表）；第十二区专署设遂宁，专员罗玺（刘湘速成同学）；第十三区专署设绵阳，专员鲜英（曾任刘湘参谋长）；第十四区专署设剑阁，专员田湘藩（杨永泰介绍）；第十五区专署设达县，专员王铭新（前清举人）；第十六区专署设茂县，专员谢竹筠（省府委员兼职）；第十七区专署设雅安，专员刘骏明（杨森的参谋长）；第十八区专署设西昌，专员王旭东（曾任熊克武参谋长）。由于边区有工农红军的活动，到 1935 年 5 月 1 日，仅任命了 13 位行政督察专

---

[1] 张篷舟，《新四川之全貌》，《新四川月报》第 1 期，1937 年 6 月，第 6-7 页。

员。[1] 这些由蒋介石而不是刘湘任命的专员，象征中央权力开始渗透进四川基层行政构架。 13 人中有 10 人是江西，安徽或湖北人。[2]

1935 年 3 月 2 日，蒋介石飞抵重庆，表示要"以全力协助省政府刘主席建设四川"，"改革四川的政治，整顿四川的军队，开发四川的交通，统一四川的货币，转变四川的风气"等目标，从而达到"政治中央化，川军国家化"的政治整合的功能。 在重庆出席四川省党务特派员办事处扩大纪念周讲话指出，要建设新四川，使成模范省区与民族复兴的基地。[3] 此后的四川之行，蒋介石不断向公众阐明"四川乃中国之首省，天然为民族复兴根据地"，以民族主义旗帜来动员和整合四川省，提出，"四川的治乱即中国兴亡之关键"，将四川的地位提到了空前未有的高度，说"四川之问题，即中国之问题；四川之前途即国家之前途也"[4]。国民政府建设后方抗日根据地

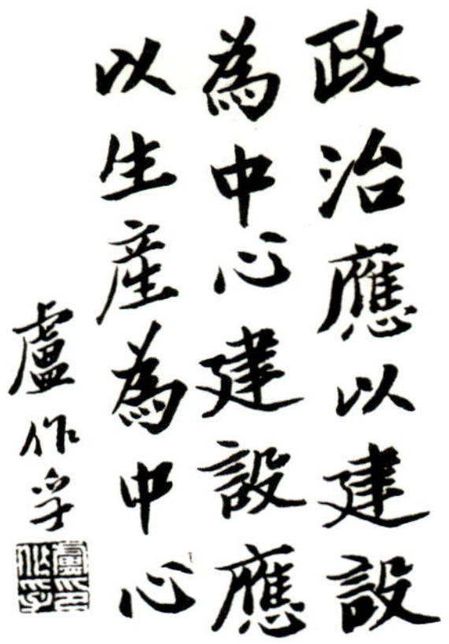

图 2-18 卢作孚手迹:政治应以建设为中心,建设应以生产为中心——《四川县训》1935 年第 2 卷第 8 期,第 1 页。

[1] 邓汉祥，《四川省政府及重庆行营成立的经过》，《文史资料选辑》第 33 辑，北京：中华书局，1963 年，第 117-128 页。

[2] 《蒋委员长核委李为纶等十三人为川省督察专员》，《四川月报》第 6 卷第 5 期，1935 年 5 月，第 211-214 页。

[3] 蒋介石，《治川救国之要道》（1935 年 6 月 3 日在成都出席四川省党部扩大纪念周讲演），《先总统蒋公思想言论集》第 13 卷，台湾中国国民党中央委员会党史委员会印，第 207 页。

[4] 蒋介石，《建设新四川之要道》（1935 年 10 月 6 日在成都出席省党部扩大总理纪念周讲演），《四川治乱为国家兴亡之关键》（1935 年在成都行辖对四川各高级将领讲演），《对四川绅耆与教育界之期望》（1936 年 4 月 16 日在成都讲演），《四川民众的光明之路》（1936 年 4 月 20 日出席四川省党部扩大总理纪念周讲演），以上参见《先总统蒋公思想言论总集》卷 13、卷 14。 有关 1935 年 3 月蒋介石建设"新四川"的话语论述参见张瑾，《重庆时期的宋美龄研究》，北京：东方出版社，2018 年，第 58-64 页。

的工作拉开序幕，重庆城市现代化进程大大推进了一步。

在卢作孚等人的影响下，刘湘开始动员一切力量参与四川的建设和改革。[1] 甚至决心提倡以重庆和成都作为建设的"模范区"，希望"给一般人看看，使他信仰，使他仿效"[2]。在诸多举措中，值得一提的是刘湘积极促成晏阳初参与筹划四川省政府建设委员会的成立。这是刘湘借助川外著名人士成立的一个政府机构，他企盼四川省设计委员会成立以后，担负起全省社会建设的总参谋的责任，这样的机构，不仅具备法定的设计全权，更要监督各项计划的切实推行成功。刘湘担任设计委员会委员长，并劝服晏阳初任副委员长，实际主持一切。

1936 年春该机构开始运作筹备，省政府各委员为设计委员会的当然委员，另聘四川、华西、重庆三大学校长任鸿隽、张凌高、胡庶华及"平教总会"的陈筑山等 6 人为委员。委员会下设地方自治、教育、农业、卫生 4 个专门委员会，聘请本省英贤担任顾问，延揽当地最高学府的专门人才，并期物色全国各科专家，分别展其所长，作各方面的设计。设计委员会的组织条例明确提出其职权如下：①根据中央及本省之各项政策，拟制省内各项事业之具体方案。②审议省政府交议之各项方案。③研究视察各项政务有关技术之设施。④办理省政府核准试办之各种表证设计。

---

[1]《刘湘邀徐统雄面商如何开发川省富藏》，《商务日报》1936 年 1 月 31 日，第 7 版。卢作孚就任四川省建设厅厅长以后，四川省的改革步伐有所加快，在卢作孚等人的影响下，刘湘改革四川的决心更加"宏大"，建设热情更加高涨。刘湘在接见上海记者考察团的谈话中也谈到引进外省资金，开发四川的设想与规划，这些主张均与卢作孚主管四川省建设厅期间的规划有直接或间接的关系。不过，张群则将刘湘统一川政以后转向"以经济建设为中心"的若干宏大规划，如：四川建设三年计划，国防基本建设大纲，三大铁路、五大资源、八大工厂的设计等"见解的精到，规模的宏大"归功于刘湘个人所为，这一说法值得商榷。参见张群，《川政统一与刘故主席》（1941 年 2 月 10 日在成都"川政统一六周年纪念会"讲词），周开庆、刘航琛，《刘湘先生年谱》，台北：四川文献研究社，1975 年，第 183-184 页。

[2]《主席在联合纪念周讲演：推行新运之步骤》，《四川省政府公报》第 26 期，1935 年 11 月 11 日，第 7 页。新四川举措规划宏大，一年后的总结文字可以看出其举步维艰的建设效果。不过，不容否认的是政治成效极为显著。邓汉祥也谈及川政最为成功之处乃在政治上的清明。四川省政府新政之一的干部培训（训练特殊人才）即体现了统一四川的"澄清吏治"的川政上轨道的成果。参见《巴县将划为范模县实验区》，《四川月报》第 6 卷第 2 期，1935 年 2 月，第 191 页。

⑤计划省政府各厅处工作进行上之联系与调查。设计委员会组织条例还规定:"本委员会为应省政府各厅处之需要,得派员襄助各项计划之实施","本委员会于研究所得,得向主席建议、经省务会议议决后,交各主管机关实行。但认为有须自行实验者。得由主席划定一事或一地,交其直接办理,其规程及预算临时另定之"。

四川省政府设计委员会目标远大,职权宽泛,一方面反映出刘湘治理四川的决心;更为重要的另一方面是,借助外省力量,在谋求四川建设计划的合理化、科学化上迈出了可贵的一步。1936 年 10 月 2 日,四川省政府设计委员会正式成立。在百废待兴的情况下,设计委员会强调从"基础"做起,"即先从农村改造入手",并将之视为建设工作的重心所在。[1]

应该说,这一系列的变革从正面意义上看不在于其实施的具体内容,而在其所造成的开放态势和社会变革的情势。据 1935 年的重庆海关年度报告,因为中央较为成功地实施了对地方军阀政治的整合,使"中央政府的影响已经扩大到中国的这个边远地区,带来了稳定的结果",对于西方商人来讲,这个结果主要表现在这一年的重庆经济从萧条走向好转,"自从建立了统一的省政府,内陆地区和主要贸易干线的各种名目的杂税被取消了。在财政部的帮助下,金融市场得以稳定,公债大部分被结清,上海的兑换率也回到正常的水平"[2]。台湾"中央研究院"吕实强研究员认为刘湘的贡献在于"其能统一川政,并与中央合作,大力进行建设,使该省于数年之内,一切焕然一新,有如脱胎换骨"[3]。对新四川的期待,刘湘在 1937 年四川省政府出台三年建设规划时,有所表述,他指出:"大家试看,今后三年计划成

[1] 吴相湘,《晏阳初传——为全球乡村改造奋斗六十年》,台北:时报文化出版事业有限公司,1981 年,第 363-380 页。
[2]《1935 年重庆海关年度报告》,周勇、刘景修,《近代重庆经济与社会发展:1876—1949》,成都:四川大学出版社,1987 年,第 458 页。
[3] 吕实强,《平心论刘湘(三)》,台湾《中外杂志》第 48 卷第 5 期,1990 年 11 月,第 72 页。

功，必不是过去历史的四川，而是理想的新四川了，其所有利益与其结果现象，既非普通人所预知及其所希望，恐更知识阶级与地位较高者，亦不能想象（像）也。大家努力起来，努力实现三年建设计划，完成建设新四川达到复兴民族的使命。"[1]

事实上，新四川的建设充满艰辛。一年后，四川省政府秘书长邓汉祥在总结工作成绩时指出，"建设新四川非短时可办"，迄今最理想的成绩主要是体现在政治建设方面，即破除防区制、统一四川之任务的圆满完成，此为新四川建设三个重大使命之首。在各军首领配合下，四川省政府完成了政权交还、并将省内的县局长同时换岗调动，"过去的分离扞隔之弊，完全消灭净尽"。就民政方面看，"划全省为十八行政督察区，每区各设行政督察专员，及县政府的裁局改科，分区设署，都先后实现了。又如养成县政基干人才（材），特设县政人员训练所，已有两期的学员毕业，人数有六百以上"。新的省政府也努力于"实行一税制，减轻税率，取消各地的关卡，减除人民行路的麻烦，就是显明的表现"。在财政方面，"如国税与地方税的划分，旧债的整理，以及剔除田赋的积弊，收回地钞设立省银行，裁撤苛杂等；就施政纲要看来，也算达到了十分之六七"。统一四川任务完全达到了。然而，新政府在"减轻民累尚未全达目的"。至于"建设新四川非短时可办"，因为四川过往的情形太紊乱了，元气太斫丧很了，说到要建设一个新四川，是很不容易的一件事，尤其不是短时间所能办到的。[2] 刘湘自己也承认，"四川统一未久，无力建设"[3]。

毋庸置疑，南京国民政府建设西部重庆的最初目标乃整合四川军阀政治，其政策取向乃政治因素多于经济的举措，比如大规模建设无不与备战和统一有关。不过，四川在西部中国的战略地

---

[1] 《刘主席谈建设新四川》，《保甲训练》第 3 卷第 3 期，1937 年 5 月 5 日，第 6 页。
[2] 邓汉祥，《四川省政府一年来工作概况》（二月十日省府成立周年纪念时讲），《四川县训》第 3 卷第 1 期，1936 年 2 月 29 日，第 13-15 页。
[3] 《刘主席谈建设新四川》，《保甲训练》第 3 卷第 3 期，1937 年 5 月 5 日，第 6 页。

位，以及重庆已经建立起来的经济基础，使得中央整合四川的举措已经大大超出了最初的设想，从客观上带来了许多正面的效应，并逐渐演变出国民政府建设后方抗日根据地的思路和"开发西部"的思路。但是这种建立在战争迫近的紧急状况下的应急举措，从一开始就带有很大的随意性；同时，"开发西部"与整合川政同步，尤其当"改革"川政是红军入川"逼迫"下的保全措施，不免带有很强的功利性。

毕竟，新的建设浪潮也带来了许多新的气象。尤其需要指出的是，新的省政府最高领导层内部在观念上逐渐有了比较一致的认同。1936 年四川省政府秘书长邓汉祥宴请黄炎培提出，在物质条件仍然十分薄弱的情况下，"共同感觉的知识饥荒"，这在相当程度上修正了军人政权对现代化的理解，即以"物质"取向为主的建设目标。同时，与川省政治改革同步，一些改变四川形象的措施从科学和教育开始突破。

改革川政是四川、重庆发展的良好开端。大批拥有相当地位的军政金融界的"下江人"进入四川。"下江人"入川，尽管以参谋团的政治势力先行，但是随之而来的是使得四川省呈现出新的气象。这是重庆自开埠以来第一次自觉引进外部现代性要素。尤其是卢作孚就任四川省政府建设厅厅长以后，这一步伐大大加快，并很快获得民间的认同。在近代重庆城市的历史上，这一次的开发运动，资金、人力的引进均达到历史的最高水平；同时，因为国民政府的号召，"到四川去"已经逐渐成为当时全国的共识。开发四川，不仅引进了"下江"的人力资本，还疏通了内陆现代性要素的发展渠道。最为关键的是这次开发所带来的开放态势给重庆的发展提供了一线的生机，一种可以追赶"先行者"的生机。

第三章

―――――――

"军人干政"的范型特征

在四川军阀中，刘湘的二十一军防区行政有"秩序颇称安好"[1]的声誉，从二十一军留下来的比较完整的军政事务管理资料可以窥见其治理系统的"严密"。刘湘集团的崛起，及其所实施的政务管理体系为这一新兴军人群体的"以军治市"模式定下了基本的格局。进驻重庆以后，二十一军与城市金融、工、商各界绅商密切合作，建立的军—绅政权是其干预重庆市政的重要社会基础。本章剖析"军人干政"的范型特征，以二十一军军部政务系统为切入点，专题探讨二十一军"军—绅政权"构架组成和特征，及其在重庆实施"军人干政"的实况。

第一节　军人政权的构架及特征

防区时代，刘湘的优势不仅体现在部队器械精良，有飞机及舰队等，且"把握了渝万的海关，税收比较充实，而同时在处在经济比较发达的下川东各地，有了无数买办阶级、商业资本家、银行家的拥护（自然是因他代表了他们的利益），可以多多发行公债，以及他对省外的政治关系之优势，可以得着种种接济，使他的军费比较有着"[2]。不过，二十一军政治权力构架及其运作为刘湘集团增添的合法性资源也不容忽视。

一、权力的核心——刘湘的二十一军集团

根据陈旭麓对近代军阀的研究，刘湘当属"带有更多的新质"类军人。[3]这也许是刘湘在川军中的"新"思想凸现的重要原因。资料显示，刘湘不善言辞，给人的初次印象近乎"迂

---

[1]　翁文灏，《四川游记》，《地学杂志》第 19 卷第 3 期，中国地学会，1931 年，第 27 页。
[2]　李白虹，《二十年来之川阀战争》，《近代史资料》1962 年第 4 期，北京：中华书局，1963 年，第 81 页。
[3]　陈旭麓先生认为，"北洋军阀具有更浓的封建性，南方军阀具有更多的近代性"，参见陈旭麓，《近代中国社会的新陈代谢》，北京：生活·读书·新知三联书店，2018 年，第 335-336 页。

图 3-1　刘湘肖像——《政务月刊》1934 年第 2 卷第 9 期,第 3 页。

纳"。 美国驻汉口的副领事 O. Gdmand Clubb 于 1933 年给国务院的一份报告中说"刘湘有一个绅士的形象,但其残忍却如一支(只)苍鹰"。 英国驻重庆的外交人员则表示:"刘湘不会使人有特别聪慧的感觉,甚至说他谈话很笨拙,也未必过分。"[1]美国记者吉尔门见到的刘湘"和蔼可亲",谈话"颇为爽直",吉尔门称这一印象"诚如四川外侨对彼之良好印象者然"[2]。 20 世纪30 年代,有媒体称刘湘是四川军人中的"智者"[3]。 在胡先骕的笔下,刘湘颇有谋略与头脑,"为人沉著有远识,不殖产,无内宠,在军人中实为难能。 在其防区内,人民比较能安居,政治比较有条理。 其不动声色,据重庆地势以充实其军实,同时截夺他人之武器,实其成功之主要原因"。 不仅如此,刘湘还颇能认同新思想,尝试新举措。 尤其是对西部科学院的"尽力扶植","办拨公债九万余金以其利息补助西部科学院之常年经费,其远识自

[1] 吕实强,《平心论刘湘(一)》,台湾《中外杂志》第 48 卷第 2 期,1990 年 8 月,第 27页。
[2] [美]吉尔门,《四川游记》(上篇),《四川月报》第 3 卷第 5 期,1933 年 11 月,第 11页。
[3] 原,《刘湘入京与川局》,《政治评论》第 129 期,1934 年 11 月 22 日,第 955 页。

较国内其他军人出一头地"[1]。 不过舆论对刘湘的评论大多数是负面的。[2]

就刘湘个人的成长轨迹看，他当属于有"思想"的军阀之列。《北华捷报》称其是"有进步思想的""有商业头脑的军事首领"。刘湘的改良主张，以及他的个人的品格吸引了一批高素质的人在他的手下工作，因而也成就了其军事政治成就。[3] 周开庆指出，刘湘"驭众能容，有大将风，故部属乐为之用。 喜接文士，注意政治。 在防区制时代，川中军人多视防区各县为搜括之地，以县长为聚敛之臣。 湘独能选才任贤，重视民间疾苦，地方建设"[4]。

近代中国的军阀统治时期是受西方思想影响的知识分子，最为活跃政坛的时期。[5] 作为崛起于军阀纷争年代的军事首领，刘湘在西方各种政治理论思潮和民主思想流行的大背景下作出同时代人应有的回应。 考察刘湘的话语，其思想非常庞杂，突出的特点是若干"革命"话语。 正是这些时髦的"革命"新思想，使得刘湘在四川军阀中很快崭露头角，逐渐成为军阀政治的"重心"。 1927 年刘湘效忠于南京国民政府，其行为被美国学者凯普称为"投机革命"。 这一时期，刘湘演讲中颇多激烈的革命言辞，不过，其中充满了传统的儒家"爱民"，以及"趋时"的时代新思想。 据范崇实的回忆，刘湘并无深刻"革命思想"，刘湘演讲中的革命术语是范崇实等人为其起草备课的结果。 由于种种原

[1] 胡先骕，《蜀游杂感》，《独立评论》第 70 号，1933 年 10 月 1 日，第 17 页。
[2] 媒体对刘湘的批评主要在 20 世纪 30 年代初以后，如荒草，《四川军人的時髦史》（《一八社刊》第 2 期，1932 年 5 月，第 83-122 页）从政治、经济和社会等三方面对刘湘军人干政的时髦方式进行抨击；《礼拜六》副刊对刘湘首次出川赴南京的系列报道也大加讥讽，称"土头土脑"的"土皇帝"刘湘第一次出川，简直就是"刘姥姥初进大观园"（记者，《刘湘的风头》，《礼拜六》第 581 期，1934 年 12 月 1 日，第 19 页）。
[3] Alfred Batson, "The Gateway City of Szechuan," *The North-China Herald*, 13（May, 1930），p. 256-257; "*The Yang Ruler of Szechuan-An Impression of Liu Hsiang*", in The North-China Herald, November 2, 1929, p.168.
[4] 周开庆，《刘湘传》，周开庆、刘航琛，《刘湘先生年谱》，台北：四川文献研究社，1975 年，第 175-176 页。
[5] 林满红，《评介齐著"中国军阀政治"》，张玉法，《中国现代史论集》第 5 辑军阀政治，台北：联经出版事业公司，1980 年，第 118 页。

因，我们不排除刘湘有看风使舵的态度。有媒体讥讽刘湘的二十一军采用的政务治理方式在四川军阀中有着"示范"性的"领袖地位"，称"刘湘干什么，他们就干什么，仿佛不照着刘湘干就不时髦样"；在追随政治进步方面，刘湘总是川军当中"占先"的"时髦军人"。[1]

据黄季陆回忆，1926 年刘湘就任国民革命军第二十一军军长前后，对三民主义"表示了深切的信仰"[2]。1926 年 12 月 17 日，刘湘以新任国民革命军第二十一军军长身份，发表效忠国民政府的通电，其中"革命"话语不断。称"在帝国主义及军阀二重压迫之下"，中国的"救国之道，惟有集中革命军势力，实行国民革命之一途径""湘夙志救国，兹本先党之指导，民众之要求，谨率所部，为革命而努力。誓遵守先总理之遗嘱，服从全国第一第二两次大会宣言及历次决议案，效忠党国，以求贯彻"。早在本年 12 月 8 日，刘湘在重庆发表就职宣言，将其占据的重庆称为"我革命新根据地"，自称为"革命军人"，并指出"国民革命军，以农工阶级，解除民众痛苦为职志，今后一切工作，当先注重农工之利益与其组织，期得革命之最后胜利，一切还诸民众"[3]。在这里，值得思考的问题是，刘湘的演说是否可以理解为"是一种典型的含有强烈'表演'性质的'言说行为'"，一种"五四"以来常见的表述方式？[4] 从刘湘日后在重庆的实践看，其革命话语的表述颇具两面性。

与四川军阀的第一代军人不同，刘湘的主要特点表现在：第一，高举"地方自治"的旗帜，以"川人治川"和"统一四川"的

［1］荒草：《四川军人的时髦史》，《一八七刊》1932 年第 2 期，第 98-99 页。

［2］黄季陆，《悼刘甫澄先生》，周开庆、刘航琛，《刘湘先生年谱》，台北：四川文献研究社，1975 年，第 178 页。

［3］周开庆，《民国川事纪要》，台北：四川文献研究社，1975 年，第 345-347 页。有关刘湘"革命"的话语多集中在他对二十一军军官士兵的训话言论集中，参见国民革命军第二十一军政训处宣传科丛书之一：《刘甫澄军长讲演集》第 1 集，1928 年。

［4］陈建华，《"革命"的现代性：中国革命话语考论》，上海：上海古籍出版社，2000 年，第 170-171 页。

图 3-2 国民革命军第二十一军政训处宣传科丛书之一:《刘甫澄军长讲演集》第一集封面

事业聚集起一个强大的军事集团;第二,追求军事现代化,由此颇得有"现代"新思想的赞誉;第三,严酷打击中国共产党在四川的活动,制造震惊全国的"三三一"惨案,以及后来对中国共产党组织的活动采取极为严酷的打击和控制。这些特点贯穿在刘湘治理重庆的十年间,一方面,刘湘不得不应付威胁"军人干政"的"双向"抗衡,即:南京国民政府和中国共产党;另一方面,他又不得不以若干"现代"的"新"思维吸引和接纳来自民间的认同感。

1. "川人治川"的地方自治思想

刘湘以"川人治川"的旗帜聚集了一批力量。 四川军阀最初的"地方自治"首先体现在排斥外来势力对四川事务的染指和干预,实现"军民合治"。[1] 1920 年各省主张自治和废除督军的声浪甚高,湖南军人赵恒惕驱逐了北方的督军张敬尧,用选举的方式当了省长。 这一时髦的方式,获得四川多数军人的认同。 于是,在驱逐滇黔军之后,刘湘率领川军将领于 12 月 10 日在重庆召开会议,通电自治,"以顺应世界之新潮,发达民治之基础"。 而

---

[1] 早在清末民初地方主义滋长的过程中,四川省就显示出地方分权之现象,始自清末铁路风潮四川绅民提出的川人自治的口号。 辛亥革命后,川省政局完全为绅民与川籍军人所控制。 随后川人在讨袁战役中,虽然想以独立的方式摆脱战乱,但是更长期更混乱的战争局面,却在袁世凯死后长期继续着。 这就是 1917 年以后,一直到北伐前夕,贯穿护法期间的四川南北战争。 云南护国之役,蔡锷率领滇军、黔军进入四川,四川呈川军、滇军、黔军混合驻扎之局面。 有关四川省"联省自治"的讨论,参见胡春惠,《民初的地方主义与联省自治》,北京:中国社会科学出版社,2001 年,第 220-236 页。

问题的关键在于"川人治川"可以"不受何方之支配，不任外力之干涉"，从而"永不许外省军队侵入本省境内"，这实质上是"军人的自主，而非人民的自治"。 20世纪20年代初期，旅京川人展开声势浩大的自治运动，其具体主张已明显反映出资产阶级的民主政治的要求，并提出了"全民自治"以克服"武人政治""军阀之专权及今后劣绅之操纵"。 不过旅京川人的自治举措中的"不许客军留驻"四川、"不许他省干涉本省一切民政"为四川军阀的干预民政作了相当广泛的社会动员。 应该说这一运动的最大受益者是刘湘。 1921年6月川军重庆会议推举刘湘任四川总司令兼四川省省长，出席会议将领共24人，刘湘以22票当选为四川总司令，"群情欢欣、咸庆得人"。[1] 刘湘以四川陆军第二军军长兼总司令名义，与第一军军长但懋辛联名发出庚电，领衔宣布川省可以完全自治，宣言称："深感舆论之劝勉，顺受世界之新潮，默察社会之需要，回溯兵燹之痛苦，亦以为川省政治组织，亟宜根本改革。""在中华民国合法统一政府未成立以前，川省完全自治。 以省公民意制定省自治根本法，行使一切职权。 共谋政治革新，普及平民教育，力图振兴实业。 并对南北任何方面，决不为左右袒。 对于大局当主持正义，拥护法律。 对于各省，继续维持亲睦之谊，永不允外省军队侵入本省境内。 务期顺应民心，完成民治，地方团体益臻巩固，国家基础得以确立。 庶几真正之统一可期，国法之效力可复。"[2]

地方自治向独立自治演变，为刘湘集团的势力膨胀增添了合法性资源，"统一四川"是最好的借口。 这一时期刘湘地方自治思想，更多的还是与中央的分权思想，"湘以为此时不妨本分权之义，树民治之基，以徐待合法政府之建立，共求全民政治之实现，是以有四川省自治之宣布"[3]。 1921年6月，美国驻重庆领事

[1] 范崇实，《1920—1922年的四川军阀混战》，《近代史资料》1962年第4期，北京：中华书局，1963年，第12页、第9页、第16页。
[2] 周开庆、刘航琛，《刘湘先生年谱》，台北：四川文献研究社，1975年，第23-24页。
[3] 周开庆，《民国川事纪要》，台北：四川文献研究社，1975年，第345页。

图 3-3　漫画：川局——《新文化》1934 年第 1 卷第 11 期，第 55 页。

报告，称刘湘提倡"四川自治"最为积极，"最值得注意的是他（刘湘）反复声明四川是一个自治的省份，同北洋政府和广东政府都无联系。 他详细阐述的主题是，自治符合当今世界的风尚，他力陈必须修改中国宪法，给各省更大的权力，主张仿效德意志联邦"。 同年 7 月，刘湘第一次以四川省省长的身份进驻重庆。1922 年春，另一位美国官员观察，"总司令（刘湘）多次声明四川将乐意加入一个联邦形式的政府，在这种形式下各省实际上等于自治；同时他还声明说，象（像）美国那种形式的政府，对中国来说可能是最好的政府"[1]。

当刘湘独立占据重庆以后，其地方自治思想进一步发展为独立治理重庆。 1926 年 12 月 8 日，刘湘在重庆就任国民革命军第二十一军军长职务，17 日刘湘通电全国，除了表白效忠南京国民政府以外，再度阐释他的地方自治思想：即"汲汲于地方建设之规划，如教育经费之独立，成渝马路之勘测，军队之厉行改编，庶政之力求整理"[2]等。

"地方自治"在寻求地方认同感和消除政权合法化危机方面有

---

[1] Robert A. Kapp, *Szechwan and Chinese Republic*, *Provincial Militarism and Central Power* 1911—1938, New Haven and London：Yale University Press, 1973, pp.20-21.

[2] 周开庆、刘航琛，《刘湘先生年谱》，台北：四川文献研究社，1975 年，第 38 页。

着双重的重要意义。 20 年代初期，提倡"四川自治"，目的在于维护四川的独立，借"自治"排斥和摆脱极为复杂的政治势力和军事集团。 而防区制使刘湘"自治"思想得以初步实现，并为巩固其在重庆的统治地位奠定了坚实的基础。 这种地方自治的思想成为他治军和治市的准则，成为其实施"军人干政"的理论依据。即使在中央与地方整合的冲突时期，地方自治仍然是重要的前提。 当然，刘湘的"川人治川"思想未必表明其真的崇尚欧美，但地方自治却在相当程度上成功地转移了"国家统一"的话题，以保护川人的四川为由，获得了地方感情上的强大支持。

在地方自治的旗帜下，刘湘开始以"统一四川"的事业招揽各种人才，请刘航琛"相共的事业就是'统一四川'"。 而吸纳卢作孚参政也是"统一川江航运"，进而"统一四川"。"统一四川"更多的意味着攫取军事政治权威，因而刘湘的地方自治思想主要注重军事政治上对地方的控制，同时也从事地方治理，即刘湘所谓的"爱民"，为民做事。 基本上这一思想与现代化思想无法直接联系，当然也谈不上真正意义上的现代化城市建设和整体规划。 不过，从客观实际看，刘湘的地方自治在为自身赢得"政治空间"的同时，也留下了发展城市"现代化"的空间。 加之受周围凝聚的一批具有现代化思想的人的影响，刘湘也就接受了一些模糊的"现代化建设"思想。 这也许是刘湘在接受《泰晤士报》通讯记者的采访时，"谈及其使川省现代化之一切企图，颇为兴奋"[1]的原因。

2. "军人干政"思想

按照刘湘集团的政治逻辑，二十一军是"迫于时代需求，不得已乃由治军进而问政"[2]。 在二十一军戍区行政会议开幕式

---

[1] [美] 吉尔门，《四川游记》（上篇），《四川月报》第 3 卷第 5 期，1933 年 11 月，第 12 页。 另据黄季陆等回忆，刘湘在 20 世纪 30 年代中期以后对建设四川的兴趣更为浓厚，常畅谈建设规划。

[2] 《政务处处长呈为赉呈施政概要仰祈鉴核一案》，《政务月刊》第 10 期，1933 年 5 月 1 日，第 52 页。

上，刘湘阐明不得不"干政"的理由，并将此提升到"统一川政"的战略高度。 他说：

"夫军人以捍卫国家为天职，干政久为世所诟病，本军长自典兵符，即主军民分治之说，戍防所至，于地方政务，历少闻问，仅以军需处司全部出纳，秘书处兼理政务事项已耳，然迩年来，戍区政务之整理，本军实为之指示督促，此则地方之需要为之也，夫以僻处西陲之四川，向为中央眷顾所未周，时局侜扰纷纭，久无组织健全之省府，而环顾民众，如水益深，本军负捍国卫民之责，坐视民众之疾苦而不救，于心实有所未安，军事与政治关联至密，虽欲不着手整理庶政，以拯拔民众疾苦，势有所不能，缘是迫于时代要求，下慰群众渴望，乃不敢引干政之嫌，除治军以外，竭全力以刷新戍区政务，推行中央法令，力求庶政之进展，就中央法令所未备者补充之，不适于地方环境者变通之，大体期合于中央，效率侧重于实际，倘因此而引起各军观感，共赋偕行，支离破碎之川局，或将由政治以先臻统一，进而促成健全省府之实现"。[1]

二十一军政务处处长甘绩镛阐释说，同处防区制度之下，刘湘军长的治军行政，乃"首谋人民安居乐业，予以不扰，继谋交通市政改良，渐次建设"，[2]即"干政"的目的乃"建设"。 在刘湘的话语中，军人干政与"爱民"几乎意义相同。 他说："军队如何爱民，如'不拉夫'，'不筹款'，'不驻扎民房学校'，便是爱民的表现。 ……又如'不筹款'吗？ 未必我们没得饭吃，甘挨饿么？ 不是的，筹款是政治上的事，不该军队办的，因为军队划出了防区制，才就地要钱，要了钱，又是肥己入私，所以军队莫饭吃，只要把防区制打破了，政治一统一，财政一公开，我们的薪饷，自然就有着的。 况且我们现在的财政困难，完全是受帝国主

---

[1]《戍区行政会议开会军长训词》，国民革命军第二十一军司令部政务处，《施政汇编》上编第二册附录，1933 年 7 月，第 271 页。

[2] 甘绩镛，《二十一军戍区行政会议开幕演讲词》，国民革命军第二十一军司令部政务处，《施政汇编》上编第二册附录，1933 年 7 月，第 277 页。

义的经济侵略，只要打倒帝国主义，我们的利权不外溢，军队的薪饷，自然更要充足的，何必还要筹款！说到这里，我对于军队筹款一事，很有点感慨，我常行听着一些人说'军人不干政'，当真不干政么？为什么要筹款，把钱拿起走了，不管人民的事。这个就叫不干政吗？"在这里，军人对政治的干预被说成是对国家统一的合理追求。"身为革命军人，……要想成事业，那就该自己不辞困苦，去解除人民困苦。只要能够解除人民困苦，人民自然会是拥护你，不但当地的人民拥护你，而风声所播，就是全国的人民也要仰慕你的"。[1] 攫取中央权威是使得其军事行为合法化的表征，一旦拥有合法性政治权力资源，就可进一步扩张自己的军事实力。

刘湘说，"我们今后爱民，是要有组织的，不是莫办法的，是要重实行的，不是尚空谈的，一方面要大家自身根本了解爱民之道，一面又要使人民亦根本了解我们是爱民的军队，我们的新生命，才可谓为'民众化'"。[2] 由此，刘湘提出"依民众之心理，为根据之方针"，他说，"我们今后解决川局的方法与前根本不同了，无论武力的，和平的，都是要以人民利害为利害，不以个人利害为利害，因为军队是解决政治问题的，政治是关系人民利益的，我们要怎么去解决政治问题，就要看怎么才与人民有利当。我们若果依据人民的心理，去作解决政治问题的方针，那末（么），我一定会得人民拥护的"[3]。在对公众的演讲中，刘湘多次表达了寻求民间认同的愿望，试图通过修明的政治，以"增进人民对本军之信仰"，获得军人干政的合法性资源。

3.经济民族主义思想

民族主义是近代中国一种"底蕴深厚的思想资源和社会动员力量"，刘湘无疑是感受到了这一政治理念的强烈社会动员效应。

---

[1]《刘甫澄军长讲演集》第 1 集，国民革命军第二十一军政训处宣传科，1928 年，第 49 页，第 84-85 页。

[2]《刘甫澄军长讲演集》第 1 集，国民革命军第二十一军政训处宣传科，1928 年，第 50 页。

[3]《刘甫澄军长讲演集》第 1 集，国民革命军第二十一军政训处宣传科，1928 年，第 83 页。

20 年代初开始，刘湘在公共场合表现出强烈的民族主义色彩，"所谓帝国主义者，以武力压迫弱小民族，或以不平等待遇弱小民族之谓也，世界上国体政治系帝国者，固行此种主义，有国体政治非帝国者，亦行此种主义，如各国轮船，所达到之地，遂将该地货财，吸收一空，此即为帝国主义之侵掠"。[1] 对民众在抵制英货运动中的表现，刘湘倍感鼓舞，说，"外人是不足怕的，他还怕我民众。 例如重庆这几月来，排斥英货，他就不知道损失了若干万，若全国民众，完全自觉起来，都来排斥英货，我诚问：他有什么法？"他说，"我们看帝国主义，用经济和武力的侵略，把中国弄到了什么地步？ 我们的利权，被他夺尽，我们的关税，被他把持，我们覆（复）提倡工商业，被外货抵制了，我们要排斥外货，又被条约束缚了，我们要反对条约，又被炮舰压服了，将见国贫如洗，不亡自亡，所以非打倒帝国主义，不足以救亡。"[2]

1927 年以后，作为国民革命军第二十一军军长，刘湘不断对士兵灌输"爱国主义"和"民族主义"的思想。 这种以维护民族利益为口号，始终强调反对帝国主义的侵略，在相当程度上获得了重庆绅商的支持与认同，是二十一军在重庆取得城市经济资源的重要保障。

重庆无疑是刘湘军事集团成长的"福地"。 如何有效控制这个长江上游的最大的商埠口岸，动员一切可以利用的城市资源便是刘湘军事集团所面临的重大生存问题。 对刘湘集团而言，进驻并独占重庆是极为关键的一步。 1917 年 10 月，熊克武以四川靖国军司令名义召集全川整军会议，将全部川军编为 8 个师。 刘湘部被编为第二师，驻防合川、铜梁、璧山、永川等县，其实力举足

---

[1] 《刘湘在总商会向民众演说词》，《商务日报》1926 年 12 月 27 日，第 6 版。

[2] 《刘甫澄军长讲演集》第 1 集，国民革命军第二十一军政训处宣传科，1928 年，第 40 页，第 42-43 页。 此外，在刘湘有关开发四川土特产资源的多篇讲话中，也体现出其较为强烈的抵制帝国主义经济侵略的态度。 相关文本参见：《刘督办题辞》，《四川善后督办公署土产改进委员会月刊》第 1 卷第 1 期，1934 年 7 月，第 7-9 页；《刘督办对本会成立训词》，《四川善后督办公署土产改进委员会月刊》第 1 卷第 1 期，1934 年 7 月，第 1-3 页。

轻重，以刘湘作为领袖的军事集团自此出现。该师的高级军官多为四川陆军速成学堂毕业的同学，如唐式遵、潘文华、王缵绪、张斯可等，刘湘利用他们在合川开办军官传习所，调训中下级军官，并招训青年学生，逐渐成为川军中一支实力雄厚的力量。

1920年5月，刘湘参加熊克武领导的"驱逐滇黔军之战"，任川军第二军军长兼前敌各军总司令。10月，击败滇黔军，第一次进驻重庆。12月，刘湘被北洋政府任命为重庆护军使。1921年6月，刘湘又被推为川军总司令兼四川省省长。在部下的建议下，刘湘开始认识到"重庆为四川重镇，绾毂西南，又为经济中心，在此割据时期，当以重庆为事业基地，不可远离基地，受人控制"[1]。于是，他拒不到成都，在重庆宣布就职，以重庆为军事事业的基地。与此同时，刘湘在川军中积极倡导"四川自治"，为"独立"占领重庆定下理论基调。1920年刘湘约集川军将领在重庆开会，正式提出"四川自治"的主张，此时的刘湘已然"成为川局之重心"。[2] 这是刘湘集团在四川军阀中获得认同的重要象征。

1926年"独占"重庆以前，刘湘多次"进出"重庆。1922年7月，刘湘所在的第二军与熊克武的第一、三军爆发战事，第二军战败，刘湘回大邑原籍闲居。1923年7月，刘湘被北洋政府任命为四川清乡督办，再次指挥对一、三军的作战。第二年3月，刘湘又被任命为四川善后督办，不久在重庆就职。1924年3月，熊克武率军出川，刘湘又占领重庆。1925年，杨森发动"统一之战"，对重庆用兵。刘湘与黔军袁祖铭在重庆组成反杨联军，击败杨森。次年5月，刘湘与袁祖铭发生冲突，袁祖铭抢占重庆。刘湘联合杨森部，将黔军驱逐出川。1926年6月6日，刘湘由成都赴重庆，即将川康边务督办、四川善后督办两署移渝。12月8日，刘湘在重庆就任国民革命军第二十一军军长职。12月

[1] 黄应乾，《一九二二年四川一、二两军之战》，中国人民政治协商会议四川省委员会、四川省省志编辑委员会，《四川文史资料选辑》第5辑，中国人民政治协商会议四川省委员会及四川省省志编辑委员会，1979年，第83页。
[2] 周开庆、刘航琛，《刘湘先生年谱》，台北：四川文献研究社，1975年，第15页。

17 日，刘湘通电全国，接受"三民主义"，表示效忠国民革命。1929 年 1 月，刘湘击败杨森，下川东防区全部为刘湘所有，重庆的腹地扩大一倍。 以重庆城市为基地，刘湘获得了相当的资源，也为统一四川奠定了基础。 当时，刘湘部属的精锐部队有川军第一师唐式遵，第二师罗伟，第三师王陵基，第四师王缵绪，第五师向成杰，第六师潘文华，第七师蓝文彬。 另有独立第一师魏揩，独立第二师王正均，独立炮司令张邦本，以及混成旅、独立旅若干。

刘湘注重以"政""治"军，显示出干预政治的强烈愿望。 他对所属部下不断灌输"民族主义""爱国主义"的"革命"政治思想，使得一批忠于自己的军政干部集团聚集周围。 刘湘军事集团的核心骨干由"速成系"构成。 速成系毕业的同学，与刘湘一生的"事业之发展关系至大"，[1]唐式遵、李樾森、张斯可、乔毅夫、傅真吾、潘文华、鲜英、王缵绪、王陵基、郭昌明、袁彬、李宏锟等人为骨干的"速成系"。[2] 此外，刘湘集团还吸纳依附于军事集团的地方政治、经济界人士。 1926 年，刘湘集团基本形成，尤其是刘航琛、何北衡、范崇实等北京大学毕业的学生入刘湘幕僚，象征二十一军的军—绅构架出现新的向度，即刘湘以新式知识分子类型的政客为其政权合法性的重要旗帜。 不过，在军—绅关系的向度中，军事派系核心成员始终占据着权力政治的中心，地方士绅则处于核心的边缘，更多充当的是沟通军人与社会的桥梁角色。

试看二十一军军事政治集团中对刘湘影响较大的核心人物的背景：[3]

---

[1] 周开庆、刘航琛，《刘湘先生年谱》，台北：四川文献研究社，1975 年，第 3 页。

[2] 谢本书，《西南十军阀》，上海：上海人民出版社，1993 年，第 78-81 页。 速成系主要是指清末四川陆军讲习所（后改为四川陆军速成学堂）的学生。 当时该校位于成都北较场前武备学堂旧址，学堂分步、骑、炮、工、辎五科，各科均聘请日本人任教官，后增聘留日和国内军事学堂毕业生任各级教官、队官。

[3] 以下有关刘湘集团人员资料未注释者系根据重庆市档案馆藏重庆市政府、重庆市财政局、重庆市各银行、北碚管理局、东川邮政管理局、重庆市警察局、民生实业股份有限公司等全宗，以及乔诚、杨续云，《刘湘》，北京：华夏出版社，1987 年；《范崇实生平》，中国人民政治协商会议四川省泸州市委员会文史资料工作委员会，《泸州文史资料选辑》第 9 辑，1986 年。

张斯可，四川资中人，1908 年进入四川陆军速成学堂。 辛亥以后由西藏经印度、南洋、中国香港、上海等处游历考察，回川不久即成刘湘幕僚。 还在驻防合川时，张斯可便为刘献策："统一四川，问鼎中原"。 此外，张斯可向省内外前辈请教政治经验，争取舆论，团结内部，延揽人才，寻求外援等建议均为刘采纳。"张与乔毅夫、钟体乾三人，被称为甫系（刘湘字甫澄，死后存留势力称甫系）三老。"

乔毅夫，四川绵竹人，早年在县立师范学堂就读时，受辛亥革命的影响，投笔从戎，入四川陆军速成学堂。 后参加同盟会。1919 年为刘湘驻省外代表，与张斯可一同参与幕后决策，成为刘湘政治集团的核心人物之一。 1927 年，任刘湘的代参谋长兼重庆市公安局局长，后又任二五附加税局局长。 此后一直为刘掌管机要。[1]

张必果，四川邻水人。 早年留学日本明治大学，归国后曾在北京任《北京晨报》主笔。 张有丰富的政治经验，颇具文采，文笔犀利，是撰写政论文章争取舆论的不可多得的人才。 他是刘湘的驻京代表，幕后决策人之一，为刘独霸重庆立下汗马功劳。1935 年刘委任其为第二任重庆市长。[2]

钟体乾，四川成都人，日本士官学校毕业。 1906 年回川在四川陆军速成学堂任教官。 辛亥革命后，应日本士官学校同期同学阎锡山的邀请，赴山西任阎高级幕僚。 后到北京政府陆军部任副司长等职。 1924 年后，应刘之邀，为刘湘善后督办署的参谋长。

傅常，重庆市潼南县人，前清秀才。 1908 年入四川陆军速成学堂，毕业后到云南新军十九镇任职。 1915 年参加护国军，随熊克武部回四川。 后任川军第五师参谋长，驻重庆，后依附刘湘，为其出谋划策。 曾任川军第二军第九师独立旅旅长、重庆海关监督、国民革命军第二十一军党部主任委员等职。 长期任刘湘驻外

［1］王新生、孙启泰，《中国军阀史词典》，北京：国防大学出版社，1992 年，第 256 页。
［2］《关于告知张必果就职视事日期的训令》，重庆市档案馆藏重庆市各商业同业公会全宗，档案号：00850001013030000052，1935 年 7 月，第 93 页。

代表，1927 年任国民革命军第二十一军驻南京办事处处长。 为刘湘联络国民党各派政治力量。 1933 年，任川康绥靖公署参谋长兼国民革命军第二十一军参谋长。 1936 年任刘湘核心组织"武德励进会"副会长。[1] 有"新外交系"（张斯可为"旧外交系"）之称。

郭昌明，四川泸县人，前清秀才。 1908 年入四川陆军速成学堂。 后参加同盟会，参加过"二次革命"，护国战争，护法战争。 1925 年归附刘湘，任二十一军善后督办公署参谋长等职。

鲜英，四川西充人，1908 年入四川陆军速成学堂。 辛亥革命后在川北宣慰使署下任支队长。 1913 年被保送到保定陆军军官学校第四期学习，毕业后任袁世凯总统府侍卫官，不久南下广州，参加护国战争。 1920 年应刘湘之约，任川军第二师参谋长。1921 年任川军总司令部行营参谋长兼重庆铜元局局长。 1926 年任国民革命军第二十一军第十师师长，后任四川善后督办公署参赞，为刘湘对外联络代表。[2]

陈旭麓指出，"大大小小的军阀集团实际上就是一个个宗族性实体，军阀的凝聚就是'私的结合'"[3]。 以此考察刘湘集团，似有些特别，刘湘集团还有一批非"速成系"成员，仍然为刘湘委以重任，如二十一军政务处处长甘绩镛，号典夔，四川荣昌人。1912 年毕业于四川中等工业学堂，早年与刘湘同在川军第一师第二营任书记官。 刘湘进驻重庆以后，历任铜梁县知事，二十一军参赞、军法财政审计处处长，川东道尹，川东税捐总局总办。[4]1925 年协助刘湘筹备重庆大学，1932 年 7 月至 1935 年 7 月任重庆大学副校长。 曾任四川省立重庆高级工业中学校长、四川省立乡

［1］重庆市地方志编纂委员会总编辑室，《重庆名人辞典》，成都：四川大学出版社，1992 年5 月，第 161 页。

［2］重庆市地方志编纂委员会总编辑室，《重庆名人辞典》，成都：四川大学出版社，1992 年5 月，第 80-81 页。

［3］陈旭麓，《近代中国社会的新陈代谢》，北京：生活·读书·新知三联书店，2018 年，第335 页。

［4］《陆军第二十一军司令部政务处职员表》（1934 年 8 月制），陆军第二十一军司令部政务处，《施政续编》总务类，1935 年，第 1 页。

村建设学院院长、川东联立师范学校校长、华西兴业股份有限公司董事长、川康食糖专卖局局长等职。[1] 1935年四川省政府成立后，任四川省政府委员兼民政厅厅长。[2]

邓汉祥，贵州盘县人。早年入武昌陆军中学，参加过武昌起义，后任黎元洪都督府一等参谋。1925年任段祺瑞政府国务院秘书长。1929—1934年任第二十一军司令部及四川省善后督办公署高等顾问，1929年受刘湘之聘，为其驻京沪代表，与杨永泰、何应钦、张群有个人私交，是刘湘与南京政府的重要桥梁。1935年简任为四川省政府委员兼秘书长。[3]

图3-4 甘绩镛肖像——国民革命军第二十一军司令部政务处，《施政汇编》上编第一册，1933年。

范崇实，四川合江人，1926年北京大学法律系毕业，在校期间即与刘湘驻京代表张斯可、乔毅夫相识。不久被刘湘聘为驻洛阳代表，深得器重。后为二十一军政治部主任，四川善后督办公署驻京办事处主任。曾协助刘湘购买军火，是刘的重要幕僚之一，常代表刘湘在外活动。1935年、1936年前后任重庆市、成都市警察局局长，1937年春任四川丝业公司总经理。[4]

何北衡，四川罗江县人。1917年考入北京大学法律系，在校读书期间即与刘湘驻北京代表张斯可、乔毅夫相识，未及毕业便经张、乔介绍进入刘湘幕僚。1924年重返北大读书。历任善后督办公署参议，二十一军政治部科长，川康团务委员会委员，巴

[1] 黄立人，《卢作孚书信集》，成都：四川人民出版社，2003年，第22页。

[2] 《甘厅长略历》，《四川省政府公报》第1期，1935年3月1日，第8页。

[3] 《四川实干人物汇志：省府秘书长邓汉祥略历》（附照片），《新政月刊（成都）》第1卷第2期，1937年1月1日，第2页。

[4] 黄立人，《卢作孚书信集》，成都：四川人民出版社，2003年，第185页。

县县长，川江航务管理处副处长及处长，重庆市公安局（继改警察局）局长，四川省政府建设厅长等职。何北衡与重庆工商界关系颇为密切，由他担任董事长、监察等的官办企业不下数十家，[1]是刘湘与重庆绅商之间又一桥梁人物。被"下江人"称作卢作孚在"政界中之替身"，刘湘部下"最有新头脑之人"。[2]

图 3-5　刘航琛肖像——《四川经济月刊》1936年第 5 卷第 1 期，第 1 页。

刘航琛，四川泸县人，1921年毕业于北京大学政经系。1927年，经人推荐由王陵基委任为重庆铜元局事务所所长。因善于理财，被刘任命为四川善后督办公署财政处处长，从此入幕刘湘的二十一军，是沟通刘湘与重庆绅商的重要人物。刘航琛曾任泸县县立中学校长、四川印花烟酒税局局长、四川善后督办公署财政处处长、总参议、二十一军司令部政务委员会秘书长、川康殖业银行董事兼总经理、四川省银行总经理、重庆电力厂总经理、农村合作银行委员会委员长、四川省政府委员兼财政厅厅长、川康平民银行董事长等职。[3]

高新亚（兴亚），四川省涪陵人。1926年毕业于北京大学。在校期间曾参加冯玉祥的国民军。后赴苏联莫斯科中山大学留学，归国后曾任冯玉祥抗日民主联军秘书长。30年代中期以后被刘湘委以高级顾问，后入职聚兴诚银行，历任经济研究室主任、

［1］任一民，《四川近现代人物传》第 3 辑，成都：四川人民出版社，1987 年，第 126-131 页。

［2］胡先骕，《蜀游杂感》，《独立评论》第 70 号，1933 年 10 月 1 日，第 16 页。

［3］《刘厅长略历》，《四川省政府公报》第 1 期，1935 年 3 月 1 日，第 8 页；《经济名人汇志：刘航琛（附照片）》，《四川经济月刊》第 5 卷第 1 期，1936 年 1 月，第 1 页；《四川实干人物汇志：省政府财政厅长刘航琛略历》，《新政月刊（成都）》第 1 卷第 4 期，1937 年 3 月 1 日，第 2 页。

聚兴诚银行董事等职。[1]

李荫枫，河北怀安县人。1929 年毕业于北平中国大学政治系。1930 年任北平《华报》编辑。1935 年经高新亚介绍任刘湘四川省善后督办公署顾问。后又为刘湘的核心组织——武德励进会的设计委员，先后在刘湘主办的"教导总队""军官研究班""学员队""保甲训练班"任政治课教官，为刘湘训练中下级干部。

"武德学友会""武德励进会"是聚集刘湘集团核心政治骨干的重要组织。1919 年，刘湘任川军第二师师长，他在合川为速成系军官举办军官传习所，培养中下级军官。此后，传习所出身的军人便被称为"传帮"。二十一军在重庆组织了以"传帮"为基础的"武德学友会"，出版《武德月刊》，谈论军事理论，政治时事，登载刘湘的通电及对时局的主张以及其他将领的文章。据记载，武德学友会的主要负责人有：钟体乾、傅常、张斯可、乔毅夫、张必果、张龄九。下设若干干事，有：郭昌明、潘文华、袁彬、许绍宗、李宏锟、李根固、周从化、彭焕章、刘兆黎、罗忠信、潘佐、张竭诚、杨特树、蔡军识、宋时仙、肖晴岚、张莲舫、刘树成等。刘湘部下的全体军官均为武德学友会会员。武德学友会成为二十一军集团凝聚骨干、联络感情的主要组织。[2] 1935 年以后，随着参谋团的入川，该组织发展为更加秘密的"武德励进会"，其核心人员仍然是刘湘集团的主要骨干。该会在联络二十一军的高级军政人员方面，起着主要的作用。

1926 年 11 月 27 日，国民党中央政治会议议决设立川康绥抚委员会，任命刘湘为委员长。为大规模调训直属部队干部，刘湘特成立军事政治研究所，调训自连长到团长的中下级干部。聘卢作孚、刘航琛等为政治教官。军事政治研究所第一期学员有 1 000

---

[1]《聚兴诚银行职员高新亚的任职函件、履历书、勤务及其生计考察表等》（1942 年 1 月 9 日），重庆市档案馆藏聚兴诚商业银行全宗，档案号：0295000100560000001000，第 1-4 页；涪陵市政协文史资料委员会，《涪陵文史资料选辑》第 9 期，1989 年，第 119-120 页。

[2] 本馆资料室，《四川军阀的政治组织》，四川省文史研究馆，《四川军阀史料》第 5 辑，成都：四川人民出版社，1988 年，第 67-69 页。

余人，集训时间为 6 个星期。[1] 大力灌输其军人参与政治，"统一四川"的思想。

刘湘军事政治集团形成的同时，"军—绅"关系的新向度也初步确立。 刘湘集团的形成和壮大得益于重庆城市丰富的经济资源。 更为主要的是，刘湘的二十一军进驻重庆以后，吸纳地方绅商[2]、留学归国知识分子参与其政，形成二十一军集团"体制外"的成员。 主要有两个层次：城市商业贸易和金融业的绅商以及新兴的知识分子。[3]

刘湘强大的权威是重庆城市工商业人士依赖的基础。 从 20 年代中期开始，刘湘在全省政治军事上的显赫地位确立，重庆一位著名的银行家说，"刘湘在四川的势力，为其他军阀之冠，其政治寿命，从好的方面着想，他有统一全川之望；从坏的方面打算，至少在最近数年之内不会垮台"[4]。 因此，重庆"商民习惯依赖军政界"[5]，30 年代初，重庆商会的执行监察委员中核心人员均与二十一军有着极为密切的关系[6]。 因为与重庆城市商人有良好的合作关系，二十一军集团在重庆统治更具社会认同感。 或者说，具备了传统文官政治理念的合法化象征。

卢作孚，合川人，早年参加同盟会，少年中国学会，1926 年

---

[1] 张守广，《卢作孚年谱长编》（上），北京：中国社会科学出版社，2014 年，第 111 页。

[2] 英商太古公司称卢作孚是刘湘的私人朋友。 China Navigation Company Correspondence, John Swire and Sons Archives. JSS 3 2/8, Box 89, 1929. Shanghai Sep.13 1929.（本条史料由美国威廉姆斯学院历史学系主任 Ann H.Reinhardt 教授提供。）

[3] 刘湘"招贤纳士"，聚集二十一军的核心集团，这一层次主要属"文臣"，即邓汉祥、张斯可、傅常、乔毅夫等，"文治派"则是新增加的新知识分子，如范崇实、何北衡、陈学池、刘航琛、卢作孚等。 在"文治派"中，范崇实、何北衡、陈学池、刘航琛被称为"四大金刚"，他们参与刘湘一些重大问题的研究，为刘湘出谋划策，仅次于核心"文臣派"。 刘湘颇为欣赏的核心幕僚有许多共同的特点，第一，有出川受教育的背景；第二，有共同的事业兴趣、理想及目标——统一四川；第三，与外部世界保持密切的联系。最后一点对二十一军的政治而言，无疑是导致防区体制打开缺口的重要因素。

[4] 康心如，《回顾四川美丰银行》，中国民主建国会重庆市委员会，重庆市工商业联合会文史资料工作委员会，《重庆五家著名银行》重庆工商史料第七辑，重庆：西南师范大学出版社，1989 年，第 38 页。

[5] 中共重庆市委党史工作委员会，《国民党四川临时省党部工作月报》（乙种）（1926 年 7月 2 日），载中共重庆市党史工作委员会，《大革命时期的重庆》，1984 年，第 46 页。

[6] 《市商会执监委员表》，《工商特刊》创造号，1933 年 4 月，第 160-162 页。

任二十一军军事政治研究所政治教官。 1927 年出任江（北）、巴（县）、璧（山）、合（川）四县特组峡防团练局局长，职责是剿灭辖区内的土匪，维持辖区安全。1929 年出任二十一军川江航运管理处处长，受命"统一川江航运"。被称为刘湘集团"新派人物"的卢作孚，对二十一军军政当局的影响非同一般。[1] 1935 年 10 月 8 日，经刘湘提名，南京国民政府委任卢作孚为四川省政府建设厅厅长。 刘湘起用卢作孚，为立志推进现代化建设的地方精英提供了施

图 3-6 卢作孚肖像——《民生实业公司十一周年纪念刊》,1937 年。

展理想的舞台，也为二十一军在重庆的"军人干政"增添了相当的合法性资源。

在技术人才中，对刘湘影响颇大的两个人物是胡光麃和胡仲实。

胡光麃，四川广安人，1910 年，13 岁的胡光麃考入北京清华学堂，1911 年，他又考入天津南开学堂。 后为庚子赔款录取赴美留学，进入麻省理工学院电机工程系学习。 毕业后在美国奇异电气公司工厂和波士顿韦佰工程公司实习。 归国后他联络哈佛和麻省理工学院毕业生，在上海开办允元实业公司。 1928 年，在重

[1] 据台北"国史馆"藏一份呈报给蒋介石的匿名报告，当 1937 年蒋介石和南京国民政府决定调派卢作孚到南京负责经济性质工作时，四川省政府主席刘湘致电蒋介石，一方面表示支持南京政府对卢作孚的任用，另一方面又恳请让卢作孚保留在四川省政府的建设厅厅长和省政府委员的职务，理由是他本人与卢作孚"相须甚殷"。 参见台北"国史馆"藏：匿名，《川情机密报告与彻底安川建议》，1937 年 7 月 6 日，蒋中正总统文物全宗号，典藏号：002-080101-00038-009；《刘湘致蒋介石函》，1937 年 6 月 21 日，蒋中正总统文物全宗，典藏号：002-080101-038-009。 转引自张守广，《卢作孚与川康整军》，王希，《中国和世界历史中的重庆——重庆史研究论文选编》，重庆：重庆大学出版社，2013 年，第 271 页，第 273 页。

庆、汉口、桂林、南昌、上海相继设立无线广播电台。 1931 年，胡光麃回到故乡四川，结合同道，创办华西兴业公司，任华西兴业公司总经理兼工程师，其建设重庆新兴产业的构想深得刘湘赞赏，且在 30 年代中期开始成功实施他的规划。[1]

胡仲实，胡光麃之兄，国立北京工业专门学校机械科毕业，拟具"开发华西计划书"，以重庆为重点，包括川、康、滇、黔四省的实业兴建项目如电力厂、钢铁厂、纺织厂、水泥厂、开掘煤矿、炼油厂、化工厂、改进市政建设等。 该计划书为刘湘采纳，"允予投资，大力支持"，胡氏兄弟因此由汉口来渝，筹组"华西兴业股份有限公司。"[2]

此外，参与潘文华市政建设的税西恒也是重要的科技人才。税氏系四川泸县人，早年就读于上海中国公学中学部，1909 年考入青岛高等学堂。 1911 年加入同盟会。 1912 年至 1917 年留学德国，柏林工业大学机械系毕业，获德国国家工程师称号，进入西门子电力公司任工程师。 1919 年回国。 1921 年任川南道尹公署建设科科长。 1922 年至 1925 年在家乡泸县主持设计并建成四川第一座水力发电厂——洞窝济和水电厂。 1926 年任重庆商埠督办公署技正。 1932 年，税西恒参与重庆自来水厂筹备，任总工程师，负责自来水工程的设计和施工技术工作。 1935 年，税西恒任重庆大学工学院院长兼电机系系主任。[3]

卢作孚、胡光麃及其事业成为沟通川内外的桥梁，也是实现中央地方政治整合的契机。 卢作孚等人改变了军阀政府的形象。

---

[1] 胡光麃，《波逐六十年》，沈云龙，《近代中国史料丛刊续编》第 62 辑，台北：文海出版社，1979 年 3 月，第 8、9、12、72、88-89、207、278 页。
[2] 在刘湘支持下的华西兴业股份有限公司成为战前重庆新兴产业中人才汇聚最多的实业团体。"华西"成立之初，胡氏兄弟即采取"重金礼聘，从优照顾，妥善安排，发挥专长"的办法，胡光麃以中国工程师学会会员的身份及留美同学会的关系，从东北、京津沪杭等地邀请了不少技术人员来川。 到抗战爆发时，"华西"已经拥有高级工程技术人员 60 余人，大学毕业的 30 多人，英、美、德、日的留学人才 20 余人，技术专业覆盖了机械、矿冶、建筑、化工、炼钢、交通等行业，"阵容整齐，力量雄厚，为当时所罕见"。 参见任一民，《四川近现代人物传》第 4 辑，成都：四川大学出版社，1987 年，第 192-193 页。
[3] 重庆市地方志编纂委员会总编辑室，《重庆名人辞典》，成都：四川大学出版社，1992 年 5 月第 1 版，第 271 页。

"下江人"甚至说"川省执政者有若卢君者五人而四川治，中央执政者有若卢君者十人而中国治"[1]。中国工程师学会20多位专家赴四川考察后，写报告称赞"现阶段的四川，前途确是非常光明的这一方固由于川局的平定，使我们不能不回（恢）复一点对建设该省的前途的信心，但同时该省当局之能一反往日的那种凭持迷信竞事内争的态度，而转来信任科学，信任专家，而从事生产建设，实不啻予川省光明的前途以一最确实的保证"[2]。

刘湘对具有新思想的人才和归国人才的信任和重视，深得地方精英的认同。地方精英是刘湘集团的重要旗帜，他们利用大众传媒，表达了对刘湘军人政权的赞赏。1933年，从美国留学归来参加四川工业建设的华西兴业公司的总经理胡光麃在上海对《大陆报》记者畅谈四川将面临过去22年所未有的发展机遇，为消除川省与外间的隔阂作宣传，"如果任何有远见的外省人对那里的事业开始有一些关心，那末就会逐渐建立起（外省人对四川的）信心和信任，我想，未来大规模的合作计划机会将很多"，"刘湘是我所见到的最不自私的将军。他的个人品质很好，以致于人们很尊敬他。事实上，由于他对于人才的价值有一个非常好的判断力，这已经给了他巨大的帮助"[3]。

20世纪30年代刘湘与地方精英的盟友关系使得重庆社会出现一个精英群体，他们以自己在社会上的威望和地位，通过媒体沟通了重庆与外界的联系，也为实现中央整合地方政治准备了条件。由此军人政权的作用获得民间的广泛认同。从这个角度看，刘湘顺应了重庆城市经济发展和民族资本的时代要求，充当了历史的不自觉的工具。

[1] 胡先骕，《蜀游杂感》，《独立评论》第70期，1933年10月1日，第16页。
[2] 马君武，《中国工程师学会四川考察团报告》序，中国工程学会，《中国工程师学会四川考察团报告》，中国工程学会，1935年12月，第2页。
[3] "Szechwan Is On Road To Unification," *The China Press Weekly*, 16（September，1933），pp. 1286-1287.

二、干政的范式——二十一军政务系统

刘湘的二十一军的政务系统是我们解读防区时代"军人干政"的关键。二十一军的民事行政机构的核心是政务委员会，这是防区政治的核心构架。1926 年以后，随着四川军阀政治进入相对稳定时期，防区制功能有所变迁，"军人干政"的合法权威——政务委员会模式发展出较为完善的运作机制。1928 年刘湘在二十一军成区内成立政务委员会，开始了"军务、政治、财政"三点并重的干政模式。[1]

从政务处的组织结构看，政务委员会的系统构架庞大而复杂。政务委员会直属二十一军军部。军长刘湘任委员长，政务处处长甘绩镛任副委员长，政务委员由军部各处处长、秘书、参军及顾问担任。该处集结了二十一军各部的各项专门学识人才。政务委员会下设之政务处，权力较大，规模也大。政务处"采领袖式之独裁制，全处以处长为最高级之主脑。处长之下，仿中央部制，改设两副，一为政务副长，一为常务副长"[2]。政务处下设政务会议，每星期开会两次，专门就政务处提出设施计划。其研究范围为，其一，军长特别交议事件；其二，处长交议事件；其三，副处长交议事件；其四，主任秘书提议事件；其五，军部聘为本处服务各顾问参议提议事件；其六，各科科长提议事件；其七，各科委员提议事件。此外政务处还主持召开临时会议，成区行政会议。

政务处直辖各机关为两大部门：第一部门有铨叙委员会，教育委员会，地方建设委员会，政务讨论会。第二部门有农工银行、中心工业试验所、中心农业试验所，其他各项建设事业。内部行政组织设主任秘书，秘书，科务会议，总务科，内政科，团务科，教育科，建设科，司法科，各区督查，各区团务特派员。各

---

[1] 甘绩镛，《如何改进今日之四川》，《四川月报》第 2 卷第 2 期，1933 年 2 月，第 1-15 页。
[2] 《二十一军政务处之内部组织》，《四川月报》第 3 卷第 2 期，1933 年 8 月，第 173 页。

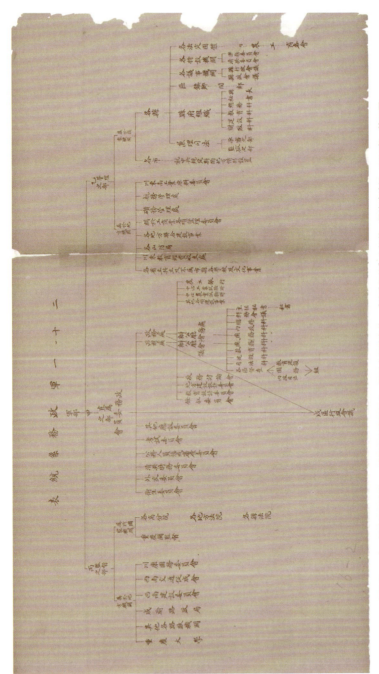

图3-7　二十一军政务系统表——国民革命军第二十一军司令部政务处，《施政汇编》上编第一册施政总纲，1933年，第18页。

科以下又分各组，每组各设一主任。

与政务处平行的机构有：①直辖于军医处之卫生委员会；②直辖于军长之处的外交委员会编纂委员会；③直辖于军特别党部之"清共"特务委员会；④直辖于军法处之公务人员惩戒审查委员会；⑤直辖于政务处之考试委员会；⑥直辖于财政支出全川财政管理委员会；⑦其他应设之各种委员会。上述各委员会，虽地位与政务处平等，而权力则相差甚远，而且各委员会中政务处的人员居多。

负责管理民政的机构分为："国家性质机关"，分县、市两级。县政府负责各管理基层民政，兼理司法、地方安全、地方社会组织、教育、财政、建设。市级民政管理机构按中央规定，斟酌地方情形，设置财务、工务、社会、教育等职能部门。据此，二十一军下设管理地方民政的机关有川东南工业原料委员会，航务管理处，矿物管理处，川东南教育经费收支处，各省立公立及不属市县各学校，其他事业，各峡防局，各地方联合建设事业，工商业各项整理委员会，等等。

负责监督职能的部门也分国家和地方两级。属于国家各机关有重庆关监督，各高分法院，各地方法院，各县法院。属于地方各机关有川康团务委员会，西南交通促成会，西南建设委员会，成渝路政总局，重庆大学，其他各路政机关。[1]

从运作范式来看，政务处为达到"政府人民趋于一致"的目标，着重下述三点：①从整个团务训练民兵，使人民治安与国家治安共同，表明军人政治的重要功能乃是地方控制；②从发展国家经济以扶助人民经济使人民生计与国家利害共同；③从教化教育方面使人民知世界国家大势，明本军政治主旨，共济艰难，共同趋向。果真做到，则"民众心理与军队政府逐渐接近而政治施行之效力可著"。

二十一军政务系统"以政治方法促成川局的统一"，"以军队

---

[1] 《二十一军之政务系统》，《四川月报》第3卷2期，1933年8月，第174-178页。

图3-8　二十一军主办的部分刊物封面图

力量贯彻政权，以政权效力结合民众"为施政目标。因此，民间认同是二十一军刘湘军事集团追求的重要目标。以"政务之设施以利益及保障民众并兼顾军财政为标准"阐明"军""民"，以干预民政，而又不引起民众的反感为原则。宣称"以民众力量作民众事业使政府与民众利害共同"；同时"属于戍区以内之政务由二十一军军长行使职权，负绝对责任"；"在戍区内属于省范围以内之机关，负管理之责"体现军人政权的绝对权威；尽管在施政总纲中，明文规定"各市县驻军不干政务"[1]。

而实际的状况却是军人至上。[2] 防区内的"重大兴革"由戍区行政会议商定，而行政会议的出席者均为二十一军的重要军政人员。在施政程序上，"以政务之类别，言之应首重地方治安"，"次求人民乐业（如推行各种建设之类）"，"再次推行教化教育（如发布一切教令及整顿教育文化事业之类）"[3]，由此看出，军阀政治的重点在于地方的控制，而地方的建设，属于第二位的。而在二十一军整个的施政纲领中，政治的秩序是先乡村，而后城市。"以'事务'言之，行远自迩始于乡。应先求乡村治安，发展乡村经济提纲乡村教育，再推而言都市与国家治安"，"社会与国家经济，如先办农工银行及其他乡村建设事业，再次举办地方联合与省、国建设事业。"

从行政职能看，政务处又是"军人干政"构架的权力核心。"以军部为最高行政机关，政务处为主管考核之机关，其性质虽不对外，但对军长。既负完全责任，为一切政务发号施令之原动力。故列为统系之主要机关"。[4]"这样的一个政务处，颇与今

---

[1]《施政总纲》，国民革命军第二十一军司令部政务处，《施政汇编》上编第一册施政总纲，1933 年 7 月，第 5-15 页。

[2]《指令重庆市市长准筹备电力厂案》《委任会令潘文华刘航琛为电力厂筹备正副处方案》，《政务月刊》第 3 期，1932 年 10 月 1 日，第 29 页；《指令重庆市市长为改善千斯门外灾区建筑俟有余款再行兴工一案》，《政务月刊》第 8、9 期合刊，1933 年 3、4 月，第 98 页。

[3]《施政总纲》，国民革命军第二十一军司令部政务处，《施政汇编》上编第一册施政总纲，1933 年，第 6 页。

[4]《建设纲要》，国民革命军第二十一军司令部政务处，《施政汇编》上编第二册建设纲要，1933 年，第 154 页。

日之联席办公的省府情形差不多。各科就等于各厅，处长就有点等于主席。因为他什么都可以管理，其权实大于一个省府的民政厅长。不过他事事仍当取决于军长，故又略与主席不相同罢了。至于戍区各县税收人员如征收局长，烟酒公卖局长以及印花税局长等之委派调动，则为财务处之职权，政务处不能过问"[1]。防区内的各县也有政务处和县议会。防区和防区内县组织是军人领导绅士的地方政府的典型组织。人员的任命以同宗、同乡、同学、亲戚、旧部下为标准，许多县长也是军人，这样一来，从上到下，各级政府都变成了军人领导的"军—绅政权"。[2]

我们从二十一军防区内的各县长的背景分析，可看出二十一军"军人干政"的实质在于军事控制。首先，二十一军军长本人有权任命县长和县府各科室的负责人，这是军司令部的权力渗透入防区民间基层的重要象征；其次，防区内的文职人员与军人有千丝万缕的联系，有许多县级官员本身就是现役军官。仅以1934年7月二十一军戍区各县县长为例[3]，戍区各县的县长大多有军人背景。时人评述："今之充任县长者，不外以下两种：一是'曾充军队之文职，著有劳绩，饱尝辛苦者'，这一类人实质上是'依附武人而存立'，另一类则为'与军队首领有亲朋关系者'，因'黜陟之权，既操诸军部，则军人亲友之登庸，易如反掌'，此乃'只见军权之活动，未见政权之存在'的'特殊政局'，四川省政府形同虚设而已。"[4]

三、军—绅合作的政权

权力的合法性对于治理地方是至关重要的。"只要控制住地盘就会使哪怕是最独立、最专横的军阀取得合法性。"[5]不过，为

---

［1］周开庆，《建设新四川的展望》，《国闻周报》第20卷第12期，1935年5月27日，第5页。

［2］［加］陈志让，《军绅政权——近代中国的军阀时期》，桂林：广西师范大学出版社，2008年，第34页。

［3］陆军第二十一军司令部政务处，《施政续编》上册，1935年，第69页。

［4］张培均，《四川政权之系统及行政现状》，《复兴月刊》第3卷6、7期合刊，1935年3月1日，第137-148页。

［5］［美］费正清，《剑桥中华民国史》第一部，章建刚等译，上海：上海人民出版社，1991年，第305页。

了真正获得占据重庆的牢固地位，刘湘不能不考虑如何赢得除了经济资源以外的民间认同。 为获得"军人干政"的合法性资源，刘湘通过吸纳地方精英、绅商加盟军人政权，努力淡化"军人干政"色彩，为此，二十一军在重庆构建了特殊的"军—绅"政权。

有两个因素促使刘湘与绅商的合流：一是刘湘以提倡国货，"提倡土货"，"抵制帝国主义"的经济民族主义的口号动员起来的城市绅商。 二是地方民族资本的发展与刘湘所带来稳定的社会环境使双方有了合作的必要。

二十一军在重庆的统治很大程度上是以城市绅商为依托，这主要表现为：

其一，军绅利益一致而结成的特殊关系。 地方资本离不开刘湘军事强权的庇护，而军队又需要城市供养，造成双方拥有一致的利益。 这种合作的关系还在相当程度上体现在依赖于绅商合作的重庆城市建设方面，如重庆市参事会即由城市绅商名流组成，负责拟订城市建设经费的来源，建设的方案等。 刘湘集团权力的膨胀和防区的扩大，意味着重庆商人的省内市场的扩大，这不仅带给商人盈利的机会，而且也使重庆商人有了垄断四川市场的希望。 对军阀时代的商人的处境，有学者指出，"他们不像知识分子那样容易远离政治，因为政治的安定与否，直接影响他们的事业。 他们较知识分子更需要安定与和平，特别是旧式的商人和旧式的金融业者。 军阀强迫地方银号印钞票，以供军用，造成币值的不稳，影响商务至大。 军阀常向商人借债，一个军阀的倒台，即会使某些商人蒙受巨大损失。 另一方面，军阀为有效网络商界的支持，常组织商会；因商会具有势力，有事亦能仲裁政治纠纷，影响政治局势。 而商会会员，因常能大量进入地方议会，省政亦常受其左右"[1]。 这种军阀政治向商人"开放"的格局，无疑使得军绅政权具有相当的稳固性。

---

[1] 张玉法，《评介派氏著"军阀政治"》，张玉法，《中国现代史论集》第5辑军阀政治，台北：联经出版事业公司，1980年，第103页。

比较而言，因重庆城市所具备的巨大的经济潜力，苛捐杂税对于重庆商人，仍然是可以接受的；在这关系中，刘湘的权威是至关重要的，因为如果没有刘湘军事强权的保护，重庆的商人们境遇会更加糟糕，因此刘湘实力的壮大，重庆商人是看在眼里的。事实上，刘湘的实力使重庆在相当长的时间内免于战事，海关资料也记录下这一段较为"安稳"的日子："1926 年是很繁荣的一年。虽然有时战云密布，险象丛生，以致人心慌慌，市井不宁，但重庆和周围地区受战事的影响却很小。"[1]

为了实现与城市商人的合作，刘湘提出了"枪杆子与洋钱的合作"政策。他说："商人怕军人，因为军人有枪杆，其实，军人也怕商人，因为商人有洋钱。商人没有枪杆的保护，便感到有生命危险，而军人没有洋钱，也就没有饭吃，同样有生命危险。所以，我希望枪杆子与洋钱合作，把市面搞好，彼此都有利。"[2]从此以后，刘湘建立起与重庆金融界及商界的较为密切的关系。重庆市总商会的会长，及副会长赵资生、汪云松、曾禹钦、李鑫等人与刘湘集团都有密切的关系。

军阀苛捐杂税是重庆商人最苦恼的事情。刘湘进驻重庆以后，城市绅商抗捐的消息就频繁出现在地方传媒上。[3]美国学者凯普指出，"从 20 年代中期开始，重庆城市商人反抗刘湘财政举措的事件不断。当刘湘在 1929 年首次实施提高海关附加税的政策时，导致了一次城市商人的软弱罢市。一般来说，尽管他不断地

---

［1］《1926 年海关年度报告》，周勇，刘景修，《近代重庆经济与社会发展：1876—1949》，成都：四川大学出版社，1987 年，第 443 页。

［2］康心如，《回顾四川美丰银行》，中国民主建国会重庆市委员会、重庆市工商业联合会文史资料工作委员会，《重庆五家著名银行》重庆工商史料第七辑，重庆：西南师范大学出版社，1989 年，第 34 页。另外，据入川的外省人观察，重庆一般绅商对刘湘的苛杂重税总是"委婉陈词，哀求减免"，见前溪，《蜀游杂记》，《四川月报》第 7 卷第 2 期，1935 年 8 月，第 8 页。

［3］1926 年底，《商务日报》对重庆市"全城商人罢市请愿"进行详细的追踪报道，还专门开辟由重庆市总商会主办的"苛捐特刊"，揭露军阀强行征税的诸种行经。同一时期的西方媒体也对四川军阀的税收政策多有报道，如 "Civic Development in Chungking-many Improvements Effected But Business Dull," *The North-China Herald*, 7（January，1928），p.8；又如 "Merchant's Strike at Chungking-Revolt Against Liu Hsiang's Taxation," *The North-China Herald*, 21（September，1929），p. 445.

从商人们那里有特别（借贷）的要求，但是刘湘总是试图与重庆商人群体和平共处。他之所以能做到这样，部分是由于他对待商人的态度，同时也是由于商人们自己愿意这样对他（借钱给刘湘）"，而刘湘也总是"小心翼翼，避免任何疏远重庆贸易金融界的机会"。因此，刘湘对待重庆的商人与学生工人的革命运动不一样。前者始终享受一种良好的关系，而后者却被刘湘残忍打击和压制。[1]

进入 20 世纪 30 年代中期以后，重庆的商人与其说厌倦了抱怨，不如说是重庆城市的经济利益和稳定的环境让他们觉得抱怨的意义并不大。

重庆著名的银行家康心如总结出刘湘与重庆绅商的微妙关系，乃是因二十一军筹措军费的方式由"硬"向"软"的转变，即：刘湘的二十一军集团与银行、线帮、特业、匹纱帮等"共同合作，打伙求财"。对二十一军的理财之道，杨粲三也不得不承认，"重庆金融界和二十一军的利害关系太深，不妨暂与合作"，并说，"比较起来，在二十一军防区内作商民，实属万幸"[2]。刘航琛与刘湘的对话更是意味深长，显示出城市绅商对刘湘政权的依赖。刘航琛说，"我的钱有许多应该是你的，因为你信任我，工商界人士均对我另眼相看，以为非我参加即无新事业兴起，今日工商进步利润甚大，我的收入也甚为丰富。如果你自己经营，这些钱大多也是你的。"[3]刘湘的强权也给重庆的商人带来了经济稳定发展的机会，城市的商人们与刘湘建立起一种特殊的"合作"关系，这种军—绅关系是互动的。经济上的良好的合作关系，为"军人干政"打下了坚实的经济基础，没有城市金融界的合

[1] Robert A. Kapp, "Chungking as a Center of Warlord Power 1926—1937," in Mark Elvin and William Skinner edited：*The Chinese City Between Two World*, Stanford University Press, California 1974, pp.157-158.

[2] 康心如，《回顾四川美丰银行》，中国民主建国会重庆市委员会、重庆市工商业联合会文史资料工作委员会，《重庆五家著名银行》重庆工商史料第七辑，重庆：西南师范大学出版社，1989 年，第 34 页。

[3] 沈云龙、张朋园、刘凤翰，《刘航琛先生访问纪录》，台北："中央研究院"近代史研究所口述历史丛书第 22 辑，1990 年，第 140 页。

作与支持，刘湘不可能实现对重庆的稳固统治。[1]

其二，地方资本的合作与投入经济建设，推动了军人政权动员民间资本。刘湘集团与地方资本通过经济利益结成的团体，形成相互依赖的关系网；而军绅政权的合法性资源恰恰从这一逻辑关系中获得。刘湘用于重庆城市建设的资金主要来自民间资本（税收），据美国驻汉口领事向华盛顿报告，“新商业区的建设基金获得了城市商会的保证，这其中部分来自银行和商业行会的债务负担”。[2] 20年代末期以来重庆的市政建设经费主要来源是税收，潘文华政府的市政建设在相当程度上获得了地方各法团和城市绅商的赞助与支持。[3] 甚至二十一军的部分军费也投入城市的新兴公用设施的建设中，如自来水、电力厂等。[4]

刘湘与重庆商人的关系反映出军人政权的实质，即以依靠绅商集团为主的军—绅政权构架。对刘湘而言，中国共产党领导的学生运动、工人的革命运动才是最大的威胁。要保持对城市的政治控制，必然要压制城市蓬勃的工农运动和镇压中国共产党。重庆特殊的地理区位优势，导致其在整个四川省是最易受外来影响和冲击的城市。“四川当局，都以为工人顶富革命性，对于他们的

[1] 二十一军在经济上与地方士绅密切关联，还可参见重庆市档案馆藏重庆市银行商业同业公会全案，如：《关于向重庆市银行同业公会借款的档案》（1935年12月24日），0086-0001-00050；《关于告知出标向重庆市银行业同业公会收存二十一军所交二十九军借款担保致各债权行等》（1935年12月24日），0086-0001-00050；《重庆市银行商业同业公会第41次执行委员会会议记录》（续议二十一军拟从田赋公债向各行抵借款，应如何规划及预算建筑之会所等。）（1933年8月23日），0086-0001-00117。

[2] Robert A. Kapp, “Chungking as a Center of Warlord Power 1926—1937,” in Mark Elvin and William Skinner edited: *The Chinese City Between Two World*, California: Stanford University Press, 1974, p.150.

[3] 潘文华主持之《重庆商埠督办公署月刊》对重庆商埠施展城市建设的经费有较为细致的收支报告刊布，据此我们可以获得一个收支概况的整体认知。刘航琛本人的口述史料则是另一个重要的史料文本。此外，民国报刊有关二十一军依托重庆为中心的财政税收机关及收支状态记载也为观察军人治理下的重庆市政建设问题提供了第三方的记载，如兴隆，《六年来二十一军财政之回顾与今后之展望》，《四川经济月刊》1934年第1卷第5期，第5-21页；《川刘防区收入》，《中行月刊》1931年第2卷第9期，第48-49页；民舌，《重庆市杂捐举要》，《民间意识》，1934年第23-24期，第174-175页等。

[4] 《中国工程师学会四川考察团报告》（电力部分），1935年，第3、5、13、16页；另有关二十一军投资城市建设资料散见重庆市档案馆藏北碚管理局全宗“兰文彬致卢作孚信函”等；重庆来自水公司0224全宗；重庆电力股份有限公司0219全宗第4、6卷；四川水泥股份有限公司0270全宗第1-5卷。

集会、结社，乃至于游行运动，都特别禁止，工人为最受压迫的阶级。"[1]中国共产党组织在重庆地区的活动成为二十一军严厉打击的主要目标，"清除共党"等话语频繁出现在二十一军密件和重庆地方传媒上。[2]应该说，刘湘对危及军人政权的异己力量的打击是异常残酷的。"三三一"事件以后，刘湘依靠政治强权，不遗余力地扩充与强化其政治整合机制，将其整合的触角伸入到城市社会的一切层面之中，基本实现了政治独裁和绝对的权威。

二十一军对防区内的共产党的肃清是不遗余力的，从严禁中共出版物到捣毁中共秘密组织，防区政治从体制上建立起"反共"的严密机制。刘湘时期重庆形成的对共产党的恐怖，连外国人也感觉到了，"共党一词，是潜伏着最重大的危险性的，因为在重庆这种人物的名誉最坏。加入这种政治组织的人，有杀头之祸，已经有许多无辜的人冤枉死了"，"甚至于和共党来往也有死罪"。[3]

对中共的高压政策是对重庆城市的政治军事控制的需要。[4]1929 年，刘湘以二十一军军法处、政训处、副官处、江巴城防司令部和重庆市公安局等为基础筹组特务委员会，刘湘自任委员长，军副官长兼江巴城防司令李根固任执行长官。1930 年 8 月该组织正式成立，分六区严密防范，另专门组建一个侦缉队。1932 年，二十一军制定"剿共"计划大纲。1933 年 10 月又发布《四川边防军铲共委员会组织纲要》和《四川边防军铲共委员会办事细则》。1936 年 1 月，公布《四川善后督办公署暂定各市县清共

［1］ 杨闇公，《工人运动报告》（1926 年 11 月 28 日），四川省档案馆、四川省总工会，《四川工人运动史料选编》，成都：四川大学出版社，1988 年，第 28 页。
［2］ 有关二十一军在防区内实施的严防共举措的文件，主要参见四川省档案馆藏"陆军第二十一军司令部"（全宗号民 176）。
［3］ ［美］贝西尔，《美国医生看旧重庆》，钱士、汪宏声译，重庆：重庆出版社，1989 年，第 101 页。
［4］ 关于二十一军驻渝期间对重庆所实施的严密控制，以及对中共的高压政策可从这一时期二十一军的报告和通报等秘密公文档案中获得若干信息，参见重庆市档案馆藏重庆市政府全宗 0053 卷 12 密令等案卷。

办法》。[1] 1927 年至 1935 年中共四川省委遭受严重破坏，省委书记杨闇公被杀害。 1929 年至 1935 年，二十一军特委会捕获、杀害的共产党党员、共青团员及革命人士达 17 000 人。[2]

综上所述，刘湘时期"军人干政"的范型特征以二十一军政务系统为运行范式，即："军务""政治""财政"并重，尤其强调"政治"的作用，反映出"军人干政"的实质。 被吸附的各方精英，尽管未占据权力政治的核心，但是带给二十一军的政治资源却意义深远。 刘湘统治时期，也是重庆地方民族资本的成长壮大时期。 刘湘以政府力量扶助地方民族资本，卢作孚的觉醒，以及地方精英热情致力于南京国民政府整合四川的工作，最终导致民族资本阶层游离军人集团。 为获取"军人干政"的合法性，从防区制产生之日，军阀就成为不自觉地改变与颠覆自身政治构架——防区制的主要力量。

第二节　军人的城市

现代意义的市制管理制度首先在东南沿海的上海、广州、厦门等城市起步。 其中，上海租界的市政制度起了首要的示范作用，东南沿海各开埠口岸逐步模仿欧美市政制度，并将这一制度传递到内陆。 20 世纪 20 年代以后，国民政府所制订的新市政制度达到近代中国地方行政制度发展的高峰。[3] 重庆的建市就是在这一潮流的影响下实现的。

图 3-9　漫画：一瞥——《商务日报》1934 年 7 月 4 日，第 7 版。

[1] 匡珊吉、杨光彦，《四川军阀史》，成都：四川人民出版社，1991 年，第 329 页。
[2]《全川特委会六年清共成绩》，《商务日报》1935 年 9 月 1 日，第 6 版。
[3] 张仲礼，《东南沿海城市与中国近代化》，上海：上海人民出版社，1996 年，第 561-563 页。

30 年代初，杜重远来到重庆，第一感觉便是重庆的军人之多，这是一个"军权高于一切"的城市。[1] 军人究竟在重庆扮演了何种角色？ 作为刘湘的部下，潘文华如何管理这个西部中国最大的商埠？ 本节拟从这个角度加以探讨。

一、重庆建市及其行政地位的提高

重庆城市真正意义上的建制始于 20 世纪 20 年代末，距开埠通商已近 40 年。 1926 年 6 月，刘湘以四川善后督办和川康边务督办身份进驻重庆，牢牢地控制了这个四川最富裕的城市。 重庆从此成为二十一军戍区的首善城市。 为利用城市资源和加强对戍区各县的管理与示范，重庆市政建制必然为刘湘集团所重视。

重庆的行政地位一直不如成都。 清朝的总督衙门，民国的民政长公署、省长公署及省政府均设在成都。 清代顺治年间设重庆府，"领州二，曰合，曰涪。 领县十一，曰巴县，江津，永川，长寿，荣昌，綦江，大足，南川，铜梁，璧山，定远。 厅一，曰江北"。[2] 美国学者司昆仑认为即使是作为中国西部唯一的开部口岸，重庆对于四川富裕的地主们而言，都不如成都有吸引力。[3]

重庆城市行政地位的提高得益于刘湘军事集团的强权。 从政治整合的角度看，20 世纪 20 年代末，重庆建市标志民国以来重庆社会政治整合力的空前强化，也结束了重庆城市长期混乱失控的

---

[1] 杜重远，《狱中杂感》，上海生活书店，1936 年，第 182-183 页。 据 1929 年对二十一军驻重庆各部队的调查，仅驻防在巴县、江北县、菜园坝、磁器口、土主庙、木洞、关庙、虎溪河、桃子桠、茶亭、刘家台等处的部队就有四个旅司令部、十二个团部（含独立团、炮兵团），以及手枪大队、警卫司令部、特科营部、教导总队队部等。 参见《二十一军各部驻地调查》，《军事杂志（南京）》1929 年第 17 期，第 186-187 页。 民国报刊文献不乏对重庆这个"军人世界"样态的描述，比如，有记载说，朋友见面介绍自己不说姓名，而说是某某长的姐夫等。 参见海戈，《重庆忆闹（萍飘六忆之三）》，《论语》第 79 期，1936 年 1 月 1 日，第 47-50 页。

[2] 重庆市政府秘书处，《重庆市一览》，重庆市政府庶务股，1936 年，第 2 页。

[3] Kristin Stapleton, *Civilizing Chengdu: Chinese Urban Reform*, 1895—1937, The Harvard University Asia Center, Harvard University Press Cambridge(Massachusetts) and London, 2000, p.32.

政治局面。 重庆的建市在一定程度上体现了刘湘的地方自治思想。 提高重庆行政地位乃军事需要，潘文华市政府获得必要的自治权限（空间），运作新型市政规划。 直到 1935 年 7 月，重庆一直是刘湘牢固控制的基地，为二十一军集团势力的膨胀和刘湘防区的稳固奠定了坚实的基础。

从现有的资料看，刘湘时期重庆从商埠督办公署、市政厅、市政府等管理构架的设立，到市府机构中的政府权能构架、人事组织、职权的划分及城市的发展规划等都必须经过刘湘的审查。 作为重庆的市长，刘湘的重要将领和军事集团的核心成员潘文华，则具体贯彻刘湘的战略方针。 比如，重庆市政厅成立后，向国民革命军第五路总指挥呈报了各局章程，总指挥提出修改意见："各局科长以上人员，应改为由本省最高级官厅委任，并得由市长保请核委，以重人选"。[1] 这里所谓本省最高级官厅即是刘湘的善后督办公署和第五路军总指挥。

重庆建市是在刘湘集团亲自参与筹划中完成的，经历了商埠督办公署时期、市政厅时期和市政府时期。 市政构架方面也体现了逐步的完善与沿海取向。 1905 年上海总工程局以西方三权分立的西方政权体制为核心首先在上海开创了地方自治式的管理体制，为中国地方管理机关全面变革拉开了序幕。 1909 年，上海地方自治事业开始在全国推广实行。[2] 1909 年 1 月，全国性《城镇乡地方自治章程》正式颁布，按照这个章程，各地都应举办地方自治，地方自治机关一律设议事机关议事会和执行董事会。 这是首次以法律的形式将城镇区域与乡村分别开来。 自此全国一些地方陆续开办地方自治，效法上海的城市行政建置。 宁波、福州、厦门、广州都先后建立了自治公所或市政公所、市政会等自治机关，它们的规模虽比上海小，但体制均与封建衙门有别。 到20 年代近代中国政府的地方管理体制有了根本性的变化，新的市

---

[1]《令本市各局遵令添改各局章程一案文》，《重庆市市政公报》第 2 期 "公牍"，第 32-33 页，1928 年 2 月。

[2] 张仲礼，《东南沿海城市与中国近代化》，上海：上海人民出版社，1996 年，第 560 页。

政制度在全国范围内推广开来。 1918 年广州设立市政公所，1920
年改组为市政厅。 1921 年《广州市暂行条例》规定设立市参事会
和市长为首的市行政委员会，市行政委员会下设财政、工务、公
安、卫生、公用、教育六局。[1] 此乃中国城市实行"市"制及市
行政设局管理之始。[2] 1921 年 7 月 3 日北京政府公布《市自治
制》。 十年之内，几乎所有省的城市和镇都受到这一时代潮流的
影响，并且不同程度地开始了某些市政建设，市政机构如同雨后
春笋般地涌现。 1927 年国民政府成立后基本也是运用这种制度。
国民政府分别公布了《特别市组织法》和《市组织法》，两法成为
通行的国家法则，全国各省的市级单位逐步实行了市制和特别市
制。 按划分的标准，上海、广州人口都超过 100 万，为特别市，
宁波、福州、厦门各分设为市。

民初建立的警察厅是重庆市政机关的萌芽形式。 20 世纪 20
年代，警察厅已不能适应城市发展的需要，成立专门管理城市的
机构实属必要。 从行政建置上将重庆城市独立出来，既是城市商
业贸易发展的需要，又是重庆绅商和地方军阀的愿望。 这一时期
重庆市的商民请愿要求建立与城市地位相符合的城市建制反映了
重庆建市的迫切性。 1923 年，江北和巴县各法团呈请四川省政府
转呈四川省政府北京政府，请改市政公所为重庆商埠。

重庆"华洋杂处，商务繁盛，诚吾国西隅一大市场也，然而市
政窳败，街道之狭隘、沟渠之秽淤，煤烟之蒸蔽，其不堪居住，亦
为全世界通商各埠所无，加以地狭人稠，肩摩踵接，非推行市政，
力谋改造，实不足以策交通实业之发展"[3]。 在顺应潮流的口号
下，重庆城市开始了建置的历程。 潘文华在《宣布办理商埠方针》
文中指出："世界潮流，日新月异，自辟商埠，未可缓图……爰重
庆之情形，参以各埠之成例，斟酌损益，用便进行……"。 商埠

---

[1]《广州市暂行条例》，三水陆丹林，《市政全书》第 6 编，中华全国道路建设协会，1931
    年第 5 版，第 34-35 页。
[2] 张仲礼，《东南沿海城市与中国近代化》，上海：上海人民出版社，1996 年，第 561 页。
[3] 唐式遵，《重庆市政计划大纲》，《重庆商埠汇刊》附件，重庆商埠督办公署，1926 年。

督办公署还多次派人到省外先进城市考察市政，以资借鉴。 1927年3月，派人到广州市政厅、汉口市政府去考察，其公函中说："惟查川省已隶革命旗帜之下，旧有机关，亟待改组，自顾椓枿，市治罔谐，兼以蜀处边陲，见闻较陋，欲期组织之良善，必求攻错于他山。"[1]1927年9月，重庆商埠督办公署即将改组为市政厅，公署特委任对市政颇有研究的刘蔚芋为特派员，调查省外各地市政建设之经验，"驰赴长江一带各大都市，详细调查市政之建设，及其发展，随时汇报回署，籍资借镜而凭改组"。[2]

1928年7月，国民政府公布《特别市组织法》，规定特别市须经国民政府特许，其资格为：中华民国首都，或人口百万以上之都市，或其他有特殊情形之都市。[3] 由于重庆市并不具备特别的条件，潘文华召集各局处及参事会开联席会议讨论，决定派代表到中央政府请愿。 此次请愿由重庆各法团机关首领出面，推举两位代表去南京向国民政府递交呈文。 该呈文列举重庆应成为特别市的六条理由：①地域上的交通枢纽；②对外交涉中的缓冲地带；③商业上之西部唯一输销场所；④孙中山建国方略实业计划中之西部铁路中心地；⑤同为开埠口岸，天津已为特别市，而重庆在商务和人口上超过天津；⑥重庆情形符合《特别市组织法》中"有特殊情形之都市"的条款。[4] 法团代表大声疾呼，"若仅为普通市，则财力不宏，敷设有限，似必定为特别市，而后能以国家及地方之尽量经营"[5]。《重庆特别市暂行条例》甚至宣称："本市为中华民国特别行政区域，定名为重庆特别市"。 鉴于未经国民政府同意，设立重庆为特别市不妥，刘湘下令取消特别市的

［1］《函广州市政厅、汉口市政府为派员查考市政用资借镜请俯赐接洽文》，《重庆商埠月刊》第3期，1927年3月，第14页。
［2］《令本署调查市政特派委员刘蔚芋调查省外各地市政文》（1927年9月），《重庆商埠月刊》第9期，1927年9月，第25页。
［3］《中华民国法规大全》第一册，商务印书馆，1936年，第519页。
［4］《专件：致全国商联会陈请书》（1928年11月13日），《四川重庆各法团机关李石两代表请愿纪录》，上海蜀评社，1928年12月，第31-32页。
［5］《专件：呈国民政府文》（1928年11月），石荣廷、李奎安，《四川重庆各法团机关李石两代表请愿纪录》，上海蜀评社，1928年，第28-30页。

称呼，并以国民革命军第五路军总指挥部的名义下文给市政厅，希望"力图政事之振兴，毋为名义之争执，俟将来有改为特别市之必要时，再行呈请可也"[1]。

1929 年 2 月 15 日，经二十一军军部批准，重庆市政厅改为重庆市政府，重庆正式建市。 1934 年 10 月 15 日，国民政府令：定重庆市为乙种市。[2] 1935 年 7 月 9 日，新改组的四川省政府由重庆迁往成都，刘湘本人不久也到成都办公。

与同一时期的中国五大商埠相比，重庆的市区面积十分狭小，据 1933 年申报月刊统计，上海市区的水陆面积为 537.51 平方公里，汉口市为 130.25 平方公里，青岛市面积为 128.25 平方公里，天津 91.05 平方公里，广州市区有 244.06 平方公里。 仅有天津比重庆市的市区的面积稍小。 1921 年，重庆城区管辖范围仅为原巴县城区和江北县附近居民集中区。 1927 年，重庆市政厅规定以城区为中心，包括长江南北两岸上下 30 华里的地方为市区。 1929 年重庆市政府成立，"其权限不出城门。 对于市区亦无明显之规定"。 1930 年 2 月，由二十一军军部召集"审定市县权限委员会"，办理划定重庆市疆界的工作，1932 年二十一军军部又会同江北、巴县等县重新商定划定重庆市界。 1933 年 6 月，以江北城区及南岸五渡划归市府管辖，全市的面积共有 187 平方公里，初步形成了重庆横跨两江、鼎足三分的格局，并开辟了自临江门沿嘉陵江经双溪沟达牛角沱，自南纪门沿长江经菜园坝抵兜子背，自通远门外经观音岩至两路口的三大块新市区。[3]

不过，市区尽管面积辽阔，但是除主城的商业区及城郭与南岸五渡的小手工业区外，江北城区则"冷落俨如乡镇"，重庆的其他地区亦"全属郊野"。 加之长江、嘉陵江将市区划分为各不连属的三片，江面又无铁桥及大规模之轮渡，以便利交通。 如果以

---

[1] 《咨重庆参事会以后行文即将特别二字删去文》，《重庆市市政公报》第 2 期，1928 年 2 月，第 111 页。
[2] 周开庆，《民国川事纪要》，台北：四川文献研究社，1975 年，第 551 页。
[3] 管维良，《城区建置史略》，邓少琴等，《重庆简史和沿革》，重庆地方史资料组，1981 年，第 84-86 页。

此而言，30 年代中期的重庆市区，其实际面积仅约十余平方公里而已。[1]

二、以军治市——潘文华掌理重庆市政

潘文华（1888—1951），四川仁寿县人，四川陆军速成学堂毕业生，二十一军第三十师师长，刘湘集团的核心成员。1920 年任刘湘部师长，因曾"有革新重庆之议"[2]，1926年 7 月被刘湘委任为重庆商埠督办。同年 11 月，督办公署改为市政厅，潘文华又由督办改任市长。同月，《重庆市市政公报》刊发市长潘文华的市政方针，就"保卫市民之公安""增进市民之幸福""维持市民之生计""普及市民之教育""保持市民之健

图 3-10 潘文华肖像——《九年来之重庆市政》，重庆市政府秘书处，1936 年。

康"五个方面宣告重庆城市的市政改革举措，内容覆盖公共交通、市政建设、社会救助、教育卫生等项。[3] 直至 1935 年 7 月辞职。任职九年中，潘文华从来不忌讳"以武人干政"。"一方面谋经济上之筹集，一方面为制度上之草创"[4]，可谓苦心经营。为推进市政建设，潘文华负责创办《重庆商埠督办公署月刊》（简称《重庆商埠月刊》）。该刊"汇载商埠督办公署办理市政之近事，以供研究市政者之参考为宗旨。"该刊由重庆商埠督办公署出

[1] 重庆市政府秘书处，《重庆市一览》，重庆市政府庶务股，1936 年，第 7 页。

[2] 重庆市政府秘书处，《九年来之重庆市政》序，重庆市政府秘书处，1936 年，第 1 页。

[3] 潘文华，《布告市民说明全市利害应兴应革五大原则文（1927 年 11 月）》，《重庆市市政公报》第 1 期，1928 年 1 月，第 136-141 页。

[4] 重庆市政府秘书处，《九年来之重庆市政》第一编总纲，重庆市政府秘书处，1936 年，第 5 页。

资支持并负责编辑和发行印刷，每月月初刊发一册，刊载之内容十分丰富，覆盖了商埠施行市政建设之计划、公牍、规章、收支事项、调查统计数据，以及其他杂录等。[1] 作为军人市长，潘文华"屯兵"重庆，对外来"欧风美雨"的冲击下的沿江沿海的各大都市的变迁显示出模仿之举，"年来京粤沪汉等处，效法欧美，成绩渐昭"[2]。

重庆市建市后，市政管理机制的运行呈现出如下特征。

1.市政构架渐趋完备

1926 年 7 月，重庆设商埠督办公署，潘文华为督办，综理全埠事务，下设会办协助督办。另设秘书长、秘书，办理机要文件及译述事项。设技正、工程师若干人，办理技术工事务。以上各职均由督办委任。为尊重民意，设有参议会。督办公署下设总务、财务、公安、工务四处，从处长到科员均由督办委任。此外，还平行设置收支局、江北管理处、新市场管理处。从重庆商埠督办公署的机构设置及职能范围来看，已脱离传统的"城乡合一"管理模式，初步具备了市建制的规模。此时，巴县县政府仍设城区中，但已无权过问市政。巴县县长仅协助维护市内治安，重庆商埠督办公署从行政级别上脱离巴县政府。

1927 年 11 月商埠督办公署改为市政厅，督办改为市长，平行的机构还有市政联席会议、参事会。下设秘书长、总务处、财政局、工务局、公安局、土地经理处、江北办事处。每局设局长 1 人，由市长荐请任命。后收支局并入财政局，改设稽征科。工务局增设工程科，有技正 2 人，工程师 4 至 6 人，测量队主任 1 人，技术员 6 至 8 人，科员 8 至 10 人，助理员 2 至 4 人，测绘员 2 人。如办理重大工程，可再设立工务处，经管特殊事项，可设立事务所。如研究工程计划，可召集职员组织工务会议。公安局全面参与市政管理，在原来警务和消防基础上，增设了卫生科，

---

[1]《重庆商埠月刊简章》，《重庆商埠月刊》第 9 期，1927 年 8 月，第 1 页。

[2] 潘文华，《筹办重庆自来水绪言》，《重庆商埠月刊》第 2 期，1927 年 2 月，第 1 页。

此外，为督察内外勤务及取缔交通卫生事宜，可设督察处；为审理违警案件，可设警察审判所；为训练警察，可设警察教练所；为训练侦缉人才，可设侦探养成所；为惩戒违警人犯，可设惩役场；为教诫不良少年，可设感化院；为救济颠连无告之妇女，可设济良所。增设的民生局下设工商科和公益科。

1929 年 2 月市政厅更名为重庆市政府，其内部组织逐渐扩大，分工也更细致。在组织构架上废总务处，增设秘书处，改民生局为社会局（并加强对农业的管理），改土地经理处为土地局（不久，土地局撤销，其事务并入财政局），增设教育局（分管学校教育和社会教育）。公安、财务、工务三局照旧。又将江北办事处改为江北管理处，增设南岸管理处。财政局所辖之市金库单列直隶市政府。此外，增设团务局，由原川康团务委员会下属之重庆团务委员会改组而成。改组后的重庆市政府计有 7 局、3 处、1 库、29 科（内含 1 督察处）。

1932 年 4 月开始，因经费困难，重庆市政府进行合并、裁减。秘书处与社会局合并为总务处；财政、工务、教育三局改为处；公安局改为处，直隶重庆警备司令部，同时受市政府指挥；南岸、江北两管理处废除科一级。此次调整以后，改局为处，科数减少，计有 7 处、1 局、1 秘书长、18 科。各科科员裁汰甚多，预算较前减少约 40%。直到 1935 年 7 月，潘文华去职，国民政府行政院任命张必果为市长，机构再度紧缩，市府除公安局外，都改为科。[1]

2. "参议"制度的引进

"参议"制度为刘湘军—绅政权构架增添了"现代"管理的内容。潘文华主政时期，参事会始终是与督办、市长平行的结构。按照潘文华的设想，参事会主要应由"本市绅商名流组成"。从实际的运作看，组成参事会的成员尽管系工商名流，以集体讨论

---

[1] 民国巴县志，卷 18 市政；重庆市政府秘书处，《九年来之重庆市政》第一编总纲，重庆市政府秘书处，1936 年，第 5 页。

的方式商议市政规划,但权力核心并不在参事会。[1] 参事会于督办公署有提议之权,于商埠财政有考核之权,于重大事件有议决之权。 然紧急时期,商埠督办公署可先执行,然后提交参事会追认。 召集市政会议,"集体讨论"的制度形成于重庆商埠督办公署时期。 督办公署特设行政会议,目的是"督促政务之进行,谋商埠之发展"。 该会议每星期六举行,科长以上均须列席。 而遇有特别事件,由督办临时召集会务,督办认为必须会议者,交行政会议讨论决定。[2] 另外,商埠督办公署时期,参事会由江北县和巴县每一法团推举参事员 1 人,共 16 人;督办遴选法政工商各科专门人才,暨富有学识经验之公正绅商组成,参与城市的管理与建设工作。 市政厅时期,设有市政联席会议,由市政厅直辖各局局长组成,以市长为主席。 会议分通常会与临时会,通常会每星期内举行一次,临时会由市长召集。 会议内容分行政与工务两种,召开行政会议时,上交提案的科长与主办科长均须列席;召开工务会议时,技正、工程师均须列席。 市参事会提交或否决咨覆的议案,由主席提出表决,以过半数通过执行,如可否相等时,由主席决定执行之。 市政厅总务处长及该科长、秘书长及秘书,如有提交之案,也可以列席会议陈述意见,但无表决权。[3] 由市长聘任的市参事会设参事 9 至 13 人,其资格为具有专门学识、实际经验或社会信用者。 建议本市应行兴革事宜,议决市长咨询案件,审查市行政之成绩,有建议时得请派员列席市政联席会议,但无表决权。 到 1931 年,重庆"市长以下,设有参议十五人,组织参议会,凡百政务,悉由参议会决议施行"。[4]

---

[1] 有关参事会的议政角色,可参见:《函重庆商埠参事会正、副会长汪德薰、曾宪才为节省经费减轻市民负担即希查照并函复文(1927 年 7 月)》,《重庆商埠月刊》第 7 期,1927 年 6 月,第 19-20 页;潘文华,《咨市参事会请召集开会会议办工巡捐及讨论条例文(1927 年 11 月)》,《重庆市市政公报》第 1 期,1928 年 1 月 31 日,第 25 页。
[2] 《重庆商埠参事会暂行简章》《重庆商埠参事会参事会办事细则》,《重庆商埠汇刊》,重庆商埠督办公署,1926 年。
[3] 《市政联席会议章程》,《重庆市市政公报》第 1 期,1928 年 1 月 31 日,第 44-45 页。
[4] 《市政最近概况及将来计划》,《商务日报》1931 年 2 月 2 日,第 10 版。

3.市政管理逐渐成熟

传统社会对城市的管理主要是建立在强制性的行政控制之下，其对城市的规划、治安和社会秩序的管理通常采用单一的模式，即主要是对城市的规划、治安和社会秩序的管理。现代化理论认为，现代意义的城市管理是社会上层建筑的一部分，是以城市整体为对象，对城市的规划、建设、经济、政治、社会、科技、文化等各个方面进行集中的、系统的、综合的管理。有学者指出，这是 19 世纪以来的百余年间中国城市管理由传统向现代转型的基本特征。在转型过程中陆续产生城市管理的主体——城市各级政府机构，初步确立了城市管理的客体——城市基础设施的管理、城市宏观经济的管理、城市居民社会行为的综合管理。

事实上，在"军人干政"的体制下，重庆市政管理并未真正达到这一高度。不过二十一军以城市建设为取向的管理却显示出积极的意义。潘文华给予市政构架以一定的管理自由，他"放权"于专业人员的管理运作特点，在很大程度上使重庆市政管理向"现代"意义的市政靠近。[1] 商埠行政职责包括各项规划的制定、修正、公布，公共财产的维持、取缔及处分；房屋土地的调查、登记及收用，规定房屋土地等级及其租赁；街道、桥梁的建筑，新市场的开拓及其他土木工程事项；交通、电力、电话、自来水、车船肩舆，及其他公用事业的经营管理；航务、码头及保险、堆栈事项；征收各项税捐，及国家或地方补助的收支；水陆警察和保卫团的监督指挥，及其他保安事项；教育及自治事项。从以上的职能看，督办公署已初步具备了对城市的规划、建设和管理的职能。

潘文华认为治理城市重点在城市建设，提出"当此财政空虚，民生凋敝，惟有择其用款较少，而成效易见，或已有端倪，而弃置可惜者，先行着手以顺舆情"。具体计划是，第一期"以整理旧市场为唯一要义，所有铺面之整齐，街道之清洁，消防之联

---

[1] 重庆市政府秘书处，《九年来之重庆市政》序，重庆市政府秘书处，1936 年，第 1-2 页。

络，厕所之改良，与夫小贸如何安置，贫民如何救济，教育如何普及，旧有之公园及电灯电话自来水又如何规划整顿，凡属有关公益，皆当次第举办"，"至于城内交通，尤须建筑马路"。第二期"当注重于新市场之筑建"，以及附城河岸之码头、通达曾家岩、菜园坝之马路。[1] 第三期拟在江北和南岸扩充。[2] 1926 年 8 月至 1927 年 7 月，规划付诸实施。对货币、市场进行了整顿。成立公益奖券总发行所，发行奖券以筹款。工务方面：继续兴建公园，整理旧街道，建筑市区公路和沿江沿河码头，发展水面交通，筹办自来水，安置街灯、电灯、电话、开辟新市区。公安方面：加强社会治安工作，负责执行对旧街道的整理，注意筹商防火，添设消防器具。当局还拟定了改良重庆警察计划，编制商埠保安团计划，设置水上保安队计划。教育卫生方面：筹办市立模范小学、平民学校，开设官医局，整顿中医、厕所、饮食店、慈善事业等。

市政厅特别重视警察、财税与市政建设。市政厅的行政职权范围广泛，如财政事项、公安消防及其他防灾事项，土地分配及使用取缔事项，河道及船政管理事项，公产之管理及处分事项，公私建筑事项，户口之调查及统计事项，市民生计，民食统计及农工商之提倡、改良、交通、电汽、电话、电灯、自来水，煤气及其他公用事业之经营及取缔事项，街道，沟渠、堤岸、桥梁，建筑及其他关于土木工程事项，公共卫生及公共娱乐事项，政府委办及特许处理事项，其他法令所赋予事项。城市的功能得到进一步加强和发挥。

此外，我们从潘文华市政期间留下的市政报告、城市经济调查、总结、计划等出版物，也可窥见其在管理上的日趋成熟。毕

---

[1]《宣布办理商埠方针文》（1926 年 8 月 6 日），《重庆商埠汇刊》，重庆商埠督办公署，1926 年，第 4 页。

[2]《潘督办欢宴各法团宣布署内组织及筹商组织收支局参事会纪事》（1926 年 8 月 10 日），《重庆商埠汇刊》，重庆商埠督办公署，1926 年，第 7 页。

竟重庆城市的市政管理有别于以前的片纸不留的管理状态。[1]

4.市政法规的颁行

重庆酝酿设市之初即提出过《重庆市政计划大纲》（1926年），[2]潘文华在任期间还颁布了一系列规划：如《重庆商埠新市场管理局暂行简章》《嘉陵江建筑轮船码头全部规划》《整理朝天门城门交通工程办法大纲》《重庆自来水计划书》《重庆商埠江北办事处拟呈第一年行政计划书》《重庆商埠督办取缔饮食物营养规则》等，被西方世界称为"现代化"意义上的举措。从发布的规章和实施情况来看，重庆商埠督办公署已经具备市政管理的基本职能，即：城市规划管理，如制订各种城市建设和合理布局的计划；城市基础设施的管理，如对住宅建筑、市政工程、公用事业的管理等；城市环境管理，如对清洁卫生、公厕设置、违章建筑、市场摊点的管理等；城市社会的管理，如设施税救济、举办社会福利事业，对治安、消防、交通的管理和文化教育事业的管理。

1926年9月，督办公署公布《重庆商埠整齐街面暂行办法》《整理马路经过街道规划》，确定了市区内的公共街面，划定了街道的宽度，并计划在城区主要街道修建马路。同年3月，成立新市场管理局，公布《暂行简章》14条，拟定在城外开辟新市场六区。"以南纪门至菜园坝一带为第一区，临江门至曾家岩为第二区，曾家岩经两路口至菜园坝为第三区，通远门至两路口为第四区，南岸玄坛庙、龙门浩一带为第五区，江北嘴至香国寺一带为第六区，次第开辟，其详细范围，令图规定之"。[3]

1928年2月，市工务局提出《江巴城市测量计划书》。次年6月，提出《城区商埠经线及纬线马路分期首要计划》，7月，又提出《开辟重庆新市区说明书》。至此，市区建设的总体规划大致确立。这些规划在美国中央情报局1972年编制的重庆城市地图

---

[1] 重庆市政府秘书处，《九年来之重庆市政》第一编总纲，重庆市政府秘书处，1936年，第12页。

[2] 隗瀛涛，《近代重庆城市史》，成都：四川大学出版社，1991年，第560页。

[3]《重庆商埠新市场管理局暂行简章》，《重庆商埠月刊》第2期，1927年2月，第1-2页。

说明文字中，被称为"现代化发展的开始"。[1]

应该指出的是，与东南沿海城市相比，重庆缺乏长远和科学的市政规划。以上海为例，上海特别市成立以后，为建设和振兴华界，市政府于1929年划定江湾为上海的新市中心区域，制订了一个宏大的"大上海建设计划"。全面抗战爆发后，这个计划实施了8年。在广州，1932年市政府专门制订了"广州市政府三年施政计划"，这一计划的内容包括工务、公用事业、教育、土地、财政、社会、卫生等多方面，从改造和建设两个方面同时着手进行；同年，宁波地方政府也推出了1932—1936年的五年城市改造和建设计划，内中涉及的具体工程达13项。上海和宁波的城市规划包含了相当的严密性和远见性，其市政管理已经达到比较成熟和先进的水平。[2]

5.专业技术人才的吸纳

潘文华就任商埠督办以来，颇有改造重庆的雄心，"俾重庆市精神形式焕然一新，得与欧美各先进国家并驾齐驱，上臻国际之光荣，下为各县之模范"，[3]在逐步健全市政府行政机构的同时，市政当局注重启用有工程技术专长的人才，"襄佐者皆富于学验"；[4]主持市政建设工程的新市场管理局开始吸纳和任用"曾游学欧美"，"精研工科"的留学人才。[5]重庆市工务处负责通信工程的是一位从英国归来的留学生。[6]据20世纪30年代到重庆的一些西方人观察，潘文华当局在新市区道路建设项目中，启用了两位在国外接受训练的中国工程师。其中一位毕业于英国，

---

[1] Central Intelligence Agency, edit, *Briefs On Selected PRC Cities*, *Chungking*, United States of America, Washington：Government Printing Office. November 1975, p.3.
[2] 张仲礼，《东南沿海城市与中国近代化》，上海：上海人民出版社,1996年，第569-570页。
[3] 潘文华，《告全市人民书》，重庆市档案馆重庆市财政局全宗，卷920，第69页。
[4] 重庆市政府秘书处，《九年来之重庆市政》序，重庆市政府秘书处，1936年，第1页。
[5] 《清委郑璧臣技术员一案》、《重庆商埠新市场管理局布告》，重庆市档案馆藏重庆市财政局全宗第920卷。
[6] "Civic Development in Chungking-Many Improvements Effected But Business Dull," The North-China Herald, 7(January,1928), p.8.

另一位则曾在法国留学。[1]

此外，市政府的高级职员中，受过大学教育的也逐渐增多。市政府秘书石体元，清末毕业于成都高等巡警学堂，属近代四川知识分子群的"中层知识分子"。[2]财政局长陈志学，毕业于四川法政学校。重庆江北区市政管理处处长陈奎，毕业于北平农科大学。重庆南岸区市政管理处处长陈新尼也有大学学历。[3]潘文华选用这一批人才担任主要工程指挥，比较能保证市政建设的顺利进行与良好发展。

潘文华主政九年，是防区体制下重庆城市建设的黄金时期。不过，"军人干政"的管理体制无法与上海、广州、杭州等城市相提并论。如上海市第一任市长黄郛曾留学日本，广州市第一任市长孙科是留美的文学士、经济学硕士，宁波第一任市长罗惠侨是第一批庚款留美学生。在孙科任广州市市长期间，6个局的局长都是由留学生担任。[4]同一时期的上海市政府人员组成更是人才集中的典型。上海市第一届市政府共有处、局长11名。其中具有大学学历的人员为8名，占总人数73%，曾留学国外者为6名，占55%。8名具有大学以上学历的基本都是专业对口，分任和自己专长有关的部门领导。如工务局长沈怡，毕业于同济大学，后留学德国德累斯顿大学土木工程及城市工程学院，为工学博士。卫生局长胡鸿基，毕业于北京国立医学专门学校，后留学美国约翰斯·霍普金斯大学，系公共卫生学博士。应该说明的是在上海市第一任市政府整个班子没有任用大量高级军政人员。[5]市政管理人才素质的差异凸现了重庆与沿海城市市政管理的巨大差异。即使到了30年代初期，"全川之内，曾在欧美学习工程回

[1] "These Uneasy Days in Szechuan," The North-China Herald, 4(August,1928), p.187.
[2] 隗瀛涛，《四川近代史稿》，成都：四川人民出版社，1990年，第482-484页。
[3] 以上资料据重庆市档案馆藏重庆市财政局、重庆市政府等全宗资料整理而成。
[4] 孙科，《广州市政忆述》，《中国现代史专题研究报告》第8辑，台北："中华民国"史料研究中心编印，1978年，第288-290页。
[5] 张仲礼，《东南沿海城市与中国近代化》，上海：上海人民出版社，1996年，第571页。

川做事的人，人数还不到一打"[1]。 在"军人干政"的体制下，高级技术人才在实质上成为装饰和"门面"。

综上所述，潘文华市政构架特征体现了"军人干政"的实质，分述于后。

1.彻底的"军人干政"

首先在人事权方面，保证了军人占主体作用。 重庆作为二十一军的核心城市，对整个防区的稳固和军事权力的膨胀有着极为重要的关系，某种意义上，重庆市政管理的绩效是对城市资源控制能力的象征。 二十一军军部取得对重庆城市的社会、政治和经济的资源的全面控制权，成为掌握政权的唯一力量。 潘文华的施政纲领，第一要义便是如何有效控制重庆地方。《重庆商埠督办公署暂行简章》规定，在中央政府未统一川政时，川省最高级行政长官可以委任督办。 资料显示，从商埠督办公署、市政厅、市政府等管理构架的设立、演变，到市府权能构架、人事组织、职权的划分、城市的发展规划等都须经过刘湘审查。 即使是重庆市市政建设规划，所有开辟新市区、城区老路的拓宽、规划城区的公路系统、筹备电力厂、倡办自来水厂及其他关于工程公用之规划，"均经先后呈报陆军二十一军司令部核定"。[2]

让我们从历届重庆市政府的沿革看军人的作用：川军第 2 军军长杨森任重庆商埠督办（1921 年 11 月—1923 年 1 月）。 川军第 3 师师长邓锡侯任重庆市政公所督办（1923 年 2 月上任）。 不久又由川军第 7 师师长陈国栋任重庆市政公所督办（任职时间不详）。1926 年第 7 师 14 旅旅长朱宗憲任重庆市政公所督办。 同年 6 月刘湘以四川善后督办身份自成都来渝，将市政公所改名为商埠督办公署，二十一军第 32 师师长唐式遵任重庆商埠督办。 1926 年 7 月，第 33 师师长潘文华接任督办。 次年 11 月，重庆商埠督办公

[1] 胡光麃，《波逐六十年》，沈云龙，《近代中国史料丛刊续编》第 62 辑，台北：文海出版社，1979 年，第 279 页。
[2]《廿四年度市建设计划》，《商务日报》1935 年 5 月 9 日，第 7 版。

署改重庆市政厅，潘文华任市长。 1929 年 2 月，市政厅改市政府，潘文华仍任市长。 1935 年南京国民政府统一川政，明令"军人不得兼任何文职"，潘文华辞去市长职。 7 月，善后督办公署秘书长张必果[1]任重庆市长。 1936 年 4 月 11 日，张必果病故。由四川省政府委员李宏锟接任市长，直至全面抗战爆发。[2] 在这个军人的政府中，仅商埠督办公署时代，即 1926 年 7 月至 1937年 11 月期间，刘湘任命留学法国的工程师吴蜀奇[3]出任重庆商埠第二会办，[4]相当于第二副市长。 尽管市政结构中设有吸纳社会贤达的城市参议会，战前重庆城市管理在二十一军军阀政治构架之下，任何改革与举措只能是军阀政治的结果和必然要求。

其次，牢牢控制重庆财政大权。 对重庆城市的市政干预，还表现在二十一军军部直接在重庆设立各种税收机构，直接控制城市的经济收入。 二十一军在重庆设立的捐税机构有：地方税局、百货统捐局、印花税局、糖税局、烟酒税局、船捐局、"二五"税局、房地产征收局、江防费征收处、峡防费征收处、护商费统收处等，每个局处均在各水陆要冲地方设立关卡，查验稽核。 这些机构与城市的商业管理机构并行，且往往具有凌驾于市政府权威之上的效能。

在重庆市政厅成立后，刘湘以国民革命军第五路军总指挥和二十一军司令部发布训令，称："案查重庆市市政厅业已成立，所有该厅收支状况，自应彻底明了，方足以资考核而便规划，现为整顿计，特设监察委员一人，专司其事，兹经本部状委彭楚为该厅财政监察委员"。 二十一军还规定了《重庆市市政厅财政监察委员条例》，规定财政监察委员会由五路总指挥兼二十一军军长委

---

[1] 张必果"过去游历京津沪汉，曾有多方面的考察"经验。《张必果昨午就职》，《商务日报》1935 年 7 月 15 日，第 7 版。
[2] 周开庆，《民国川事纪要》，台北：四川文献出版社，1975 年，第 620 页。
[3] 关于吴蜀奇的留学背景参见重庆市档案馆藏中国法土、比、瑞同学录 8 目卷 6，第 52 页，以及《重庆海关 1922—1931 年十年调查报告》。
[4] 重庆市政府秘书处，《九年来之重庆市政》第一编总纲，重庆市政府秘书处，1936 年，第15-16 页。

图 3-11 《重庆商埠月刊》封面

员充任，监察委员承总指挥兼军长之命令，受本部财政处处长之指导，办理监察事物，对于市政厅所有收支各款，每五日上报一次；监察委员对市政厅所属各局经管财政人员的失职舞弊行为可以据实纠举，呈求撤惩，对各局应用之票据簿记，有随时检查考核之权。[1]

实际上，重庆市政府并无"财政独立"之权，只能从刘湘控制下的重庆市税收系统中分得一小部分来用于城市建设。潘文华说，"本埠为长江上游重镇，工程公用教育卫生诸项应办事业，何止千万，如年有百万元以上之收支，成功亦较迅速"，[2]但实际上市政当局所有收入仅为捐税附加，"而应归市有各项税款，或为其他机关征收，或尚延未举办"，市政当局只有从旧有税收中"新辟税源"，并通过"经营市有企业"来增加收入。

刘湘对潘文华的制约体现在财政的控制和人事任免权的干预。财政上的绝对控制，将重庆的税收定为必收款项；与此同时，又允许潘文华自行征收附加税作为市政府的经常开支，但极为有限，并附加若干限制。而将重庆的城市基层行政组织和管辖的范围纳入团务的运作范围，是重庆处于刘湘有效控制之下的主要标志。

2.以获取民间认同为主要目标

为获取政权合法性，潘文华当局处处以市民的利益为口号，以绅商的利益为前提。在财政方面吸纳城市绅商担任收支局长，改善与重庆工商界的关系，如重庆市总商会主席委员李鑫五被委任为商埠督办收支局长。李鑫五等人成为刘湘向重庆商界借钱的重要媒介。[3]又如任用与重庆市金融界有密切联系的潘昌猷

---

[1]《令重庆市财政局局长刘照青遵照国民革命廿一军部训令并颁发条例妥慎办理文（1927年11月）》，《重庆市市政公报》第1期，1928年1月31日，第58-59页。

[2] 潘文华，《序》，《重庆商埠月刊》第1期，1927年1月。有关重庆市政建设经费的困难，参见潘文华的系列文稿，载于《重庆商埠月刊》等刊物和重庆市档案馆藏有关市政档案。

[3] 刘航琛，《戎幕半生》，沈云龙，《近代中国史料丛刊续编》第49辑，台北：文海出版社，1978年，第34-35页。

（潘文华的弟弟，本人为二十一军军人）为重庆市金库库长。 在高级市政人员中使用何北衡作团务局长。[1]

某种程度上，"取之于市民者，还用之于市民"[2]成为二十一军动员绅商的口号。 公开每月的市政府财政收入，以集思广益的办法，号召广大绅商"一致赞襄"，与各法团建立起较为良好的关系，以致进京请愿的法团代表对刚刚起步的重庆市政建设大加赞赏，称"以今视昔，焕然改观"。[3] 在重庆市政建设的规划方面，潘文华政府也在相当程度上采纳市民的建议，反映出军人政权随时寻求民间的认同。 比如，在市政规划之初，"原拟择本埠商务繁盛街道，建筑两条马路，贯穿全市，以为大规模之改造，其他僻静街道，则颁布整理旧街规则，切实整理"，这一计划因涉及市民的商业损失，遭到市民的反对，"纷纷请求停修城内马路，另于城外开辟新市场"，"本署以市政事业，仍当采纳民意，未便一意孤行，致失市民之信仰"，于是重新拟定规划，在城内整理旧市场，而于城外开辟新市场。[4]"征得本市各绅商同意，拟具办法呈准前川康边务督办公署试办一二种附加小捐款，迨朝天嘉陵两码头落成，乃增统捐附加。 市立中小学成立，乃增加肉税、红庄捐两种。 旧警察厅改组公安局，乃接收警厅旧有之工巡筵席、乐户、戏、轿各捐，城区马路开工乃增收一次马路捐。 凡此附加各款，均随事业之进度比例增加，尤恐市民之不明真象（相）"。[5]当 1935 年 6 月川政统一时，在蒋介石严令军人不得干政的训令下，潘文华辞去担任九年的重庆市市长职务时，引得重庆市各法团的一致挽留，城市绅商对潘文华在任期间的"悉心规划，努力

［1］关于潘文华市政期间政府高级职员的背景材料还可参见《九年来之重庆市政》，重庆市档案馆藏有关市政府全宗，以及民国时期重庆报刊资料。
［2］潘文华，《序》，《重庆商埠月刊》第 1 期，1927 年 1 月。
［3］《专件：致全国商联合陈请书》（11 月 13 日），《四川重庆各法团机关李石两代表请愿纪录》，上海蜀评社发行部，1928 年 12 月，第 31 页。
［4］谢璋，《重庆新旧市场之改进》，《重庆商埠月刊》第 3 期，1927 年 3 月，第 4 页。
［5］重庆市政府秘书处，《九年来之重庆市政》第一编总纲，重庆市政府秘书处，1936 年，第 10 页。

建设，成绩卓著"普遍认同。[1]

3.军事化的基层管理

潘文华任职期间，团务始终是其政府构架的最基层组织，行使行政管理的职能。团务本与团练事务有关，其作用是组织民众防匪防盗，而团练又与保甲性质相同，据民国《巴县志》，"保甲属自治，团练属自卫，保甲清内奸，团练御外盗，其实皆为诘奸禁暴计，名虽殊，事则一也"[2]。民国以后，重庆设城防办事处作为领导团务的机关。1915 年城防办事处改城防局，1921 年又改为重庆七区联团办事处，以便加强联系。当 1921 年 11 月重庆商埠督办设立，管辖区域以巴县及江北县附近居民集中区作为辖区，但联团办事处仍属巴县团务局管辖。1927 年 11 月，巴县团务局奉川康团务委员会令，改为委员制，并于次年 2 月成立重庆市团务委员会。[3] 重庆建市以后，由于团务委员会实际控制着市区，在行政建置上并非市政厅的机构，而直接听命于川康团务委员会，城市基层的管辖权与团务委员会的管理权限发生冲突。

潘文华曾上书刘湘，提出将市区内的民团、商团划归市政厅监督指挥，理由是：一，市区内民团和商团原为辅助警察保安公共安宁而设，现警察已归市政厅管辖，民团商团却不受其节制指挥；二，全市财政统筹分配的需要。刘湘复函认为重庆"特别市制尚未奉中央明令公布，将来有无监督民团商团之权，殊难悬揣"，但重庆市团务委员会应受市政厅监督。[4] 此后市政厅虽在名义上不直接管辖团务委员会，但事实上可以干预团务，并对各区、坊厢团务人员下命令。同时还可以通过公安局系统对基层加以控制。各警署督同街正清查户口，办理各种统计，协助财政局附加杂捐和安置公共设施等。

[1]《潘文华辞市长职 定七月一日交代》，《商务日报》1935 年 6 月 18 日，第 7 版。
[2] 向楚，《巴县志选注》卷 17，自治·保甲团练，重庆：重庆出版社，1989 年，第 790 页。
[3] 重庆市政府秘书处，《九年来之重庆市政》第九编团务，重庆市政府秘书处，1936 年，第 135 页。
[4] 陈建明，《重庆城市基层行政管理》，陶瀛涛，《重庆城市研究》，成都：四川大学出版社，1989 年，第 388-389 页。

1929 年 2 月 15 日，重庆市政厅改名为市政府，并奉命管理团务，团务委员会改称团务局。 1933 年川康团务委员会以各县团务均采用委员制，"重庆市特组团务局"改属市政府。 但军事、政治训练主任各一人及训练员等职由川康团委会令委。[1] 作为市政府的一个特设机构，团务局设正副局长各一人，总揽全局事务；设总队长总队副各一人，由正副局长兼任；设督练长一人、督练员三人，负训练民丁之责；设督察员[2] 谍察员各四人，分负督率考察全市区团务、练务及侦察盗匪之责；设总务科、团务科、财政科办理各该管事务；设特务分队担任守卫缉捕工作；外设参事会，延聘市区内富有学识经验的绅耆组成，研讨团务练务改进事宜。[3]

团治区域随着重庆的建市历程有所变化，在商埠督办公署时期，团治的范围已经达到城外各厢。 市政厅时期，治理范围有所拓展，将长江南岸上自铜元局，下至中窑各渡，江北城七厢及嘉陵江岸之龙溪合、香国寺，以及溉澜溪均划入市政厅管辖范围。同时，也将巴县下属之两路场、姚公场并入市区管辖，团治的区域也随之而定。[4] 民初，重庆城厢划为 7 个区，改各区团为区正，另设团正助理区正。 商埠督办公署时期，下设 36 个坊厢。 市政厅时期，在各坊厢设有民团办事处，设团正、副团正，之下设有街长、甲长。 市政府建立以后，将坊厢加以合并，市府辖区扩大，共分为 5 区 22 坊，其中旧城区内外 7 坊，分属第一、二区；新市区 3 坊属第三区；南岸 4 坊为第四区；江北 8 坊为第五区。[5]

团务的核心职能乃加强对重庆地方的严密控制，即"团务工

[1] 重庆市政府秘书处，《九年来之重庆市政》第九编团务，重庆市政府秘书处，1936 年，第 135-136 页。
[2] 对督察员的薪资、职权等各方面进行具体的规定，参见《廿一军戍区政务督察员暂行条例》，《四川月报》第 4 卷第 5 期，1934 年 5 月，第 174-177 页。
[3] 重庆市政府秘书处，《九年来之重庆市政》第九编团务，重庆市政府秘书处，1936 年，第 137 页。
[4] 重庆市政府秘书处，《九年来之重庆市政》第九编团务，重庆市政府秘书处，1936 年，第 141 页。
[5] 彭伯通，《重庆闻见录·沿革篇》（三），《重庆市中区史志》第 3 期，1987 年，第 88 页。

作专在结集区坊人员养成武装民众，以发扬民治之精神，补助官治之不逮，用团队武力保障市区，取人民月捐给养团队"[1]。 不言而喻，对中国共产党重庆地方组织的防范和打击是其首要任务，这是"军人干政"下的城市管理特征。 不过，团务区坊制与警察局一样，在重庆城市建设进程中也扮演了市政管理者的角色。 如1927年3月整修仁和坊街道的水泥帮罢工，仁和坊团练办事处便向商埠督办公署呈请，饬令水泥帮克日开工，以便街道早日整理完竣，以免商民受损失。[2] 商埠督办公署也直接向区正和街正发布命令。 1927年4月，商埠督办公署欲收买南纪门内自瓮城至审判厅沿城一带地方，于是命令南凤坊的区正、街正转令沿城一带居民呈验管业证据，以凭给价收用。[3]

市政厅时期，重庆继续施行修筑马路工程，以开辟新市区。上清团首当其冲，居民须搬迁，于是团正召集全团绅商士庶及房屋被拆居民开会，筹商善后办法，众议"拟仿照沪汉办法，协请团正，转请团总，祥恳市政厅，另辟区域外之隙地，划作穷黎楼（栖）息之所"[4]。 市政府成立后，区坊组织结构进行了部分调整，团务人员的工作职能有所加强，例如编组保甲，清查户口，实行联保连坐，办理各种登记，选任、鉴别闾邻长，调节民众纠纷，推行官府政令，劝募捐款，担任消防，办理冬防，挨户精选民丁等。 1935年夏，重庆特组团务局撤销，其局务并入市公安局，团务区坊制结束。 同年秋，重庆开始编查保甲，重庆的基层组织开始处于警察局的直接控制之下。[5]

有学者认为，潘文华任市长期间"独立的重庆城市行政管理

[1] 重庆市政府秘书处，《九年来之重庆市政》第九编团务，重庆市政府秘书处，1936年，第139页。
[2] 《令据本埠东区仁和坊团练办事处呈请饬令泥水帮克日开工以便街道早日整理完竣各商免损失文》，《重庆商埠月刊》第3期，1927年3月，第55页。
[3] 《谕本埠南凤坊区街正转令沿城一带居民呈验管业证据以凭给价收用文》，《重庆商埠月刊》第4期，1927年4月，第58页。
[4] 《令重庆市财政工务局会查团总余式皋呈请辟地安插失所苦民等情一案文》，《重庆市市政公报》第1期，公牍，1928年1月，第60-61页。
[5] 陈建明，《重庆城市基层行政管理》，隗瀛涛，《重庆城市研究》，成都：四川大学出版社，1989年，第394页。

由此开始"[1]。 事实上，由于史料的局限，这一结论尚待进一步探究。 这一时期重庆的市政管理并不完全独立，而是彻头彻尾的"军人干政"。 对南京中央政府而言，刘湘集团享有高度的自治权；而对重庆市潘文华当局而言，却不能说是独立与自治的。 尽管这一时期潘文华有过放开手脚，大胆征税，以从事市政建设为由，试图实现独立的市财政核算。 但这仅仅是试图将基层管理完全纳入"现代意义"市政管理之中的分权取向而已，最终无法完全脱离二十一军"军人干政"的控制。

商埠督办公署对筹款和建设给予了特别的重视，故工作重点在财务和工务上，潘文华在公署成立一年以后总结说："爰于受命之初，统筹切计，博采旁咨，佥以财政为事业之根本，工程乃建设之表现，是宜为具体规划，先其所急，而后教育卫生公安诸政，不难次第推行，故此一年之中，凡百庶务，虽亦纲举目张，而尤致力于财工事务，盖所以固根本而弘表现也"[2]。 尽管潘文华多次表明了重庆市财政的困窘，试图独立开辟财源，增加税收，但在二十一军的严格控制下，重庆市财政还谈不上独立核算。 这为近代城市史的研究提供了一个范例，那就是，当社会处于转型时期，当中央权威的失落造就了民国四川军人政争的纷乱的政治格局时，任何市民社会的独立经营，都只能是军事强权的附庸，并不能占据城市政治的权力核心。 地方精英的参政议政不过是为"军人干政"增添了民间合法性，而没有解决实质的问题。

三、重庆不是特例

民国时期"军人干政"是一个极为普遍的政治现象，重庆不是特例。 王续添研究认为，"民国一代，地方当政者的政治素质因时因地而参差不齐，甚至是差别很大，但一个共同之处是他们多属军人。 军队在成为地方集团利益唯一捍卫者的同时，地方政治

[1] 隗瀛涛，《近代重庆城市史》，成都：四川大学出版社，1991 年，第 525 页。
[2] 潘文华，《本署财工事务报告》，《重庆商埠月刊》第 7 期，1927 年 6 月，第 1 页。

也就成了名符其实的军阀政治。当然，在地方政治构架中，也不乏民意机构如省议会、参议会等，以及民主制如省政府委员制等，……但根本上说都不过是形式，实际掌握地方最高权力的就是地方军队的首领，他们也是地方集团的核心，党权、政权统一于军权。不管是'军民分治'，还是'军政合一'，实质都是一样。"[1]同时，在这一代军人中，各省均有一批军人热衷于地方建设，在相当程度上成为推动社会发展的一股重要力量。陈能治在比较 20、30 年代的四川、广西和山西后指出，三省的地方主义大同小异，同时指出之间的不同。[2] 我们发现，除了陈能治分析的内容以外，刘湘时期重庆城市发展的特殊轨迹是值得研究的问题。

20 世纪二三十年代的四川、广西、山西都是军人干政的典型个案。开明和逐新是阎锡山及新桂系集团的特征。阎锡山操纵了山西地方政治，成为山西省政的唯一决策者，时人称山西政治为"家长政治"。作为独霸一方的军阀，他们对城市的控制，对城市经济的干预，对城市意识形态的干预，以及在实施若干具有"现代"意义的城市建设举措等诸方面，均有不少共性。比较而言，相同之处是，重庆与广西"军人干政"均属于第二代军人，且均是以军事学校的学生关系集聚起来的力量作为权力的核心。比如，1925—1930 年，广西最高层的军事领袖就是统治集团的核心，以李宗仁、黄绍竑与白崇禧为中轴。而在 1930 年后，最高层核心为李宗仁、白崇禧、黄旭初。在最高层中，"他们的关系不是凭借师生关系、前辈与晚辈或上司与下属式的垂直关系，甚至也没有依靠较为平等的传统的结义兄弟形式来强化彼此间的关系，而是以军事学校的同学关系为基本纽带，构成较为平等伙伴的关

---

[1] 王续添，《地方主义与民国社会》，《教学与研究》2000 年第 2 期，第 58 页。
[2] 陈能治，《北伐后中国地方主义的发展：1926—1937 年的四川、广西和山西》，张玉法，《中国现代史论集》（第 8 辑），台北：联经出版事业公司，1982 年，第 166 页。

系"[1]。 我们从刘湘的二十一军集团的形成可以看到军阀成长的共性。

为追求民间认同的合法性资源演变出军人政权对现代化的理解，在这一点上，军人的共性出奇地一致。 其特点在于在各种新思潮的现象下开始以较为迅速的步调迈向"现代化"，各种市政建设纷纷上马，无论激起市民多大的怨声——扰民基础上的"现代化"建设（《四川月报》上有许多是反映市民以及城市绅商的反对情绪），他们也一如既往地实施各种规划。 不同的是，广西军事集团内部合作"稳定""持久"，在实施改革过程中没有"统治精英内部的政治分裂与政治竞争"，尤其是"在参与中央政府权力角逐时，不必担心广西内部的分裂"。 刘湘集团则相反，从某种意义上看，卢作孚在南京国民政府整合四川军阀的过程中，扮演了相当关键的角色，可以说，卢作孚作为二十一军内部的精英从防区政治中分裂出去，迎接中央政府的权力整合，是防区制解体的不容忽略的因素。

1934 年，广西党政军联系会议制定了《广西建设纲领》，该纲领全面表达了广西的政治和行政的计划和趋向。 比较而言，二十一军刘湘施政纲领中比较缺乏这样全面表达政治行政的计划。 刘湘集团还没有全面表达重庆城市建设的计划和趋向。 不过，我们从二十一军的施政纲要中，可以隐约发现有关建设的思路。

当然，刘湘统治下的重庆自有其独特的地方。 首先，刘湘占据的重庆是一个条约开埠口岸，经济上远远超越广西和山西。 其次，重庆是四川军阀防区制下的一个部分；同时，在同一防区体制内的重庆郊区北碚出现了卢作孚的"北碚模式"，两种不同的建设理念为内陆城市的现代化提出了新的思考；另外，因为"黄金水道"，因为川江航运的繁荣，重庆占据了封闭四川最"开放"的区位，给刘湘十年的独立自治带来了许多意想不到的因素。

---

[1] 李继锋，《地方军事强人与近代化——20 世纪 30 年代广西行政变革之研究》，陈谦平，《中华民国史新论·政治·中外关系》，北京：生活·读书·新知三联书店，2003 年，第65 页。

第四章

现代意义的市政建设浪潮

1929 年建市，是重庆在城市现代化进程中迈出的重要一步。潘文华市政当局力图改变城市旧貌和繁荣地方的若干举措，给重庆带来了新气象。 进入 30 年代，重庆市政建设在较大层面和规模上启动，一系列颇具"现代"意义的城市建设规划全面开展，城区开始突破原有的空间，城市景观发生了前所未有的变化。

面对外来的现代性要素的冲击，军人的反应是复杂的，既要维系部队的生存，攫取地方经济资源以保持并扩张其军事实力，又要不失时机地采取一些顺应时代潮流的举措，获取民间的广泛认同来增添其统治的合法性。 其结果便是这一时期重庆城市建设的诸多举措带有明显的人为"现代化"痕迹。 本章以潘文华主政九年的重庆市政建设为重点，探讨"上海模式"对重庆的冲击的意义，以考察内陆城市现代化的启动机制及其发展轨迹。

第一节　市政建设的全面启动

19 世纪中叶以来，西方资本主义国家城市现代化发展的浪潮深深地影响了中国城市的现代化进程。 首先是沿海城市的基础设施的逐渐现代化趋向。 到 20 世纪二三十年代，城市基础设施现代化建设步伐加快，以上海为代表的开埠口岸基础设施已经接近西方城市基础设施的水平，是中国城市的现代化典型示范。 20 年代末，重庆城市现代化正是在这一大背景下启动与运作的。

重庆建市以后，城市景观发生了巨大变化。 新的市政组织，在"军人干政"的实质下也发挥了新的管理功能。 潘文华主政九年，在市政管理的基本原则、措施和风格上力图模仿和效法以"上海模式"为代表的城市建设，各项市政举措在相当意义上淡化了"军人干政"的色彩。

重庆市政厅时期，潘文华制订了全面实施新政的宏伟规划，即：第一，保卫市民之公安。 从制度上改组城市公安局，彻底整顿警察事务，拟考核官警办法，增加警额，提高薪饷，设所教练，

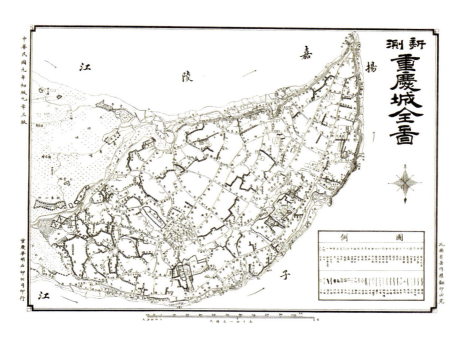

图4-1　新测重庆城全图(第三版)——合记肇明石印公司,1920年。

编练市消防特务队。 第二,增进市民之幸福。 继续努力完善整理旧街道,开辟新市场,建修码头堤路,整顿城门等市政交通之建设,其次,"筹办自来水,以为清洁之饮料,改良电灯,以现全市之光明,添购电话,以灵各界之消息,创办中央公园,文庙公园,中山公园,新市场公园,以为全市民众公共娱乐之场所"。第三,维持市民之生计。 设民生局专司其事,"一方面提倡工商业之改良发达,从事奖励保护,俾本市经济力之增加,及金融之活泼,一方面创办因利局,整顿及推广育婴院,教养工厂,贫民收容所,残废养老院等,俾一般失业游民,得借贷以谋生活,或入厂而习工作,而幼婴老废者,复为之谋安置之所,壮者有所事,老者有所养"。 第四,普及市民之教育。 整理及推广市立各学校,计划"抽收红庄捐,筹办市立模范小学二所,平民学校十余所,以期普及而求进化,此次改市,复设市教育局,责以整理及推广市立各学校",该项计划尤其"注意于社会教育,如夜课学校,职业学校,幼稚园,阅报室,图书馆,通俗教育馆,以及巡回讲演等项,

图4-2　1929年重庆建市时期江北市街附近图（江北嘴局部）——《重庆市一览》，重庆市政府庶务股，1936年。

均次设法筹款积极进行，总期民众咸具普通之常识，市内无不识字之男女"。 第五，保持市民之健康。 市政厅督饬公安局注重公共卫生建设，尤其以清洁街道，疏溶沟渠，捕鼠防疫等为重点。规划拟定建设细节有整顿饮料、食料、饮食店、旅店、妓院、厕所、医生、药房、私立病院，以及管理公娱市场、赌场、浴场等，并拟筹办市医院，以为贫苦市民患病治疗之所。"俾我市内民众，除去病苦而能保持建（健）康，民族之强，亦基于此"[1]。 自此，重庆市政建设及基础设施从无到有。

　　进入30年代，重庆市市政建设规模更大。 以1935年度拟定建设事业计划纲要及概算表为例，工程事业有25项，公用事业18项，这43项工程需要耗费91万4千余元。 此外，还有17种未完

---

[1] 潘文华，《布告市民说明全市利害应兴应革五大原则文》（1927年11月），《重庆市市政公报》第1期，1928年1月31日，第117-123页。

成的工程及公用事业，需要继续拨款完成。[1] 各方大兴土木，从重庆对外贸易的产品也可以看出。 比如进口五金种类繁多，以生铁、洋钉、钢条为最多。 因为"洋钉为建筑必须"；重庆的水泥销售市场也十分繁荣，有"水泥之销场以重庆为最"的说法。"最近数年来，重庆市各方面大兴土木，如银行，自来水厂等伟大建筑，极一时之盛，水泥销路甚畅，市况极佳。"[2]

一、城市空间的拓展

潘文华主政期间，重庆城市建设主要有以下几个方面：

1.开辟新市区

重庆"三面环水，一面通陆"[3]，城市空间狭小。 欲解决旧城人满为患的严峻问题，只能拓展城市空间，开辟新市区。 潘文华主政期间，重庆城市空间拓展方向指向狭小的主城区外，城西边陆路方向，沿嘉陵江和长江的开阔区域。 在这里，有便利的水上交通，是旧城面积的一倍多，不过，城墙以外均为"荒丘墓地"，市政府相信"只要将坟提迁，即可化无用为有用，辟为新区"[4]。

所谓新市区，即指自临江门沿嘉陵江至牛角沱，以及自南纪门沿长江至兜子背约 13 平方里的区域，"别标之曰新市场，鸠工兴事，大肆发掘"。 据《巴县志》记载，该区域范围内的坟茔，"自明末未经毁灭，清三百余年以来，县人丛葬于斯者，跨丘越陵，万

---

［1］《廿四年度市建设计划——市府工务处拟定，呈请省政府核示》，《商务日报》1935 年 5 月 9 日，第 7 版。

［2］平汉铁路管理局经济调查组，《重庆经济调查》（乙编）大宗出入口货品分述五金、水泥等部分，平汉铁路管理局经济调查组，1937 年 1 月。

［3］重庆在四川省的东南部，川东之西路，位于嘉陵江与长江合流之处，市区兼有巴县江北二县之地。 东南西三面俱界巴县，北界江北；就地形地貌看，重庆为娄山及鹿头山之余脉。 位于嘉陵扬子二江之间。 三面环水，一面通陆。 江北城居其北，与嘉陵一衣带水，南障大江。 俯瞰全市，宛如秋叶泛泛二江之中。 参见重庆市政府秘书处，《重庆市一览》，重庆市政府庶务股，1936 年，第 5 页。

［4］重庆市政府秘书处，《九年来之重庆市政》第二编工程建设事项，重庆市政府秘书处，1936 年，第 29 页。

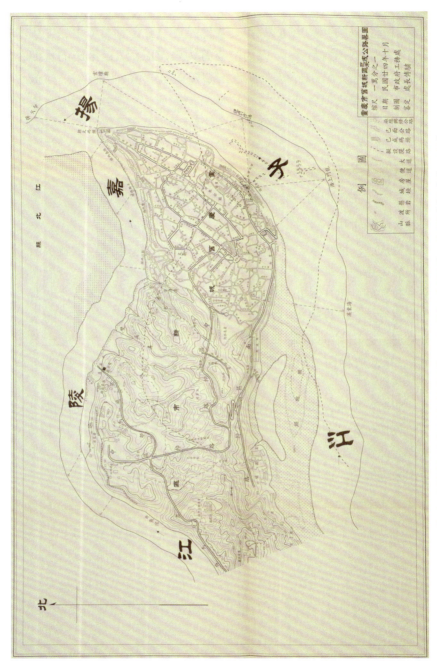

图4-3 重庆市旧城新区已成未成公路略图——《九年来之重庆市政》，重庆市政府秘书处，1936年。

冢千族，出城十里，累累相望，四围阒无居人。除江北及巴县南岸不计外，新市区坟地约四十三万七千数百所，前后侵葬，重叠积垒，习为故常者尚不可胜纪"。[1] 就占地面积看，新市区"左临嘉陵江，由化龙桥顺流而下，至黄花园之天心桥，与旧城孤儿路接界。右滨扬子江，由黄沙溪鹅公崖坎下顺流而下，至南纪门之燕喜洞，与旧城南纪门接界。前迎旧城，与通远门七星缸（岗）接界，后倚浮图关至关外之福建茶亭。纵长约十五里余，横宽约五里余，地势成（呈）长方形"。开发前的新市区，人烟稀少，"原有房屋数百家"[2]。

1926年3月新市场管理局成立，全权负责新市区的迁坟测绘丈量及收售地皮各项工作。据公布的《暂行简章》14条，拟在城外开辟新市场6区，即：南纪门至菜园坝一带为第一区；临江门至曾家岩一带为第二区；曾家岩经两路口至菜园坝一带为第三区；通远门至两路口为第四区；南岸玄坛庙、龙门浩一带为第五区；江北嘴至香国寺一带为第六区。[3] 接着，以三条主干道将新开辟的南、北、中三大片与旧城相连，新市区之间则辅以各支干道。[4] 市政府对马路两旁"十丈进深"内的私有土地采取分等级定价收购，用于建设的土地竟有"八万数千方丈"[5]。

图4-4　1920年代重庆城沿江景观

图4-5　1934年重庆城沿江景观

图4-4、4-5来源：耶鲁大学神学院档案馆。

［1］向楚，《巴县志选注》，重庆：重庆出版社，1989年，第802页。
［2］重庆市政府秘书处，《重庆市一览》，重庆市政府庶务股，1936年，第8页。
［3］《重庆商埠新市场管理局暂行简章》，《重庆商埠月刊》第2期，1927年，第1-4页。
［4］《重庆市工务局开辟重庆市新市区说明书》，《建设月刊》第2期，1929年6月1日，第86-93页。
［5］向楚，《巴县志选注》，重庆：重庆出版社，1989年，第803-804页。

"迁坟"工程是新市区建设的重要举措。为此，重庆商埠特设置"迁坟事务所"主持该项工作。[1] 商埠督办要求："所有荒塚（冢）孤坟，限期一律迁移，以免障碍工作"[2]，有关开辟新市区是先"经营对面河岸"还是先"开辟附廓隙地"，遂成为讨论的焦点。[3] 市政当局规定，凡属区内旧坟有主者，限期自迁，无主者次第掘取棺木，择完好者为其迁移，朽坏者则盛以竹篓，并由市绅合组同仁义冢会，在南岸及长江下游，购定新址以供改葬。此外另建一百方丈之白骨塔，收纳残骸。这项重庆历史上空前的"迁坟"工程，因"部署周至，群情翕然"[4]，为顺利拓展新城区奠定了基础。

新市区开辟以后，"昔日殡宫，皆成沃壤"[5]，"新建各式住宅，栉比连云，曾家岩一带，尤多军政大员富绅巨贾之别墅。汽车扬尘，顾盼其间，谁复念数年以前，此处犹为荒冢累累哉"[6]。至 1930 年代中期，新市区的人口"由二千余户增至一万余户"，区域内居民以住家为多。1930 年 1 月 1 日，重庆市政府在新市区中一路观音岩设第十警察署，分设三派出所，一所设在新市区中三路两路口，二所设大溪沟观音樑街，三所设于上南

[1]《令据重庆商埠新市场迁坟事务所所长谢邦为呈报该所办事细则文》（1927 年 8 月），《重庆商埠月刊》1927 年第 8 期，第 75-76 页；《令据重庆商埠新市场迁坟事务所所长谢邦呈请添雇司事文》（1927 年），《重庆商埠月刊》1927 年第 8 期，第 76-77 页；《令据重庆新市场迁坟事务所所长谢邦呈核发活支费文》（1927 年 8 月），《重庆商埠月刊》1927 年第 8 期，第 77 页；《令据重庆新市场迁坟事务所所长谢邦呈报收据请予注销文》（1927 年 8 月），《重庆商埠月刊》1927 年第 8 期，第 77 页；《令据重庆商埠新市场迁坟事务所所长谢邦呈报清册文》（1927 年 8 月），《重庆商埠月刊》1927 年第 8 期，第 78 页等。
[2]《令据重庆商埠新市场管理局长郭勋为呈报召集江巴各慈善团体分担迁移荒冢孤坟备酌总共支洋九十五元恳予核销文》（1927 年 7 月），《重庆商埠月刊》1927 年第 7 期，第 76 页。
[3] 相关记载如：《重庆市工务局开辟重庆市新市区说明书》，《建设月刊》第 2 期，1929 年 6 月 1 日，第 86-93 页。该说明书对重庆新市区土地的使用、坟墓的迁移、都市交通与中区干路，以及都市区域划分规划，如政治区、商业区、工业区、慈善区、教育区、平民村、园林进行了全面的说明。
[4] 重庆市政府秘书处，《九年来之重庆市政》第二编工程建设事项，重庆市政府秘书处，1936 年，第 30 页。
[5] 杨世才，《重庆指南》，重庆书店，1938 年，第 5 页。
[6] 陆思红，《新重庆》，中华书局，1939 年，第 22-23 页。

区中山街口。[1]

刘湘治渝时期，重庆城市新区拓展方向重点指向了西边陆路
地区。 与此同时，嘉陵江北岸之江北地区的建设呈现出某种新气
象。 仅从 1927 年重庆商埠督办公署的工作月刊来看，江北县之市
政建设的工作已然超过南岸地区的建设。 江北包括新旧城区两个
部分。 旧城筑于清朝嘉庆二年，方圆十五里，该区域原有四个城
门，即岷江、嘉陵、问津、镇安，后增筑六个城门，共计十门，其
中"觐阳门、保定门、金沙门滨嘉陵江"，而永平门和嘉陵门则在
新城，通往陆道方向。 靠长江沿岸的城门有汇川、东升、问津、
文星等。 江北旧城最繁盛之区仅长约一里，其余皆偏僻小巷，纯
为住宅区。 位于旧城之北的新城，面积约为旧城的十分之六，"居
民寥寥，尤多菜园"[2]。 为推动江北县之建设，二十一军司令部
特敦促商埠督办公署设立江北县办事处，负责"办理市政一切事
宜"，并委任江北县知事李春帆掌理市政事务，"务须竭力赞襄，
和衷共济，俾市政日进文明，市民胥享幸福"[3]。 此后，有关江
北市街的整理、规划、建设按期开展。 然而，值得注意的是，江
北县市政建设之效果并不理想，据重庆商埠督办公署江北办事处
正副处长的报告，由于"惟江北财力，不如渝城之便，人民往来，
不如渝城之多，故整理各街道，实不如渝城之宽大华丽"[4]。 直
至 30 年代中期，江北"市街仍与百年前无异，与重庆一水相隔，

［1］重庆市政府秘书处，《重庆市一览》，重庆市政府庶务股，1936 年，第 8 页。
［2］重庆市政府秘书处，《重庆市一览》，重庆市政府庶务股，1936 年，第 9 页。
［3］《令据江北县知事李春帆呈报到任日期请予备查文》（1927 年 9 月），《重庆商埠月刊》第
　　9 期，1927 年 8 月，第 39 页。
［4］《令据重庆商埠江北办事处正、副处长郭湛、涂绍祥为呈报整理街道竣工请予备查文》
　　（1927 年 7 月），《重庆商埠月刊》1927 年第 7 期，第 72-73 页。 有关江北市政资金困难
　　的记载，还可参见：《令据重庆商埠江北办事处正、副处长郭湛、涂绍祥为呈明征收烟酒
　　附加税困难情形文》（1927 年 7 月），《重庆商埠月刊》1927 年第 7 期，第 67-68 页；《令
　　重庆商埠江北办事处正、副处长郭湛、涂绍祥为本署财务万分困难该处每月呈领补助费
　　洋五百元着于七月份停止并仍将该处每月收入若干支出若干详细列表来署以凭查考文》
　　（1927 年 7 月），《重庆商埠月刊》1927 年第 7 期，第 41 页；《令据重庆商埠江北办事处
　　正、副处长郭湛、涂绍祥为转呈糖商恳予减免捐项一案文》（1927 年 9 月），《重庆商埠
　　月刊》1927 年第 9 期，第 35-37 页。

而相距时代约一世纪之遥"[1]。

经过对新市区的拓展，重庆城区越出了半岛的范围，向长江东南岸和嘉陵江北岸扩展。当1927年重庆改商埠督办公署为市政厅时，重庆市区所辖地域仅为两江上下游南北两岸30华里以内之地，没有明确的边界。1929年2月，重庆市正式建制以后，市区界域包括巴县城区及其长江南岸弹子石、海棠溪等地和江北县江北镇、溉澜溪、刘家台、香国寺等地，形成旧城、南岸、江北这种地跨两江、三足鼎立的格局，初步奠定了现代重庆城区的规模。[2] 1933年初，重庆市区的面积进一步拓宽，"巴县划入市区面积约一百七十二方里，江北县划入市区面积约十五方里。共计市区面积一百八十七方里"[3]。

随着城市空间的拓宽，新的居民聚居区如江北区、南岸区[4]、沙磁文化区也随之出现。到30年代中期，南岸地区的弹子石、玄坛庙、龙门浩、海棠溪、玛瑙溪、南坪、苏家坝（铜元局）及王家沱一带已经是工厂、店铺林立，成为市属第6区，人口已达12 356户，64 512口。江北地区，在抗战前夕也获得长足发展，沿嘉陵江边的香国寺、刘家台、廖家台，以及下游青草坝一带也日渐繁盛，成为市属第5区。[5] 1934年，嘉陵江下游的龙隐

[1] 重庆市政府秘书处，《重庆市一览》，重庆市政府庶务股，1936年，第9页。
[2] 余楚修、管维良，《重庆建置沿革》，重庆：重庆出版社，1998年，第43-45页。
[3] 《重庆划定市区面积》，《四川月报》第2卷第6期，1933年6月，第101页。此次市区外扩之勘划工作系由二十一军军部、重庆市政府江北县、巴县、重庆市团务局及县团委员会共同完成，所绘制的新版市区地图编入《重庆市一览》。参见重庆市政府秘书处：《重庆市一览》，重庆市政府庶务股，1936年1月。关于二十一军军部介入重庆市区界界，还可参考重庆市档案馆藏文献，如：《关于报送派员勘划地界情形给潘文华的训令》（附：原呈），1934年2月5日，全宗号：006400080114800000039000，第39-48页；《关于报送重新划定地界情形的呈、指令》，19＊＊1111，全宗号：0064000801223000021000；《关于勘定区域界址的训令》，1932年11月2日，全宗号：00640008012230000001000，第1-5页；《关于报送重庆市市区经界情形及草图的呈、指令》（附情形、表），0053-0020-00502-0000-090001，1935年9月11日，第1-21页。
[4] 南岸即长江以南，在巴县南里，为黄葛、玄坛、海棠、龙门、弹子五渡，计自菜园坝对岸之铜元局后方千金岩起，至弹子石下之苦竹林止，长约二十里的空间，域内房屋蝉联如栉齿，居民多经营小手工业如纺织等。重庆市政府秘书处，《重庆市一览》，重庆市政府庶务股，1936年，第9页。
[5] 隗瀛涛，《近代重庆城市史》，成都：四川大学出版社，1991年，第467页。

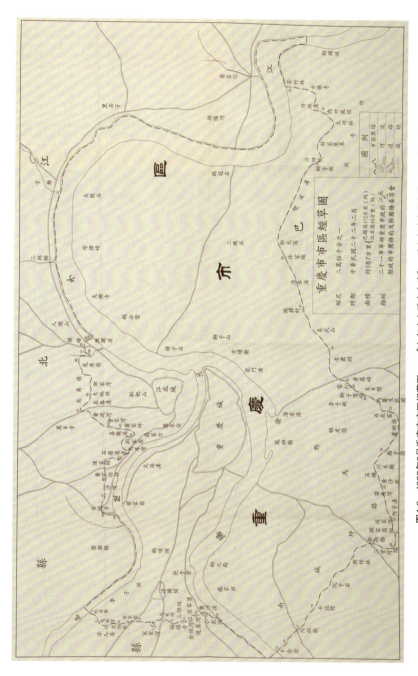

图4-6　1933年2月重庆市市区经草图——《九年来之重庆市政》，重庆市政府秘书处，1936年。

镇（磁器口）兴建了西南第一家现代机器炼钢厂——重庆炼钢厂，同期，磁器口丝厂、乡村建设学院创立。同年，重庆第一所高等学校——重庆大学由新市区的菜园坝迁入沙坪坝新校址。以磁器口、沙坪坝为中心，逐渐形成一个文化、工业小区。[1]

2.兴建马路

几乎与"迁坟"工程同步，重庆商埠督办公署启动了新市区主干交通线的修筑工程，即"中区干路"工程。该道路由旧城七星岗直达曾家岩。

兴建马路重点是贯通新旧城区的交通网。由于重庆地势"约成（呈）长三角形，由朝天嘴锐角逐渐展宽，至牛角沱兜子背一线，地势亦由朝天嘴逐渐高升，以至教门厅为山脊，向两旁斜下，随地有小丘起伏，沿嘉陵江一带溪谷特多"，市政当局在规划新区干路时不得不"因地制宜"，将新市区道路分为三种，贯通全区并连接旧城的公路为"主干路"，宽度为 60 尺，两旁人行道各 12 尺，中间车道 32 尺，最大坡度为 4%；通干路的"支路"宽度则宽 30 尺，最大坡度为 5%。通连支路，或连接村落者为"市街"，宽度为 24 尺，最大坡度也为 5%。地势太陡、不能通车的市街则以石阶修造。至于旧城区的公路，则依据山脉形势分为南城、中城、北城、后城及附城等五种道路加以改造，依据重庆的实际状况，旧城区的公路最宽路面为 48 尺，最窄为 24 尺。[2]

1927 年开始，商埠督办公署"测定干线三路：一由通远门经两路口，至曾家岩，约长 6 里；一由南纪门经菜园坝，并斜上接两路口，约长 5 里；一由临江门、双溪沟经孤儿院至曾家岩（此线为渝简马路之一段），也有 5 里长。[3] 同年，重庆市第一条城区公

---

[1] 胡庶华，《理想中的重庆市文化区》，《重大校刊》第 4 期，1936 年 12 月 1 日，第 1-4 页。

[2] 重庆市政府秘书处，《九年来之重庆市政》第二编工程建设事项，重庆市政府秘书处，1936 年，第 30-31 页。

[3] 由重庆市内菜园坝起始的渝简马路区段工程因路线长、沿线穿越长江、嘉陵江岸及山地，贯通市区繁盛商场，筑路耗资大，为渝简马路全段最艰巨的部分。有关渝简马路设计方案及巴县区段工程规划大纲，参见《专载：渝简马路全线工程办法大纲（附图）》，《建设月刊》第 2 期，1929 年 6 月 1 日，第 15-27 页；另可参见：《渝简马路之建设》，《道路月刊》第 20 卷第 1 号，1927 年 3 月 15 日，第 4-7 页。

路——中区干路开始修筑，经过一年多时间，于 1929 年 8 月筑成。 线路由通远门外七星岗起，经观音岩、两路口、上清寺，达曾家岩，全长 3.5 公里。 路面宽度除罗家湾因山陡急缩为 13 米外，其余路宽均为 20 米（含人行道）。 路面建筑以三合土敷面，底层与中层碎石铺压，人行道以一市尺半见方之菱角石铺就，边沟用石料砌筑。 1932 年至 1937 年，中区干路逐渐由七星岗延伸至朝天门，成为重庆城区的交通主干道，延长部分称中城经路。这一主干道全长达 7 公里。

图 4-7　城区公路压路工作情形

图 4-8　城区公路两旁之新建筑

图 4-9　城区公路第一模范市场

图 4-7、4-8、4-9 来源：《九年来之重庆市政》，重庆市政府秘书处，1936 年。

1929 年 7 月，南区干路开始动工，线路拟从南纪门外宝善寺起，经上石板坡、燕喜洞、菜园坝，绕王家坡而达兜子背码头，全长 4.67 公里。实际于 1930 年 7 月完成南纪门至菜园坝的一段，长约 2.87 公里。1933 年 4 月至 1935 年 6 月，又修成陕西街至麦子市段，称南城经路，长约 4 公里。南干线全长近 7 公里。

1927 年规划的北区干路，由临江门至曾家岩，其西段上清寺至大溪沟于 1927 年至 1932 年由渝简马路总局征集民工修筑而成。[1] 中、南二干路均为分段施工，其西端的曾家岩、菜园坝直达主城半岛最东段的朝天门的路线，在抗战前仅完成部分路段。

两大干线修筑过程中，城内的主要交通公路（经路）和主要联络公路（纬路）也陆续修筑。南城、中城、北城第一、北城第二等 4 条（经路）城区干路，以及联系这些干路的联络公路也先后修通。两大干线之间，还修筑有燕喜洞至两路口的南区支路，及两路口至浮图关的两浮支路。[2]

至 1929 年，沿主城干路各要道连接点的道路测量已经完成，该"计划规模甚宏，需费约达数十万"。大规模的城市道路建设让市政当局充满信心，主政者甚至预计 1930 年春将实现全市马路工程修筑完工，"以便通行而壮观瞻"[3]。1932 年，重庆市区马路修筑工程进展"颇速"，"城外由两路口至菜园坝之支路，取道山坡，屈曲数转，形如螺旋。此外大樑子一段马路已完全成功。其横接都邮街大樑子直至公园之支路，近亦动工修筑。"[4]1935 年，防区制破除后，城区新修公路工程以更快的速度在推进。[5]

［1］《调查：渝简马路之建设》，《道路月刊》第 20 卷第 1 号，1927 年 3 月 15 日，第 4-7 页。由重庆城内菜园坝起始的渝简马路巴县区段工程因路线长，沿线穿越长江嘉陵江岸及山地，贯通市区繁盛商场，筑路耗资大，为渝简马路全段最艰巨部分。有关渝简马路设计方案及巴县区段工程规划大纲，参见《专载：渝简马路全线工程办法大纲（附图）》，《建设月刊》第 2 期，1929 年 6 月 1 日，第 15-27 页。

［2］隗瀛涛，《近代重庆城市史》，成都：四川大学出版社，1991 年，第 471-472 页。

［3］石琴，《突飞猛晋之川省筑路：建设新四川，打倒蜀道难》，《道路月刊》第 29 卷第 2 期，1930 年 1 月 15 日，第 5 页。有关二十一军对重庆马路建筑工程的指令，参见《关于检送修建城区马路工程计划实施方案给潘文华的训令》，1933 年 2 月 27 日，重庆市档案馆藏重庆市财政局全宗，档案号：0064000801238000001000，第 10 页。

［4］《重庆马路现状》，《四川月报》第 1 卷第 4 期，1932 年 10 月，第 67 页。

［5］《一月来之重庆市公路消息（二则）》，《四川月报》第 6 卷第 2 期，1935 年 2 月，第 148-149 页。

然而，由于财力、物力条件局限，城区公路工程建设事实上困难重重。1933年冬，重庆城区马路第二段由新街口起，至过街楼，折转上、中、下陕西街一段修筑完工。不过，"中因经费不济，停工三月"[1]。此后，马路修筑计划"因经费一时筹集不及，拟先自米花街修至演武厅，余段容缓兴修"[2]。

此外，因技术条件的局限，重庆城区马路建设路线等级低，质量较差，路幅窄，弯曲度小，纵横坡度大，护坡堡坎、排水处理不善，施工质量粗糙。整体上道路网络尚不完善，上下半城间衔接不理想，过街楼、打铜街的位置偏东，往来不便。中区干路与中城经路间的七星岗路段路窄坡陡，与过街楼并为险路，以陡峭著称。不过，到全面抗战前夕，重庆城区和新市区的公路已具雏形，主要交通干路——南干路、北干路已经贯通，两干线之间的连接通道已有数条。1936年年底，经过10年建设，重庆的城市道路建成长度合计55.9公里。[3]

3.改造旧城

重庆的旧城筑于明洪武初年。明崇祯年间，通远门曾被张献忠攻陷，康熙二年复经补筑。城墙周边长十二里余，高约三丈。重庆有十七座城门，"九开八闭，云象九宫八卦之形"。"八闭之门；曰仁和，凤凰，金汤，定远，洪崖，福兴，翠微，大（太）安。九开之门；曰通远，临江，千斯，朝天，东水，太平，储奇，金紫，南纪。"其中自临江门至朝天门一面沿嘉陵江江岸，自朝天门至南纪门，则当长江江岸。与陆路接壤的唯一城门乃是向西面的通远门，"为赴成都马路之起点"。重庆城内市街，因高低不同的地势，又分为上下两半城。下半城指自朝天门至南纪门，

[1]《重庆城区马路工程计划》，《四川月报》第4卷第4期，1934年4月，第120页。有关经费困难的资料，参见重庆市档案馆藏重庆市财政局全宗：《关于按规定征收城区马路工程捐的布告》，1935年5月1日，全宗号：0064000801238000023000，第23-24页；《关于按规定征收城区马路工程捐给潘文华的训令》，1933年5月4日，全宗号：0064000801238000027000，第27-28页；《关于解释马路工程捐疑义的呈、训令》，1933年5月6日，全宗号：0064000801238000032000，第32-35页。

[2]《渝市区马路分三期完成》，《四川月报》第8卷第6期，1936年6月，第159页。

[3] 重庆市政府秘书处，《重庆市一览》，重庆市政府庶务股，1936年，第81-82页。

沿南城一带，是商业最盛之区，富商大贾多云集于此。下半城称得上繁华的街道有：商业场，新丰街，鱼市口，三牌坊，白象街，县庙街，第一模范市场（道门口）等。联络上、下半城的枢纽点——小什字"为下半城繁盛最有希望之地"。重庆的"上半城"，是指自通远门而东，沿嘉陵江一带，此间面积三倍于下半城，繁盛街道有关庙街、都邮街、小樑子、大樑子。重庆城内沿马路各街，均为商业区域。旧式街道及城西北地区多为"住宅区"。房屋因地狭人稠，多利用地势修建层楼，重屋累居，密如蜂衙。[1]

拓宽街道是改造旧城区的主要任务，与新市区的开辟同步进行。据统计，重庆市旧街道约有 300 条，均狭窄肮脏。根据交通路况，市政当局划一了各市街的宽度，同时规定"沿街铺房楼廊一律拆退与门柱平齐"，"街面所设柜台与货架移退至铺门以内"，"沿街火墙门洞一律撤销"等。按照这些规则，旧城改造从 1926 年 9 月开始，至年底分三期进行，完成改造 84 街。而有马路经过的 61 街则于次年动工改造。到 1927 年 6 月，"全城除僻街委巷碍难整理外，均焕然一新，夷然坦途"。1927 年 7 月，《重庆商埠修改街面暂行规则》颁布，共 21 条。其规定马路经过的街道，所有梯级一律取消，原有梯坎每距 100 尺，倾斜不足 10 级者，一律改缓斜道，以备将来行车。街面改覆瓦式，街心微凸，不得超过 5%。街面人行道一律铺 2 尺见方的厚菱角石。街道两侧设置下水道（街沟），并每 50 尺置一古钱式下水洞。据这一规划，城区主干路有 4 条：即下半城的南城经路（与南区干路接），上半城沿大樑子而行的中城经路（与中区干路接），沿小樑子而行的北城经路，沿城北垣而行的北城第二经路。各经路之间有若干纬线相连，其中最重要的是沟通上下半城的过街楼、打铜街及连接中城经路与北城经路的几条纬路。旧城区改造使市容也为之改观，公路经过的地区，高层建筑开始出现，繁华区域逐渐由两江沿岸向

---

[1] 重庆市政府秘书处，《重庆市一览》，重庆市政府庶务股，1936 年，第 7-8 页。

公路两侧转移。[1]

4.修筑码头

早在重庆开埠之前，城市沿江并无码头设施，装卸货物、上下客人主要利用航道的自然坡岸，进城大都没有完整的梯道，完全处于自然状态。因"三面环江，四围削壁"，城门成了"出入咽喉"。然而，重庆的"旧有城门狭隘黑暗，内复筑有瓮城，又甚纡曲，而城外道路更属泞滥"[2]。

随着川江轮船航运业的繁荣，重庆成为长江上游的水运枢纽。然而，长期以来，水运都是用木船，缺乏停泊轮船的现代码头。潘文华任督办以后，提议扩充市政，修建码头。市政当局开始拆除城门，改建码头，以利轮舟停泊，起卸货物。经督办公署行政会议决定，先行修建嘉陵码头和朝天门码头。嘉陵码头全长450余尺，梯坎322级，筑3平台和3拱洞，高差为105尺，有平台3层。1926年2月该码头动工，同年7月完成。朝天门码头筑平台四层，高差、梯级与嘉陵码头相同，并与嘉陵码头同期完成。9月24日，举行两码头竣工落成典礼。[3]

1928年10月，与朝天门码头相对的江北觐阳码头开工修筑，工程于1929年10月竣工。1930年9月，商埠督办公署又兴建千厮门码头，该码头长280余尺，高50尺，筑平台三个，于同年10月竣工。1932年3月，又动工修建太平门码头，该码头高差20余丈，筑平台3个，共长400尺，宽50尺，4月完工。金紫码头费时最短，于1935年3月初开工，4月12日遂告完成。这一年兴建的还有储奇门码头、飞机场码头。[4]由于耗资不大，修筑码头成为市政建设中首先完成的工程。不过，这些码头设施简陋，

---

[1]《重庆商埠修改街面暂行规则》，《重庆商埠月刊》第7期，1927年6月，第207-210页。
[2] 重庆市政府秘书处，《九年来之重庆市政》第二编工程建设事项，重庆市政府秘书处，1936年，第51页。
[3]《潘督办报告朝天嘉陵两码头经过情形及以后进行市政之步骤》，《重庆商埠月刊》第9期，1927年8月，第2-3页。
[4] 重庆市政府秘书处，《九年来之重庆市政》第二编工程建设事项，重庆市政府秘书处，1936年，第51-53页。

图 4-10　嘉陵码头三洞桥——《九年来之重庆市政》,重庆市政府秘书处,1936 年。

　　仅依据山城的自然地势特征,修筑下河的梯道,设置了简易的趸船,在河边修的存放货物堆栈数量也有限。[1]

图 4-11　重庆市全景　　　　　　　　图 4-12　南区马路

图 4-13　通远门外　　　　　　　　　图 4-14　鸡街口

图 4-11、4-12、4-13、4-14 来源:《铁路月刊:平汉线》1936 年第 80 期,第 9、10 页。

---

　　[1] 隗瀛涛,《近代重庆城市史》,成都:四川大学出版社,1991 年,第 475 页。

5.兴修城市公园

城市公园是城市公共空间的重要组成部分，是城市社会近代化的重要标志之一。 随着城市人口大幅度的增长，人口密度增加，兴修为市民提供服务的各种新的公共建筑、公共设施成为必要，并被列入市政建设的总体规划。 作为西南一大都会，重庆城市原无公园绿地，"市廛栉比，街巷迫窄"，"无隙地以种花木，空气之恶，亦遂为全川最"[1]。 早在 1921 年，杨森任重庆商埠督办时，拟于上下城之间的后伺坡建一公园，后因军事停止。 1926年，潘文华继任督办，续议兴修"市民公共娱乐之场所"。 1928年，重庆特别市工务局成立"重庆特别市公园事务所"，下设主任、工程师及树艺员、办事员均由工务局派员专任，全面负责城区公园规划、建筑与整理事务。[2]

中央公园于 1926 年 10 月动工兴建，1929 年 8 月，公园竣工。 这是一个集游乐与园林于一处的公共空间。 全园仅 1 000 余方丈，园内有孙中山像、阅报室、网球场、高尔夫球场，设有亭、堂、假山、儿童游戏场、草坪等，是重庆地区的第一座公共园林。

同期修筑的另一处城市公园是江北公园。 1927 年 6 月，江北公园筹备事务所成立，负责拟定公园分期建筑规划，并向绅商募捐资金。[3] 同年 10 月，江北公园开始兴建。 遵照重庆商埠督办公署核定的组织大纲，着手勘测地址、规划建筑，估算最低建筑费用，约需一万四千元，始可略具规模。[4] 1933 年 6 月，江北公园建成，占地面积 3.16 公顷。"园内洋槐夹道，绿柳扶疏"，"颇具山林气象"。 江北公园内还建有妇幼运动场、球场、动物园，

［1］向楚，《巴县志选注》，重庆：重庆出版社，1989 年，第 810 页。
［2］《重庆特别市公园事务所暂行简章》，《重庆市市政公报》第 1 期，1928 年 1 月 31 日，第 23-24 页。
［3］《令据重庆商埠江北办事处正、副处长郭湛、涂绍祥为呈报江北公园筹备事务所组织大纲及分期建筑计划与公园区域地图请予察核备案文》（1927 年 7 月），《重庆商埠月刊》第 7 期，1927 年 6 月，第 59-64 页。
［4］《令据重庆江北办事处正、副处长郭湛、涂绍祥呈请划拨江北公园建筑经费文》（1927 年 8 月），《重庆商埠月刊》第 8 期，1927 年 7 月，第 61 页。

一之景園公北江

二之景園公北江

图 4-15　重庆市中央公园、江北公园景观——《九年来之重庆市政》，重庆市政府秘书处，1936 年。

以及假山、亭台等。　园中树木且不少是稀有植物。[1]

　　20 世纪二三十年代在新市区还开辟有市中花园。　30 年代部分私家花园开始供市民游览，比占地狭小的市区公园更显气派。陆续建成的一些达官贵人的私家园林，如范庄、王园、渝舍、陶园。　其中，陶园成为"重庆最高完备之交际娱乐场所，内设精美的餐室、宏丽的礼堂、清洁的住房、幽静的花园，京剧、话剧、魔术杂技等应有尽有"[2]。

[1]　重庆市政府秘书处，《九年来之重庆市政》第二编工程建设事项，重庆市政府秘书处，1936 年，第 54-55 页。
[2]　广告，唐幼峰，《重庆旅行指南》，重庆书店，1933 年。

二十一军军部敦促重庆市政府大力提倡"正当娱乐"，规划在"公园内之餐馆宜令停止，改为娱乐场所。其娱乐方式，以普及一般民众者为最佳，不可限于贵族式"。并在市中心繁华地带，开辟空坝，设国术馆、体育场、讲演厅及其他娱乐场所，"均以便一般民众能享受娱乐为适宜"。[1] 不过，由于城区空间局限，重庆市政的公园建设远不能满足都市人群休闲、娱乐之游览需求。[2] 实际上，真正实现公园平民化的并不是重庆主城市区的公园，而是卢作孚建设的北碚嘉陵江温泉公园、火焰山公园。

二、新兴公用事业——自来水厂、电力供应与路灯、电话所

城市公用事业既是现代城市物化环境中的重要内容，又是都市生活现代化水平的一项重要指标。所谓城市物化环境一般指的是物质生态环境，即城市基础建设等物化人文环境。忻平指出，城市的道路、桥梁、码头、港口、建筑物是城市物化环境的硬件，而煤气、自来水、电力、交通、通信等公用事业则为市政建设的软件。[3] 潘文华时期重庆的城市新兴公用事业以自来水、照明和电话建设最引人注目，成为重庆"现代化"的标志性工程。

1. 自来水厂

1927年，重庆商埠督办潘文华召集人员成立重庆自来水厂筹备处，决定以"官督商办"方式兴办重庆市公用新兴事业。其资金来源先是向城市绅商筹募，另外也依靠重庆进出口货物的附加税收，以及"在本市抽收房捐六十万元，作为开办经费"[4]。筹备初期，重庆商埠督办公署曾"派员赴沪购置水管机械"，预计购买约20万元之设备，其间因筹款不足，次年又增收房产股，并变更计划，增设干管，自安锅炉，改定预算为一百八十万元，购买打

[1]《二十一军部之改良风俗会议》，《四川月报》第2卷第3期，1933年3月，第137页。
[2] 王治裳，《改进重庆市政之刍议》，《现代读物》1936年创刊号，第6页。
[3] 忻平，《从上海发现历史——现代化进程中的上海人及其社会生活（1927—1937）》，上海：上海人民出版社，1996年，第369-378页。
[4]《重庆自来水公司概况》，《四川月报》第3卷第6期，1933年12月，第79-81页。

枪坝为制水厂。不久，二十一军军部改"官商督办"为"官股"。1929 年 2 月，正式开工修建自来水厂。1932 年 1 月 25日，水厂建成供水，同年 3 月，改组为重庆自来水股份有限公司，并在市区内设售水站 10 处，正式向市民售水。[1]

随着城市人口不断增加，自来水业得以发展。因经费困难及办理不善，1934 年 2 月，二十一军军部责成重庆市政府整理自来水有限公司，由市长潘文华亲自兼任自来水厂整理处处长负责办理，并将起水工程部分交给华西兴业公司承办，以解决机械方面的技术故障。很快，公司扭亏为盈，发展势头良好。[2]

图 4-16　重庆自来水公司厂房、机器设
备图——《四川经济月刊》1937 年第 8
卷第 2 期,第 1 页。

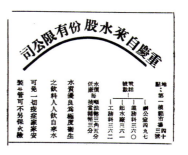

图 4-17　重庆自来水公司广
告——《重庆指南》,1939 年。

[1] 重庆市政府秘书处，《重庆市一览》，重庆市政府庶务股，1936 年，第 46-48 页；《重庆自来水公司定期售水》，《四川月报》第 1 卷第 4 期，1932 年 10 月，第 63 页；《重庆自来水公司近况》，《四川月报》第 1 卷第 3 期，1932 年 9 月，第 61-63 页。
[2] 重庆市政府秘书处，《九年来之重庆市政》第三编公用建设事项，重庆市政府秘书处，1936 年，第 61-66 页。

1936 年，全市售水站增设至 20 所，售户专管已通水 456 家。[1] 尽管直至 1937 年日供水量仅有 4 000 吨，[2]并未达到最初设计的目标——日供水量 10 000 吨，[3]不过，还是部分满足了城市用水的需要。 尤其是自来水事业的发展，初步解决了长期困扰市民的两大难题，一是火灾时发，一是饮水不洁。 市民"同声赞颂"，称其是"重庆市政第一伟绩"[4]。 实际上，这项现代的事业的实际效果也备受批评，有人还指出，重庆"各处分设卖水站，要水吃的人，便自去站上挑。 我们在报纸上见着自来水怎样，怎样自来，其实眼见到的尽是些人挑水"[5]。

2.电力供应与路灯

重庆城市电力供应始于清末光绪二十九年（1903 年）重庆铜元局在南岸苏家坝厂内安装了一台法国制造的 120 千瓦的蒸汽引擎直流发电机，供厂内使用，这是重庆地区使用电力的开始。 清光绪三十二年（1906 年）私人集资筹办的烛川电灯股份有限公司正式成立，随后开始向城区部分区域提供照明用电，最初大约有灯百余盏，使用者大都是社会上层人士，这是重庆地区城市电力供应事业的开端。[6] 到 20 年代，供电范围仍局限在下半城和大小樑子一带，然而，烛川公司"资本微薄，设备简单，又因年久失修，机器疯败，遂致灯光暗淡，时来时辍"[7]，市民大都以油灯照明。

30 年代初，随着城市空间的拓展，城市照明和工业用电的需

---

[1] 其中江北区自来水也由商办江北自来水股份有限公司办理，于 1932 年建成出水，售水站有三处。 参见重庆市政府秘书处，《重庆市一览》，重庆市政府庶务股，1936 年，第 47-48 页。
[2] 隗瀛涛，《近代重庆城市史》，成都：四川大学出版社，1991 年，第 503 页。
[3] 重庆市政府秘书处，《九年来之重庆市政》第三编公用建设事项，重庆市政府秘书处，1936 年，第 64 页。
[4] 向楚，《巴县志选注》，重庆：重庆出版社，1989 年，第 805 页。
[5] 曹斗禾，《地方印象记：重庆》，《中学生》1935 年第 51 期，第 34 页。 有人讯讽重庆看似二十世纪的"摩登都市"，有的则是"人挑自来水"，见云葆：《一幅现实的流民图》，《社会周报（上海）》，1934 年第 1 卷第 38 期，第 751 页。
[6] 隗瀛涛，《近代重庆城市史》，成都：四川大学出版社，1991 年，第 503 页。
[7] 重庆市政府秘书处，《九年来之重庆市政》第三编公用建设事项，重庆市政府秘书处，1936 年，第 67 页。 有关重庆烛川电灯公司的不良经营状况另可详见吴蜀奇：《收用重庆电灯公司善后办法计划书》，《重庆市市政公报》第 1 期，1928 年 1 月，第 3-5 页。

求渐趋强烈。 1932 年 9 月，二十一军军部明令市政府设立重庆市电力厂筹备处，委任潘文华、刘航琛为筹备处正副处长，石体元、傅友周、康心如等 13 人为筹备委员，同时拟定暂时筹备简章九条，计划筹备时期为一年。[1] 刘湘采纳留美归来的胡光麃充实重庆发电容量的建议，改换全市的输电设备，以推进重庆城市现代公用事业的发展。[2] 筹备处采取募股筹集建设经费，并将全部工程委托胡光麃所在的华西兴业公司承包设计，拟"每日供电 24 小时"。 1934 年 7 月电力厂提前 3 个月完工，正式为自来水厂供电。 8 月，新市区完全通电。 10 月 1 日为主城区供电。 据商埠督办公署的报告，整个城市"昼夜通澈，光亮夺目"，于是"市民报装者，日不暇给"。 为适应城市建设的发展，扩大全市电容量，1935 年 3 月重庆电力股份有限公司成立，由"官办"转为"官商合办"[3]。 1936 年开始，公司转向商业盈利，营业额也激增。 公司拥有 1 000 千瓦发电机 3 部，日常发电 2 000 千瓦左右，基本满足了城市的照明用电和部分生产用电。 到全面抗战爆发，"除城区、新市区、江北、南岸外；其磁器口、沙坪坝（中央、重庆两大学及各学校所在地）、化龙桥等处，亦均已通电"[4]。

城市街道安装路灯不仅关涉市民公用与公共安全，也是市容观瞻的重要指标。 在安装路灯之前，重庆城区夜间照明多提灯笼、油壶，或用松明、竹丝藤火把。 街市店铺大都在门前悬挂"号灯"，以招徕顾客和方便夜间营业。 1927 年，中区干路修筑

---

[1] 有关重庆电力厂筹备建设的概况参见：《重庆筹办电力厂》，《四川月报》第 1 卷第 3 期，1932 年 9 月，第 63 页；《产业：水电业：重庆电力厂计划》，《四川月报》第 2 卷第 3 期，1933 年 3 月，第 101-102 页；《产业：水电业：重庆电力厂之经费问题》，《四川月报》第 2 卷第 5 期，1933 年 5 月，第 116-117 页；《重庆电力厂最近状况》，《四川月报》第 3 卷第 3 期，1933 年 9 月，第 86-90 页；《产业：重庆电力厂加工建筑》，《四川月报》第 3 卷第 5 期，1933 年 11 月，第 90-91 页；《产业：重庆电力厂概况》，《四川月报》第 3 卷第 6 期，1933 年 12 月，第 81-83 页；杨新民，《重庆电力公司一瞥》，《四川经济月刊》第 7 卷第 5、6 期，1937 年 5、6 月份合刊，第 15-29 页。
[2] 胡光麃，《波逐六十年》，沈云龙，《近代中国史料丛刊续编》第 62 辑，台北：文海出版社，1979 年，第 295-296 页。
[3] 重庆市政府秘书处，《九年来之重庆市政》第三编公用建设事项，重庆市政府秘书处，1936 年，第 66-68 页。
[4] 吴济生，《新都见闻录》，光明书局，1940 年，第 97 页。

图4-18 电力厂厂房与冷水池

图4-19 电力厂锅炉添煤机

图4-20 电力厂配电盘

图4-21 电力厂第一、二号透平发电机

图 4-18、4-19、4-20、4-21 来源:《九年来之重庆市政》重庆市政府秘书处,1936 年。

时,市政厅工务处曾委托烛川公司在干道两旁竖立 90 根整齐的杉木杆,间距 80 米,每根杉木上端安装一盏 300 瓦路灯,这是在新建公路上首次安装公共照明路灯。 1929 年因大火烧毁部分发电设备,公用路灯有所减少。 市警察局为治安需要,令各区警察署安装汽油灯,到 1932 年,共计安装"保险汽油灯"98 盏,"美孚玻璃灯"932 盏,以供警士夜间巡逻及过往行人照明。

1934 年 7 月,重庆电力厂建成并开始供电,市区电力供应大为改善。 据市政府公布《路灯管理章程》,设立路灯管理所及新市区分所,直隶于市府工务处,主管本市路灯一切事务,城市照明系统正式起步。 当时预计设置路灯 3 000 盏,不同的街道,路灯有不同的规格和"档次"。"最繁盛之街道"设置"大型挂灯",新市区公路和城区公路设置"大号白磁挂灯",未建成公路的繁忙段则使用"头号或二号花式灯",公园及码头用"头号花式路灯"。 其余小巷及江北、南岸街道均用"头号或二号伞罩杆灯"。[1] 1934 年 11 月，旧城区七星岗经较场口、都邮街、陕西街、第一模范市场、新丰街、四牌街、镇守使署、苍坪街及大梁子一带路灯通电。 次年 2 月，上清寺至李子坝一带路灯通电。 时通电路灯 500 余盏。 重庆城市的公共电灯照明系统正式起步。 到1936 年，全市新旧城区已有路灯 1 338 盏。 当年全市有街巷、梯道 495 条段，装有路灯的就有 400 余条段，覆盖面约占 80%。[2]

图 4-22 漫画:新市区之新建设 (光明)——
《商务日报》1934 年 7 月 26 日,第七版。

不过，有关重庆的电灯照明实效备受质疑，电力公司安装的电灯"较前略为光明"，然时有"熄灯之事发生"，"致全市顿入黑暗世界，市民惊骇，秩序欠佳，影响治安"[3]。 有人则批评道:"全市有一所电灯公司，差不多它的足迹及于重庆的十分之八，可是点电灯的人家，总得预备一盏两盏洋油灯，防备它一时不来，弄得人有足无路，把光明变成黑暗。 公共地方如公园、停车场、十字路口，挂着的电灯，老是仅一盏洋油灯似的光亮，常常使人感觉无限的不满。"[4]

3.电话所

重庆地区电话的设置始于 1912 年，当时的重庆镇抚府为军事便利、机关消息灵通在重庆城区装设电话。 1916 年，重庆警察厅购置 25 门磁石交换机，附设于警察厅内，分装电话 9 个区署。[5]

[1] 重庆市政府秘书处，《九年来之重庆市政》第三编公用建设事项，重庆市政府秘书处，1936 年，第 77 页。
[2] 隗瀛涛，《近代重庆城市史》，成都：四川大学出版社，1991 年，第 481 页。
[3] 王治裳，《改进重庆市政之刍议》，《现代读物》1936 年创刊号，1936 年 1 月 11 日，第 5页。
[4] 曹斗禾，《地方印象记：重庆》，《中学生》第 51 期，1935 年 1 月，第 34 页。
[5] 隗瀛涛，《近代重庆城市史》，成都：四川大学出版社，1991 年，第 491 页。

1926 年重庆商埠督办公署成立，接办市内电话事务。[1] 1927 年11 月 6 日，市长潘文华颁令，将前重庆商埠公署电话局改为重庆特别市电话所，划归市工务局直接管辖，"藉资考核而图整理"。训令并特别委任工程师司子和兼任电话所所长。[2]

1930 年春，潘文华奉二十一军军长刘湘令，改良扩充全市电话，并由市政府指拨专款，募集电话公债 20 万元，购置共电式700 门交换总机、长途乡村交换机及其附带设备。因修建厂房及购运装置机器事务繁重，市政府又在工务局内增设电话筹备处，"专司其事"[3]。同年 9 月总机工程告竣。10 月，第一区线路所经之处先后通话，"市民称便"。11 月，全市实现了通话。1931 年 1 月，电话所正式成立。不久，沟通长江南岸与城区的电话线路完成，南岸分所添置 50 门磁石式电话总机。同年 8 月装设江北过河线，装置 30 门磁石式电话总机。江北新城区的市民表现出对电话的需求热情，第一批订购的电话机达 700 号，不到一年便安装完毕。1934 年市府再度拨款扩充电话事业，并与上海中国电气公司签订分期购置设备合同，总添置了 720 号，增加电缆一倍以上。随着电话事业的发展，电话所开始招收女学生充当接线员，有 50 多名接线生，全所员工达到 100 余人。到 1936 年 1 月，市内安装电话者共为 1151 号。[4]

与此同时，二十一军大力发展重庆周边的乡村电话建设，以二十一军推进所属防区各县普设乡村电话工程为例，刘湘在通令中要求驻军各县"限文到三个月内办妥"，电文中，刘湘阐明办理

[1]《令据重庆警察厅长李宇杭为呈请饬电话局修理梗阻电话文》（1927 年 7 月），《重庆商埠月刊》第 7 期，1927 年 6 月，第 92-93 页；《令重庆电报局长刘耐秋、重庆电灯公司总经理曾子唯、本署电话局长司子和等为从速迁移电杆免碍交通文》（1927 年 7 月），《重庆商埠月刊》第 7 期，1927 年 6 月，第 55 页。
[2] 潘文华，《令重庆市工务局局长傅骕现改商埠电话局为重庆特别市电话所归该局直接管辖并委司子和兼任该所所长文》（1927 年 11 月），《重庆市市政公报》第 1 期，1928 年 1 月31 日，第 63 页。
[3] 重庆市政府秘书处，《九年来之重庆市政》第三编公用建设事项，重庆市政府秘书处，1936 年，第 69 页。
[4] 重庆市政府秘书处，《重庆市一览》，重庆市政府庶务股，1936 年，第 93-94 页。

电话之意义，即："捷于影响，虽相距数千百里，对于谈话如在目前，举凡军民政令之颁发，商情贸易之交涉，缉捕盗匪之敏活，天灾水患之警告，以及普通日常事务，以免信使传达之劳，复省时间之虚耗，关系地方治安，便利人民日用，良非浅鲜"。[1]

图 4-23　电话所设备——《九年来之重庆市政》，重庆市政府秘书处，1936 年。

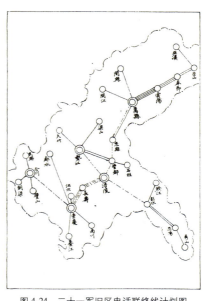

图 4-24　二十一军旧区电话联络线计划图——《施政汇编》上编第二册，第 202 页。

　　至 30 年代中期，重庆周边的乡村电话也已经基本形成网络，部分县能通电话的村镇已占半数左右，如合川县 1936 年已有 68 个村镇通电话。 重庆地区的乡村电话不论是拥有数量、线路长度、使用频率、网络状况均在四川，乃至西南地区名列前茅，并远远超过西南其他城市。 试看这一时期重庆地区的电话安置状况与成都市及四川省的乡村电话状况：重庆地区 13 县占全省拥有电话机县数的 10.7%，拥有全省电话机总数的四分之一左右，而且，全省总数中还包括重庆市区拥有的 1 500 门，如除去则占三分之一左

[1] 编者，《二十一军在下东各县普设乡村电话》，《建设月刊》第 1 卷第 5 期，1929 年 9 月 1 日，77 页。

右。 与成都地区比较，重庆地区拥有的电话机数、交换机数和线路长度分别是成都地区的 5.34 倍、6.13 倍、5.28 倍。[1]

应该指出的是，刘湘的二十一军大力发展电话事业最初的动机乃出于对防区安全的控制，尤其是对中共活动的敌视和打击的需要。 不过，客观上，二十一军发展通信事业的举措无疑加快了重庆城市现代化的步伐，民国时期重庆作为四川的通信中心城市的地位从此确定。 重庆海关详细地记录了重庆城市建设的过程，为我们今天研究这一段历史提供了珍贵的史料，也印证了潘文华市政规划的实施效果。 西方人观察到，"成都、重庆、万县以及其他较重要城市，只要有时间和资金，都将很快地具备现代景象而且成为优美的居住地区。"[2]

三、城市教育的初步发展

重庆开埠以后，新式学校陆续建立。 这些学校以讲授西方科学知识为主，在教学上也开始采用西方教学方法。 1892 年，重庆建立了第一所新式学校——洋务学堂，其课程除外国语外，还增设西方历史、地理、数学、科普知识等课程。 1898 年，中西学堂建立。 同期，外国传教士在重庆先后建立了一些教会学校，如求精中学、广益中学等。 进入 20 世纪后，全国范围兴办学校的浪潮也冲击了重庆，到 1904 年重庆已经成为四川省新式学堂最多的地区。

作为四川省的门户，重庆占据地理区位优势，对种种新思潮总是得风气之先，加上与外界联系的日益密切，新思想、新文化开始在重庆迅速传播。 在出国留学热潮中，重庆的官费、自费留学生居于四川省之冠。 辛亥革命前夕，重庆建有小学 24 所，中学 4 所，各类专门学校共 45 所。[3] 新学堂培养出来的学生多数为

---

[1] 隗瀛涛，《近代重庆城市史》，成都：四川大学出版社，1991 年，第 492 页。
[2]《1922—1931 年重庆海关十年报告》，周勇、刘景修：《近代重庆经济与社会发展：1876—1949》，成都：四川大学出版社，1987 年，第 371 页。
[3] 周勇，《重庆：一个内陆城市的崛起》，重庆：重庆出版社，1989 年，第 464 页。

宣传、组织资产阶级革命，发展民族资本主义，传播新思想、新文化起了积极的作用。邹容就是其中著名的代表。

重庆建市以后，随着城市规模不断扩大，工商业也得到较大的发展。周边农村的人口开始大量涌入重庆，加以重庆市区人口的增长，教育问题日益突出。市政府建立以后，在以"物质"建设为首要目标，"精神"建设"稍后"的指导方针下，对教育的发展也予以了一定的注意，采取了相应的措施，如增加教育经费、退还所占校舍等。从1922—1931年，重庆城区教育发展迅速，巴县的小学由500所增至1 000所，中学由10所增加到30所，约占整个四川省的三分之一。[1] 进入20世纪30年代以后，刘湘的军事权威逐步确立，为二十一军在重庆实施的教育方针奠定了基础。为发展教育，二十一军还先后出台若干举措，比如，改进女子教育、高等教育及限制普通中学，在发展其他文化事业方面也颁布了详细办法[2]，还为公、私立各中学贫寒学生设置免学费的奖励办法。[3]

概括来讲，刘湘时期发展重庆教育的举措主要体现在以下6个方面：

1.提倡幼稚教育

二十一军兴办的初等教育，分三个层次，即幼稚园、初级小学和高级小学三个阶段。1926年，重庆商埠督办公署拨款兴办重庆商埠幼稚园，以6个班为满额，分四期招足，每班学生40~60名，"以收6岁以下儿童，利用教育方法，以补助家庭教育之不足，并培养小学教育之基础为宗旨"。该园主要培养儿童自发活动的能力，养成儿童团体生活之习惯，启发儿童自然、社会之知

---

[1]《1922—1931年重庆海关十年报告》，周勇、刘景修：《近代重庆经济与社会发展：1876—1949》，成都：四川大学出版社，1987年，第371页。

[2]《二十一军改进戍区教育办法》，《四川月报》第3卷第3期，1933年9月，第114-118页。

[3]《二十一军部新拟办学奖惩条例》，《四川月报》第2卷第2期，1933年2月，第103页；《廿一军修正戍区奖助贫寒学生暂行条例》，《四川月报》第5卷第5期，1934年11月，第196-197页。

识，涵养儿童优美快乐的情感。 该园开设的主要课程有音乐、游戏、图画、手工、故事、谈话、读法、书法等。 事实上，重庆城市的幼稚教育发展缓慢，绝大多数的幼儿教育靠家庭承担，由于大多数家庭都缺乏一定的文化知识、闲裕人员、经费等，故幼儿实际上在家庭中是得不到教育的。[1]

2.普及小学教育

从 1927 年开始，市政府在市区内选择适当地点，直接拨款，先后创办市立小学 5 所，市立第三区中心小学 1 所，每校班次多至12 班。 原市区各区坊以公款办理之小学统一由江北、巴县两县转移管辖，并均按其经费来源更名为市立小学和初级小学两种。[2]为积极普及学校教育，市政府还将旧有的小学校加以改造，与建新学校同步。 30 年代中期，重庆城市共有公立学校 40 所。 与此同时，市政府开始整理私立学校，主要措施有：①颁布私立学校组织大纲；②通饬各私立小学校限期成立董事会；③颁布私立小学校长服务条例；④颁布私立学校教员服务条例；⑤组织经济审查委员会，对各私立学校的经济状况、经费来源和收支进行审查。 经过一段时间的整顿后，裁汰了一批私立小学校，到 1936 年重庆城市的私立学校保留有 59 所。 重庆市的小学校自建市以后的数年间增加了近 3 倍，共计 99 所。 如果加上城郊及巴县所属的小学校，则达 396 所，学级 1 169 个，学生 33 299 人，教职员 792人，年经费176 815元。[3] 同时，市政府对小学师资也明文规定严格按照小学法和小学规程进行考核，"对于小学教师认真检定，从严考核，不得任意去留"。 二十一军部还颁布私塾改良条例，对办理合法者，可以改为代用小学。 根据相关文件，在二十一军成区各县，小学毕业会考制也早已施行。[4]

---

[1]《重庆商埠幼稚园章程草案》，《重庆商埠汇刊》，重庆商埠督办公署，1926 年。
[2] 重庆市政府秘书处，《九年来之重庆市政》第五编教育建设事项，重庆市政府秘书处，1936 年，第 95 页。
[3] 何一民，《重庆新教育的兴起与城市近代化》，隗瀛涛，《重庆城市研究》，成都：四川大学出版社，1989 年，第 263-267 页。
[4]《施政特刊》（教育之部），1935 年 2 月，第 84 页。

3.发展中等教育

1927 年，重庆城区仅有 7 所中学。重庆建市后，中等教育开始受到社会各方的关注，有了一定的发展，公立和私立中等学校发展较快，到全面抗战爆发前，重庆城区的中等学校增加到 29 所。这一时期重庆中等教育发展呈现以下特征：①高级中学发展较快，共有 13 所，占全部学校总数的 44.8%；②女子中等学校也发展较快，有 7 所，占全部中等学校总数的 24%；③私立中学发达，共有 17 所，占全部中等学校总数的 58.6%；④中等教育侧重于职业训练，仅专科、职业学校就有 10 所，占全部中等学校总数的34.5%。此外，有的初级中学也兼设各种专业科，高级中学除普通科以外，还分设有农、工、商、师范、家事等科。重庆中等学校偏重职业教育，反映了重庆城市经济发展的需要。

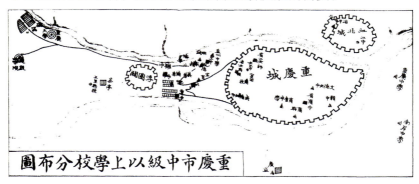

图 4-25　重庆市中级以上学校分布图——陆军第二十一军司令部政务处，《施政续编》，1935 年，第 113 页。

与此同时，二十一军也采取了相应的举措来保证中等教育的顺利开展。如严格执行中学会考制度，作为监督办学的机制；注重生产化、职业化的教育课程，弥补学校面向社会教育的不足；实行传统旧道德的教育和新生活运动，试图引导学风。[1] 二十

---

[1] 甘绩镛，《施政特刊弁言》，《施政特刊》1935 年 2 月，第 2 页。有关刘湘及二十一军发展教育的言论还可参见：划，《刘湘谈教育》，《骨鲠》第 32 期，1934 年 5 月，第 4-5 页；《二十一军改进成区教育办法》，《四川月报》第 3 卷第 3 期，1933 年 9 月，第 114-118 页；《廿一军修正成区奖助贫寒学生暂行条例》，《四川月报》第 5 卷第 5 期，1934 年 11 月，第 196-197 页。

一军防区内，高、初中毕业生一律实行会考，考生成绩作为判断学校办好办坏的标准。全区会考集中重庆办理，调集各县教育科长来渝协助，负责办理会考人员到集中地点，不得外出与对外通信。学生考卷一律密封，相当严谨。第一次全区会考，刘湘亲自调阅试卷，发给高、初中第一名毕业生奖金，还批准全区高中第一名毕业生由军部官费保送到北平升学。[1]

在保证学校的经费来源方面，刘湘所属的二十一军也出台了相应措施，如1933年二十一军防区内成立了四川省教育经费川东南收支处[2]，从屠宰税中提取部分作为公立学校经费来源；同时，严格清理各县学田、学产，清查历年契税附加，推行肉税公开投包，防止各种弊端。二十一军还特别规定了教育经费的分配办法，即小学经费占百分之四十，中学占百分之二十五，社会教育占百分之二十，行政经费占百分之十，其他文化事业占百分之五。[3]

4.推进义务教育

初级小学的四年为义务教育。据调查，潘文华任市长期间，重庆市学龄儿童达4万余人，其中还不包括失学儿童，而市立私立小学所能收容者仅15 000人左右。[4] 鉴于在短期内

图4-26 《二十一军部新拟办学奖惩条例》——《四川月报》1933年第2卷第2期，第103页。

---

[1] 聂荣藻，《刘湘防区时代的重庆教育》，中国人民政治协商会议四川省重庆市委员会、文史资料研究委员会，《重庆文史资料选辑》第22辑，1984年，第78-79页。

[2] 甘绩镛，《四川防区时代的财政税收》，中国人民政治协商会议四川省重庆市委员会文史资料研究委员会，《重庆文史资料选辑》第8辑，1980年，第37页。

[3] 《施政特刊》（教育之部），1935年2月，第84页。

[4] 重庆市政府秘书处，《九年来之重庆市政》第五编教育建设事项，重庆市政府秘书处，1936年，第108页。

增加小学数量十分困难，1933 年重庆市政府遵照教育部颁发的第一期实施义务教育办法大纲暨短期义务教育实施办法大纲规定，拟自 1934 年 2 月起，以本市第一学区为第一期义务教育及短期义务教育实施区。 其办法主要是就区内原有小学增加班次，强迫区内 6 至 9 岁的学龄儿童入校肄业，对 10 至 11 岁的失学儿童施以补授教育。 不久，市政府成立义务教育委员会负责推行。

1933 年，为普及成区各县教育，二十一军军部颁发厉行义务教育四年规划，规定第一年度（1933 年 8 月至 1934 年 7 月）厉行三大举措：（一）筹备城乡强迫教育；（二）实施城市强迫教育（各校所收人数应达学龄儿童总数之 50%）；（三）各市县小学附设短期学班、或添设短期学校（令各县从速调查学龄儿童就学情况；根据各县实际情况规定义务教育学校数目，采全日制，或半日制，或夜课补习制，划出实验区域，凡达学龄儿童，不送入学者，罪其父母）。 第二年度（1934 年 8 月至 1935 年 7 月）厉行三大举措：（一）实施城市强迫教育（增收人数应达全部学龄儿童总数之 30%）；（二）开办镇区强迫教育（收 30% 以上学龄儿童）；（三）筹备各县乡村强迫教育。 第三年度（1935 年 8 月至 1936 年 7 月），厉行三大任务：（一）实施区镇强迫教育（增收 20% 学龄儿童）；（二）继续城市强迫教育（增收 20% 学龄儿童）；（三）开办各县乡村强迫教育（增收 30% 学龄儿童，切实改良私塾，补助各县教育之不良）。 第四年度（1935 年 8 月至 1937 年 7 月）：（一）继续城市强迫教育。（二）继续乡村强迫教育（增收 20% 学龄儿童）；（三）继续乡村强迫教育（增收 20% 学龄儿童）。 该规划最后提出，四年期满后，1937 年 8 月至 1940 年 7 月，"仍继续前年计划办理"。[1] 但实际上，刘湘时期，由于经费筹集困难，义务教育的推广始终非常艰难，成效并不大。

5.创建高等教育

川东师范学校　1928 年，刘湘委任甘绩镛为川东道尹公署道

---

[1]《二十一军成区厉行义务教育》，《四川月报》第 2 卷第 5 期，1933 年 5 月，第 157-159 页。

尹整顿川东师范学校。 甘绩镛以道尹身份自兼校长，改组该校校董，清理经费。 在甘绩镛本人和重庆商界捐助的基础上，1930年，川东师范迁建新校址，是重庆设备较完备，校舍如花园的学堂。 1932年甘绩镛接任二十一军军政处处长，仍然兼任川东师范校长，大力整顿，树立良好学风，严格选聘专职教师，提高教师待遇，改善生活设施，使其安心任教。 成渝许多学有专长、富有教学经验的教师，都先后应聘来校任教。 在经费方面，政务处也从各县屠宰税中每条猪附加1角，作为川东师范的固定经费。[1]

重庆大学 如果说川东师范学校是在已有基础上培植起来的，那么，重庆大学则是二十一军在重庆"新创规模者"[2]。1929年，四川省政府主席刘湘根据四川善后会议议案，开始筹备重庆大学，推定筹备委员55人，以刘湘为主席。 不久推选常务委员13人，分组筹备。 根据筹备委员会反复讨论，定重庆大学主旨为：为重庆市的工商业经济服务，培养现代工商业的专门人才；建设川东地区，乃至西南地区的高等教育人才培训中心。 重庆大学宣言指出，市政建设尽管"规模宏远"，但这一切只是抓住了"枝节"，真正意义上的建设是"人才"的建设，而人才的建设全靠高等学府的建立。[3]

在筹备重庆大学的会议上，刘湘指出，"文化学术之盛衰关系国家民族之兴亡"，欲图国家强盛，"与列强相处于平等地位，应取法列强办理大学教育"。 他说，"个人居住重庆数载，于兹视重庆为第二家庭，平时考察各方情况，深知重庆大学之设立极感需要"。 他甚至说，重庆作为西南重镇，川东首要之区，没有大学一级的高级教育机构"实为重庆地方之耻辱"。 在重庆设立大学，不仅可解决重庆市中学毕业生的就学问题，还可推动重庆社

---

[1] 聂荣藻，《刘湘防区时代的重庆教育》，中国人民政治协商会议四川省重庆市委员会文史资料研究委员会，《重庆文史资料选辑》第22辑，1984年，第77-78页。
[2] 早在1925年，巴县议事会副议长李奎安即有创设重庆大学之建议。 参见李奎安，《创兴重庆大学意见书》，《渝声季刊》第6期，1925年9月，第27-28页。
[3] 《重庆大学宣言》，重庆市档案馆藏国立重庆大学全宗，档案号：第0101目，第13卷，第99页。

图4-27 重庆大学校董会正式成立会议
决议推选刘湘、甘绩镛为正副校长的函件

图4-28 重庆大学1931年6月招生简章

图4-29 重庆大学校务会议摄影

图4-30 1929年10月12日重庆大学开课留影

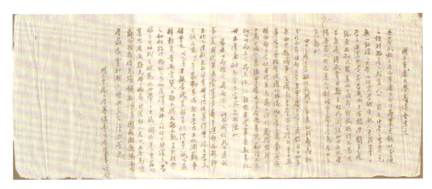

图4-31 重庆大学筹备会宣言

图4-32　重庆大学理学院楼

图4-33　重庆大学图书馆楼

图4-34　重庆大学新校区图书馆楼、
　　　　理学院楼、文字斋

图4-35　重庆大学图书阅览室

图4-36　重庆大学平面图

图 4-27 至图 4-36 来源：重庆市档案馆藏国立重庆大学全宗、重庆大学图书馆藏《重庆大学一览》。

会的进步，为周边农村的有志学子提供深造的机会。 在筹备会上，刘湘还提出高起点地创设"一极完备之重庆大学"，"至大学内容，务求完备，非徒有其名而已。 今后关于重庆大学事件，如省立、国立问题，经费问题以及今后之进展，自然重大"[1]。

二十一军集团主要成员参与了重庆大学的创办，潘文华、刘航琛、甘绩镛等参加筹备工作。 创办期间二十一军军部拨款 3 万元作为开办费，[2]此后常年经费则来源于二十一军防区各县肉税附加税，每年可在此项税收下开支 10 余万元。 建校之初，刘湘兼任校长，聘甘绩镛为副校长。[3] 1929 年秋开办文理两系预科，1932 年开办正科，共招收学生 140 人，拥有教师 22 人。 两年时间，重庆大学购置图书 9 300 余册，并有 2 万余元的科学仪器，这些仪器多由二十一军捐赠。[4] 最初，校址选在南区菜园坝。 1931年秋，刘湘与巴县县长商定购置巴县西城里沙坪坝 900 余亩土地，建筑新校址，新校区"擅山水之胜，风景极佳"，"地产即（及）建筑物约值三十万元，设备约十七万元"。 1933 年，刘湘聘甘绩镛为副校长，创设文理两院，同年秋增设农学院。 至 1935 年夏，文学院有中文、英文及史学三系共七班，理学院有数学、物理、化学三系共九班，农学院有农学、化学系共二班，学生有 170 余人。在刘湘"再三相邀"下，1935 年 4 月，胡庶华赴重庆"就长重大之聘，以代理名义为之规划者凡二月"[5]。 同年 8 月，刘湘、甘绩镛与其办理交接手续，1936 年四川省政府颁发正式聘令，聘胡庶华任重庆大学校长，并报教育部正式立案。[6] 胡庶华任职期间，重庆大学办学规模进一步扩大，增设体育专修科，以为各县

[1]《重庆大学筹备会成立大会主席刘湘报告》（1929 年 8 月 4 日），重庆市档案馆藏国立重庆大学全宗，档案号：第 0101 目，第 11 卷第 21-23 页。 0120-0001-000110000（8）。
[2]《重庆大学筹备会常务委员会会议录》（1929 年 8 月 21 日），重庆市档案馆藏国立重庆大学全宗，档案号：0120-0001-000110000（10），第 61 页。
[3]《关于选举刘湘为正校长、甘绩镛为副校长并聘任的往来公函》，重庆市档案馆藏国立重庆大学全宗，档案号：0120-0001-00010。
[4]《国民革命军第二十一军科学实验所关于移交全部仪器药品并造具清册致重庆大学事务处的公函》，1930 年 10 月 30 日，重庆市档案馆藏国立重庆大学全宗，档案号：0120-0001-002200000，第 1 页。
[5] 胡庶华，《一年来之重庆大学》，《重大校刊》第 6 期，1937 年 1 月 1 日，第 1-3 页。
[6]《四川省政府关于委任胡庶华为校长给四川省立重庆大学的训令》（1936 年 7 月 28 日），重庆市档案馆藏国立重庆大学全宗，档案号：0120-0001-000380000（21），第 68-71 页。1936 年 8 月 17 日，国民政府令胡庶华为重庆大学的校长。 见《国民政府令》（1936 年 8 月 17 日）任命胡庶华为四川省立重庆大学校长，《教育部公报》第 8 卷第 33-34 期，1936 年 8 月 23 日，第 22 页。

培养体育师资；增设商学院或商学专修科，为重庆造就商业人才。[1] 到全面抗战爆发前夕，重庆大学的新生来自四川各县，建成3院10系1科，有34个班，学生720人，教职员196人。[2]

对刘湘、甘绩镛两位校长掌理重庆大学的业绩，胡庶华评价是"经营擘划已大具规模"[3]。这所在二十一军防区体制内创设的大学，尽管受到军人"挂名"办学的批评，但却实实在在地呈现出新风貌。在这所"新兴的""不甚完备的学校"，学生十分"简朴"，且"颇能埋头用功"。有人预言重庆大学"前途无量"，"将来西南文化的重要就在这里，假如你从嘉陵江顺流而下，你只消看见这里，吸呼到这里的空气时，你一定觉得是个少年人，生气勃勃地，一天天的滋长，而且这情形可以鼓励你，把你那消沉阴暗的心里，立刻鼓起勇气来"。显然，坐落在距离城区30里路远的沙坪坝，重庆大学的校园，"没有都市的骚音所扰搅"，与"素称'小上海'的重庆的一切虚荣"风气形成了反差。[4]

四川省立乡村建设学院　该校由二十一军军部创设的中心农事试验场与川东师范学校附属设立乡村师范专修科合并而成。于1933年春选定离城30里的磁器口作为校址，同年6月，"聘请陶行知、张宗麟来川主持"。7月，政府颁布四川乡村建设学院办法及组织大纲，以乡村师范专修科为建院学科，中心农事试验场为建院农场，随即招收本科第一届学生。作为"四川乡运的最高学府"，该校是"事业机关而兼探究性质的机关，与一般文化团体或学校主旨不同"，其办学主旨"是多重的"，即"研究乡村建设学

[1]《重大拟定廿五年度经费学级扩充计划》，《四川月报》第8卷第4期，1936年4月，第208-209页。

[2] 据重庆市档案馆藏国立重庆大学全宗第11、12、13卷《重庆大学1932年至1935年教职员履历表》、《重庆大学历年新生入学报部表册》（1937年）不完全统计。另据1935年度《四川省重庆大学职员表》，重庆大学各系主任及教授均为留学归国人才，还拥有一批相当学历的年轻助教、讲师。参见重庆市档案馆藏国立重庆大学全宗卷11。

[3] 胡庶华，《一年来之重庆大学》，《重大校刊》第6期，1937年1月1日，第1页。

[4] 杨潜芸，《嘉陵江畔——重庆大学通讯》，《骨鲠》第55期，1935年2月28日，第10-11页。

术，培养乡村建设人才，实验乡村建设工作，推进乡村建设事业"。[1] 1936 年该校更名为四川省立教育学院。 这是除重庆大学以外重庆又一高等学府。 改组后的四川省立教育学院，校址设在磁器口，院长高显鉴，设有 2 系 1 科：乡村教育系、农事教育系、家事专修科，并"办理复元寺乡村教育实验区，磁器口社会事业改进会，简易民众教育馆，实验民众学校，小学，中心农场，合作社，农业技术人员训练学校，简易乡村师范学校等"。 学院宗旨"以民众教育为第一位，注意乡村教育，养成乡村建设实干人才"。[2]

抗战全面爆发前夕，刘湘主持的四川省政府订定"四川省建设三年计划纲领"[3]将改革教育以适应建设需要作为政府的教育方针，其中普及民众教育，普及义务教育，改进中等教育，适应升学与就业两种之需要，发展高等教育适应建设需要，设科学技术奖金，增设教育文化机关成为政府教育建设的主要目标。

6.启动社会教育

在重庆，社会教育主要通过民众教育馆、图书馆、讲演所、阅报室、平民闻讯室来体现。 潘文华任职期间，根据重庆的实际状况，明文规定，凡工厂及同业公会，或者较大规模的商号和其他社会团体，均应分别或联合设立民众学校一所。 对没有设立夜校的各会所，要求利用地方神庙等公共场所，或者开放市立市属各中小学校址，每日至少须授课两小时。 市政府规定统一的学科讲授计划，每班名额不得超过 58 人，以四个月为修业期。 在潘文华九年任职中，先后举办 8 届，毕业学生总计 4 000 余人。 此外，

---

[1] 吴可，《四川乡村建设学院之过去现在与未来》（附表），《统一评估》第 2 卷第 2 期，1936 年 6 月 1 日，第 9-18 页；吴可，《领导四川乡运的最高学府（介绍四川省立教育学院）》，《川教新话》战时特刊第 1 期，1938 年 4 月 1 日，第 31-33 页。

[2] 杨吉甫，《战时四川之高等教育》，《新教育旬刊》第 1 卷第 12 期，1939 年 3 月 17 日，第 14-15 页；重庆市档案馆，《重庆档案馆指南》（上），北京：中国档案出版社，2010 年，第 144 页；《关于造报 1936 年度四川省立教育学院概况表上教育部的呈（附表）》，重庆市档案馆藏四川省立教育学院全宗，档案号：0122000100050000038000，1937 年 7 月。

[3] 《四川省建设三年计划纲要草竣》，《四川经济月刊》第 7 卷第 5-6 期合刊，1937 年 5-6 月合刊，第 96-97 页。

重庆的通俗图书馆，设有民众阅报室、儿童阅览部、成年男女阅览部，可容纳 140~150 人。其藏书以通俗读物为主，除本市报刊以外，京、津、沪、汉及省内各地报刊齐全。原定计划在市区内设立的 5 所通俗书报社，因为经费和场地的关系，仅在通远门外的新市区建立了一所，内设演讲部、阅读部，小说、杂志等藏书达 400 余种，报刊收藏种类亦多。[1] 1932 年 9 月，重庆市内的图书馆略具规模的有 17 处，藏书从 400 至 2 万册不等。[2]

重庆失学儿童非常之多，社会教育不发达。居民识字者仅为全部人口的十分之三四。潘文华的施政纲领将普及市民教育作为重要内容，"尤注重于社会教育，如夜课学校，平民学校，职业学校，幼稚园，阅报室，图书馆，通俗教育馆以及巡回讲演等项，均需设法筹款，积极进行"。[3]

事实上，刘湘时期在重庆兴办教育困难重重。按照二十一军自己的总结，所谓困难主要体现在：首先是经费的困难；其次是深处内陆广大民众的教育意识淡漠，风气闭塞；第三是师资的缺乏；第四是民众极度困难，无力就学。[4] 甘绩镛也承认二十一军在重庆的教育事业是"惨淡经营"。比如，1932 年 2 月，重庆市政府创办第一所市立中学时，以"天府庙"为校舍，因"经费拮据，所有校长及教职各员悉由本府职员兼任，不另支薪以节公币"。而市立小学创设期间，也遭遇"经费枯竭，无法支持，业经停办"的困境。[5]

时人对军阀办教育也持批评的态度。有从重庆发出的通讯写道："重庆是四川著名底商埠，它底文化程度却非常地低落。说学校，没有一所完备的高中，而初中亦仅三五可称优良者；说报纸，

───────────────

[1] 重庆市政府秘书处，《九年来之重庆市政》第五编教育建设事项，重庆市政府秘书处，1936 年，第 111-112 页。

[2] 《重庆近况》，《四川月报》第 1 卷 3 期，1932 年 9 月，第 87-88 页。

[3] 潘文华，《重庆特别市市政厅布告》总字第三号（1927 年 11 月），重庆市档案馆藏重庆市财政局第 920 卷，第 69 页。

[4] 甘绩镛，《施政特刊弁言》，《施政特刊》1935 年，第 2 页。

[5] 重庆市政府秘书处，《九年来之重庆市政》第五编教育建设事项，重庆市政府秘书处，1936 年，第 95-96 页。

虽有大小十几家，但都是清一色的奉命立论，无论内容形式，简直不能道个'新'字；说到文艺，旋生旋死地似乎没有这个东西！"[1]有人甚至讥讽说，"在中国，军阀本来就是一切万能的，而在四川的军阀，尤其是多才多艺，既可以当军人，又可以办教育，办实业，开银行，做当铺，举凡一切工农商学所能之事，他都能，而且能包办。"军阀办教育无法摆脱的最大难题则是军人政治的弊端，因为，一个国家的政治没有上轨道，教育是没法办好的，教育之坏乃是受了军阀连年内战之影响。"川中教育经费，以肉税收入为大宗，然而此项税款，都在军阀手中把持着，战时则尽充军费，以致学校多因此而关门。 ……故现欲言振兴四川之教育或改革四川之教育，必先铲除此摧残教育之军阀而后乃可言教育制度之如何改革也。"[2]

而在胡庶华看来，重庆城市的教育事业简直就是落后，他指出，"重庆市为川东一大都会，人口四十余万，工商业有相当的发达，学校有大学一所，中学十余所，小学数十所，新式设备，几乎应有尽有，就表面观察，俨然具有现代都市的规模，其文化似大有可观者，若一按其实际，则去现代文化的水准还差得很远"。[3]

四、城市卫生建设的起步

1892 年 10 月，美国传教士、医生马嘉礼（James H. McCartney）用美国美以美会女布道会（Women's Foreign Missionary Society of the Methodist Episcopal Church）所提供的资金在重庆临江门创办宽仁医院（Chungking Methodist Union Hospital），这是全四川最早建立

---

[1]《旭日光辉蜀道上》，《文艺新闻》第 41 期，1931 年 12 月 21 日，第 2 版。 相关批评还可参见壮宇、南溪，《四川教育不振的原因和整顿的方法》，《一八社刊》第 2 期，1932 年 5 月，第 137-148 页。
[2] 划，《刘湘谈教育》，《骨鲠》第 32 期，1934 年 5 月 30 日，第 4-5 页。
[3] 胡庶华，《理想中的重庆市文化区》，《重大校刊》第 4 期，1936 年 12 月 1 日，第 1-4 页。

图 4-37　漫画三幅——《商务日报》1934 年 6 月 8 日、7 月 12 日、8 月 5 日。

的外国教会医院，也是中国西部近代生物医学的开路先锋机构。[1] 宽仁医院分男女两院，设病床 180 张，并附设护士学校。

1896 年英国伦敦布道会在重庆创办仁济医院，创立时拥有病床 40 张。 1910 年转由加拿大英美会接办。 医院内部在院长下设医务部、护士部、儿童福利保健部、特别饮食部、宗教部、总务部、城市门诊部、化验室、药房、照光室、图书室等，负责全院各项事务。 医院以医药服务与宣传教会福音并行为宗旨。[2]

1900 年法国巴黎国外布道会在重庆通远门金汤街创办仁爱堂医院，到 1934 年开设病床 60 张。[3] 据重庆海关的记载，1906 年"由德国政府资助并由一名德国军医管理"的"一所大医院"在重庆开业，在此之前，重庆还没有中国人自己开设的医院。[4] 这些近代意义的大医院在僻处内陆的重庆传播了近代的医学知识，也带动了重庆城市卫生事业的发展。

［1］ ［美］Nicole Elizabeth Barnes，《贝医生：一个美国医学传教士在重庆》，南岸区政协，《开埠文化专辑》，重庆市南岸区历史文化系列丛书之三，2010 年，第 255 页。
［2］ 重庆市档案馆藏有重庆仁济医院档案 19 卷，包括医院组织管理文件、医疗实践档案，以及医务人员信息等。 此外，仁济医院的外文档案 286 卷藏于四川省档案馆。 参见重庆市档案馆，《重庆市档案馆指南》（上），北京：中国档案出版社，2010 年，第 181 页。
［3］ 黎明德、王景怀，《重庆市市中区志》，重庆：重庆出版社，2007 年，第 654，659 页。
［4］ 《重庆海关 1902—1911 年十年报告》，周勇、刘景修，《近代重庆经济与社会发展：1876—1949》，成都：四川大学出版社，1987 年，第 161 页。

图 4-38　1930 年代《重庆旅行指南》《商务日报》上的卫生医药广告

1927 年 11 月，重庆市政厅组织机构扩大，在公安局下专门设立卫生科，管理城市卫生事宜。 从市政构架看，城市卫生科隶属公安局，主要职责为协助管理城市的公共卫生。 在以后的城市建设中，卫生科也逐步参与了城市的规划工作。 据海关报告，市区"一切建筑必须先将设计图式呈交市府工务局和卫生局核准，否则不许动工。 并且街道展宽至 36 尺，使其更为通风透光的计划也经制定"。[1]

潘文华时期，重庆城市卫生建设主要有以下的举措：[2]

第一，创办市民医院。 尽管西方教会在重庆设立了近代医院，但费用过高，无法解决广大下层市民的疾苦。 同时，随着重庆城市人口逐年膨胀，每当夏季流行病爆发，"平民满道病卧"。潘文华市政府决心创办一所"较完备"的，面向广大市民的"平民医院"。 1929 年秋重庆市政府召集城市绅商，成立医院筹备处，选址，筹款，几经周折，1932 年医院建成时，仅有 100 个床位。1934 年医院分科门诊开业，初具规模。 该院对就诊"贫苦一律免费"，医院经费主要以附加乐户捐及八省协进会公益委员会月捐为基础，其余不足之数由市政府补拨，据记载"就医者络绎不绝"。1934 年度统计，各科门诊就诊病人共达 32 861 人。 不过该院住院病床仅能容纳极少数的急病病人，另外，因为经费的短缺，外科门诊组织设备不良，不能正常开展医疗。

第二，积极倡导施医社及熬药所。 在市民医院建立以前，为救济都市广大的贫民，在市政府的敦促下，市内各慈善团体先后设立 27 家施医所。 这些施医所"医药两项一并免费"。 为进一步替"赤贫"市民熬药，特筹设 8 处熬药所。 平均每日接受治疗

[1]《重庆海关 1922—1931 年十年报告》，周勇、刘景修：《近代重庆经济与社会发展：1876—1949》，成都：四川大学出版社，1987 年，第 370-371 页。
[2] 关于潘文华时期的卫生行政举措主要参见：重庆市政府秘书处，《九年来之重庆市政》第八编卫生建设事项，重庆市政府秘书处，1936 年，第 129-133 页。 此外，二十一军有关整顿重庆城市卫生事项的举措还另可参见：《二十一军之改良风俗会议》，《四川月报》第 2 卷第 3 期，1933 年 3 月，第 134-139 页。

的人数均在 500 人以上。 1934 年市民医院开业以后，这些慈善机构仍然发挥着巨大的作用。

第三，加强医药卫生管理。 市政府加强整顿市区行医者和药房，制定了相应的规章制度，从严惩处不具备行医、售药资格者。其规定有："初次悬牌之国医医生，须经定期甄别合格给予凭证，始准执行业务，嗣后随时调查其行为是否遵守规定办理，否则勒令停业"；"中药房发售药品禁止参（掺）杂伪药，其店员须辨识药性者始准充当，如售毒质药物须有医生处方证明单"；"各种西医须有国内外正式医学校毕业凭证，及卫生署核准之证明书始准开业，虽有凭证而无相当设备者不得称为医院，并不准以专医花柳等名词为宣传广告"；"出售之西药凡未经化验者应随时呈请转寄卫生署化验，有人购置剧烈性药物者须有医士负责处方"；"类似春药之药品一律禁止出售，违即酌量情形依法惩处"。

第四，厉行公共卫生。 随着城市规模的扩大，市民卫生成为城市管理中的重要问题。 为了解决市区夏季酷热期间，蚊虫、苍蝇和老鼠的问题，市政府对全市食品卫生作了若干规定，严密检查食品卫生，以免疾病的流行与传染。 规定：一，饮食店摆放食品的摊位"一律外笼纱罩"；二，厨灶不准临街，随时扫除清洁；三，不准售卖有病菌及陈腐肉类，并禁止夏令沿街担肉售卖；四，注意检查饮料。

为改变重庆的公共卫生环境，市政当局主持了清洁街道，[1]疏通都市下水道，整理公共厕所等项工作，[2]并禁止市民"喂放

---

[1] 1933 年 5 月 14 日，重庆市卫生促进会在全城组织了一场声势浩大的卫生大扫除运动，参加游行的各学校机关团体 54 个，民众有 3 000 余人，这场轰轰烈烈的卫生大扫除活动被称作"开了重庆自有史以来，城市讲求公共卫生的纪元"，尽管大扫除仅"宣布而未实行"，但运动的结果引起"一般毫不注重公共卫生及个人卫生的重庆人一种深切的注意"。 参见柳玉冰，《重庆市卫生运动的一瞥》，《新蜀报四千号纪念特刊》1934 年 5 月，第 106-108 页。

[2] 潘文华，《令重庆市工务局局长傅骕为案准公安局呈请城外增修蓄便池仰该局长遵照办理并将遵办情形呈报备查文（1927 年 11 月）》，《重庆市市政公报》第 1 期，1928 年 1 月 31 日，第 63-64 页；潘文华，《令据重庆市公安局局长潘文华为呈请转令工务局城外增修蓄便池文（1927 年 11 月）》，《重庆市市政公报》第 1 期，1928 年 1 月 31 日，第 79 页。

敞猪""随地便溺，及当街倾倒便桶等事"[1]。 此外，为增进市民健康，市政府还采取举措，对影响城市卫生安全的传统菜市场进行改造与修筑，以期改变原重庆市"菜肉食品来自四乡，向无集中地点，大都沿街停放售卖，以致晨间各大街口菜根蔬叶狼籍（藉）满地，牲畜鱼肉腥臭难闻，实于清洁交通妨碍甚大"的状况。 1932 年初市政府规划八处菜市场，不过，由于经费与场地等困难因素，至 1936 年仅建成两处。[2]

市政府还有制送灭蝇拍、取缔公用面巾、禁售洗脸水、检查住户清洁等活动。 据重庆海关署税务司李规庸记载，1927 年开始，刘湘所辖防区内各县开始设立卫生所，并举行各项宣传来启发民众注意公共卫生的重要。 政府拨专款来维持公立医务所。医师，无论中医或西医都必须呈验合格证书或经过考试及格才准开业。 为预防霍乱、疟疾及其他传染病，居民们被劝告和鼓励去灭蝇、灭蚊和灭鼠，把死鼠交到卫生所设立的收鼠站还可得报酬。[3] 1934 年春秋两季，市政府组织对市民施种牛痘 3 068 人，灭鼠 386 170 余只，卫生队沿街救治 6 407 人，免费为 34 936 人打预防针。 此外，为了改变市区"人烟稠密，炭气甚重"的极不卫生的环境，市政府甚至拟定了设立风景区的方法。[4]

然而，重庆城市的卫生环境似乎并未有所改善。[5] 至 30 年代重庆市的卫生状况仍然令人十分不满。 重庆大学校长胡庶华指出，重庆城区地处"山地而且狭隘，人烟稠密，住得非常拥挤。又因为使用烟煤，全城笼罩在乌烟灰末之中。 住在山下者空气不

[1] 潘文华，《令重庆市公安局长潘文华禁止非地便溺及沿街倾倒便桶一案文（1927 年 11 月）》，《重庆市市政公报》第 1 期，1928 年 1 月 31 日，第 54 页。

[2] 重庆市政府秘书处，《九年来之重庆市政》第三编公用建设事项，重庆市政府秘书处，1936 年，第 74-75 页。

[3] 《重庆海关 1922—1931 年十年报告》，周勇、刘景修：《近代重庆经济与社会发展：1876—1949》，成都：四川大学出版社，1987 年，第 370 页。

[4] 《渝市府拟在南岸设风景区》，《四川月报》第 8 卷第 3 期，1936 年 3 月，第 213 页。

[5] 介光，《改良重庆市卫生行政之商榷（续）（附表）》，《建设月刊》第 1 卷第 5 期，1929 年 9 月 1 日，第 34-53 页。

甚流通，住在山上者又为山下之炊烟所熏。所以重庆的市民终日在烟灰中呼吸，对于卫生有绝大的妨害"[1]。另据 1929 年至 1932 年在重庆担任宽仁医院院长的美国贝医生的记录，恶劣的卫生环境使得外国人经常无法适应重庆的气候与病毒，或需要请假回国，或长驻后会病死。在重庆，最常见的疾病有两种，肺痨及粪便与苍蝇所引发的痢疾。但是还有额外的属于虫类的健康威胁，其中最主要则是"重庆老鼠"的危害。[2] 有关重庆的煤气污染问题，从时人的游记中可获得生动的描述。有人记述，重庆与长江下游城市不同的地方，"第一是煤烟气，你们知道么，十时以前的重庆，只是黑漆一团，全城弥漫着烟雾。生活在重庆的人们，就如像生长在模模糊糊的世界里，终年看不到美丽的晨光，和变幻多端的紫焰，红霞，蔚蓝的天空。我们初到这儿，不但是感到烟气难闻，简直觉得呼吸迫促啊。"这种恶劣的生存环境被作者称作"地狱"。[3] 看似摩登的城市，"就只缺乏一门：新鲜空气。住的又差不多都是楼房，早晨起来，推窗一望：怎的所有的烟突都在冒烟（眼所能见的，动以百计），冒，冒，尽冒，轻烟袅袅，不知趣的人，怕还以为什么地方失了火哩!"[4]因卫生环境的糟糕，重庆简直就是一座令人生厌的城市，甚至被称作"烂泥丘的重庆""肮脏龌龊，污秽粪臭的重庆"[5]。

事实上，重庆的鸦片烟毒泛滥才是危害城市卫生环境的更大因素。相关的卫生建设举措中，值得一提的是二十一军军部大张旗鼓的禁烟举措。二十一军颁布戍区内公务人员禁烟条例多条，

[1] 胡庶华，《理想中的重庆市文化区》，《重大校刊》第 4 期，1936 年 12 月 1 日，第 1-4 页。
[2] ［美］Nicole Elizabeth Barnes，《贝医生：一个美国医学传教士在重庆》，南岸区政协：《开埠文化专辑》，重庆市南岸区历史文化系列丛书之三，2010 年，第 257-258 页。
[3] 任侬，《浔渝途中》（续），《前途》第 3 卷第 6 期，1935 年 6 月 16 日，第 109-110 页。
[4] 陈叔华，《倘若你住在重庆》，《论语》第 78 期，1935 年 12 月 16 日，第 278-279 页。
[5] 刘云龙，《成渝道上》，《前途》第 3 卷第 9 期，1935 年 9 月 16 日，第 97 页。

"决先从公务人员入手，要求限戒时期，不得超过三个月，实行新生活"。[1] 然而刘湘禁烟的实际效果并不理想，很难改变重庆"鸦片之都"的形象。有人指出，"在重庆市这个社会里，好像除了煤气笼罩之外，还有鸦片烟气体的秘密参加，我们每天翻阅报纸本埠新闻的一栏，差不多都看了些'拿获烟犯''破获烟馆''查获土药''焚毁吗啡''登记瘾民''禁种烟苗'等等的字句，要不是市府当局随时都在实行'拿获''破获''查获''禁烟'的手段，我恐怕这大批瘾民，都要团结起来，拿着烟枪造反了。"[2]

不过，需要指出的是潘文华执政时期城市卫生管理的现代性"取向"与努力。1927 年 8 月，商埠督办公署令重庆警察厅厅长李宇杭查验市民死亡原因，称"我国京津沪汉，凡市民之死亡者，皆须报请警署查验，以重卫生而杜暗害，法良意美，殊堪仿行，为此令仰该厅长即便遵照，妥拟检验规则，录令布告，克日施行，嗣后无论市民之老幼男女死亡，均须报请该厅验明病症，给予病死证书，并制发尸棺出城证据，一面令饬各城门盘查所，遇有尸棺出城，而无上项书证者，即予阻挡，此系慎重市民生命，务须切实奉行，勿稍宽假，仍将布告检送一份，连同各项书证式样，及详细办法，呈报备查，切切此令"。[3] 此外，二十一军以刘湘为代表的四川军官也表现出了对西方生物医学实践的认同与鼓励，30 年代时，关于生物医学，在西南地区还处于萌芽之期，除了重庆宽仁医院以外，整个西南地区差不多没有任何现代医院。重庆城乡的人们对于西方医学的卫生知识认知有分别，据贝医生观察，乡

［1］《刘湘严禁公务员吸烟》，《四川农业》1934 年第 1 卷第 8 期，第 62 页。有关二十一军厉行禁烟举措还可参见：《二十一军之改良风俗会议》，《四川月报》第 2 卷第 3 期，1933 年 3 月，第 134-139 页；《渝市实行总检举瘾民登记》，《四川月报》第 8 卷第 5 期，1936 年 5 月，第 226-227 页；《重庆实行禁烟》，《四川月报》第 6 卷第 3 期，1935 年 3 月，第 189-191 页；《四川省各市县人口及烟民统计表》，《四川禁烟月刊》创刊号，1937 年 1 月 1 日，第 84-93 页；《重庆新运会拟定公务人员禁烟办法》，《四川月报》第 6 卷第 1 期，1935 年 1 月，第 202-203 页。

［2］王治裳，《改进重庆市政之刍议》，《现代读物》创刊号，1936 年 1 月 11 日，第 5-6 页。

［3］《令重庆警察厅厅长李宇杭查验市民死亡以重卫生而杜暗害并妥拟检验规则呈报候核文（1927 年 8 月）》，《重庆商埠月刊》第 3 卷第 8 期，1927 年 7 月，第 33 页。

下人对西方药品略知一二，城里的军官们常常光顾宽仁医院。 这位美国贝医生的许多病人都是有名的军官，"因为向一位外国医生求治是一种宣扬自己的现代性的有效办法"，而刘湘则是贝医生特别赞誉的"楷模"，"许多军人需要向他看齐"。[1]

第二节 "上海模式"的冲击

20世纪30年代的上海，已和世界最先进的都市同步了。 上海是一个繁忙的国际大都会——世界第五大城市，她又是中国最大的港口和通商口岸，一个国际传奇，号称"东方巴黎"，一个与传统中国其他地区截然不同的充满现代魅力的世界。 在一般中国人的日常想象中，上海和"现代"很自然就是一回事。[2] 1930年代上海的世界主义和繁荣的商业文化使其具有了典型的现代性，[3]并且逐渐辐射到长江上游的重庆，成为这个城市现代化强行启动的关键要素。

1926年以后的十年，是重庆发生引人注目的变化的十年。 一位西方人评论说，"重庆不是四川的省会……但是它是刘湘将军的司令部所在地"，"尽管有军队的压迫，这里仍然有一些进步的迹象"[4]。 刘湘的二十一军集团对沿海的种种现代举措竭尽模仿之能事。

[1] [美] Nicole Elizabeth Barnes，《贝医生：一个美国医学传教士在重庆》，南岸区政协，《开埠文化专辑》，重庆市南岸区历史文化系列丛书之三，2010年，第258-259页。

[2] [美] 李欧梵，《上海摩登——一种新都市文化在中国（1930—1945）》，毛尖译，北京：北京大学出版社，2001年，第3-7页。

[3] 忻平，《从上海发现历史——现代化进程中的上海人及其社会生活（1927—1937）》，上海：上海人民出版社，1996年，第29页。 对于上海的辐射和影响力，30年代就有人意识到了，金满成在《重庆的前途，上海的后影》文章中也论及上海对重庆，乃至全国的城市所具有的示范效应。

[4] H. G. Woodhead, The Yangtze And Its Problems, Shanghai: The Mercury Press, 1931, pp.46-48.

一、西蜀的"小上海"

中国的现代化"首先在上海开始出现,现代中国就在这里诞生"[1]。 作为近代中国最为西化的城市,上海不仅洋房林立、衣服趋时,各种现代工业和资讯勃兴,且有近代中国"现代化运动"之火车头之称,各城市要搞"现代化",或以上海为模式,或派人至上海学习观摩,或到上海采办机器、聘用人员。[2] 1930 年代,中国现代派作家笔下的上海被制作成中国现代都市的唯一文本与感觉,[3]上海现代化示范模式的文化霸权更加凸现。

在中国的现代化进程中,外部效应与内部要素的相互渗透叠加,共同制约着中国现代化的基本走向,导致中国现代化的发展必然呈现出复杂多元、交错共生的格局。 一方面,上海作为近代中国的首批条约口岸,其发展模式代表了中国城市的发展轨迹,是开启近代中国城市现代化历史的钥匙;另一方面,丰富多彩的中国城市发展又实实在在地呈现出多元化的模式。 因此,上海社会科学院张仲礼先生在对近代最早开放的五个通商口岸,上海、宁波、福州、厦门和广州作了剖析以后,认为"东南沿海五口率先对外开放以后,城市的近代化都不同程度地获得启动,但是其发展的程度是不一样的。 正如马克思所指出的那样,五口开放'并没有造成五个新的商业中心',而是形成了五口均有一定程度发展,上海一支(枝)独秀的局面"。[4] 忻平认为,"比较而言,这在抗战前 10 年的上海表现得最为典型,尽管并不成熟,但毕竟开创了一个中国第一次现代化运动的基本模式,提供了一个可供

[1] [美]罗兹·墨菲,《上海——现代中国的钥匙》,上海:上海人民出版社,1986 年,第 4-5 页。
[2] 梁元生,《近代城市中的文化张力与"视野交融"——清末上海"双视野人"的分析》,《史林》1997 年第 1 期,第 75 页。
[3] 张英进,《都市的线条:三十年代中国现代派笔下的上海》,冯洁音译,《中国现代文学研究丛刊》第 3 期,北京:作家出版社,1997 年,第 93 页。
[4] 张仲礼,《东南沿海城市与中国近代化》,上海:上海人民出版社,1996 年,第 16 页。

解构的典型。"[1]

近代以来中国城市发展的不平衡，不仅表现在区域上的不平衡，而且也表现在同一体系内的发展不平衡，由此造成了"上海模式"成为低度发展城市的重要参照系。20世纪二三十年代，重庆的城市现代化——主要是指市政建设，缺乏租界的示范，缺少"西方化"的城市景观。张仲礼先生指出，"租界是外国势力揳入中国的基地，但也是中国引进西方事物的窗口。设置租界的城市，得风气之先，西方的市政制度和城市管理方法最早地输入运用，城市的开发、更新得到了较早、较大的推动，相对来说，未建有租界的城市，就缺少这样的发展条件。"[2]

对重庆而言，即使建立了日本租界，其示范效应远不如"上海模式"。史料显示，潘文华主政期间，从重庆的城市建制，到市政建设的规划，均以上海等沿海、沿江条约体系为模仿的目标。重庆市政当局的规划与报告中，没有提及日本在重庆王家沱租界的建设情况，是值得深入研究的问题。

1891年重庆开埠是这个城市迈出传统社会的开端，20世纪20年代末，重庆的现代化以大规模的市政建设为标志启动。从现代化的理论上看，这种后发外生型的现代化往往不是城市自身内部的现代性不断积累的结果，而是在外部现代性刺激或挑战的一种有意识的积极回应。二十一军政府在重庆所推行的一系列的改革举措以模仿"上海模式"为主要特征。从这个意义上看，"上海模式"对重庆城市现代化的拉动意义相当深远，从理论上也印证了后发外生型现代化的启动特征模式。[3]

潘文华政府大规模市政建设以前，重庆缺少"现代"景观。因为"形势崎岖，地面狭隘，房舍之建筑不良，市街之交通阻梗，

---

[1] 忻平，《从上海发现历史——现代化进程中的上海人及其社会生活（1927—1937）》，上海：上海人民出版社，1996年，第602页。
[2] 张仲礼，《东南沿海城市与中国近代化》，上海：上海人民出版社，1996年，第582页。
[3] 孙立平，《后发外生型现代化模式剖析》，《中国社会科学》1991年第2期，第213-223页。

污浊湫陋"[1]。 城区最繁华的陕西街、都邮街等商业中心"街面仅宽十余尺",其他街巷尤狭。"登高处望,只见栋檐密接,几不识路线所经",且"房屋概系自由建筑",市容凌乱不堪,满街是各自自行拉扯的布、木的招牌,各种电线密麻如网。 由于全城没有一条马路,滑竿、轿子是主要的交通工具。 交通毫无"秩序"可言;城区生态环境极差,"下水道无全部联络通沟,时有淤塞,雨时则溢流街面者有之,积潴成河者有之","用水悉取之河边,满街湿泥","全城除五福宫附近外,无一树木;除夫子池,莲花池两污塘外,无一水池"[2]。 旅居外省的川人也吐槽重庆城市景观的各种"糟"[3]。 西方人感慨,"要找到一个比重庆更拥挤的城市不太容易。 居民集中居住在两条江的两岸,只有一面江岸例外,这里是该城居民的坟地,沿江长达几英里。 这样该城实际上没有城郊。 增加的人口只得挤在原有的地盘内。"[4]

20世纪30年代初,重庆城市建设加快进程,"拆除城垣,开辟新市区,打破了城池的界限;修建马路,开始改变几千年封建城市的面貌。"[5]在"下江人"的视野中,重庆的城市景观有了较为清晰的"现代"都市景观,描绘重庆的话语,也多有"摩登""现代"等词汇,重庆俨然成了"四川最摩登"的都市。 新市区"通远门外近郊上清寺,曾家岩一带的清幽拔俗,实可与南京的鼓楼、陶谷媲美。 于层峦起伏之中,大道四达,其间别墅如云,华楼掩映,一种壮丽阔大的气概,非寻常猥琐都市所能及"。[6]"小上海""沪汉之风""建筑颇似香港"成为描述重庆现代景观的

[1] 潘文华,《重庆特别市市政厅布告》总字第三号(1927年11月),重庆市档案馆藏重庆市财政局全宗第920卷,第69页。
[2] 重庆市政府秘书处,《九年来之重庆市政》第一编总纲,重庆市政府秘书处,1936年,第6页。
[3] 介光,《说重庆的糟》,《渝声季刊》第7期,1926年4月1日,第26-28页。
[4] 《1894年海关年度报告》,周勇、刘景修:《近代重庆经济与社会发展:1876—1949》,成都:四川大学出版社,1987年,第210页。 20年代初期,一个在重庆生活了24天的西方人也有同样的感受。 见William L. Hall,"A Fortnight On A Cargo-Boat,"*Asia*,Vol.22,(April 1922),pp.167-221.
[5] 彭伯通,《古城重庆》,重庆:重庆出版社,1981年,第53-54页。
[6] 吴济生,《新都见闻录》,光明书局,1940年,第14页。

典型话语。[1] 1935 年陈衡哲逗留重庆期间，住进了重庆最好的莎利文饭店，感叹这个饭店简直不比上海的国际大饭店逊色。[2]

改造以后的"重庆的石阶路正在逐渐为马路和汽车代替。 目前一条连接这个城市以外的宽广的公路正在建设之中，这条公路从城市东北城墙 100 码处的通远门经过。 这条新路使汽车从新城区直达旧城区的都邮街成为可能"，"许多商店和居民住宅楼正在城墙以外的新区竖立起来，而城墙和城门也渐渐地消失"[3]。"对那些住在四川而有一年或两年没有去重庆看一下的人来说，现在当他到重庆时会倍感兴趣和惊异。 对于这些旅游者来讲，他们也很可能找不到路，因为众多旧城的地标被拆除了，大量的新建筑物正在竖立起来，或者正处于计划之中，重庆在一定意义上已经成为一座新城市了。"[4]

重庆城市的各个方面似乎都呈现出"繁荣"新气象。 西方传教士认为"重庆正在沿着时代的步伐前进"[5]。 有人赞许说，"年来重庆市政，亦于全国建设声中，渐有进步，沿江码头之新式建筑，已有数处，城内外马路亦已建筑不少，二三年内全城干线可望成功，从此车辆往来，追踪沪汉，吾人将不辨其为坡坎不平之重庆城矣。"[6]一位在重庆的西方传教士也写道，"在我的记忆之中，1929 年的重庆，是混乱、肮脏的中国城市，起伏不平的山路上任意地延伸着弯曲的小路。 但（现在这个城市）是一个向各个方向都有蜿蜒的林荫大道，上面快速疾行的是汽车；随处可见华丽的街灯，戴着手套穿着制服的警戒警察（很多是中学生），以

---

[1] 葛绥成，《四川之行》，中华书局，1934 年；邢长铭，《巴县及重庆实习调查日记》，萧铮，《民国二十年代中国大陆土地问题资料》第 139 辑，台北：成文出版社有限公司，美国：中文资料中心，1977 年；薛绍铭，《黔滇川旅行记》，中华书局，1937 年；庄泽宣，《陇蜀之游》，沈云龙，《近代中国史料丛刊》第 69 辑，台北：文海出版社，1971 年。

[2] 衡哲，《川行琐记：一封给朋友们的公信》，《独立评论》第 190 号，1936 年 3 月，第 18 页。

[3] Field Gleanings：Chungking, *The West China Missionary News*，（May 1930），p.34.

[4] Chungking Jottings, *The West China Missionary News*，（June 1931），p. 40.

[5] Chungking News, *The West China Missionary News*，（January 1929），p.27.

[6] 朱汝谦，《重庆市面各项情形报告书》，《海光（上海 1929）》第 2 卷第 9 期，1930 年 9 月，第 2-3 页。

及宏伟的建筑物。 这种变迁是惊人的。 并且整个城市别有一种风味,有旧金山的神韵。"[1]

缺少租界的示范效应,即使竭力模仿"上海模式",重庆的"现代"景观不具备上海等城市那样典型的欧美异域景观,"下江人"对重庆的城市与真正意义上的"现代性"相去甚远的批判也就可以理解了。 加上潘文华市政期间的市财政的极度窘困,据报道 1933 年下半年重庆市政府负债达 28 万元,[2]如此负债的状态,投入建设的经费就可想而知,其城市的景观自然也只有"点滴""局部"的模仿而已。

一般来讲,"下江人"在审视重庆城市变迁时,总是表现出强烈的文明优越感和自负,即所谓"在'高度现代化'这一层次中的人似乎都有一种自负,总以为自己的所作所为即使不是完美无缺,起码也是正常的,合乎充足理由律的,或一目了然的。 而把非现代化地区居民的言行视为大可怀疑的,缺乏理性的,甚至是奇特的,不可思议的"。[3] 在他们看来,重庆的落后也就意味着全面的落后。 更为重要的是,"这种所谓全面落后的背后,实质上是在各方面都缺少现代性因素的积累"。[4]

二、军人政府的"响应"

就条约体系城市群看,尽管比上海开埠晚了近半个世纪,20世纪二三十年代的重庆还是具备了若干"现代"特征。 综观这一时期的重庆城市景观,随处可见"上海模式"的踪影,"颇有沪汉

---

[1] Dryden Linsley Phelps,"Through The Sandalwood Door",*The West China Missionary News*,(April 1936),p.18.

[2]《重庆市政府负债二十八万元》,《四川月报》第 3 卷第 5 期,1933 年 11 月,第 122 页。

[3] [美] M.J.列维,《现代化的后来者与幸存者》,吴荫译,北京:知识出版社,1990 年,序言第 5 页。

[4] 孙立平,《后发外生型现代化模式剖析》,《中国社会科学》1991 年第 2 期,第 218 页。

之风"[1]"洋场十里俨然小上海也"[2]是描述重庆的典型话语。

"上海模式"对军人政府的影响是多方面的。 1927 年 9 月，重庆商埠督办呈请川康边务督办公署将商埠督办公署改为重庆市，其理由便是"上海、南京、广州、杭州等商埠地方，均先后改市，成绩昭然"[3]，以求与沿海城市的市政模式"划一"而设市。 如前所述，重庆市政组织结构也主要参考上海、南京、杭州的城市组织规则，制定出《重庆特别市暂行条例》[4]。

城市建设是对城市空间结构的改造，这是衡量其现代化的物质体现。 一般认为，近代中国的城市化过程，在空间上表现为以衙门官署为中心筑有城墙的传统型，向以商业区、金融区、工业区为中心，城区结构和功能出现明显的分工，并打破和拆去封闭的旧城墙的现代城市的演进过程。 30 年代重庆城市建设的模式取向以"上海模式"为主要参照系，逐步形成市政建设的"小上海"风格。 对沪汉等地"效法欧美，成绩渐昭"潘文华感慨不已。[5]军人政权看到重庆虽"为长江巨镇，商务殷繁，比诸沪汉，未逞多让，然而以市面之繁华，建筑之精美，交通之便利，卫生之良好而论，则远瞠乎沪汉之后"[6]。 因此，从市政建设的各个层面都要以"京津沪汉"为模仿的目标。[7]"上海模式"的巨大辐射效应，使其渗透内陆，介入、打破重庆城市传统社会的自然演化的逻辑发展进程。

面对日新月异的世界潮流，市政当局开始认识到"非推行市

[1] 薛绍铭，《黔滇川旅行记》，中华书局，1937 年，第 164 页。

[2] 邢长铭，《巴县及重庆市实习调查日记》，萧铮，《民国二十年代中国大陆土地问题资料》第 139 辑，台北：成文出版社有限公司，美国：中文资料中心，1977 年，第 73624 页。

[3] 《呈川康边务督办公署请改重庆商埠为重庆市拟订重庆市暂行条例仰祈鉴核公布并明定日期改组文 1927 年 9 月》，《重庆商埠月刊》第 9 期，1927 年 8 月，第 1 页。

[4] 《重庆特别市暂行条例》，《重庆商埠月刊》第 9 期，1927 年 8 月，第 112-120 页。

[5] 潘文华，《筹办重庆自来水绪言》，《重庆商埠月刊》第 2 期，1927 年 2 月。

[6] 《布告市民开辟本埠特设专局管理文》，《重庆商埠月刊》第 1 期，1927 年 1 月，第 41 页。

[7] 《令重庆警察厅厅长李宇杭查验市民死亡以重卫生而杜暗害并妥拟检验规则呈报候核文》，《重庆商埠月刊》第 8 期，1927 年 7 月，第 33 页。

政，为谋改造，实不足以策交通实业之发展"[1]。在市政建设方面，重庆商埠督办公署表达了试图通过市政建设的启动，"使恶劣污浊之渝埠，一变而为繁华清洁之市场，足与沪汉并驾而齐驱"[2]的决心。潘文华市政当局追逐"上海模式"的取向，基本为重庆的未来的城市化定下了模仿沿海文明的模式。潘文华向市民郑重阐明重庆的施政方针应以长江的沪汉为模仿对象，"惟有仿照各市成规"。[3]

于是，派特派员到长江中下游及外省调查各地市政显得异常重要。重庆商埠督办公署成立之初，提出"对于省外各市政，亟应从事调查，以资参考"。对市政颇有研究的刘蔚芹"驰赴长江一带各大都市，详细调查市政之建设，及其发展，随时汇报回署，藉资借镜而凭改组"。[4] 1934年10月，重庆市政府特委前江北县长侯烈武为自治考察员，"驰赴汉沪各市，实地考察"，并致函沪汉各市府曰，"本市地处边陲，见闻多梗，推行新政，恐滋歧误，特派本府顾问侯烈武，为本市自治考察员，驰赴贵市，实地考查（察），亟乞赐予接洽，尽量指导，俾该员随时转陈，以资借镜"。[5]

二十一军以"上海模式"为参照系，积极推动重庆城市建设获得来自民间的广泛认同和积极响应。1928年年底，重庆各法团机关"上书政府，为民请愿"，"转请中央党部，暨国民政府，俯顺舆情，准照特别市组织法第三条第三项，确定重庆为特别市"[6]。《工商特刊》发刊词指出："重庆为长江上游之重镇，西南商务之中心，申汉而外，商埠之大，厥惟重庆"，期待"以谋吾

[1] 唐式遵，《重庆市政计划大纲》，《重庆商埠汇刊》附件，重庆商埠督办公署，1926年。
[2] 潘文华，《序》，《重庆商埠月刊》第1期，1927年1月。
[3] 潘文华，《重庆特别市市政厅布告》总字第三号（1927年11月），重庆市档案馆藏重庆市财政局全宗第920卷，第69页。重庆商埠督办公署有关参照上海广州等先进城市市政建设思路还体现在接收重庆烛川电灯公司的案例上，参见吴蜀奇，《收用重庆电灯公司善后办法计划书》，《重庆市政公报》第1期，1928年1月，第3-5页。
[4] 《令本署调查市政特派员刘蔚芹调查省外各地市政文》（1927年9月），《重庆商埠月刊》第9期，1927年8月，第25页。
[5] 《市政府实施新政》，《商务日报》1934年10月15日，第7版。
[6] 《致全国商会陈请书》（1928年11月13日），石荣廷、李奎安，《四川重庆各法团机关李石两代表请愿纪录·专件》，上海蜀评社，1928年，第32页。

人实业之发展得与申汉商埠鼎足而三"。[1] 1934 年春，重庆金融界邀请留美归国人才，上海著名建筑工程师钱少平考察重庆城市建设。钱君来川考察后，就市区、交通、码头等城市整体规划提出了模仿南京、上海的整体设计构想，他预言，如果照此计划，则"将来之重庆市定与纽约上海并驾齐驱"[2]。《商务日报》以大幅版面报道了这一消息。[3] 钱少平的设计理念似乎并不孤立，针对重庆特殊山城地势，有人在 20 年度末就给出了市政规划的建议："由山顶至河岸，设登山电车，与之联络，可以媲美香港。并于巴县江北，建桥于江上，盘地道于江下，成为双联市，再以小汽船往返工厂所在之弹子石，则异日繁盛，不亚于汉阳三镇矣。"[4]

事实上，早在潘文华接掌重庆商埠督办前，旅外川人即对重庆"应兴应革"之市政建设规划多有建议，邓大鸣从城市交通、建筑空间布局、城市卫生、公共空间建设等提出系列设想，比如，他指出，重庆城市的建筑，基于"三面环水地方太窄"的环境，"宜建筑飞桥或地道将南城坪觉林寺江北连成一气，南纪门外之沙滩，宜填平，并将内流截断，建筑新式商场，船坞堆店，宜概归入打鱼湾或觉林寺，重庆本埠，只能作交易之中枢，改建旧有街道，利导阴沟修理河堤等等"。重庆的交通宜模仿香港，"首宜修筑电

---

[1]《卷头语》，《工商特刊》创刊号，1933 年，第 1 页。

[2]钱少平对重庆市政建设之改进提出的三大建议是：第一，划分市区功能区。若将旧城区划为商业区域；通远门外之新市区，宜作居住区域及学校区域，既可免人多之患，又能得身体健康；宜将江北划为工业区域，所有本市工厂，完全迁居于此。贫民工作，及政府管理，两皆方便。第二，改进毫无系统的交通规划，大规模修筑马路；于嘉陵江上，建造铁桥一座，使江北工业区内之货物，直达商业区；于扬子江面，仿南京至浦口之轮渡办法，置大轮一只，浮于江面，车马可以直达南岸；于上半城至下半城之间，修筑隧道二三路；于朝天门至曾家岩一线，建电车道一路。第三，修筑完善之现代码头。首先在嘉陵江岸，筑横堤数座，由岸边伸向河心，呈海港形式，港内水深而静。堤边泥沙，可用掘泥机，将泥掘去，随时保留水之深度。水浅时，船则舶于码头之外边。洪水时，码头之上下两边均可停泊大船。码头上面，可作办公室，码头中心，可修梯栈数层，三面均有出入窗口。参见《重庆之改进计划》，《四川月报》第 4 卷第 3 期，1934 年 3 月，第 127-128 页。

[3]《工程师钱少平君之新重庆市之设计：修铁桥轮渡以联贯大江南北，筑新式码头便旅客货物上下》，《商务日报》1934 年 3 月 17 日，第 7 版。

[4]龚代祥，《建设新四川计划》，《建设月刊》第 1 卷第 7 期，1929 年 11 月 1 日，第 7 页。

车，以朝天门为起点，一由陕西街绣壁街穿南纪门而入新式商场，一由打铁街上大樑子而达打枪坝，一由临江门直至曾家岩，至于后市坡十八梯等地方，得于坡坎高处，修筑升降机，以资方便等等"[1]。对二十一军的市政建设，重庆绅商予以极大的关注和期待，对市政厅两年来的建设成绩大力歌颂，"几有一日千里之势"，城市景观已经"焕然改观"，对重庆赶上"先进之上海"的发展前景充满信心。[2]

以"小上海"为骄傲似乎成为重庆市民的共同心愿。"不消说，不仅是重庆，就是全中国类似重庆这样的地方，如九江、成都、安徽、济南、汕头等，……管理了这地方的权威者和被管理的那一些包括于其中的群众，谁不曾梦想有一个新的都市出现？管理者利用了这新都市的建设的名义，于是捐款，货税，印花税之外，还来发行彩票以取尽民众最后一滴血汗。群众为了梦想这新都市的引诱，所以把种种负担加重起来，好像也还愿意支持。"[3]到 30 年代中期，张公权在论及重庆人思想新，善于模仿上海，追逐潮流时也认为，这是"上海的事事物物输入极易"的原因。[4]

客观上，民初以来，川江航运的繁荣始终使重庆与"下江"保持了开放的态势。卢作孚及民生公司轮船客运旅游业的开展，为"上海模式"西上巴渝架起了桥梁。1932 年 6 月，民生公司开辟了重庆至上海航线，这是长江上最长的直达航线，是重庆自开埠以来第一次与"下江"有如此密切和直接的联系。川江上"来往旅客日见增多，以前仅川人来往，外省者不及十分之一，今则各半"。[5]

---

[1] 邓大鸣，《对于重庆"商""埠"的感言》，《渝声季刊》第 6 期，1925 年 9 月，第 15 页。

[2] 《专件：致全国商会陈请书》（1928 年 11 月 13 日），石荣廷、李奎安，《四川重庆各法团机关李石两代表请愿纪录》，上海蜀评社，1928 年，第 31 页。

[3] 金满成，《重庆的前途，上海的后影》，《新蜀报副刊》第 49 期，1932 年 7 月 7 日。

[4] 《张公权畅论游历四川感想》，《商务日报》1934 年 6 月 19 日，第 6 版。

[5] 庄泽宣，《陇蜀之游》，中华书局，1937 年，第 138-139 页。

随着市内交通建设初具规模，重庆逐渐发展成"水陆交通俱繁"[1]的都市。1931年10月，中国航空公司开辟了汉口至重庆航线，"下江人"因此感叹"蜀道何难"。[2] 1933年的航空服务已经把沪渝线扩大到成都，并且成为沪渝间旅行的普通方式。[3]重庆内外交通的显著变化，使传统城市的内涵与外延有了崭新的内容。"交通革命，打破许多观念，飞机之促进文化与政治，殆有不可思议之威灵"。[4] 一旦现代化和缺少现代化的地区之间人们的彼此交往，"不论是否施加外力，现代化的模式都会被非现代化社会吸收"[5]。

　　以"上海模式"为参照，人为地将一种异质性因素引入既有的社会结构之中，打破了本社会固有的发展逻辑；且随本社会运作条件和社会环境的变化，其结果也产生了明显的差异，这不能不给重庆的城市建设在消化"上海模式"方面带来负面的影响，即：一方面，重庆急于缩小与上海的差距，因为"如果他们不拼命去缩小差距，不在一个超常规模上进行建设，他们就要继续受歧视，继续被视为等外品"[6]；另一方面，将"上海模式"置于一个很陌生的规模上进行建设，致使30年代的重庆城市"现代化"景观有着浓厚的人为"制造"痕迹。有人批评以上海为楷模的重庆建设，学到的仅仅是皮毛，称重庆"近年来已有了几条马路，而在这几条要道的两旁，耸立着三四层用洋灰筑成的门面的商店，——其中还有一两家是采用上海都不多见的立体派的风格的——也有了像上海的一班新式银行用花岗石筑成的罗马式的建筑；也有了小规模的百货商店和销售高价的舶来的奢侈品的铺

[1] 胡焕庸，《四川地理》，正中书局，1938年，第130页。
[2] 庄泽宣，《陇蜀之游》，中华书局，1937年，第166页。
[3] 周勇、刘景修，《近代重庆经济与社会发展：1876—1949》，成都：四川大学出版社，1987年，第455页。
[4] 季鸾，《入蜀记》，《国闻周报》第12卷第19期，1935年5月20日，第1-6页。
[5] [美] M.J.列维，《现代化的后来者与幸存者》，吴荫译，北京：知识出版社，1990年，第2页。
[6] [美] M.J.列维，《现代化的后来者与幸存者》，吴荫译，北京：知识出版社，1990年，第10页。

子；也有了新式的金融机关和新式的企业——交易所，信托公司，面粉公司——然而我们不能说它已走进了现代资本主义的阶段，连资本主义的雏形都还没有完全具备，所具备了的只是一点气氛（分）。"[1]当"下江人"看到市区中央公园内的"涨秋"西餐室装修得几乎与上海的大餐馆一样富丽堂皇时，尖锐地批评道："四川人各事善模仿外间，都市繁荣，虚有其表"[2]。

潘文华时期的市政建设与现代意义的城市规划差距甚大，有人比照现代都市计划的七大要素，如街道系统、交通（地面与地下）、自来水供给、住宅（分私人与官署）、公园、都市分区（商区、工区、住区）、电灯设备等来衡量重庆市政的境况，批评重庆市政"街道无甚系统，交通大受障碍，自来水供给并未普遍，住宅无若何划分，公园则仅中央公园一个，规模既小，游人又众，至于谈到分区，未见实行"[3]。

对军人治理下的"像上海"景观，时人批评道："四川现在除了几条凌乱片断和崎岖不平的马路外，在表面上显露一点不真实的进步现象：便是都市的繁荣。近年来四川在这种模仿的性格支配之下，一般特权者物质享受的要求一天一天的增高，而城市社会因为供给这般特权者的需要也就随之而发达，除原有的戏院，餐馆，普通的娱乐场加倍发达外，而新近的咖啡馆，跳舞厅，及组织完备的新式商店也增加了不少。至于特权者所必须具备的洋楼与汽车，更是到处皆是差不多与上海汉口未遑多让了。同时因僻乡小县地方的不安宁一般稍有资产的居民，均移居城市，乡村因此便形衰退，而城市就日益繁荣，以成都重庆两地房价而论，近年房租的激增，竟有超过沪汉大都市房租之上者。于此就可以看到供求相差的程度，和乡村人口移居城市的数目了。但是，从城市繁荣的两大根源研究起来，四川目前城市的繁荣的趋势算不算

---

［1］铁昂，《两种形态下的重庆市的经济》，《读书月刊》第3卷第6期，1933年10月20日，第49页。

［2］陈友琴，《川游漫记》，正中书局，1934年，第34页。

［3］王治裳，《改进重庆市政之刍议》，《现代读物》创刊号，1936年1月11日，第5页。

是四川的进步现象呢？假使我们要把城市的繁荣，认为是一种进步的现象，必须是这种繁荣基于生产事业的发达，商和务的茂盛。但我们一反观重庆成都两大城市的情形，其生产情况的衰落也与农村同一步调，市面一切的日用品莫不是外面所输入，本地的手工业生产既已衰落，而又无机器生产组织以为代替，生产之衰败已达极点。尤其在四川那种摧毁生产事业的政治环境中，更无受奖励机缘，所以生产的衰落已到无可振拔的地步；至于说到商务，其衰败虽然与生产事业一样，但是在军权而兼有政治权力者所经营的商业，非但不与一般商业情况同其衰败，反而营业甚盛，例如大商号及银行钱庄等大都非军人资本，或经军人保险者不会有营业上的安全，因为军人经商可免各种捐税，及普通商人所感受的一切困难一切痛苦。所以操有特权者的商业繁茂，而一般的商业依旧凋蔽（敝）"。[1]

对重庆的"现代化"感观，"下江人"陈衡哲也表述了同样的观点。1935年年底，陈衡哲下榻重庆美丰银行宿舍。虽然房间里的一切设备，从衣柜到浴盆，都是国外最近流行的式样，可惜侍者们却缺乏现代化的训练，她感叹道"似乎不懂得在现代化的意义中，清洁与整齐，比时式家具更要重要"，这是因为没有将"现代化的精神加到那现代化的房间与家具中去"的缘故。[2]这即有学者指出的现代化"畸变"现象。[3]

与其说是潘文华市政当局追逐时髦，以符合潮流为动员民间资本为主要的市政建设取向，还不如说重庆城市社会模仿"上海模式"的取向，使得潘文华当局不得不顺应民意，以获得其政权的合法性资源。因此，可以认为，以"上海模式"为取向的城市化轨迹首先来自民间的认同，潘文华市政当局所采取的诸种建设举措无疑是强化了这一意识。

[1] 吾真，《论四川底进步》，《一八社刊》第2期，1932年5月，第57-59页。

[2] 衡哲，《川行琐记：一封给朋友们的公信》，《独立评论》第190号，1936年3月1日，第16页。

[3] 孙立平，《后发外生型现代化模式剖析》，《中国社会科学》1991年第2期，第217页。

综上所述，重庆军政当局城市现代化的认识仅仅局限在器物层面。"上海模式"所带来的冲击，也主要表现在对城市物质文化的基础设施方面，这样的建设极易获得市民社会的认同。潘文华在重庆商埠成立之初，便指出，"欲唤起人民之注意，必先有一种事实之表现，其他精神建设不易见功，不如从物质方面亟急开动，较易新人耳目"[1]。由于无法真正做到对"上海模式"的理解与吸收，因此，军阀时代"上海模式"很难转化为自身有效的发展资源。

第三节　艰难的建设

潘文华任职期间重庆城市建设的条件是不成熟的，抑或不具备真正建设的基础，最大的障碍在于市政建设经费得不到保证。刘湘控制重庆的首要目标是"统一四川"军事霸权，城市发展必须服从于权力政治。既然要完成"统一四川"，二十一军的财政与财力政策则应全力配合与保障统一大业，而不能无轻重缓急之分，既浪费了钱财，又贻误了时机。于是，有关重庆市政建设的各项工程自然归为"非急需类"，"如修筑马路之类可稍为延迟，待人民生活安定了，有了以车代步的能力，再为兴办，仍不为晚"。[2] 所以尽管刘湘的二十一军为重庆城市建设编列了若干举措，但纵观战前十年的重庆市政建设，始终举步维艰，无法获得大规模的发展。

潘文华主政期间，重庆市政建设的经费始终处于窘迫境地，"经费无着，为第一问题"。为渡过难关，潘文华甚至向川康边务

---

[1] 重庆市政府秘书处，《九年来之重庆市政》第一编总纲，重庆市政府秘书处，1936 年，第7 页。
[2] 沈云龙、张朋园、刘凤翰，《刘航琛先生访问纪录》，台北："中央研究院"近代史研究所口述历史丛书第 22 辑，1990 年，第 32 页。

督办公署呈请以商埠原有官产拨付办理重庆的市政事业。[1] 实际上，商埠督办公署自成立之初，财政收入捉襟见肘，建设经费十分困窘，"平时已极形拮据，无复有宽裕之余地"[2]，1927年7月6日召开商埠督办公署行政会议，潘文华提出，"刻既款项支绌，本署政务，究应如何进行，或仍积极，或暂从缓进"，他甚至建议"对于本署暨附属机关人员，似不得不大加裁汰"[3]。 在嘉陵、朝天两码头竣工典礼上，潘文华向公众陈述了市政建设的艰辛：

> 查财为办事之母，凡百事业，非财莫举，文华接办市政，毫无的（底）款，仅接收市政公所几十宗文卷，及非还不可的债务数万金而已，任事以后，几经擘划经营，综计各种附加税款收入，月约洋三万余元，虽非大宗的款，可云财致基础已立，以后从事扩充，较易为力，关于事业方面，首先整理旧街道，使市场展宽，市面清洁，创修中央公园，使市民于工作之暇，得有休憩之所，又以本埠三面临江，水道交通，颇关重要，乃从事建修嘉陵码头，朝天码头，以利商货之转输，轮帆之停泊，计嘉陵码头，费款七万余元，朝天码头，费款二万余元，今幸已告成功，差堪自慰，综计商埠督署，自成立日起，迄今共收二十八万余元，用于工程，及各种事业费，经常费，共去洋卅五六万元，其不足之数，均由文华暂行挪借，容复负责归还，以后新办之事，如自来水现已设处筹备，需款最急，税工程师在沪所订购之机器，须从速汇款，以便将机器装运来渝早为建设，电灯电话亦需款整顿，又由朝天码头至千厮门，尚须修堤道，太平门码头亦拟从速建修，通远门南纪门临江门等城外，决定开辟新市场，创修马路干路三道，现已开工，约需款七八十万元，拟以通远门城外新市场地皮所卖之款，作为建修马路之用，商埠督办署改为市政厅，刘军长已权委文华为市长，

———————————

[1]《指令重庆商埠督办潘文华呈请拨官产以作办理商埠各项事业经费文》（1926年9月4日），《财务月刊》1926年第2期，第45-46页。

[2]《函重庆商埠参事会正、副会长汪德熙、曾宪才为节省经费减轻市民负担即希查照并函复文（1927年7月）》，《重庆商埠月刊》第7期，1927年6月，第19页。

[3]《本年七月六日本署第八次行政会议纪录》，《重庆商埠月刊》第7期，1927年6月，第2页。

改组后有若干事，尚须向刘军长请示，刘军长复职后，即将宣布改组，尚望各界来宾，本埠市民，大力赞襄，俾重庆市均与沪汉各埠，并驾齐驱，是则文华之所盼望者也。[1]

与此同时，潘文华提出，市政建设乃"为谋市民之公共利益，应由市民公（共）同负担"。以市政建设大工程的经费筹措看，其经费筹募有两种方式：一是向本市绅商募款，如重庆的重大工程项目重庆自来水厂，电力厂，以及电话所等均采向绅商筹募资金的方式进行。当市政府财政"青黄不接时，得本市金融界之援助尤多"。[2]二是对进出口重庆的货物另设附加税款，依靠收取城市税捐附加作为市政开支。

重庆是刘湘集团敛财的宝地。二十一军通过重庆聚敛的财富很多，其手法也名目繁多，比如估提盐税，准许出售、吸食鸦片烟，征收红灯捐、瘾民捐，向商人强借硬派，滥发期票，滥发钞券、改铸小铜元、发行各种债券，征收统税杂捐等。但这些收入绝大多数用于军费的开支，重庆城市经常处于一种负债的状况。市长潘文华不止一次谈到市政建设经费的困难。早在商埠督办公署成立之初，为"偿还历届职员欠薪数千元"，"一切事业经费则无法开步"。"初办瘾民及卷烟土药附加，继办统捐煤油烟酒附加，由万元左右渐增至月收三万余元，为数诚微，不足以举办大规模之事业，然原无之款，几经擘划，有此微效，使久经荒废之重庆市政，得以逐渐进行。"[3]。

潘文华市政府总是苦苦劝说城市绅商投资市政建设，希望他们"高瞻远瞩"，作有益投资。因为"投下固定巨额之资金，都

<hr>

[1]《潘督办报告嘉陵朝天码头经过情形及以后进行市政之步骤》，《重庆商埠月刊》第9期，1927年8月，第2-3页。此外，《重庆商埠月刊》记录了督办公署各项建设所遭遇的经费困境，比如：《令重庆商埠新市场管理局长郭勋为因本署各项工程负债甚巨查该局现未开工暂作改设新市场迁坟事务所以资搏节仰即遵令结束文》（1927年7月），《重庆商埠月刊》第7期，1927年6月，第46页。

[2] 重庆市政府秘书处，《九年来之重庆市政》第一编总纲，重庆市政府秘书处，1936年，第10页，第10-11页。

[3]《十五年八月至十六年七月财务报告》，《重庆商埠月刊》第7期，1927年6月，第1-5页。

市当随之繁盛发达，而市民本身及市政府直接间接，必更事业进展，收益增多，盖扩充事业之支出，为有收益之支出，换言之，乃支出即可增益其所收，而所收复可增益其所支，收支相互之因果关系"[1]。 战前十年，整个市政建设的财政始终处于十分艰难的境地，极大地影响了城市的市政建设的规模和速度。

在重庆城市财政收入中，最大的来源却是鸦片税收和各税附加。 20 世纪二三十年代，重庆征收鸦片税的机构有三个，重庆地方税捐总局和重庆巴县、江北等县政府征收机构的鸦片税收统统上缴二十一军军部作为军费等项开支，重庆市政府的税收机构征收的鸦片税收则用于市政府部门及市政建设的开支。 这些来自鸦片的税收，不仅名目繁多，且收入可观，在最初市政建设刚刚起步阶段，这些"较旺"的税收还可以支撑城市建设项目。[2] 四川军阀从鸦片上征收的税收要数重庆市最多，据记载，1933 年重庆市征收特税及禁烟罚金 181 万余元，占全部收入的 28.2%，而 1935 年，征收 202 万元，占全部收入的 36.6%。[3] 来自鸦片的税捐占据相当的比例，表明重庆瘾民数量增加，烟馆增多，烟土消费量增大，红灯捐及瘾民捐等的征收及数量的扩大。

据统计，重庆市政府税收（包括鸦片税收）主要用于市政府行政事业经费和市政建设经费。 从 1926—1927 年重庆市财政局月终累计表，可知土药附加和瘾民附加两项收入占市财政收入的三分之一强。 除去传统的市政、公安及教育等项支出，尤以市政建设、公园建筑和市场兴建为大宗，它们是鸦片城镇收入的基本流注点。[4] 不过，重庆城市最早兴建的工程为耗费极少的项目。随着时间的推移，财政入不敷出的状况更加严峻。 城市最早完成

[1]《十五年八月至十六年七月财务报告》，《重庆商埠月刊》第 7 期，1927 年 6 月，第 4 页。
[2]《重庆商埠督办公署十六年三月份收支报告》，《重庆商埠月刊》第 3 期，1927 年 3 月，第 1-2 页，表一。
[3] 秦和平，《二三十年代鸦片与四川城镇税捐关系之认识》，《城市史研究》第 19-20 期，天津：天津社会科学院出版社，2000 年，第 83 页。
[4] 据 1927 年 12 月重庆市财政局月终累计表，投入市政建设的支出占总支出的 55.3%，比头半年增加了 12%。 秦和平，《二三十年代鸦片与四川城镇税捐关系之认识》，《城市史研究》2002 年第 Z2 期，天津：天津社会科学院出版社，第 86-87 页。

的工程是码头，即因为耗费少，完成起来似乎还没有大的问题。但城区的公路建筑工程，则常常因"经费不敷，尚未动工"[1]，1926 年重庆商埠督办公署成立时，不仅没有任何经费，且需偿还以往职员拖欠的"薪饷"。[2] 30 年代，重庆市政府为改造公厕，按 1 元烟土征收 1 角的比例收取红灯附加，作为维修费。该市官员为此表示"值此库币空虚之际，非附加红灯罚金，别无的款"[3]。 1933 年 8 月份统计，重庆市政府负债 28 万元。[4] 市政财政困难状况一直持续到 1936 年。[5]

　　随市政建设的开展，建设经费有部分来自新市区拓展的土地税。 当新市区的马路落成以后，乃估价收买两旁十丈内地皮，并无偿收用旧有坟地，加以整理，分三等售出，从低于城内地皮售价和高于新城区旧地价的差价中获得盈余。 这笔款项最终又投入城区的公路建设。 据 1927 年 12 月重庆市财政局月终累计表，市财政收入中，"新市场地价"占全部收入的 5.1%，头半年的地价收入增加了一倍。[6] 这在一定程度上缓解了建设经费的困窘，同时也开辟了寻求税收以外的建设资金的路径。 之后，重庆市自来水、电力厂和电话事业的进行，筹款方式更灵活。

　　和所有的军阀一样，二十一军刘湘集团的财政收入大部分用于军事上，这样必然造成对防区内基础建设的"排挤"效应，这对

---

[1] 重庆市政府秘书处，《九年来之重庆市政》第二编工程建设事项，重庆市政府秘书处，1936 年，第 40 页。

[2] 重庆商埠督办公署自创建之初，即出现经费拮据状况，如：《令本署总务处、财务处、工务处等为本署财务困难酌量减薪六成并停办新市场管理局以资节省文》（1927 年 7 月），《重庆商埠月刊》第 7 期，1927 年 6 月，第 85-86 页；《令本署总务、财务、工务等处为因各项工程用款所费不赀又兼交通梗阻税收短绌暂拟从权办法二等科员以上者自七月一日起至九月底止照原薪减去一成文》（1927 年 7 月），《重庆商埠月刊》第 7 期，1927 年 6 月，第 86-87 页；《令重庆中央公园事务所长赵城璧为款项困难暂行核减该所经费即由该所长自行斟酌办理文》（1927 年 7 月），《重庆商埠月刊》第 7 期，1927 年 6 月，第 102-103 页。

[3] 《全川田赋正税调查（二十三年度）》，《四川月报》第 6 卷第 1 期，1935 年 1 月，第 33 页。

[4] 《重庆市政府负债 28 万元》，《四川月报》第 3 卷第 5 期，1933 年 11 月，第 122 页。

[5] 《赵世杰关于请批准拨给重庆市建设经费给邓鸣阶函》，四川省档案馆藏四川省政府秘书处全宗，全宗号：民 041-8557 号（1936 年 1 月），第 22-26 页。

[6] 秦和平，《二三十年代鸦片与四川城镇税捐关系之认识》，《城市史研究》2002 年 Z2 期，天津：天津社会科学院出版社，第 85-86 页。

重庆城市的现代化建设影响深远。顾毓琇批评刘湘时期的"没有充分建设"，虽然有了建设，"虽然内部比较安定，但军费浩繁，人民负担很重，而建设经费仍然很少"[1]。1933年，二十一军收入为4 600余万元，1934年收入为4 900余万元，几乎与该年的军费支出相等，其余不足之数则赖发行公债库券与借款弥补。[2]这样的状况下，潘文华进行市政建设的力度是可想而知的。

建设经费没有稳定的财政收入，而是"取之于民，还之于民"，一遇建设，便随意征收税款。[3]其结果是引发城市商民罢市和抗捐事件。1933年10月，重庆城主干道工程因"经费甚感困难。故不得不照该府所定原案，向沿马路人民征收"。事实上，这种向市民集资的建设工程，往往"需款甚急"，以致民间常感"无力担负"，曾有绅商集体向市府请愿，"要求酌减一成，以示体恤"。当局则"以重庆马路捐，已较全川任何一地为轻，实无再事核减之可能，坚决表示拒绝"。各市民代表闻讯后，遂以停业罢市向二十一军军部"请愿"。[4]

在二十一军防区内，重庆的税源是养军的主要保证，而重庆市政府的最初建设经费，则是在此基础上进一步的强派，由旧税附加，到新增附加税，以致征收统捐，肉税，红庄捐，工巡、宴席、乐户、戏、轿、马路捐。这种以"振兴市政""谋市民福利"为由的征收捐税，看似理由充分，[5]实则体现依赖市民"分担"建设成本的无奈与困境。"凡此种种税收，均随事业之进度比例增加"。为使专款专用，特在财政处外另设"收支局"。我们可以从这一时期重庆地方传媒报道看到商人的反抗和抱怨。[6]康心

[1] 顾毓琇，《建设与统一》，《独立评论》第234号，1937年5月16日，第6-7页。
[2] 甘绩镛，《四川防区时代的财政税收》，中国人民政治协商会议四川省重庆市委员会文史资料研究委员会，《重庆文史资料选辑》第8辑，重庆：1980年，第60-61页。
[3] 《重庆市奉令征收房捐》，《四川月报》第7卷第2期，1935年8月，第48-53页。再如，市政建设的改良市区的公共厕所，其然项便是"就地自筹"，见《二十一军之改良风俗会议》，《四川月报》第2卷第3期，1933年3月，第136页。
[4] 《重庆之罢市风波》，《四川月报》第2卷第4期，1933年4月，第177-178页。
[5] 《重庆市府征收城区马路捐》，《四川月报》第2卷第3期，1933年3月，第18-19页。
[6] 如1933年重庆市内马路修建一半，经费缺乏，便向马路沿线人民征收捐税，见《重庆之罢市风波》，《四川月报》第2卷第4期，1933年4月，第177页。

如也谈及重庆金融界商人与刘湘的"矛盾",称"他那层出不穷借垫,花样翻新的债券,有时简直叫人喘不过气来,每当这个时候,我们还是要向他呼吁一番。"[1]

实际上早期北碚峡防局的建设,也是从税收开始,也是向城市绅商、军人募捐而来。[2] 建立在城市附加税收之上的城市建设,不仅建设起步规模小,而且必然陷入一种被动建设的模式。市政建设启动经费来自城市的"旧税附加",随市政建设规模的逐渐扩大,由此定下了全部依赖城市税捐附加进行建设的格局,这是一种建立在不断地消耗整个城市资源基础上的模式。 而二十一军庞大的军费开支,必然是追加城市捐税附加的扰民政策。

比较而言,条约体系城市的市政建设,重庆与上海、广州等城市的差距是不言而喻的。 财政的困难与不独立,加之二十一军治理重庆的首要目标并非主要为城市现代化,而是力图统一四川,获得政治权威,因而种种因素限制了重庆市的发展速度和规模。 因苦于没有经费,现代意义上的城市卫生事业行政管理机构都无法专设,只能是"于公安局内设置一科,综司其事",而且这些机构几乎没有专门的经费作为保证,只能依靠"筹募",因此往往计划多于建设,"各项措施不免削踬适履"[3],与上海等城市的差异更加凸显。

1935 年潘文华因为"军人不得干预政治",辞去重庆市长职。继任的张必果决定压缩行政编制来节约经费,不久病故,成为过渡时期的市长。 四川督办公署参谋长李剑鸣代理市长以后,将原有的市政府总务、社会、教育、财政、工务等处改设为科,原有的

---

[1] 康心如,《回顾四川美丰银行》,中国民主建国会重庆市委员会、重庆市工商业联合会文史资料工作委员会,《重庆五家著名银行》重庆工商史料第七辑,重庆:西南师范大学出版社,1989 年,第 35 页。

[2] 峡防局最初的经费还来自二十一军的补助,但补助的额度很少,有时补助费靠预支。 参见《关于购买织布、织袜机器有关事宜的函印》,重庆市档案馆藏北碚管理局全宗,档案号:00810001003680000024000,第 30 页;卢作孚致熊明甫等函(1930 年 3 月 18 日),重庆市档案馆藏北碚管理局全宗峡防局类 368 卷。

[3] 重庆市政府秘书处编,《九年来之重庆市政》第八编卫生建设事项,重庆市政府秘书处,1936 年,第 132-133 页。

各科压缩为"股","裁汰冗员，省费至距"。从体制上解决了重庆军人干政的弊端。[1]

城市公用事业是直接服务于市民的非盈利或微利行业，需要政府行政部门的支持、资助。问题是刘湘的二十一军管理重庆城市的宗旨在于"养军"，城市规划和建设是第二位的。因此，对城市公共事业的指导思想是利用民间的资本投入，政府的投入和扶助是非常有限的。这也是导致战前重庆城市规划和建设不能大踏步前进的根本原因。

经费的不足已是致命的打击，而防区体制又不是正常的现代管理体制。在这种体制下，没有专款支持，其庞大的农、工、商、矿等各项建设规划项目只能是纸上谈兵。在具体的实施过程中，不得不小心翼翼，"爰依据需要之缓急，斟酌地方之财力，分别步骤，循序渐进，但值公私交困，每月兴革，动为经费所束缚"，致使原初计划中尚待完成者不少。[2]比如重庆市公共体育场的规划即如此。按照设计，运动场球类运动项目有篮球、足球、小足球、网球、棒球、乒乓球、排球、器械运动、田径、弓箭、拳术等。设计有大礼堂、体育馆、国术馆、运动员休息室、来宾观台等建筑群。但因无经费，建筑计划就无法实施。[3]二十一军对戍区教育事业的兴办，也有较为细致和宏大的规划，从教育方针，到教育经费的比例分配，都有规划。比如，为实施义务教育，拟定了"三年计划"，但实际并没有"达到预期之目的"。[4]

［1］田心，《重庆市政府缩小组织》，《西南评论》第3卷第1期，1936年6月，第3-4页。
［2］《施政特刊》（建设之部），1935年2月，第59页。
［3］重庆市政府秘书处，《九年来之重庆市政》第五编教育建设事项，重庆市政府秘书处，1936年，第112页。
［4］《施政特刊》（教育之部），1935年2月，第84页。

線 航 之 司 公 本

第五章

军—绅政权下的城市经济

战前十年是重庆相对稳定的时期，这种"某些形式的政治稳定会促进经济增长"[1]。西方学者指出，中国的"军阀时期既是混乱的时期又是有创造性的时期。……在思想界激烈斗争的背后隐藏着城市经济的增长和普遍的社会变革的进程"[2]。驻防重庆，二十一军集团的第一要务是筹饷、养兵，因此，二十一军在重庆的经济举措均以此为出发点。二十一军利用重庆的地理区位优势，截留一切税源，控制具有军事战略地位的川江航道，尤其是借助卢作孚的"统一川江"运动，大力推动了地方民族资本从现代航运业突破不平等条约的约束，对重庆城市的经济结构产生了深刻的影响。川江航运是重庆产业结构中的龙头行业，这一经济地位决定了卢作孚在重庆商界和在军人政府中的角色与地位。本章侧重以卢作孚的民生公司为个案，探讨绅商合作的经济资源与城市现代发展对于刘湘的二十一军"军人干政"的意义。

第一节　二十一军防区经济的运作

刘湘的高级幕僚，北京大学经济系毕业的刘航琛说，"统一工作（指刘湘统一、整合四川军阀的事业目标。——笔者注），在当时唯有诉诸武力。要打胜仗，武力必须要强大。如何才能有强大的武力？财政和经济最为重要，是一切计划的后盾。"[3]毋庸置疑，刘湘的经济举措最初的出发点乃"统一四川"的权力争霸，在客观上却对重庆城市经济的发展起到了推助的作用。

---

[1] [美]塞缪尔·P.亨廷顿，《变化社会中的政治秩序》，王冠华、刘为等译，上海：上海人民出版社，2015 年，第 5 页。

[2] 费正清，《中国：传统与变革》，南京：江苏人民出版社，1992 年，第 447 页。

[3] 沈云龙、张朋园、刘凤翰，《刘航琛先生访问纪录》，台北："中央研究院"近代史所口述历史丛书 22 辑，1990 年，第 133 页。

一、重庆对于军人的价值

重庆使二十一军在四川军阀中获得了相当优厚的"境遇"，充分利用和动员这个城市的经济资源是刘湘面临的主要任务。一方面，刘湘以提高重庆的行政地位，刺激这个城市绅商发展经济的积极性，[1]并获得更为深厚的认同资源；另一方面，重庆也给刘湘集团参与城市的经济活动提供了广阔的舞台。

1926 年 5 月，川黔边防督办（黔军）袁祖铭被川军赶离重庆。6 月，刘湘以四川善后督办和川康边务督办身份进驻重庆，川康边防督办与四川善后督办两署迁至重庆。11 月 27 日，蒋介石任命刘湘为国民革命军第二十一军军长。12 月 8 日，刘湘在重庆就任国民革命军第二十一军军长职，此后长期控制重庆为中心的下川东地区。[2] 1932 年 10 月至 12 月和 1933 年 7 月，刘湘和刘文辉两次大战，刘湘大获全胜，防区更为拓展。在这期间，重庆一直为刘湘的统治基地，不仅如此，"重庆及其紧邻的四周都变成了刘湘保持他在军队内部从而也在整个四川的个人实力的基地。"[3]《纽约时报》的报道称，对刘湘而言，占据重庆是一个巨大的优势，因为重庆占据了四川贸易的"咽喉"地位，而全省所拥有几百万人口的贸易不仅仅是物品的流通，而且是充足的"税源"。[4] 杨森回忆说，刘湘占据"四川的钻石地带，重庆"是其政敌忌恨的重要原因之一。杨森说："有史以来，四川的首邑一向在成都，很少有人注意到地当长江和嘉陵江会合之点的重庆。而我，由于迭经川中大变，却早已确认重庆地位之冲要，因为重庆不但是全川货物的总吐纳口，而且它也是西南、西北物产的集散

---

［1］20 世纪二三十年代重庆绅商上书国民政府，请求提高重庆城市地位的举动让刘湘备受鼓舞，他知道重庆绅商的愿望是可以利用的政治资源。参见《石荣廷一再呈请明定重庆为甲种市》，《商务日报》1931 年 7 月 5 日，第 10 版。

［2］周开庆，《民国川事纪要》，台北：四川文献研究社，1975 年，第 334、342、344 页。

［3］Robert A. Kapp, *Szechwan and Chinese Republic*, *Provincial Militarism and Central Power* 1911—1938, New Haven and London, Yale University Press, 1973. p.43.

［4］Hallett Abend, "Szechuan Province Runs Own Affairs", in The New York Times, April 19, 1931,E8.

地，至于东北、东南，乃至舶来的货物，其运往西南西北各省，亦以重庆为转运站。尤其四川一省，交通胥赖内河河流，重庆恰为各路支流的总汇点。""以现代目光而言，主政者立足于一地，经济因素远比政治、军事为重要，重庆既在西南为唯一经济要地，其收益之丰硕，当然会使当时四川群雄为之垂涎。而刘湘控制重庆为时如此之久，自更成为群雄亟欲推翻的目标。因此，邓锡侯、刘存厚、田颂尧等，连续在遂宁举行会议，一致议决，大家同心合力，打倒刘湘，而将重庆置于共管。"杨森还认为，刘湘的军事力量"并不足惧"，"如果认真挥兵对仗，刘湘根本不是我的敌手，论军事实力，我一个人也打得过他。"然而，刘湘却能"所凭恃的财力雄厚，善于利用银弹攻势"，这一切均取决于其对重庆的控制。于是，杨森哀叹"刘湘盘踞重庆，时刻兴风作浪，他一日不去，我们人人自危"。[1] 如果没有武装占据重庆，刘湘不可能承担起在 30 年代初期整合川军，统一四川的重任。

重庆对刘湘的二十一军首先意味着"财源"，是"税收"的宝库，又是"个人投资和经营商业"[2]的商埠。从商业价值看，"重庆为中国西南重镇，水陆交会，商业繁荣，为全川精华所在"，军阀混战时期，"历年之四川内战，几无不以争夺成渝两地为核心，而尤以重庆为最扼要，凡据之者，其胜算即有十分之七八可操左券"，其原因乃"盖军事期中，地利饷糈并重"既是"军家所必争"，"又因商务殷繁，其经济势力，足为后盾"。[3]

作为长江上游重镇，重庆商业繁荣，财源充裕，"不特全川之进出口贸易，几全以此处为转运之枢纽，即云南、贵州、陕西、甘肃等省，附近川境之各地，其进出口货，亦悉由此地转输。俨若外洋与中国之对于上海焉"[4]。有人估计重庆的贸易价值总值

［1］ 杨森，《杨森回忆录》（四），《中外杂志》第 14 卷第 1 期，1973 年 7 月，第 100 页。
［2］ Robert A. Kapp, *Chungking as a Center of Warlord Power 1926—1937*, in Mark Elvin and William Skinner edited：The Chinese City Between Two World，California：Stanford University Press，1974. p.156.
［3］ 重庆中国银行，《重庆经济概况》，重庆中国银行，1934 年，第 17 页。
［4］ 重庆中国银行，《重庆经济概况》，重庆中国银行，1934 年，第 2 页。

占全国商埠贸易总数的百分之三弱，长江沿岸除上海、汉口两大商埠以外，"无出其右者"。[1]

早在进驻重庆之前，二十一军集团的核心人物就对重庆的经济价值有了深刻的认识。刘航琛说："现代社会，以港埠的应变能力最大最快，如上海之吞吐，三百万五百万，立待可得。重庆自不平等条约订立以来，已成为内陆一大河港，人口二十余万，相当繁荣。以万县为门户，设立分关，经济活动相当广阔，是四川全省经济的枢纽。贵州、湖南、陕南等地的物资，亦多在此集散。四川以此为应变根据地，甚属理想。刘湘得此良埠，兼控附近十七县市，如能扩大码头，加强设施，必可有为。"[2]进驻重庆之后，刘湘的二十一军集团表现出对重庆城市经济的高度依赖。刘湘在致函实业部说明成立重庆市商品检验局时，甚至将重庆的城市地位提高到"国际"层面，他说，"查重庆位居长江上游，为西南巨埠，凡川省及康藏云贵所属商品，胥由此间出口运输，于国际市场颇著声誉"[3]。

事实上从 20 年代初期，刘湘已经发誓将重庆作为其事业发展的最好基地，决不能放弃，[4]并且将这个"通商巨埠"列为全军戍区的"首善地方"[5]，加以严密管制。由于军事的胜利，二十一军拥有广阔富裕的防区各县，"叙泸荣内富一带，地域广袤，绵长千有余里，奄有扬子嘉陵两江及沱江流域，河流纵横，既擅运输之便利，东南富庶更具物产之特殊，如富荣之盐，资内之糖，荣

［1］甘祠森，《最近四十五年来四川省进出口贸易统计序》，《新世界》第 106 期，1936 年 11 月，第 18 页。

［2］沈云龙、张朋园、刘凤翰，《刘航琛先生访问纪录》，台北："中央研究院"近代史所口述历史丛书 22 辑，1990 年，第 133-134 页。

［3］《商品检验所将改名为局 刘湘函实部说明成立经过 改局后便归实部直接管辖》，《商务日报》1934 年 3 月 11 日，第 10 版。

［4］吴祖沅，《一、二军之战》，四川省文史研究馆，《四川军阀史料》第 3 辑，成都：四川人民出版社，1985 年，第 36 页。

［5］《训令重庆市市长重庆警备司令部饬即发起俭德会并抄发提倡俭德办法一案》，《政务月刊》第 8、9 期合刊，1933 年 3-4 月，第 26 页。

隆之麻织，梁大铜壁之纸业，皆兼有农产品与人造品之优越成绩"[1]。防区的辽阔，使重庆的资源优势更加凸现。

作为刘湘开源养军的重要基地，重庆为刘湘提供了丰富的商业税源。二十一军在重庆的各种税收名目繁多，大致分以下几大类：（一）统费：由护商、江防演变而来。凡百货规定有税率者，照税率征收；无规定者，照估本5%征收。征收范围限于嘉陵江之北岸，以及渝中大路旱运路线及渝万水陆一段。同一货品因路线不同，税率有差异；自渝至万，更有中途与长途之分，税率轻重也不同；此外，江防税率还有轮运木运之分。（二）特税：即纯征以下商品的进口税，如煤汽油征收15%，卷烟20%，机酒20%（土产酒则5%），机糖20%（国产糖则10%），五金产品及原料从2.5%到10%不等，违禁五金材料，则征100%。（三）统捐：即凡百货的2.5%税收，征收范围是在川境内运行者，完税一次，概不重复。（四）渝北：即除重庆南岸外、嘉陵江北岸区域均属征税范围，均收2%。水道则分货物花色完税。（五）印花：为国税之一，征收税额均为1%。所有本市各商号买卖货物各种凭证单据账簿，以及契约状纸所贴印花，均系遵照国民政府须发条例与二十一军军部通令贴花办法分别施行。（六）地方附税：税率为2.5%，由地方附税经收处征收，以备偿还二十一军部债务。（七）邮包税：依照地方附税办法征税，税率1.25%。[2] 此外，还有电力厂费、马路费、自来水费等专为建设用款，取之于各种商品，税率不清，三项同时征收。[3] 如此下来，从成都到条约口岸重庆、万县这条线上，1933年有280个沿河税收站，据说1933年仅仅在重庆和泸县之间就有134个税收站。[4] 一旦有军事急需，还可随时以"军需孔急"的名义，在重庆"设立临时军费筹备

---

[1] 国民革命军第二十一军司令部政务处，《施政汇编》上编第二册建设纲要，1933年，第103页。

[2] 《重庆各种税收简说》，《四川月报》第2卷第4期，1933年4月，第14-17页。

[3] 民舌，《重庆市杂捐举要》，《民间意识》第23-24期，1934年12月20日，第175页。

[4] 李明良，《四川农民经济穷困的原因》，《四川月报》第2卷第6期，1933年6月，第1-28页。

处，出据向各商帮以六税收机关抵借现款"，以济军需。[1] 此外，由四川各地进入重庆的货物税源，也相当可观，以成渝之间的税收为例，"成渝道上，关卡林立，由重庆购买一百元杂货，从小川北运往成都，途程仅八百二十里，统计税捐，约在一百元左右，平均计算，每十余里，即有一税收机关。"[2] 当时，四川省善后督办公署下属的税收机构达 35 个之多。[3]

此外，重庆城市腹地中的非农业经济活动，也具有重大意义。刘湘防区中拥有的非农业资源的重要地区有：出口鸦片的涪陵、产盐的云安场、著名的万县口岸，以及 1933 年后取得的川西南自流井的巨大盐业。以特税（鸦片烟税）为例，此乃二十一军的重要财源。据《四川财政汇编》二十一军收支统计表，《四川农业经济》等文献记载，从 1928 年至 1935 年，二十一军成区各县的特税收入大致如表 5-1 所示。

表 5-1　二十一军历年特税收入统计表

年　别	收特税数/元	占总收入/%
1928	902 478.22	7.52
1929	3 193 410.64	16.65
1930	11 179 275.44	37.10
1931	8 352 144.70	30.44
1932	8 570 892.32	27.06
1933	9 277 876.18	20.55
1934	10 000 000.00	14.00
1935	9 493 468.40	19.00

资料来源：匡珊吉、杨光彦，《四川军阀史》，成都：四川人民出版社，1991 年，第 360 页。

原表说明：二十一军对各种鸦片税收在预决算中统称为特税。它与民国十二年（1923 年）四川创征之卷烟、煤汽油、机制酒、机糖、五金舶来品等名为特税者，系属两回事。

---

[1]《临时军费二十一军有摊还说》，《川盐特刊》第 40 期，1929 年，第 15 页。有关二十一军随时提取民间资本的情况还可参见：《二十一军将预提盐税五十万》，《川盐特刊》第 40 期，1929 年，第 16-17 页。
[2]《成渝道上之税捐》，《四川月报》第 2 卷第 5 期，1933 年 5 月，第 45 页。
[3] 刘航琛，《戎幕半生》，沈云龙，《近代中国史料丛刊续编》第 49 辑，台北：文海出版社，1978 年，第 29 页。

需要指出的是，有关二十一军特税收入的数字有不同的记载。以 1931 年度为例，二十一军"土税收入，为一千万元"，[1]1933 年度，则达 1 320 余万元，占当年总收入 4 780 余万元的三分之一。[2] 不同的数据所揭示的是丰厚的特税收入之于二十一军之意义。重庆是四川烟土的集散地，经营"特业"就成为重庆最大的行帮之一。在重庆集中的烟土，除内销外，很大部分是装运出口，外销湖北，再分散销售至全国。汉口是全国烟土最大的总集散市场，而由四川运到汉口烟土的运缴和进出口税为数最大。川帮烟商在汉口活动能力不大，往往资金周转困难，直接影响到四川烟土出口数量，相应地也影响到四川军阀的经济利益。无疑，占据重庆口岸的二十一军集团拥有得天独厚的特税资源。1931 年，刘航琛借此在烟土出口道经万县上出口税时，每担附加八十元，说凑存汉口四家银行，以作烟商押借之用，共收八十九万元。后经烟商请求，提出部分款子，设立了"新业银公司"，专门为川帮烟商扣期票和垫交税款。1934 年 5 月"四川新业银行"在重庆成立，专门办理有关鸦片的汇兑、押汇、运输等业务，并代各县鸦片烟商办理特税征收税证，继任二十一军财政处长的唐华任了董事长。这个有着官商背景的"鸦片银行"，开业一年即获纯利三十万元。此后，美丰、川康、川盐、重庆市民等银行，都在号称四川"特业大王"曾俊臣开设的烟号中投放了大宗款子。1934 年，刘湘因急需军费，便预先开出烟土特税期票，出高利在市上扣现济用。川盐银行董事长吴受彤就与业务部经理石竹轩等组织美益字号，专营这项期票扣现业务，从中获利。而新业等其他银行也有投资获利。[3]

再看盐税的收入。四川是产盐的大省，全省产盐区"约有二

---

［1］［美］吉尔门，《四川游记》（上篇），《四川月报》第 3 卷第 5 期，1933 年 11 月，第 9 页。

［2］逄庐，《四川财政之今昔》，《四川月报》第 3 卷第 2 期，1933 年 8 月，第 11-12 页。

［3］匡珊吉、杨光彦，《四川军阀史》，成都：四川人民出版社，1991 年，第 376-377 页。

十余县，实占全省面积四分之一"[1]，全川盐"每年产额达六百万担以上，价值六千万元"[2]，除供应本省外，川盐运销湖南、湖北、贵州、陕西等省。清末，盐税为国税，是四川财政收入的大宗，居各税之首。民国以后，盐税成为各派军阀自行提取的重要财源。为争夺自流井盐产区的控制权，为独占自流井盐税，四川各派军阀曾先后数次展开混战。而重庆是川盐转运的枢纽。四川盐运使署设在重庆，全川大多数经营运、销的总号也都设于重庆。刘湘凭借重庆的区位优势，先是向代收盐税款的中国银行强行提取，后则将开出的税单向各盐商强派认领。从1928年起，盐税款由刘湘、刘文辉瓜分提用。1932年"二刘大战"后，盐税款为刘湘独占。而由产地运往重庆的盐税附加也十分惊人，二十一军沿途设置关卡，巧立名目，征收过道捐。此外，还有不胜枚举的各种附加、预提等名目。以富荣引盐区域沿途所征附税为例：1926年二十一军征收者计有重庆黄沙溪、万县香国寺等10处，每年征收金额总数约 4 259 607 元。[3] 此外，据二十一军成区公布材料，1928年盐税收入为 5 714 494 元，是当年最高的一项税收，为田赋正额（990 317 元）的 47 倍，地方税（179 470 元）的 0.8 倍。[4] 以后各年，盐税在二十一军成区的各项税收中始终占据第二、三位，成为刘湘集团的重要经济支柱。[5]

就二十一军财政其支出状况看，从1928年年底至1933年年底，历年呈上涨趋势，而二十一军支出的最大宗为军费，1928年，军费支出 12 694 758.32 元，占总支出的 79.09%，1929 年军费支出 16 901 681.19 元，占总支出的 73.77%，而 1930 年军费为 22 261 436.53元，占总支出的 73.46%，1931 年军费支出占总支出

[1]《四川井盐调查》，《四川经济月刊》第 4 卷第 4 期，1935 年 10 月，第 40 页。
[2]《四川在我国之经济地位》，《四川经济月刊》第 3 卷第 1 期，1935 年 1 月，第 26 页。
[3] 杜凌云、彭惠中，《四川自流井盐税的掠夺战》，中国人民政治协商会议四川省委员会、四川省省志编辑委员会，《四川文史资料选辑》第 4 辑，第 186 页。
[4] 彭通湖，《四川近代经济史》，成都：西南财经大学出版社，2000 年，第 294 页。
[5] 据刘航琛回忆，"刘甫澄因有盐税的支持，因用减赋以表示对百姓的恩惠"，可见盐税在二十一军财政中的作用。沈云龙、张朋园、刘又翰，《刘航琛先生访问纪录》，台北："中央研究院"近代史所口述历史丛书第 22 辑，1990 年，第 194 页。

的 75.20%，即使是 1932 年军费开支最少的一年，其支出亦占 67.81%，1933 年为 72.33%。 再以这 6 年二十一军收入统计看，其收入种类有赋税（粮税、契典税、验契税、杂税及临时军费 5 项），税捐分税捐、烟酒、印花、杂收入 4 项；盐税分引税、整理税、票税等之合计；特税则为运销、吸食及种植特产物之罚金。二十一军收入最大宗为税捐收入，仅 1929 年捐税收入占全军收入的 42.22%；其次是赋税，1933 年占全部收入的 34.08%；第三项为特税收入，最末为盐税收入。 再据这 6 年的收支比较统计，二十一军的支出远远大于收入，最终是负债累累。 据 1933 年 12 月的二十一军负债统计，其负债种类有四种：短期借款，预提盐税，应付未付之款以及公债库券。 所谓短期借款即二十一军对各银行钱庄商号及各财团之债务，到 1933 年年底，共计欠此项债务达 1 100 余万元。 预提盐税是二十一军将 1934 年 10 月以前的盐税提前征收，共计 100 万元。 应付未付之款，是二十一军在 1933 年年底欠各部队各机关的经费，共计 500 余万元。 公债库券则为二十一军历年发行者，到 1933 年底，二十一军共计发行公债库券 9 种，其未还数量，本息合计 3 492 万余元。[1] 另据调查，截至 1933 年 8 月底，二十一军负债已经达到 3 700 余万元。[2] 某种意义上，二十一军财政负债实况，表明整个四川省，唯有重庆才有能力供养刘湘庞大的军事集团。

二、刘湘集团卷入城市经济建设

重庆的巨大经济价值，使得刘湘的二十一军集团对重庆的军事、政治依赖转向经济倚靠——以攫取城市经济资源为主要政策取向。 这一方面导致了刘湘集团在相当程度上卷入了城市经济的建设，另一方面也推动了一系列城市新兴产业政策的出台。 二十一军运用政权的力量，在多方面倡导重庆城市的政治、经济、城

---

[1] 以上六年统计数据参见兴隆，《六年来二十一军财政之回顾与今后之展望》，《四川经济月刊》第 1 卷第 5 期，1934 年 5 月，第 5-20 页。
[2] 逢庐，《四川财政之今昔》，《四川月报》第 3 卷第 2 期，1933 年 8 月，第 15 页。

市社会改良，不同程度地介入重庆的城市经济建设。 刘湘的二十一军集团由金融界渗透工商业及新兴企业的兴办和开发，使城市经济呈现金融—交通—工业—城市新兴建设事业的发展轨迹。 到抗战前夕，以刘湘为首的二十一军军阀官僚集团，通过由战争建立起来的政治权威，经营城市金融业，造成重庆城市银行业的高度集中，二十一军军人集团由此使用超经济的权威渗透城市工商业各行业，从而形成城市经济的垄断力量，被称为"重庆财团"[1]。 值得注意的是，这群大规模介入重庆城市金融与新兴产业发展的二十一军集团政要，多数又是拥有土地的大地主，即新兴的军阀地主。 时人评论说，这些新式的军阀大地主"在城市中，他们化身为工商业家，又到乡村中去，再化身为大地主，这真正成了'三位一体'的魔王了！"[2]

刘航琛回忆说："我以老百姓之资格，除为刘氏服务之外，自己也经营了一部分企业。 个人资本达四十余万美金。"[3]据宁芷邨回忆，刘航琛在重庆担任银行、工矿、贸易企业的董事长、董事、总经理等头衔就有70多个，[4]由于刘航琛在和重庆商帮打交道时，"往往以'同业'姿态出现，不以官势压人"[5]，颇得重庆商民的人心。 川康殖业银行也以官方银行身份"逐渐投资各种实业，如重庆电力厂，水泥厂，自来水公司，马路局修建马路，开始其殖业"[6]。

[1] 唐学锋，《简述抗战前的重庆财团》，《西南师范大学学报》（人文社会科学版）1992年第2期，第87页。

[2] 铁昂，《谜样的四川：破产的农村中的农民》，《读书月刊》第3卷第6期，1933年10月20日，第63页；相关研究还可参见张瑾，《四川军阀与封建土地关系》，四川大学历史系硕士论文，1988年。

[3] 沈云龙、张朋园、刘凤翰，《刘航琛先生访问纪录》，台北："中央研究院"近代史研究所口述历史丛书第22辑，1990年，第139-140页。 有关刘航琛介入重庆城市金融业、工业企业状况之研究，另参见陈详云，《刘航琛与四川金融业的发展（1930—1949）》，《辅仁历史学报》第三十三期，2014年9月，第144-184页；陈详云：《刘航琛与四川工业的发展（1931—1949）》，《辅仁历史学报》第三十四期，2015年3月，第180-230页。

[4] 宁芷邨等，《亦官亦商的刘航琛》，《重庆工商人物志》，重庆：重庆出版社，1984年，第235页。

[5] 宁芷邨等，《亦官亦商的刘航琛》，《重庆工商人物志》，重庆：重庆出版社，1984年，第249页。

[6] 《中国豪门》，中外出版社，1949年，第115页。

当"有了资金和银行，经济便到了自由运用的时候。我们进一步的计划，就是生产"，1930年，当"川康银行开幕之后，营业情况良好。因此一面积极经营，一面又积极筹设发电厂"[1]。重庆电力厂在创办之初"所需用的款项，概由刘航琛和康心如两位负责，由川康、美丰两银行出具期票若干张付与华西公司"[2]。

军人通过银行资本开始渗透入城市各新兴企业。仅以华西兴业公司及其承建的自来水厂、水泥厂为例，可以看出二十一军集团所控制的重庆银行业已经渗入城市新兴产业界，参见表5-2。

表5-2　二十一军集团渗透重庆市新兴产业状况表

姓　名	所在银行	华西兴业公司	重庆自来水股份有限公司	四川水泥股份有限公司	重庆电力股份有限公司	重庆证券交易所股份有限公司
甘绩镛	川康殖业	董事长	董事			
刘航琛	川康殖业 四川省银行 川盐（1937年11月代理）	董事长（1935年接任）	董事	常务董事	总经理	发起人
唐　华						监理官
康心如	四川美丰	常务董事	董事	董事	董事	代理/常务理事长
潘昌猷	重庆市民	董事	董事长	董事		理事长
吴受彤	川盐			董事长		理事
杨粲三	聚兴诚		董事	董事		理事

资料来源：唐学锋，《刘湘与重庆财团的兴起》，硕士学位论文，四川大学，1987年，第19页；《华西兴业公司》，《工商调查通讯》1941年第8期，第1-5页；杨新民，《重庆电力公司一瞥》，《四川经济月刊》1937年第7卷第5、6期合刊，第15-18页；《重庆证券交易所概况》，《四川月报》第4卷第1期，1934年1月，第51-55页；《重庆证券交易所开幕》，《四川月报》第7卷第4期，1935年10月，第56页；《四川省政府、四川省建设厅关于川盐银行（吴受彤）病故及其遗缺由刘航琛代理的批、指令》，重庆市档案馆藏0279全宗，档案号：02790002032830000080000，第80-83页。

---

[1] 沈云龙、张朋园、刘凤翰，《刘航琛先生访问纪录》，北京：九州出版社，2012年，第117页。
[2] 胡光麃，《波逐六十年》，沈云龙，《近代中国史料丛刊续编》第62辑，台北：文海出版社，1979年版，第296页。

华西兴业公司的成立，表明刘湘集团对重庆地区的经济建设的全面介入和控制。华西兴业公司成立于 1932 年 9 月，是在刘湘的支持下，由胡仲实、胡叔潜两兄弟筹资组织的。公司成立之初，资本为 20 万元，其业务以承建土木工程、承装承购机械等工程为主，承办进出口贸易为附。[1] 此后，该公司拟订了一个庞大的计划，准备以重庆为基地，开发川、康、滇、黔等地区的实业，具体内容有：①发展电力工业，兴建电力厂，以重庆为重点，次及江津、内江、成都等地；②在重庆设机器制造厂；③在重庆附近和铜梁、广安等处建新型煤矿；④建立炼油厂，设厂于重庆附近之煤矿区，提炼煤焦油；⑤建钢铁厂，厂设在重庆或威远；⑥建纺织厂，厂设重庆；⑦建化工厂，厂设重庆或自流井；⑧建水泥厂，厂设重庆；⑨兴建成渝铁路；⑩市政建设；⑪建立建筑材料制造厂，厂设重庆、成都。[2] 在相当程度上，华西兴业公司具有官方的垄断性质。"当督办公署认为需要设立某项工业，当即交由华西公司估计资金，筹划进度，延揽需用人才，并且负责承建"，一旦工厂建好，即需移交给二十一军军部（二十一军军部对企业有实际的控制权）。[3]

从华西兴业公司的资本来源看，创业之初，仅有资本 20 万元，其中刘湘投资 5 000 元，是"最大的股东"[4]，重庆各银行投资 9 万 5 千元。[5] 在华西兴业公司兴办的第一个企业——重庆电力厂建立后，在"重庆电力股份有限公司"的 200 万元资本中，

［1］有关华西兴业公司的沿革、资本组成、人事信息、营业报告及财务状况等信息参见《华西兴业公司》，《工商调查通讯》第 8 期，1941 年 12 月 21 日，第 1-5 页。
［2］宁芷邨，《华西兴业公司的演变》，中国民主建国会重庆市委员会、重庆市工商业联合会，《重庆工商史料选辑》第 4 辑，1986 年，第 3-4 页。
［3］刘航琛，《戎幕半生》，沈云龙，《近代中国史料丛刊续编》第 49 辑，台北：文海出版社，1978 年，第 165 页。
［4］康心如，《回顾四川美丰银行》，中国民主建国会重庆市委员会、重庆市工商业联合会文史资料工作委员会，《重庆五家著名银行》重庆工商史料第七辑，重庆：西南师范大学出版社，1989 年，第 58 页。
［5］刘航琛，《戎幕半生》，沈云龙，《近代中国史料丛刊续编》第 49 辑，台北：文海出版社，1978 年，第 165 页。

川康殖业和四川美丰两行的投资达 100 万元。[1] 而华西兴业公司兴建的四川水泥厂，川盐银行投资 28 万元，重庆银行投资 22 万元，川康殖业、四川美丰、聚兴诚三行各投 3 万至 5 万元。[2]

到 1937 年前，华西兴业公司主要承建了三大工程，即重庆电力厂、重庆自来水厂、四川水泥厂。 它还利用本省的资金创办了汽车修配厂、华西猪鬃厂、华泰木厂、华一砖瓦厂等。 此外，华西兴业公司专门为刘湘建立了 2 个钢铁厂：华兴机器厂和华联炼钢厂。 华兴机器厂建于 1934 年，资金由二十一军军部所出，该厂除承担华西兴业公司承建工厂所需的一部分机器和配件的制造外，主要为刘湘制造捷克花筒式手提机关枪。 为解决华西兴业制造各种机器，特别是造机关枪所需的特殊钢材，华西兴业公司又建立华联炼钢厂，其中，刘湘投资约有 60 万元。[3]

电力业是重庆城市的新兴公用事业。 1934 年 8 月，重庆军、商、金融等界头面人物刘航琛、潘文华、康心如、石体元、陈怀先、傅友周、胡仲实等发起集资创办重庆电力公司。 该公司额定资本为 200 万元，分为两万股，每股一百元；除由重庆市政府认入官股 30 万元外，其余均由发起人认募足额。 其内部组织为总经理以下，设有总务，会计、业务、工务四科。[4] 该厂设在大溪沟，发电能力为 3 000 千瓦，当年开始发电。 1935 年全年发电 349.62 万度，其中供民用照明和工业动力大体各占一半。 这是全川 31 个电厂中规模最大的厂家，仅资本一项，即比全省电力资本总数（156.22 万元）还多 28%。[5]

[1] 傅友周，《记重庆电力股份有限公司》，中国人民政治协商会议四川省委员会、四川省省志编辑委员会，《四川文史资料选辑》第 4 辑，成都：四川人民出版社，1979 年，第 47 页。
[2] 宁芷邨，《我对四川水泥厂的回忆》，中国人民政治协商会议四川省委员会、四川省省志编辑委员会，《四川文史资料选辑》第 4 辑，成都：四川人民出版社，1979 年，第 19 页。
[3] 宁芷邨，《华西兴业公司的演变》，中国民主建国会重庆市委员会、重庆市工商业联合会，《重庆工商史料选辑》第 4 辑，1986 年，第 18-19 页。
[4] 张肖梅，《四川经济参考资料》，中国国民经济研究所，1939 年，K4。
[5] 《四川电气事业调查表》，张肖梅，《四川经济参考资料》，中国国民经济研究所，1939 年，K4-5，10。

四川水泥股份有限公司，初由财政厅厅长刘航琛与行营协商，定为官股 40 万元，商股 80 万元。 官股由行营照拨。 商股由川盐银行董事长吴受彤认定 30 万元，重庆银行经理潘昌猷认定 25 万元，刘航琛认定 25 万元。 后来商股增至 96 万元。 此外，卢作孚、康心如，以及川康银行总经理何北衡，华西兴业公司常务董事会胡仲实、胡叔潜、宁芷邨等为发起人。 常务董事吴受彤、潘昌猷、刘航琛，吴受彤为董事长，宁芷邨为总经理。 董事有吴受彤、潘昌猷、刘航琛、关吉玉、卢作孚、康心如、宁芷邨、何说岩、邓子文、刘鸣生、王方舟；监察者为叶元龙、胡子昂、汪粟甫；候补董事为何北衡、胡叔潜；候补监察人为胡仲实。[1] 该公司规模较大，所有机器均为丹麦制造的产品，年产量 45 000 吨，占全国水泥产量的 4.5%。[2]

此外，刘湘的二十一军集团还在一定程度上支持重庆工商业的发展，对城市商业的发展起到了一定的积极作用。 20 世纪 20 年代末，重庆棉织业因税捐苛杂，不仅获利无望，且很难维持。刘湘对"五台以下之木机家庭工业，订有免税办法"，后又经布业公会之请求，"大小铁轮机厂家之棉纱颜料出城税及布疋进城税（均指渝城而言）皆一律减免"[3]。 1929 年重庆建市后，二十一军较为注重对重庆的商业管理。 市政府设置的专门管理商业的机构为社会局的工商行政科，下设商业工业两股，其职责是对市内商业予以保护、监督、奖励和改良；负责商业团体和公司、商号的注册登记；负责商品的检查、审查、奖励和取缔；调解工商劳资纠纷；调查统计大宗商品的市价与进出口状况；取缔违法商业活动。 1930 年又加上了平抑物价、管理日用必需品的公卖、负责市场物资供应和调整等职责。[4]

---

[1] 张肖梅，《四川经济参考资料》，中国国民经济研究所，1939 年，R111-112。
[2] 参见重庆市档案馆藏四川水泥股份有限公司 0270 全宗卷 1-5，卷 171 卷。
[3] 重庆中国银行，《重庆市之棉织工业》，中国银行总管理处经济研究室，1935 年，第 204 页。
[4] 重庆市工商行政管理局，《重庆市工商行政管理志·资料汇编》第 26 页，转引自隗瀛涛，《近代重庆城市史》，成都：四川大学出版社，1991 年，第 139 页。

加强以重庆为中心的交通建设也是刘湘驻渝期间的重要举措。 1927 年，刘湘在重庆成立了"渝简马路局"，以二十一军第一师师长唐式遵为渝简公路总局总办，负责督修四川第一条重要干道——渝简（重庆至简阳）公路。 然而，四川军阀上、下川东之军事行动，尤其是 1932 年至 1933 年的"二刘大战"使该工程陷于停顿。 30 年代初期，刘湘逐步整合四川，以重庆为中心的路政建设得以加快。 1932 年 8 月 1 日，成渝公路正式建成，在重庆举行通车典礼，同时改"渝简马路总局"为"成渝路政总局"。 该路全长 450 公里，在巴县境内约 60 公里，约有 20 公里在现市区（包括郊区）内。 重庆段起自通远门车站，经化龙桥、小龙坎、上桥、山洞、歌乐山、赖家桥至青木关入璧山县。 9 月，二十一军召开建设会议，决定加快川东公路建设，"成渝路政总局"改"四川公路总局"，以唐式遵为总办，甘绩镛为会办，以成渝为中心的四川公路建设得以进行。

参谋团入川以后，重庆的公路建设事业逐渐规范。 1935 年 2 月 26 日，川黔公路开工典礼在重庆南岸海棠溪举行。 同年 6 月 15 日，川黔路重庆至贵州松坎段全线竣工通车。 在参谋团的督促下，四川省政府按照统一标准整修旧公路。 到 1936 年 3 月，四川公路干线整修完成，共计 834 公里。 其中成渝路 444 公里，占 53.24%。[1] 第一次实现了以重庆为出发点，连接四川省主要地区的公路网络。 到 1937 年，四川省内形成了以成都、重庆为中心的公路网络和连接西南、西北各省的川黔、川湘、川陕等公路干线。 重庆的交通条件也随着这些公路的建成而大为改观。

四川的航空事业，始于 1930 年间，由中国航空公司辟沪蓉线，先通至重庆，揭开了重庆航空运输史上的新篇章。 沪蓉线航程长 1 981 公里，行程 7 个小时，途经长江各重要商埠，如南京、安庆、九江、汉口、沙市、宜昌、万县及重庆等。 1933 年 5 月 1

---

[1] 《军事委员会委员长行营整理川黔康三省公路经过》第 3-12 页，转引自隗瀛涛，《中国近代不同类型城市综合研究》，成都：四川大学出版社，1998 年，第 776 页。

日渝蓉线正式开航，接着渝昆线及欧亚航空公司的陕滇线，也先后飞行。 30 年代，仅以中国航空公司重庆事务所为例，计有汉渝段、渝蓉段、沪蓉段、昆渝段。 以沪蓉线为例，有沪蓉特别快班，每星期来回两次。 从 1936 年 7 月起，沪蓉快班飞航班次，已增至每星期来回三次。[1] 而汉渝段，飞行的班机较沪蓉线多开两班：从汉口西上渝市的班机每周二、三、五皆有，而东下汉口的班机在周一、二、三、六飞行。[2]

本来沟通重庆与外界的交通联络纯粹是军事上的考虑，但刘湘修建与整顿以重庆为中心的交通路线，却显示了另外的重要结果：那就是重庆与外界的联络，在相当程度上是对防区政治的封闭构架的解构。 以川江航运为例，连接川内外的轮船航运也超越了纯粹经济的意义，即：在文化上冲击着川人的封闭意识；在政治层面上为中央对地方的整合打下坚实的基础。 1937 年的 5 月，刘湘指示新成立的四川省政府有关部门制定"四川建设三年计划纲领"，内容包括"改进生产，增进社会富力"，"改进农业"，"计划造林"，"开发矿产"，"兴办主要工业"，"改进手工业"，"发展商业，以推销土产倡用国货为目的"，发展交通，辅助生产建设，主要铁路之完成与延展，公路网之完成，航路之增辟，"电讯之敷设"，"改进金融，发展各项产业"，"促成投资银行团之组成"，"扶植农工商业"等。[3]

某种意义上看，二十一军的经济举措反映了其占据重庆的牢固地位和权威的优越性。 换言之，对军阀而言，"只有安全地区的政权把他们的收入的重要部分用于经济发展。 因为只有这些政权充分自信他们的力量不会因失去土地而受到削弱，并以建立强大的经济力量来承担战争费用的办法，使他们自己更加安全"[4]。因此，在全面利用和搜刮城市资源的同时，刘湘的二十一军将其

---

［1］ 张肖梅，《四川经济参考资料》，中国国民经济研究所，1939 年，11。
［2］ 重庆市政府秘书处，《重庆市一览》，重庆市政府庶务股，1936 年，第90-91 页。
［3］ 周开庆、刘航琛，《刘湘先生年谱》，台北：四川文献研究社，1975 年，第150 页。
［4］ ［美］齐锡生，《中国的军阀政治——1916—1928》，杨若云、肖延中译，北京：中国人民大学出版社，2010 年，第149 页。

获得的财政收入的有限部分用于城市的经济建设，城市经济建设得以开展。刘湘驻渝时期的经济举措以获取城市资源为目标，主要体现在两个方面：一是扶持川江航运，并由此带动了城市其他经济部门的启动与发展；二是攫取城市金融资源的同时带动投入城市工商业的发展，并由此将金融资本投向城市工商企业。以交通带动工商的发展，以金融控制、垄断工商经济界，以军政人员投资城市新兴经济产业的范式实现了"军人干政"，以经济民族主义作为动员绅商的有力资源，获得民间较为广泛的认同。

第二节　城市经济的艰难起步

陈志让认为，中国近代的军—绅政权是"造成中国政局的不安定，破坏和阻挠交通运输，摧毁中国的教育，搅乱中国的货币制度。在它统治期间，中国新式工业的进步跟军—绅政权毫无正面的关系"。[1] 这个结论可以认为对研究军阀具有宏观的指导意义。不过，考察刘湘与重庆城市经济的互动关系，这个结论显然是不够的。刘湘时期，二十一军集团卷入重庆城市的工商业发展潮流，客观上推动了重庆城市经济的发展。

一、重庆早期工业化启动——现代意义经济部门的滥觞

从 1890 年到 1911 年这一阶段，就全国而言，正是中国民族资本主义工业进入初步发展时期，重庆工业生产刚刚起步，主要分布在火柴、缲丝、采煤、水电、玻璃和航运等少数几个行业。[2] 总体而言，重庆开埠以后城市工业的发展大大落后于商业贸易的发展，这是重庆区别于上海等沿海口岸的经济发展模式的重要特

---

[1] ［加］陈志让，《军绅政权——近代中国的军阀时期》，桂林：广西师范大学出版社，2008 年，第 183 页。

[2] 凌耀伦，《重庆近代工业发展述略》，隗瀛涛，《重庆城市研究》，成都：四川大学出版社，1989 年，第 102 页。

征。 开埠初期，外国人最感兴趣的是重庆作为中国内陆门户商业价值，重庆的商业贸易功能也显示出远远强于其他产业的能力。因此，开埠初期，西方人似乎并不急于在这个内陆口岸建厂设矿，而是贪婪地掠夺四川丰富的原材料。[1]

20 世纪 20 年代初期以后，尤其是刘湘统治时期，当全国资本主义处于"黄金时代"时，重庆的工业也在原有基础上有了相当的发展，有学者称这是近代重庆作为长江上游经济中心的初步形成时期。[2] 据统计，这一时期重庆市的近代工矿交通企业共约 20 余家，职工 2 000 余人，创办资本约一百五六十万。 尽管行业不多，规模不大，设备简陋，机械化程度低，但却标志着重庆的工业已经开始由小生产或手工生产转向现代化大生产或机器生产的轨道。[3]

战前重庆城市工业的发展，主要体现在：一、原有的近代机器生产行业如火柴、缫丝、煤炭、航运等业继续发展；二、出现了一批新兴的近代工业如皮革、钢铁、机械、棉织、水泥、制酸等工业。[4] 这些工业部门与刘湘的二十一军集团联系密切。 美国学者凯普评价说，"四川防区时代所发展的现代工业，就绝对数字来看，是微不足道的，但并不是一无所有，而且由于四川几乎是白手起家，所以发展是显著的"。[5] 有学者指出，"重庆近代工业产生和初步发展的意义，不仅仅在于它的生产规模和技术水平，而在于它的存在和发展趋势。"[6]

[1] 这一时期外资在渝设立的洋行远远多于工矿企业。 参见《重庆开埠史》第 35 页和《近代川江航运简史》第 92 页"川省外人经营矿产一览表"。
[2] 周勇，《近代重庆经济中心的初步形成》，隗瀛涛，《重庆城市研究》，成都：四川大学出版社，1989 年，第 138 页。
[3] 凌耀伦，《重庆近代工业发展述略》，隗瀛涛，《重庆城市研究》，成都：四川大学出版社，1989 年，第 105 页。
[4] 我们从重庆进口商品结构的变化看，1930 年进口重庆的 5 类大宗商品有棉货类、绒绸类、油料类、机电五金类、杂货类与开埠初期比较，棉货类、机电类等生产资料的商品进口比例上升，占据了进口商品的主要地位，而杂货、绒货类等生活资料的商品则相应下降，反映出重庆城市近代工业的产生和缓慢成长。
[5] Robert A. Kapp, *Szechwan and Chinese Republic*, *Provincial Militarism and Central Power 1911—1938*, New Haven and London: Yale University Press, 1973. p. 58.
[6] 隗瀛涛，《近代重庆城市史》，成都：四川大学出版社，1991 年，第 210 页。

这一时期的重庆工业代表部门的基本状况：

军事工业 四川的军事工业最早可以追溯到清政府的洋务运动。辛亥革命以后，军事工业成为军阀争夺的重点。重庆早期工业化从钢铁工业开始，而钢铁、机器工业的产生始于官办的军工企业。1928年，刘湘在重庆创办重庆兵工厂，这是"按照资本主义近代企业形式组建的军火工厂"。1931年重庆兵工厂拥有300多台机床，采用现代企业管理体制的经理制，下设分厂（车间）及总务、出纳、安全、保卫等科室，注重生产技术，高薪延聘一批军工生产的专家和技术骨干，并引进一批先进生产设备。1933年该厂增添一批重型机器和400余台机床，职工增加到2 000余人，改称24兵工厂，生产各种枪支（包括机枪、冲锋枪、手枪、步枪）以及多种迫击炮，生产的枪炮质量较高，为刘湘整合四川奠定了坚实的军事基础，成为西南最大的军事工厂。[1]另据记载，30年代初期，因刘湘积极扩充军备，重庆的军工厂总计十四五个，工人人数约5 000。[2]

钢铁工业 重庆最早的钢铁厂是官办的重庆炼钢厂。1919年，该厂由四川督军熊克武发起创办，地址在磁器口，耗资57万两建成。1920年从美国购置0.5吨和1.5吨贝化炼钢炉及发电机、锅炉、轧钢机、黄油锤与各种机床等机器设备。1923年开始建厂，因军阀混战及技术问题，直到1933年刘湘恢复筹建，并增添设备。1937年1月正式投产，产出西南第一炉电钢炉，为铸造军火之用。这是重庆重要的军事钢铁企业。[3]1935年，官商合办的华联钢铁厂创建，这个钢铁厂隶属于1932年创办的华西兴业公司自办的两个主要工厂之一（另一个厂是华兴机器厂），主要任务是为该公司制造机器和枪炮提供钢材。创办资本50万元，官商

---

[1] 彭通湖，《四川近代经济史》，成都：西南财经大学出版社，2000年，第240页。

[2] 《中共四川省委关于党在各种工人中组织情况的报告》（1930年6月25日），四川省档案馆、四川省总工会，《四川工人运动史料选编》，成都：四川大学出版社，1988年，第139页。

[3] 彭通湖，《四川近代经济史》，成都：西南财经大学出版社，2000年，第242-243页；《刘湘筹设川钢铁厂》，《新中华》第1卷第13期，1933年7月10日，第155页。

各半，由刘航琛任董事长，胡仲实、宁芷邨等为董事。厂址设在重庆大溪沟，有电炉、汽锤、淬火机、烘模炉、化铁炉等设备。1936 年工厂安装完毕，因技术问题未能正式投产。不过战前继续增资改造和扩大项目，并于江北择址建房，在彭水、涪陵、巴县一带建立铁厂，耗资 100 万元以上。虽因抗战爆发终止建厂，但为战时后方最大的重工业"中国兴业公司"奠定了基础。[1]

机器制造业 30 年代中期，中国工程师学会考察四川时指出：四川的机械工业尚属"萌芽"状态。[2] 据重庆商会统计，1933 年重庆有大小机器厂（社、店）42 家，其中工人在 20 人以上的仅 10 余家，不到 25%，其余多为几人的小厂（店）。在 1936 年以前创建的较大规模的机器厂有民营的励志机器厂、德康机器厂、宏安机器厂，分别拥有职工 40 至 60 人。[3] 此外，现代意义的机器企业有华兴机器厂和民生机器厂。华西兴业公司所属的华兴机器厂，属官商合办，1934 年建成投产，机器设备主要收买上海中国铁工厂设备，有各种车、刨、磨、铣车床及电焊、氧焊、淬火、铸锻等设备 100 余台。该厂技术力量雄厚，雇工 700 余人，能从事制造多种机器及枪支武器，投产后主要生产华西公司承建各种高工程所需部分机器及配件，如铜铝头、千斤顶等。同时生产锅炉、钢锤、保险柜、大电扇、磅秤等，能自行设计制成 40 匹马力的锅炉汽机全套。华兴机器厂还为二十一军制造捷克式手提机关枪，是战前四川最大的近代机器制造工厂。[4] 民生机器厂为民营资本，1928 年由卢作孚创办，创办时资本 2 万元，职工 10 余人。到 1935 年，资本达 30 万元，职工 273 人，有车、铇、铣、钻各种车床 37 台，气锤及其他专用机器 10 余部，100 匹马力

［1］吴培荣等，《重庆钢铁机器业概述》，文史资料工作委员会，《抗战时期重庆民营工业掠影》，重庆市工商业联合会，1986 年，第 40 页。
［2］胡庶华，《中国工程师学会四川考察团报告·总论》，中国工程学会，《中国工程师学会四川考察团报告》，中国工程学会，1935 年，第 2 页。
［3］《重庆市属之机械工业》，《工商特刊》创刊号，1933 年 4 月，第 113-116 页。
［4］彭通湖，《四川近代经济史》，成都：西南财经大学出版社，第 244 页。另据《华西月刊》资料，华兴机器厂主要生产供应二十一军部队所需要的轻机关枪。见《华西兴业公司》，《工商调查通讯》第 8 期，1941 年 12 月 21 日，第 4 页。

煤气引擎 2 部，总计各种机器设备 86 台，这是战前重庆最大的民营机器厂，主要为民生公司修理船舶服务。拥有较强的技术力量，重视培养人才，战前已能大修和改造川江轮船，1934 年成功改造英国 1 300 多吨位的"万流"轮。[1] 到 1937 年资产增至 48 万元，职工 403 人。[2]

火柴业 重庆的火柴业之繁盛"久已驰誉遐迩"，30 年代中期，原本手工制作的火柴业多改用新式机械制造，以开拓省外销场，发展省内营业的改革整顿之路，呈现较好的发展势头。据 1934 年的调查数据，重庆市火柴业主要企业有：（一）华业火柴公司。制造厂设于江北，为本市商人联合组织，有工友六七十人，每年出产二十余万箱火柴，其商标为黑头双鸦电棒三星老鹰牌、小鹰牌、红头狮球牌等十余种，质地甚佳，足驾江浙火柴厂成品之上。又因采机器制造，故生产效率极佳，年来尚可逐利。（二）大明火柴公司。制造厂设于城区，为渝中政商界人士联合组织。设备亦甚完备，其组织分营业工务会计三部，有技师一人，工友四十余人，专运销省内外各地。商标有黑头全处牌雄飞石桥如意灵芝饭碗等五种。燃烧力颇强，与华业公司出品，尚无异致。（三）江巴火柴公司。为重庆市两县绅商合股组织，建厂历时七年，设备组织亦较其他厂为佳，厂址设于江北，厂中设有管理员技师工友共 100 余人。每年可出产火柴四十万箱，专运销申汉京津各大商埠等，据重庆海关 1933 年的统计，舶来品进口火柴也因此大受影响，每月减少十余万箱。（四）盖光火柴工厂。厂址设于本市附近，该厂虽开办未久，而其成绩，亦逐渐改良，近复购有新式火柴机器，以期切实整理。出品有手枪、美女、保险三种，每年产量额为十一余万箱，发展殊未可量。此外，外省开设在重庆的火柴企业有：（一）上海闸北中国火柴公司。出品有明星、多子、石榴、洪福、镇江红谷等。（二）上海龙华大明火柴公司。出

---

[1] 凌耀伦，《民生公司史》，北京：人民交通出版社，1990 年，第 70-74 页。
[2] 民生公司档案，总 2685 卷，《民生机器厂》，转引自凌耀伦，《重庆近代工业发展述略》，隗瀛涛，《重庆城市研究》，成都：四川大学出版社，1989 年，第 109 页。

品有燧人、百子、喜鹊闹梅、救国等四种。（三）青岛华北火柴公司之良心牌。（四）楚印火柴公司之球星牌。（五）民义火柴公司之砚谷牌。 共20余种。[1] 至1936年，全川有34家火柴厂，其中15家在重庆，占44.12%；创办资本，重庆为16.57万元，占四川的36.86%；年产量，重庆为2.72万箱，占四川的58.31%；工人，重庆为3 637人，占四川的55.28%。[2]

化学工业 1933年开始，重庆陆续兴建了9家提炼煤油的炼油厂，煤油供重庆及川东南各县照明之用，每月产值10万余元。[3] 1935年，创办了重庆唯一的一家生产酸类的工厂——广益化工厂，该厂资本5万元，年产硫酸100吨，硝酸5吨，盐酸5吨。 1935年5月，民族资本家吴蕴初将在上海创办的天厨味精厂、天原化工厂、天利氯气厂迁来重庆江北，这是重庆较早期的现代化工企业。 此期全国制酸工厂仅有18家，四川两家，重庆的广益产量不多，仅占全国酸产量的0.2%。[4] 1936年11月，中国植物油料厂重庆分厂在江北创立，由中国桐油专家温湘兴主持。该厂设备及生产工艺均较先进。 据30年代对以重庆为中心的化学工业的调查，重庆已经出现15万元资本的大厂，工人人数达到100人。 但有人指出，如果与同一时期的上海工业相比，重庆化学工业规模仅值上海的一个化学工厂。[5]

缫丝业 缫丝业是重庆使用机器生产的第一个行业。 据海关统计，到1931年底，全川17家机械缫丝厂中有9家在重庆，占

---

[1] 以上数据参见《调查：重庆火柴业概况》，《四川善后督办公署土产改进委员会月刊》第1卷第4期，1934年10月，第110-112页。 需要指出的是重庆华业火柴厂统计数据有不同记载，另据二十一军工业试验所调查，成立于1931年9月，拥有资本8万元的重庆华业火柴厂设在南岸弹子石，系股份有限公司。 该厂有男女工人120余名，所产火柴每月约占重庆本地火柴厂总产额三分之一。 参见：《重庆华业火柴厂概况》，《四川月报》第2卷第6期，1933年6月，第82-86页。

[2] 《全川火柴厂概况》，张肖梅，《四川经济参考资料》，中国国民经济研究所，1939年，R119-R124页。

[3] 张肖梅，《四川经济参考资料》，中国国民经济研究所，1939年，R73-79页。

[4] 隗瀛涛，《近代重庆城市史》，成都：四川大学出版社，1991年，第220-221页。

[5] 徐崇林，《四川工业的现状及其发展的前途》，《新蜀报四千号纪念特刊》，1934年5月，第110-111页。

53％，全川机器丝车 5 996 部，重庆有 2 800 部，占 46.70％。[1]
另据张肖梅 30 年代中期的调查，新兴的机器大工业在重庆也开始
出现，"全川备有新式机械及按现代新法组织之缫丝厂，仅有 20
家，计丝车 6 258 架，其中重庆有 7 家，占总数的 35％，缫丝机
2 164 台，占全部缫丝机的 34.58％，而设在江北的缫丝厂有 3 家，
占总数的 15％，1 012 台缫丝机，占总数的 16.17％"。 到抗战前
夕，重庆的缫丝厂有 10 家，占全川的 50％，有丝车 3 176 部，占
50.75％。[2]

棉织业 战前重庆棉织业和染织业发展迅速，并出现了一些
拥有部分近代机器设备的企业。 这些规模较大，发挥巨大影响的
企业有创建于 1912 年重庆南岸的裕华染织厂，创办资本 10 万元，
拥有织布机、毛巾机、织袜机共 400 多张，工人 700 余人，是一个
规模较大的近代染织企业。 建于 1919 年的庆华织造厂，资本 7 万
元，设有龙头织机、斜纹机、打花机等，有工人 85 人。 1928
年，本行业中又出现若干使用现代设备的新兴企业。 如大中袜
厂，资本达 10 万元。 1930 年创办的渝德机器染织股份有限公
司，资本也是 10 万元。 设有锁炉、烘干机、褶布机、压布机、蒸
汽机等近代设备，有工人 70 余人。[3] 1930 年，卢作孚在北碚创
设重庆第一家机械棉织工厂——三峡染织厂，固定资本 6 万元，设
有电机 2 部，职工 200 余人。 1934 年，该厂拥有电动织机 30 台，
铁轮织机 76 部。 1936 年创办于重庆的景纶织造厂，资本 15 万
元，设有缝衣电机 20 余部和马达 1 部。[4] 1933 年，全市全年棉
布产量曾达 100 万匹以上，主要产品有各色花布、市布、胶布、呢
布，以及毛巾、袜子等。 产值增至 500 万元以上。[5] 到抗战前

[1]《重庆海关 1922—1931 年十年报告》，周勇、刘景修，《近代重庆经济与社会发展：
  1876—1949》，成都：四川大学出版社，1987 年，第 363 页。
[2]张肖梅，《四川经济参考资料》，中国国民经济研究所，1939 年，R21。
[3]彭通湖，《四川近代经济史》，成都：西南财经大学出版社，2000 年，第 261 页。
[4]凌耀伦，《重庆近代工业发展述略》，隗瀛涛，《重庆城市研究》，成都：四川大学出版
  社，1989 年，第 109 页。
[5]《重庆市棉织工业》第 196 页；张肖梅，《四川经济参考资料》，中国国民经济研究所，
  1939 年，R12-13。

夕，据中国国民经济研究所对全川 18 家主要棉织厂的调查，重庆占四川的 66.66%。[1]

食品工业 重庆的食品工业以面粉业为代表。 由于刘湘的二十一军在军事上的需要，以及重庆城市人口的与日俱增，对面粉的需求量增长，刺激了重庆面粉业的发展。 这一时期，该行业呈上升趋势，比较发达。 其中主要有：新丰面粉厂，由单松年筹资创建，资本 15 万元。 瑞丰机器面粉厂，资本 30 万元，全部使用电力制粉。[2] 新丰"面粉优良，为本市各厂面粉之冠"，产品"行销本市，及川东一带"[3]。 先农公司，为重庆商人集资组织，1929 年 8 月成立，经理鲜伯良、邹列三，资本 10 余万元，厂址设于城内新丰街，江巴两县均设有分销支店。 制造方法纯系机械水力制造，先农公司被称为重庆市成立最早的面粉厂，出品最优，销场颇广，"除供给本城人礼品面店日常需用而外，其次应推下东各县，如江津，涪陵，石柱，酉阳，合川，秀山，黔江，万县，宜昌，梁山，大竹等处，每月营业约六七万元，暨十余万元不等"。[4] 岁丰面粉公司，1930 年 3 月成立，厂址设南岸王家沱，经理杨凤崙，资本 5 万元，出品行销重庆市江巴一带，由于因"牌子幼稚，未能卖开，营业本属于平常"[5]。 1930 年，3 家面粉厂合组成三益面粉公司，资本 33 万元，月产面粉 1 050 袋，39 900 斤，全部供重庆市内销售。 1934 年，新丰面粉厂改为复兴面粉厂，生产规模进一步扩大。 不过，由于"市面需要有限，而三厂又努力磨制，于是形成供过于求，营业竞争即起，且愈演愈烈，尤以去岁（1932 年）为最甚"[6]。 此外，在重庆的其他食品工业还有：1919 年创设的厚记聚生茂味精酱油厂，资本 55 万元，有压

---

　[1] 隗瀛涛，《近代重庆城市史》，成都：四川大学出版社，1991 年，第 192 页。

　[2] 彭通湖，《四川近代经济史》，成都：西南财经大学出版社，2000 年，第 262 页。

　[3]《重庆面粉业近况》，《四川农业》第 1 卷第 5 期，1934 年，第 58 页。

　[4]《重庆面粉业调查》，《四川经济月刊》第 2 卷第 6 期，1934 年 12 月，第 10 页；《重庆面粉业近况》，《四川月报》第 9 卷第 6 期，1936 年 12 月，第 159 页。

　[5]《重庆面粉业近况》，《四川农业》第 1 卷第 5 期，1934 年，第 58 页；《重庆面粉业近况》，《四川月报》第 9 卷第 6 期，1936 年 12 月，第 159 页。

　[6]《重庆市机制面粉业之过去及现在》，《工商特刊》创刊号，1933 年 4 月，第 111-113 页。

榨机等设备；1931 年创办的重庆牛奶厂，资本 8 万元，有冷藏室、消毒室、牛奶房，生产牛奶黄油等产品；1936 年创建的生生农场制贮股份有限公司制造厂，资本 12 万元，生产各种罐头、橘子汁、果酒、酱油；1936 年创办的新新冷藏股份有限公司，资本 10 万元，有制冰厂及冷藏库生产透明冰硅。[1]

煤矿业　重庆的煤矿业是随着城市建设和经济发展起来的新兴工业企业。　1905 年，英国商人立德依据不平等条约，收买江北厅东山龙王硐 6 个土煤窑，创立"华英煤铁公司"，注册资本 69 万元，这是重庆机器采煤的开始。[2] 1928 年，军阀兰文彬在北碚独资创办宝源煤矿，资本 30 万元，兰自任董事长和总经理。　该矿收买当地矿坑小煤窑近 20 处，设置了 5 个厂，矿区面积 270 余公顷，部分煤厂备有发电机，有一部半机械化的开山机，挖煤仍用手工土法。　该矿修筑了运煤河道和长达 13 华里的运煤铁道。1934 年改为股份有限公司，发展成拥有职工近 2 000 人的大型煤矿，不过战前的年产量仅 5 万余吨。[3] 1933 年 6 月，民生公司与北川铁路公司联合，合并北碚嘉陵江煤区 6 个较大的土法开采煤窑，组成统一的天府煤矿股份有限公司，额定股本 24 万元，其中 6 个大厂资产折股 12 万元（民生公司投资 10 万元，北川公司投资 2 万元），职工 1 200 余人，选举卢作孚为董事长，聘黄云龙为总经理。　公司内设事务、矿务、会计、业务与文书等科室。　经营上改"租客制"为包工制，即工人的工资、伙食由包工头开支，工料由公司供给，开采范围、质量、数量由公司决定，煤炭全归公司支配。　生产方式尽管仍然是土法，但采煤已与新式的铁路运输联系。　这是战前重庆最有规模和影响的企业。　煤矿业的发展推动了重庆城市经济的发展。

造纸与印刷业　20 年代以后，随着新闻、出版业的兴起，以

———————

[1] 彭通湖，《四川近代经济史》，成都：西南财经大学出版社，2000 年，第 262 页。
[2] 唐白异，《英人立德乐掠夺江北煤矿纪要》，《重庆工商史料》第 1 辑，重庆出版社，1982 年，第 6-10 页。
[3] 兰泽惠、鲜伯良，《兰文彬和宝源煤矿》，中国民主建国会重庆市委员会、重庆市工商业联合会，《重庆工商史料选辑》第 5 辑，内部发行，第 137-139 页。

及新式学校的学生书本需求，重庆近代印刷业发展较快。 据初步统计，战前四川创办机器印刷业共约 30 家。 这些印刷厂多集中在成都和重庆，其中，重庆较有影响的有新蜀报印书馆，1921 年创建，商办，资本 70 万元，工人 90 余人；新文化印刷社，1922 年创办，资本数万元，工人 70 余人；"渝商印刷公司" 1930 年创办，资本数十万，工人 90 余人；新民印书馆，资本万余元，工人 30 余人；巴蜀印刷所，资本数万元，工人 160 余人；启文印刷公司，资本 5 万元；新华月报印刷厂，1937 年创办，资本十余万。[1] 抗战爆发前，重庆城内有 12 家较大的用现代方式经营的印书馆或印刷局和 100 余家石印小厂。 其中德新、渝商和新民三家印刷厂被称为"三巨头"，可以印刷对开报纸和各种书刊，以及商业广告。 1931 年，重庆印刷业总资本为 40 万元，常年营业额20 万元。[2]

制革业 重庆的制革业由四川军阀战争需用军用革制品而刺激发展起来。 1916 年成立的重庆中华制革厂，资本达 2 万元，有锅炉、压皮机、磨光机等设备。 1916 年创办的重庆复兴制革厂，也采用部分近代生产设备。[3] 而成立于 1921 年的重庆求新制革厂，资本 15 万元，"该厂机械之部，在西南三省中，当首屈一指"，在 1925 年至 1927 年间，营业额达 30 万元。[4] 据统计，到抗战前夕，重庆已有机器制革厂 16 家，总资本在 20 万元以上，年贸易额在 100 万元左右。[5]

---

[1] 彭通湖，《四川近代经济史》，成都：西南财经大学出版社，2000 年，第 260 页。
[2] 《重庆海关 1922—1931 年十年报告》，周勇、刘景修，《近代重庆经济与社会发展：1876—1949》，成都：四川大学出版社，1987 年，第 373 页。
[3] 彭通湖，《四川近代经济史》，成都：西南财经大学出版社，2000 年，第 262 页。 另据《四川月报》数据，成立于 1916 年的中华制革厂，资本为 2 万元，系股份有限组织。 参见《重庆制革业调查》，《四川月报》第 8 卷第 4 期，1936 年 4 月，第 128 页。
[4] 《重庆求新制革厂概况（据二十一军戎区中心工业试验所调查）》，《四川月报》第 2 卷第 6 期，1933 年 6 月，第 79-82 页。
[5] 张肖梅，《重庆制革业调查》，《四川经济参考资料》，中国国民经济研究所，1939 年，R118-119。

二、军—绅政权的经济基础：城市金融业的畸形繁荣

二十一军因税收而依赖着重庆的商人，重庆商业的发展也在相当程度上依靠军人的保障。商人企盼刘湘的二十一军不断壮大，上层绅商主动靠近军人，并常常为军人解燃眉之急——筹募款项。重庆商人与刘湘及二十一军之间的关系，表明城市商人屈服于"军人干政"，并逐渐成为军绅政权中稳固的结构。刘湘军事集团对重庆城市金融业的渗透和控制，是其实施"军人干政"的重要经济基础。

重庆为刘湘提供了一个广阔的"理财"平台，那就是重庆城市的金融业。四川军阀混战时，重庆城为兵家必争之地，占据重庆，便可以有"十分之七八"之胜券在握，究其原因，此乃重庆"'金融'之潜势力"。事实上，重庆的价值并非仅仅体现在川军混战时期，1926 年后，和平时期的重庆，更为二十一军"军备之扩充""军需之支拂"，以及"军实之准备"提供保障，而这一切，"几无年不与'金融'二字息息相关"[1]。

刘湘对重庆的占据，是其实现控制重庆城市金融界的重要前提。20 年代中期前，二十一军尚未独占重庆。尽管军阀混战，战事却"未进薄城郭"。重庆城免去了战祸的侵扰，尚有一些"安定气象"。然而，躲过了战火的重庆，不得不面临另一番景象：二十一军"军需之筹集，日趋烦重"，"重庆遂愈入烦征重敛之中矣"[2]。从 1922 年到 1925 年黔军被逐出四川，几乎每年一到战争爆发，军队开拔，以及失败时离城之先，各军的战争费用均靠"筹款"维持。此间，筹款全由重庆商会经办，数目从十万元到百万元不等，而这些款项都是"向银钱业、货帮、及富绅地主等摊筹"[3]。

---

[1] 重庆中国银行，《重庆经济概况》，重庆中国银行发行，1934 年，第 17-18 页。
[2] 重庆中国银行，《重庆经济概况》，重庆中国银行发行，1934 年，第 9-14 页。
[3] 重庆中国银行，《重庆经济概况》，重庆中国银行发行，1934 年，第 18 页。

1928 年初，为了抵御杨森、罗泽洲的进攻，刘湘又将永川、荣县、隆昌、内江、资中等防地转让给刘文辉的二十四军，以取得刘文辉的支持。于是二十一军税收更感"支绌"，连同盐税计算，全部岁入，计仅六七百万元，以此供二十一军三四万余人的薪饷和政费等，每月不足 50 万元。[1] 及至打败杨森、罗泽洲联军，刘湘占据了杨森在原下川东的辽阔防区。而与此同时，二十一军的部队也增至 7 万余人。随着防区的拓展，军费的开支也十分浩繁。为了养军，甘绩镛等人采取了三种筹款（借贴）办法：①多提盐税，令盐商预缴；②由盐商以应预缴之盐税作基金，出立期票交政府、金融界贴现；③由二十一军财政处借旧商号钧益公名义出立期票，向金融界贴现，到期由政府拨款揭票。[2]

同年底，二十一军实施提盐税的筹款办法已激起重庆市工商金融界的强烈不满。从 1929 年起，刘湘启用刘航琛整理财政。刘航琛由二十一军财政处副处长，很快升任处长，并"授以财政军需经济全权"。[3] 1928 年，二十一军负债总额已达 700 余万元，[4] 刘航琛认为，"如仍照从前办法，仅赖征收地赋，强派借垫，决不可能筹到巨款来扩充军队。根本之计，在于加重税捐、争取盐税、整顿特税。但仍有缓不济急之时，必须仿照南京政府发行公债，化远期款为现款，以应急需。同时利用金融界和商帮的实力，作为缓急相通，不必将它们当作强派硬索的对象"。[5] 刘航琛改变向重庆商帮派垫的做法，采取大量发行公债、库券的方式，而以银行为主要推销对象。尽管并未减轻税收，却有着所

［1］重庆中国银行，《四川省之公债》，德新印刷局，1934 年，第 2-3 页。
［2］重庆中国银行，《重庆经济概况》，重庆中国银行发行，1934 年，第 19 页。
［3］刘航琛，《戎幕半生》，沈云龙，《近代中国史料丛刊续编》第 49 辑，台北：文海出版社，1978 年，附录第 28 页。
［4］重庆中国银行，《四川省之公债》，德新印刷局，1934 年，第 3 页。
［5］宁芷邨等，《亦官亦商的刘航琛》，《重庆工商人物志》，中国民主建国会重庆市委员会、重庆工商联合会文史资料工作委员会，重庆：重庆出版社，1984 年，第 218 页。

谓"苛而不扰"的姿态。[1] 在此思想指导下，刘航琛对二十一军财政进行了三个方面的改革。[2]

整顿税收，增加收入。 刘航琛首先将刘湘的防区原35个税收机关裁汰，合并为一个税捐总局。 然后在重庆成立二十一、二十四两军财务统筹处，与占领自贡盐场的二十四军共同瓜分四川的盐税。 同时，在二十一军防区内，强令种植鸦片，鼓励运销，大收烟税。 此外，又制订整顿田赋的方案，重新清理田地面积，增加田赋税收。 此其一。

成立总金库，发行粮契税券。 刘湘所部的财政收支最初由中和银行代办。 1930年秋，经刘航琛建议，又成立二十一军总金库。 二十一军总金库除办理军费收支外，主要是发行粮契税券。这种税券票面金额，分为1元、5元、10元三种，由二十一军通令防区各税收机关征收税款是只限于接受粮契时期，一律不准接受其他钞票或票据。 纳税人必须先用银元兑取税券，始能完粮纳税。 实际上粮契税券成了变相的钞票。 此其二。

以各种税收作抵，大量发行公债库券。 1932年3月，唐华继任二十一军财政处处长，仍继续推行刘航琛的改革措施，并采取了"财政无限制地为军事所用"的政策，[3]开始发行库券，"指定确实可靠之收入，拨作基金，组织保管委员会管理，并由各家银行，轮月办理经收经付事宜，略为化急为缓，稍纾财方"。"二刘大战"结束后，二十一军防区戍区虽增至56县，然"不敷数字，

[1] 事实上，从目前能够看到的民国报刊文献，所谓"苛而不扰"多成摊派债券的另一种说法。 参见《二十一军部仍不准免盐帮公债》，《川盐特刊》第114期，1930年，第16页；《渝盐业公会为摊派二十一军军需公债致各号函》，《川盐特刊》第165期，1932年，第32-33页；《重庆市商会请停搭销盐库券未准》，《四川月报》第3卷第5期，1933年11月，第26-36页。

[2] 另据二十一军整顿财政的具体计划，分为过渡办法与永久办法两步，其目标口号为"收回渝税、办理储蓄、筹借款项、固定预算、整理债务、兼筹并顾"。 参见《二十一军整理财政之方案》，《建设月刊》第1卷第5期，1929年9月1日，附录第1-3页。

[3] 刘航琛，《戎幕半生》，沈云龙，《近代中国史料丛刊续编》第49辑，台北：文海出版社，1978年，第14页。

更为增巨"，发行公债库券成为必需手段，"非续发不能周转"[1]。1932年4月至1935年1月，二十一军共计发行15种债券，票面金额达6 620万元。[2] 通过发行公债，建立银行、兴办实业等举措，二十一军军政要员开始介入重庆城市的经济建设事务，由金融业进而渗透到城市的工商业和新兴企业。此其三。

表5-3　二十一军发行库券公债一览表

债券名称	发行总额/元	利率	发行种类	基金及保管机关	起止年月
一期整理重庆金融库券	2 000 000	每月一分二厘	一万元、五千元、一千元三种	渝万税捐作基金每月拨足二十七万元	1932年4—11月
一期盐税库券	1 500 000	每月一分二厘	一千元、五千元两种	此十个月内每月盐税款正税十七万五千元	1932年9—1933年6月
二期整理重庆金融库券	3 000 000	每月一分二厘	一千元、五千元两种	渝万税捐作基金每月拨足三十万元	1932年12—1933年9月
二期盐税库券	5 000 000	每月八厘	十元、五十元、一百元、五百元、一千元五种	川南及下川东盐税票厘项下每月拨足十四万元	1933年7—1937年8月
三期整理金融库券	2 500 000	每月一分二厘	一千元、五千元两种	渝万税捐作基金每月拨足二十五万元	1933年10—1934年7月
一期整理川东金融库券	5 000 000	每月四厘	十元、五十元、五百元、一千元四种	地方赋税项下每月拨足七万元	1932年7—1940年10月

---

[1] 渝行，《川省二十一军发行之公债库券纪略》，《中行月刊》第6卷第5期，1933年5月，第54-55页。

[2] 周开庆，《四川经济志》，台北：商务印书馆，1972年，第127页。现有文献中，有关二十一军债券发行数额有不同的记载，据唐学锋对刘湘"重庆财团"形成过程的研究，可以看出二十一军发行公债时期在重庆快速敛财的重要方式，其所取得的利润是极为丰厚的。为推销各种债券，二十一军分别从4厘、8厘、1分2厘等不同月息，按票面额6折或7折向社会发行。二十一军又规定，各种债券可以自由买卖、抵押，凡公务所需交纳保证金时，债券可作为替代品，并为银行之保证准备金。于是，各银行均把大量资金用于认购这些债券，从中牟取暴利。参见唐学锋，《简述抗战前的重庆财团》，《西南师范大学学报》（人文社会科学版）1992年第2期，第90页。

续表

债券名称	发行总额/元	利率	发行种类	基金及保管机关	起止年月
二期整理川东金融库券	1 200 000	每月四厘	十元、五十元、五百元、一千元四种	地方附税项下每月拨足一万六千八百元	1932 年 11—1941 年 2 月
军需债券	1 000 000	每月八厘	十元、五十元、五百元、一千元四种	重庆税捐项下每月拨足二万八千元	1932 年 12—1937 年 1 月
印花烟酒库券	5 000 000	每月八厘	一百元、五百元、一千元三种	二十一军戍区内印花烟酒收入每月拨足十四万元	1933 年 4—1937 年 7 月
三期盐税库券	3 500 000	每月一分两厘	一千元、五千元两种	每月由盐款正税内拨足三十五万元作为基金	1934 年 1—11 月
田赋公债	15 000 000	每月四厘	一元、五元、十元、五十元、一百元五种	按粮分派于 1933 年冬及 1934 年 3 月以前十足交款分七年于应完丁粮内扣还清楚	1934 年 1—1941 年 1 月

资料来源:渝行,《川省二十一军发行之公债库券纪略》,《中行月刊》1933 年第 6 卷第 5 期,第 55 页;《四川二十一军部发行整理重庆金融库券》,《中行月刊》1932 年第 4 卷第 5 期,第 50-51 页;《二十一军发行盐税库券五百万元》,《四川月报》1933 年第 2 卷第 2 期,第 27-28 页;《二十一军第二期盐税库券搭销办法》《二十一军发行之印花蒸酒库券条例》,《四川月报》1933 年第 2 卷第 4 期,第 52-53 页;《二十一军发行印花烟酒库券之检讨(附表)》,《聚星》1933 年新 1 第 4 期,第 6-17 页;遂庐,《四川财政之今昔》,《四川月报》1933 年第 3 卷第 2 期,第 13-15 页;《发行印花烟酒库券》,《革命军人》1933 年第 4 期,第 28-29 页。

　　刘航琛的财政改革,是刘湘集团渗透并控制重庆城市金融界的重要标志,为二十一军开辟了广阔的财源。 仅合并税收机关一项,二十一军就可节约开支 60 多万元。[1] 改革施行的第一个

---

[1] 刘航琛,《戎幕半生》,沈云龙,《近代中国史料丛刊续编》第 49 辑,台北:文海出版社,1978 年,第 32-33 页。

月，督办公署财政赤字不仅消除，而且还有余额 140 多万元。
1929 年，二十一军的财政收入比 1928 年增加 711 万 8 000 多元，
1930 年更比 1928 年增加 1 813 万 8 000 余元。[1] 刘航琛的财政
改革，基本结束了过去二十一军任意摊派、借而不还的做法，到
1931 年春，基本保证了对工商、金融界的"随借随还"[2]，二十
一军发行之一系列公债库券所表现出的可靠"信用"，维系着二十
一军集团与地方金融资本的良好而稳定的新型关系。 这些大规模
发行的公债库券做到了"所有各案到期应付本息，平时固未失
信，即在战时亦照票券履行，信用实属昭著，基金及管理亦称切
实"；对民间资本而言，他们表现出积极的"合作精神"，"乐于"
投资这些"手续既便，利息又厚，风险亦小"的公债库券。 显
然，在他们看来，这样的投资"较有保障"。 不过，让人担忧的
是经济大环境，"全国经济普遍衰落，渝市岂能独荣，因生产落
后，而节省消费，因货物滞呆，而物价下落，因在银行上所做进出
口押汇，久置不赎，而信用紧缩，而贸易退减，而金融失其活跃，
观渝市行庄，逐鹿申汇买卖，则渝市金融，因全国经济衰落而失
其正常机能，约略可见一斑。"此外，军阀防区政治体制的不可预
知性，让重庆市的金融环境更具风险，某种程度上，投资二十一
军的公债库券，就"投资政府"。 有人质疑："然回顾历年川省进
出口贸易数字之递减，换言之，即政府收入之减少，而支出又增
无已，则所谓公债者，是否将步钧益票之后尘，借新还旧，愈积愈
深，以致不可收拾？ 此其一。 中央对于废除苛杂，近来进行甚
力，中央号令在川，已有相当效力，一旦废除厘卡，而代以他项征
收办法，则公债基金，有无问题？ 此其二。"[3]与重庆商界建立
起来的"合作"信用关系，使得刘湘的军人政权获得了稳固的民

[1] 兴隆，《六年来二十一军财政之回顾与今后之展望》，《四川经济月刊》第 1 卷第 5 期，
1934 年 5 月，第 8 页。
[2] 重庆中国银行，《重庆经济概况》，重庆中国银行，1934 年，第 20 页。
[3] 渝行，《川省二十一军发行之公债库券纪略》，《中行月刊》第 6 卷第 5 期，1933 年 5 月，
第 54-55 页；刘汝耕，《重庆》，《海光（上海 1929）》第 6 卷第 8 期，1934 年 8 月，第
25-26 页。

间认同。 从聚兴诚银行与刘湘的关系尤其可以看出刘湘集团与重庆城市绅商的关系模式。 聚兴诚银行成立于 1915 年，在历次的军阀派垫中，成为重点搜刮的对象。 1927 年，该行已为军阀垫支150 余万元，超过该行登记资本总额的一倍半。[1] 为了逃避军阀派垫，聚兴诚银行的总经理杨粲三曾将总行管理处迁至汉口。 刘湘任用刘航琛改革后，杨粲三又将总行管理处迁回重庆。

二十一军大量发行内债，刺激了重庆金融业的发展。 1929 年后，重庆银行业在数量和银行资本方面都得到了较大的发展。1929 年以前的银行资本通常较小，如美丰银行在创办时仅有 25 万元的资金，而 1929 年以后的银行资本则普遍较强。 二十一军的公债发行主要由重庆地方银行来经营，因为公债的利益与刘湘政权密切相关，无形中，重庆市金融业的利益与二十一军的政治生命联系在一起了。 刘湘集团也轻易通过公债的发行权控制了重庆城市的金融业。

刘湘与重庆金融界的关系密切，各家银行也乐于接受刘湘的财政政策，因为"最基本的原因是我们不愿意四川长期陷于内战，以致影响业务的发展，而刘湘当时在各路军阀中居于首位，又盘踞重庆，我们希望他，也实际上支持他去统一四川"。 重庆金融界的名流周宜甫、杨粲三、康心如、吴受彤等人都被刘湘聘为二十一军的顾问或财政设计委员，为其财政收入出谋划策。 康心如甚至称"愿为刘湘筹集庞大军费，缓急相通效劳"。 刘航琛"以经济实力作政治资本，再以政治势力来维持经济发展"的思路与康心如"以经济控制政治，使政治为经济服务"[2] 的想法一致，刘湘的二十一军与重庆城市绅商的良好关系有了牢固的基础。

1927 年以后，重庆平民、川康殖业、川盐、重庆市民、四川建设、四川商业、新业等 7 家银行先后开办。 其中除新业银行于

---

[1] 未刊稿《杨氏家族与聚兴诚银行》，第 177 页，存重庆市工商联，转引自唐学锋，《刘湘与重庆财团的兴起》，硕士论文，四川大学历史系，1987 年 4 月，第 7 页。

[2] 周本渊、朱苏，《康心如生平》，中国民主建国会重庆市委员会、重庆市工商联合会文史资料工作委员会，《重庆工商人物志》，重庆：重庆出版社，1984 年，第 144-145 页。

 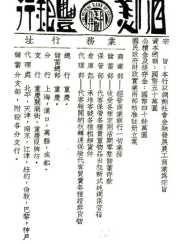

图 5-1　1935 年《四川导游》上刊登的银行广告

1935 年 6 月歇业外，其他六家的自有资本，存放业务，以及资产总额都成倍增长。 重庆这些银行，无不为二十一军系统控制。他们不仅握有巨额资本，还操纵了管理大权。[1]

　　美丰银行与二十一军的关系是典型事例。 康心如早年留学日

[1] 匡珊、杨光彦，《四川军阀史》，成都：四川人民出版社，1991 年，第 369-371 页。

本早稻田大学，攻读政治经济专科，辛亥革命前夕回国。 1921年6月与美商合股创办四川美丰银行（The American-Oriental Bank Of Szechuan），总资本额为华币25万元，美股占52%，华股占48%，总行设重庆新街口，1922年4月10日正式开业，经营商业银行业务，并发行美丰兑换券。 1926年9月5日，英国兵舰悍然炮轰万县，酿成"九五惨案"，重庆民众的民族主义情绪高涨，驻渝各外商侨眷纷纷撤离重庆，康心如通过其股东周见三向刘湘痛陈利害得失，劝刘湘做主，乘机收买美资全部股份，以免引起美丰倒闭，紊乱金融，影响社会。 此番话语深得刘湘认同。 不久，由曾禹钦（前商会会长）和周见三出面，邀集刘湘部属奚致和、唐式遵、张泽敷、李劲之、孙树培、向时俊，以及商帮的汪云松、李奎安、曾俊臣等组成"新财团"，筹集现洋13万元，收买了全部美股，从此美丰银行由中美合资变为纯粹华资。[1]

改组后的美丰银行得到刘湘的大力支持，成为二十一军在重庆与城市金融界之间的重要桥梁。 1930年康心如被聘为二十一军军部顾问，兼财政设计委员会委员、二十一军整理重庆金融库券基金委员会副主席、粮契税券基金保管委员会委员等职。[2] 康利用美丰银行承销二十一军发行的十多种债券。 1932年增加资本为100万元，实收50万元，刘湘就握有股票10余万元。 在该行五名董事中，三名董事为刘湘的军政要员。 试看刘湘的二十一军对美丰银行的渗透情况，1936年刘湘集团中成为美丰银行的股东的有：石体元、范崇实、周克明、周见三、郭文钦、何北衡、宁芷邨、范绍增、傅真吾、刘航琛、唐华、甘绩镛、郭昌明、刘湘、乐述言、李春江、李劲之等。 他们在这一时期都是美丰银行的大股东，有的还是重要的大股东。[3]

刘航琛说，"当时四川有四家银行，皆不适于我们运用。 中国

[1] 周本渊、朱苏，《康心如生平》，中国民主建国会重庆市委员会、重庆市工商联合会文史资料工作委员会，《重庆工商人物志》，重庆：重庆出版社，1984年，第135-143页。
[2] 关志昌，《康心如》，台湾《传记文学》第74卷第1期，1999年，第137页。
[3] 据《股东认股书》、《四川美丰银行股东一览表（1932年12月20日）》等综合统计，美丰银行全宗机要卷70，重庆市档案馆藏。

银行是中央的银行，不能转为地方使用。 聚兴诚与中和银行，虽系民营，然身负重创，不堪肩负开创局面之任务。 美丰银行既为美商所营，自不论矣"。 于是，二十一军军政人员"刻意经营"川康银行。 川康银行属官商合办银行，总经理刘航琛，为"股份有限公司"。 该行的资本中，有刘甫澄的投资 80 万元，而商人的投资的 20 万中，有刘航琛的 10 万元，其余 10 万元为各地商人所投资。 以 5 万元一股计，共计 20 股，100 万元。[1]

二十一军军部的军政人员也在相当程度上介入了重庆的城市经济开发，主要投资的领域在金融、工商业、交通，而就银行业而言，他们卷入程度最深。 1928 年重庆的银钱业与军政人物之资本有关系者，"约在十分之八以上"。[2] 1930 年成立的川康殖业银行，就是刘湘直接投资创办的。 成立之初，银行额定资本 400 万元，实收 100 万元，刘湘就占其中的 80%。[3] 据不完全统计，二十一军主要军政人员直接担任各地方银行职务的有：刘航琛（二十一军财政处处长，四川省财政厅厅长）川康殖业银行总经理；吴受彤（四川盐运使署科长）川盐银行董事长；潘昌猷（潘文华师军需处长）重庆市民银行总经理；郭文钦（二十一军参谋长）四川地方银行理事长；范绍曾（二十一军师长）四川商业银行董事长；唐式遵（二十一军师长）四川建设银行董事长；唐华（二十一军财政处长）四川新亚银行董事长。[4] 此外，二十一军财政处处长甘绩镛，二十一军军需处处长周克明，二十一军副官周见三等人也在各银行担任要职。 刘湘的二十一军大规模地涉足重庆城市金融业，并与城市新兴金融阶层建立了合作与盟友关系，由此建立起来的军—绅政权构架更为牢固。 二十一军由城市金融业渗透入工

---

[1] 沈云龙、张朋园、刘凤翰，《刘航琛先生访问纪录》，台北："中央研究院"近代史研究所口述历史丛书第 22 辑，1990 年，第 135 页。

[2] 张禹九，《四川之金融恐怖与刘湘东下》，《银行周报》第 18 卷第 47 期，1934 年 12 月 4 日，第 17 页。

[3] 匡珊吉、杨光彦，《四川军阀史》，成都：四川人民出版社，1991 年，第 371 页。

[4] 唐学锋，《刘湘与重庆财团的兴起》，硕士学位论文，四川大学历史学系，1987 年，第 15 页。

商各行业，进而开始控制重庆城市的经济界，对战前重庆城市经济结构的形成产生了深远的影响。

1931 年成立的重庆市民银行，额定总办 50 万元。重庆市民银行成立之初，因资本短缺，不能开展业务，遂由潘文华以重庆市长身份出面，要求盐业公会借给市民银行 12 万元，稳定信用。刘湘还特许给它发钞权，使其能维持开支费用和赢利。[1] 重庆市政府拨资 4 万元，又筹集商股 10 多万元即行开业，由潘文华之弟潘昌猷任总经理。1934 年改组，潘昌猷成为占 80% 资本的大股东。

川盐银行，由 1930 年创办的盐业银行改组成立。盐业银行额定资本 200 万元，实收 50 万元，均由盐商集资。1932 年，因营业不好，该行改组，实收资本增至 80 万元，刘湘的师长兼盐运使王缵绪即入股 8 万元，其董事会成员唐棣之、郭松年、王缵绪、刘航琛均为二十一军军政要员。[2]

1932 年成立的四川商业银行，是刘湘的师长范绍增所办。100 万元中资本，范就占 40 万元，并任董事长。1934 年成立的四川建设银行，由刘湘的师长兼四川公路总办唐式遵出资组建。总办 100 万元，一次收足，唐任董事长。此外，二十一军直接控制的地方金融业还有：1933 年成立的农村银行；1934 年，以四川善后督办公署名义创办的四川地方银行，刘航琛任总经理；1932 年成立的以二十一军参谋长郭文钦为主席理事的重庆地方银行；1932 年成立的军商集资合办的商业银行。[3]

1931 年 8 月，刘湘政府召集中国、聚兴诚、川康、美丰、重庆市民、重庆平民、川盐 7 家银行共同发起，成立了重庆市银行业同业公会，[4] 标志刘湘军人政权与重庆市绅商阶层的整合完成，

---

[1] 未刊稿《重庆商业银行的兴起与衰落》第 7-8 页，存重庆市工商联，转引自唐学锋，《刘湘与重庆财团的兴起》，硕士学位论文，四川大学，1987 年 5 月，第 40 页。

[2] 四川文史研究馆，《四川军阀史料》第 5 辑，成都：四川人民出版社，1988 年，第 119-120 页。

[3] 匡珊吉、杨光彦，《四川军阀史》，成都：四川省人民出版社，1991 年，第 372 页。

[4] 张肖梅，《四川经济参考资料》，中国国民经济研究所，1939 年，D37。

实现了二三十年代重庆城市金融业的整合。到 1937 年，四川有川籍银行 13 家，其中，重庆银行有 7 家，占全川银行总数的 53.85％；资本总额为 1 500 万元，占全川银行资本总额的 95％；分支行有 86 处，占全川银行总分支行数的 96.6％。[1]

综上所述，我们看到刘湘统治时期，重庆银行的主要业务是经刘湘的善后督办公署批准发行钞票，以及向二十一军部贷款和进行二十一军部发行公债的投机。1930 年至 1934 年，是刘湘发行公债的高峰时期，也是重庆金融界积极投入军方借款和债券的时期。各家银行的存款为追逐高额利润，自觉或被迫的几乎全部投入了二十一军的借款和公债之中。据统计，1934 年重庆 12 家银行的资本总额为 810 万，存款约 3 000 万元，发行钞票约 400 万元（不包括四川地方银行的发钞数），放款约 4 600 万元，其中军政放款即有 3 200 万元。重庆 18 家钱庄的资本总额为 190 万元，存款约 1 000 万元，放款约 1 200 万元，其中军政放款即 750 万元。又据聚兴诚、川盐、美丰、重庆、建设等五家银行的资产负债统计，截至 1935 年年底，各家所存有价证券共 10 707 276 元，绝大部分为公债券。[2] 军阀视银行为外库，银行视军阀为利源，这便是四川军阀与金融机构的微妙关系。各派军阀中，刘湘利用金融组织和信用工具，搜刮军费，聚敛钱财，表现得最为突出。

三、制约重庆经济发展的若干因素

现代化理论认为，现代化是一个包含各个层面的社会变迁。在社会变迁的过程中，传统农业社会向现代工业社会的过渡是现代化最基础的指标。有学者研究指出，近代中国通商城市的发展是畸形的。这一畸形发展模式的第一个特征就是"城市经济结构

---

[1] 《民国二十六年四川省各银行概况表（以开设先后为序）》，周开庆，《四川经济志》，台北：商务印书馆，1972 年，第 114-116 页。

[2] 彭通湖，《四川近代经济史》，成都：西南财经大学出版社，2000 年，第 322 页。

上的商强工弱"。[1] 纵观重庆在 20 世纪二三十年代的经济发展，无疑是一种"畸变"的现代化。 刚刚开始的城市工业，依然处于起步的阶段，工业规模和数量不足，且产业结构极为不合理。

至抗战前夕，重庆工业已经在"很广泛的部门和行业中产生"，"已经全面地向机器工业生产转化"，成为四川省的工业中心，并且在火柴、缫丝、皮革、航运等行业中，在全国占有一定的影响和地位。[2] 时人评价说，"重庆于四川，就如上海于江苏一样的，上海的工业，可以说就是江苏的工业，重庆的工业，亦可以说就是四川的工业。"[3] 但应该看到的是，与上海等城市的工业相比，重庆的工业发展显得异常落后。 如，重庆"称为机器厂的颇多"，共计 41 家，但规模狭小，职工仅 10 余人，甚至 3~5 人，实为手工修理店。 在重庆棉织业极盛时期，各种棉织工厂达百家以上，其中铁轮机增至 2 000 台。 不过这些工厂多数还只能算是手工工场，工人不多，一般在数人至数十人之间；生产能力也很有限，一般年产布数百匹，多者不过 3 000 匹，生产的品种也比较单一。 再以 1933 年为例，重庆仅有上海工厂数的 12%，资本额的 4%，工人人数的 5%，产值的 1.4%。 与同一时期的条约体系相比，重庆的工业产值和资本额低于天津、广州、武汉、青岛、南京等城市。[4] 因此，外省人认为，这样的工业可以认为是"全无工业"[5]。

重庆工业资本的来源在相当程度上与军阀政治有关。 民初开始了军阀混战时期，重庆周边的农村"盗匪横行，富绅多迁居来

---

[1] 于云汉，《近代城市发展的中国模式及其与美国城市化的比较》，《学术研究》1997 年第 8 期，第 62 页。

[2] 据彭通湖主编《四川近代经济史》，战前重庆集中了四川省一半以上的近代工业，是四川省唯一的工业中心；且四川各行业中最大的企业均在重庆，这些企业的资本都在 10 万元到几十万元之间，个别企业资本达 100 万元，参见该书第 270-271 页。

[3] 徐崇林，《四川工业的现状及其发展的前途》，《新蜀报四千号纪念特刊》，上海，1934 年 5 月，第 110 页。

[4] 凌耀伦，《重庆近代工业发展述略》，隗瀛涛，《重庆城市研究》，成都：四川大学出版社，1989 年，第 109 页，第 112-113 页。

[5] 张禹九，《四川经济之分析及其重要性》，《四川月报》第 4 卷第 4 期，1934 年 4 月，第 6 页。

渝；由是投资设厂者较众。各地厂家，又以运纱运货困难，相率移渝营业；而本市旧有之木机布厂，亦多羡铁轮机之效率而改图，故民八、民十之间，棉织之厂数激增"。[1] 重庆的工业资本部分来自乡村的土地资本，也来自军人、官僚，这是刘湘的二十一军集团直接介入重庆新式工业的建设与发展潮流的重要象征。因为军人的参与，商业资本和金融资本成为重庆工业资本的主要来源。

民初以来，重庆饱受战争之苦，重庆海关报告说，"贸易受其牵制而无法扩展，实在令人遗憾"[2]。当重庆从一个军阀之手转移到另一个军阀之手时，总是对城市进行戒严，"于是上下水轮船运输全部中断，商店关闭，贸易也完全停止"[3]。重庆附近的战争使得"贸易受损严重自不待言，洋货进口量大大下降，土货出口也极不景气"[4]。不仅如此，而且已有的经济优势也逐渐消失，据重庆海关的记载，"一个值得注意的变化应予记录。以前，重庆曾是云南、贵州、陕西、甘肃等省多种物产的集散地，但近年来由于本地各种捐税繁兴，这种贸易已不再经过本城……陕西和甘肃的药材，也不象（像）从前先到重庆，现时就顺着汉水直运汉口。由于类似的各原因，现时内地和邻省商人日渐趋于直接从上海其他处订购货物由邮政包裹递送——诸如格花呢、人造丝织品、棉织品等等以前都是先行输入重庆然后发往内地的货物"[5]。

诚然，重庆为刘湘带来了得天独厚的资源。不过，从实际的状况看，刘湘统治重庆期间，重庆并未完全解决二十一军的困境，这就是二十一军的财政赤字。从 1928 年到 1933 年，二十一

[1] 张肖梅，《四川经济参考资料》，中国国民经济研究所，1939 年，R1。
[2] 《1921 年重庆海关年度报告》，周勇、刘景修，《近代重庆经济与社会发展：1876—1949》，成都：四川大学出版社，1987 年，第 439 页。
[3] 《1922 年重庆海关年度报告》，周勇、刘景修，《近代重庆经济与社会发展：1876—1949》，成都：四川大学出版社，1987 年，第 440 页。
[4] 《1920 年重庆海关年度报告》，周勇、刘景修，《近代重庆经济与社会发展：1876—1949》，成都：四川大学出版社，1987 年，第 438 页。
[5] 《1922—1931 年海关十年报告》，周勇、刘景修，《近代重庆经济与社会发展：1876—1949》，成都：四川大学出版社，1987 年，第 353 页。

军财政总收入为一亿六千六百二十余万元，但其支出却达二亿二千余万元，有 5 870 余万元的赤字。[1] 其结果便是对城市经济的严重摧残和破坏。 重庆城市经济的衰退首先表现在商业贸易上，军阀混战，苛捐杂税下的重庆的贸易状况呈现出口锐减，入超日增。 参见表5-4。

表 5-4　1928—1935 年重庆进出口货物总值及入超表

年　份	进　口	出　口	入　超
1928	55 000 000 两	37 000 000 两	18 000 000 两
1929	55 000 000 两	44 000 000 两	11 000 000 两
1930	60 000 000 两	46 000 000 两	14 000 000 两
1931	56 000 000 两	36 000 000 两	20 000 000 两
1932	38 000 000 两	25 000 000 两	13 000 000 两
1933	52 698 258.60 元	17 011 226.60 元	35 687 031.68 元
1934	42 530 472.33 元	21 774 247.70 元	20 756 224.63 元
1935	59 181 840.44 元	15 509 566.51 元	47 672 273.98 元

资料来源：匡珊吉、杨光彦，《四川军阀史》，成都：四川人民出版社，1991 年，第 393-394 页；《四川月报》1933 年第 2 卷第 1 期、1934 年第 4 卷第 4 期、1936 年第 9 卷第 1 期综合整理。

表 5-4 数据表明，经重庆出口的货物，以 1930 年为最多，以后逐年减少，到 1935 年为最低，仅 1 500 余万元，按每元折银0.71两，折银 1 100 余万两，较之 1930 年，减少了四分之三。 入超以 1935 年为最高，达 4 700 余万元，折银 3 380 余万两，相当于 1930 年的两倍半。

刘湘政府的重税使重庆城市经济资源受到极大的消耗。 二十一军庞大的"军政各费，原感收不敷支，加以种种筹备，悉恃举债办理，故近六七年之重庆，政局上虽觉大体安定，然因寅支卯粮，套搭抵借之故，商民负担之重，贷与二十一军者，竟达三千数百万元，已开空前之现象矣"[2]。 在刘湘政府的一味搜刮下，重庆

---

[1] 肖宇柱，《刘湘的财政搜刮》，中国人民政治协商会议四川省重庆市委员会文史资料研究委员会，《重庆文史资料选辑》第 22 辑，第 54-59 页。
[2] 重庆中国银行，《重庆经济概况》，重庆中国银行，1934 年，第 16 页。

城市的商贸功能呈现出明显的衰退。据重庆总商会代表调查，永川至重庆陆路货运，仅 200 里纳税竟 100 余元，合川至重庆水路 180 里，关卡 30 处，仅江北香国寺一地，就收税 13 种之多，货物共值本银 590 余两，纳捐税已达 400 余元。[1] 1933 年，重庆各商帮"因受重重税捐之影响，营业愈趋颓败，倒塌时闻，停业日众，失业店员，不知者若干，仅以药材一帮言，本年失业之经纪与柜工学徒等，将近千人，苏货帮亦在四五百人以上，他如山货纸张印刷干菜绸缎棉纱等帮，人数亦极不少，……再则因重庆租捐增剧后，远近各地货物，不问进出口，俱改用邮寄，例如药材帮出口货之黄连，产于川东之石柱与涪州以内小河各县，迄鄂西之咸丰施南等地，昔年概运渝集中，成装出口，今悉由产地交邮直寄申汉津港，各埠，黔北与滇北所产药材山货，昔亦集中重庆转口，今均改出洪江，或由贵阳以黔桂汽车运梧州出香港，较为简捷而税轻，陇南陕南，各货亦如之，以此观察重庆商业，进出口已减少至若干程度，设不速谋挽救，则货帮行将坐以待毙而已"[2]。

城市经济的萎缩也表现在工业领域，曾经欣欣向荣的重庆棉织业，因"兵匪相乘，税捐繁苛益甚，商旅为之裹足，邻省销场尽弃……各厂，均感销量减削，生产过剩之苦痛；遂不得不缩小范围，甚或停业他图矣"[3]。工商业的衰败还表现在丝业的破落。川丝的出口下降，"重庆市各丝厂，自去年申价骤跌，由 1 350 余元，跌至 600 余元一担后，该商等不但无利可图，即伙食运费，亦难敷衍。去年（1934 年）底倒闭停业者，约占全厂数十分之八"[4]。夏布滞销，"输出额，民七（1918 年）以前，只值一百五十万关平两，民八（1919 年）至民二十（1931 年）之间，最高达五百万（应为六百万）关平两，最低亦二百万关平两以上。""民二十一（1932 年）出口数字仅及六十万两（应为五十八万余

［1］丁达，《中国农村经济的崩溃》，联合书店，1930 年，第 75、89 页。转引自匡珊吉、杨光彦：《四川军阀史》，成都：四川人民出版社，1991 年，第 363-365 页。
［2］《本市各货帮代表讨论货帮生存问题》，《商务日报》1934 年 5 月 15 日，第 10 版。
［3］张肖梅，《四川经济参考资料》，中国国民经济研究所，1939 年，R2。
［4］《重庆各丝厂将开车》，《四川月报》第 6 卷第 3 期，1935 年 3 月，第 76 页。

两），减少恰为十倍。 盛产夏布的荣昌、隆昌两县，"机户，工匠，商贩，及绩麻妇女，直接间接赖以生活者，达四五十万人之多"[1]，也有了破灭之危机。 1933 年四川的羊皮、猪鬃、桐油大跌亏本，"杂货：梧子，牛皮，棕丝，芋片，鸭毛等，因捐税繁重，较五前年亦约减五分之三。"[2]1933 年重庆袜业"销市疲滞"，本地袜商，因资力微弱，相继停业倒闭，至 1937 年中，由原来的 150 余家仅剩 30 余家，失业工人约达 8 000 余名。[3]

1934 年 5 月四川生产建设会议开幕，"渝商渴望减轻捐税"呼声极高，重庆市商会拟具提案，表达对苛捐杂税的强烈不满："生产建设事业之发达，首赖消（销）场扩大，运输便利，而繁苛之捐税，是为莫大障碍故拟请大会，转请当局，减轻税捐云云"。 商民宣称："今日川局，太不景气，农村破产，工商失业，国产脆弱，民生凋敝，情势紧张，朝难保夕，危急存亡，一发千钧"[4]。

《北华捷报》早前报道说，由于长期的重税压迫，四川重庆的商业已经呈现出"生意停滞不前"的景象。[5]《纽约时报》以"苛捐重税扼杀长江贸易"为题，也描述了重庆商业的萧条。[6] 实际上，刘湘驻渝期间重庆商人反抗苛杂的呼声似乎一直也未停止过。 如 1932 年 8 月"二刘之战"的前夕，刘湘需款甚急，便又向重庆金融界摊派债款，美丰、聚兴诚、中国、平民等银行，曾联名向刘湘请求'停派新债，归还旧欠'"。 康心如以重庆市银行公会主席的身份，试图以"归还旧欠"来"以攻为守"，目的是希望达到"停派新债"。 而刘湘的批语则是"新债势在必行"，同时又委婉地劝说绅商与之"风雨同舟，共济艰危"。 时人观察到商界与军政界的关系时，评论说：商人们"有时猛烈如虎，隐欲要挟罢

[1]《荣隆夏布业之危机》，《四川月报》第 1 卷第 2 期，1932 年 8 月，第 21 页。
[2]《重庆山货业最近概况》，《四川月报》第 3 卷第 2 期，1933 年 8 月，第 71 页。
[3]《重庆袜业概况》，《四川经济月刊》第 10 卷第 6 期，1937 年 6 月，第 112 页。
[4]《渝商渴望减轻捐税》，《商务日报》1934 年 5 月 9 日，第 7 版。
[5] "These Uneasy Days In Szechuan", The North-China Herald, August 4, 1928, p.187.
[6] Hallett Abend, "Many Taxes Killing Trade on Yangtse", The New York Times, August 9, 1931, p.4.

市，有时柔驯如羊，不敢微拂意旨，其地位使然"[1]。 即使是抗议，重庆市总商会主席代表全市绅商向刘湘请愿时，仍然以"救商即足以，裕税也"来说服刘湘减免商人们的税收。[2] 在军事权威体制下，重庆地方绅商采取了妥协的态度。[3]

第三节　民生公司：一个内陆现代企业的崛起

卢作孚创办的民生公司是刘湘统治时期重庆的一个真正意义上的现代企业。 在封闭的内陆，在军阀统治下，民生公司从一个弱小的民族资本，率先突破防区体制的束缚，发展壮大为一个国内著名的民族大资本，其意义是深刻的。 民生公司不仅是解剖重庆城市对外开放的关键，也是解读近代中国民族资本发展轨迹的钥匙。 周开庆认为，民生公司在抗战前有如此辉煌的成就和发展，其原因有三，第一是经营得法，具体说就是卢作孚组织领导才能的成果。 第二是把握了发展航运的时机。 第三是得到了军政当局力量的有力支持。[4] 应该说这个评价是公允的。 但问题是如何认识刘湘的二十一军对卢作孚民生公司的"有力支持"？笔者以为，这个支持可以说是"双向"的，无论是对刘湘，还是对卢作孚和民生公司，其意义都是相当深刻的。 本节将从卢作孚创办的现代企业与重庆城市现代化的互动来探讨近代中国后发展城市民族资本的特殊发展轨迹及其深刻启示。

---

[1] 前溪，《蜀游杂记》，《国闻周报》第 12 卷第 26 期，1935 年 7 月 8 日，第 5 页。

[2] 《本市各商帮再函主席　向当局力陈三事》，《商务日报》1934 年 5 月 13 日，第 10 版。

[3] 1927 年 11 月，二十一军某部派重兵包围聚兴诚银行重庆总部，强借巨款。 聚兴诚银行以通电全国宣布停业为由，拒绝支付巨额摊派。 上海银行特出专刊声援，振动全国金融界。 不过，坚持数日的聚兴诚银行在调停下，最终仍以承认二十一军的巨额派款，减少派借才算了事。 参见《聚星》，第 1 卷第 2 期，第 47 页。 转引自彭通湖，《四川近代经济史》，成都：西南财经大学出版社，2000 年，第 295 页。

[4] 周开庆，《卢作孚传记》，《川康渝文物馆丛书》第 19 种，台北：川康渝文物馆，1987 年，第 28 页。

一、经济民族主义与民生公司的发轫

在西方人看来，重庆人对洋人的商业行为很是反感，[1]这或许是晚清以来内陆民众反洋教传统的延续。 罗志田研究指出，民族主义在中国近代是一种底蕴深厚的思想资源和社会动员力量。从 20 世纪 20 年代中期开始，当这种"具有前瞻性的政治理念"被用于民族资本经济的发展动员上，"经济民族主义"[2]就成为深刻影响重庆城市经济发展历史进程的重要因素。 在刘湘的支持下，卢作孚运用经济民族主义，与川江上的外国大资本竞争，并逐渐壮大为全国性的民族大资本。 从某种意义上看，经济民族主义成为连接军人政权与民族资本的重要纽带，也在相当程度上动员了重庆城市的工商业资源。 卢作孚的民生公司在川江航运中商业竞争的历史，清楚表明"经济民族主义"对于地方民族资本的重要意义。 这种"政治感情"导致的"经济抵制"[3]成为外资在川江上受挫的主要因素，极大地打击了外国垄断大资本。

民初，"蜀通"号成功开辟从宜昌到重庆的固定航班，迎来了川江轮船商业航运的新时代。 民生公司创建于军阀混战的 1925年。 在最初的 5 年发展时期，民生公司所面临的行业竞争环境是险恶的。 用卢作孚的话说："在这十几年中，由中国公司的创始，到外国公司的继起；由看重一时利益旋起旋落的若干中外公司的经营，到英商太古、怡和，日商日清，凭扬子江中下游的基础，有计划地伸入扬子江上游，以成不可拔的势力；因为内地一时的不宁，中国旗轮船日减，外国旗轮船日增，中国人所有的轮船，亦几

---

[1] H.K. Richardson，"Face To Face with Business in Szechuan：Possibilities For Big Developments In American-Chinese Partnerships"，*Asia*，Vol. 20，May 1920，pp. 426-434；Joseph Earle Spencer，"Trade and Transshipment in the Yangtze Valley"，*Geographical Review*，Vol. 28，1938，pp.112-123.

[2] 关于"帝国主义侵略"和"经济民族主义"的概念解释参见高家龙，《烟草工业中中外商业竞争的几个问题》，中国社会科学院近代史研究所《国外中国近代史研究》编辑部，《国外中国近代史研究》第 22 辑，北京：中国社会科学出版社，1993 年，第 117-120 页。

[3] Joseph Earle Spencer，"Trade and Transshipment in the Yangtze Valley"，*The Geographical Review*，Vol.28，1938，p.121.

图 5-2　民生公司轮船房舱及广告——《民生公司十一周年纪念刊》，1937 年。

图 5-3　1935 年《四川导游》上的民生公司广告

乎无不挂外国旗。 有一时期，扬子江上游宜渝一段，触目可见英、美、日、法、意、瑞典、挪威、芬兰等国国旗，倒不容易看见本国国旗。"[1]

图 5-4 民生公司的第一艘轮船"民生"轮——《民生公司十一周年纪念刊》，1937 年。

面对垄断川江航业的太古、怡和、捷江、日清等外国在华航业大资本，民生公司以颇有生气的管理机制与竞争活力，很快打破外资垄断川江的局面，开创了"分享川江航运垄断"的先例。1927 年，民生公司的航线，由渝合线驶入渝涪线，同年又增开渝叙嘉线。 第二年，增开渝合潼线，渝涪万线。 在"化整为零、统一川江航业"的战略下，民生公司发展很快，从 1930 年的 3 只小轮增到 1935 年的 42 只，吨位由 230 吨增加到 16 800 余吨，职工从164 人增加到 2 836 人，股本从 25 万余元增到 120 万元，资产从 54万元增到 730 万余元，经营了川江航运的 61%。 到 1937 年全面抗战爆发前夕，民生公司的轮船达 46 只，1.8 万余吨位，职工 3 991人，股本为 350 万元，资产达到 1 215 万元，承担了长江上游 70%以上的运输业务，开拓了近 3 000 公里的内河航线，在长江航线上

［1］卢作孚，《一桩惨淡经营的事业——民生实业公司》（1943 年 10 月），凌耀伦、熊甫，《卢作孚文集》（增订本），北京：北京大学出版社，2012 年，第 409 页。

的实力接近了太古、怡和等外资企业和招商局，成为我们最大的民族资本航运企业。[1]

让我们看看民生公司成立以后的凯歌行进的竞争历史。

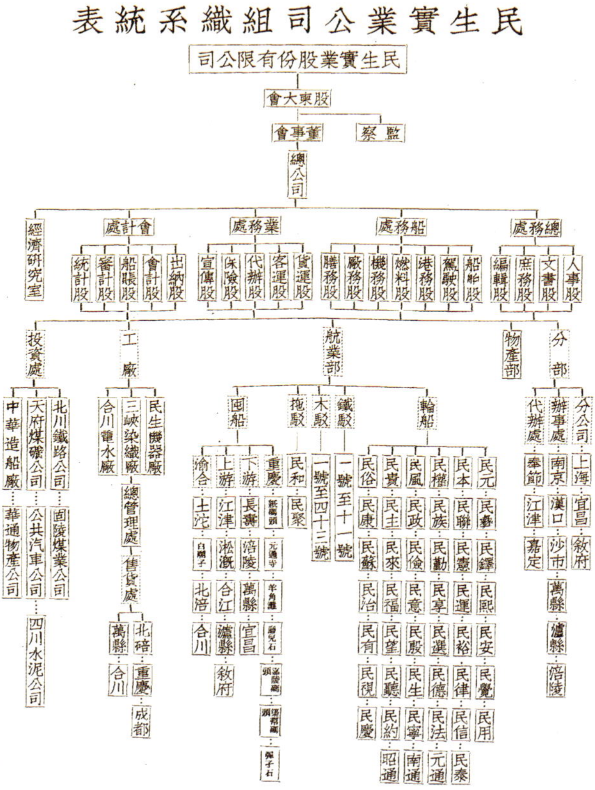

民生實業公司組織系統表

- 民生實業股份有限公司
- 股東大會
- 董事會　監察
- 總公司
- 經濟研究室　會計處　業務處　船務處　總務處
  - 會計處：統計股、船賬股、會計股、出納股
  - 業務處：宣傳股、保險股、代辦股、客運股、貨運股
  - 船務處：膳務股、廠務股、機務股、燃料股、牌照股、駕駛股
  - 總務處：船舶股、編輯股、庶務股、文書股、人事股
- 投資處　工廠　航業部　物產部　分部
  - 投資處：中華造船廠、天府煤礦公司、北川鐵路公司、合川鐵水廠、固滆煤業公司、公共汽車公司、華通物產公司、四川水泥公司
  - 工廠：合川鐵水廠、三峽染織廠、民生機器廠、總管理處、售貨處（萬縣、北碚、重慶、合川、成都）
  - 航業部：回船、拖駁、木駁、鐵駁、輪船
  - 物產部：代辦處、辦事處（重慶、南京、漢口、沙市、萬縣、瀘縣、涪陵……）
  - 分部：分公司、辦事處（上海、宜昌、敘府、江津、嘉定……）

图 5-5　民生实业公司组织系统表——《民生公司十一周年纪念刊》，1937 年，第 17 页。

1926 年 7 月，该公司第一艘仅 70 吨的民生号轮船驶入川江。翌年扩充资本至 10 万元，增订小轮船。 嗣后逐年收买别家轮船，合并其他公司，或以联营方式代理同业轮船。

1931 年，民生公司由合川迁重庆，进入"长足之发展"时

---

[1]凌耀伦，《卢作孚与民生公司》，成都：四川大学出版社，1987 年，第 82 页。 另据重庆市档案馆藏档案"1946 年民生实业调查报告"，1937 年民生公司轮船的总吨位为 19 182吨。 见重庆市档案馆，《档案史料与研究》1997 年第 1 期，第 219-220 页。

期。 2月，民生公司民福轮首航宜昌成功，随之在宜昌设代办处，由此民生公司加入重庆宜昌间航行。 4月，合并通江公司的通江轮、青江轮、岷江轮，改名为民有、民享、民江轮（后民江轮停航，旋拆毁）。 5月，接收蓉江、乘风、定远，更名为民选、民殷、民约。 9月，又收买日商川东轮船公司的长天丸，更名民强轮。 10月30日，民生公司购买九江轮船公司重庆太平门外码头三处。 当月，合并利通轮船公司的利通轮，改名为民觉轮。 对民生公司而言，1931年是一个极为重要的年头。 用高价合并的方法，民生公司经过不到一年时间，合并了重庆上游的九江、通江、协江、锦江、定远、川东、利通等七个轮船公司，接收了十一只轮船，使民生公司的轮船增加到十四只，航线延展到重庆以下四川省外的宜昌。[1]

1932年，民生公司进一步整理重庆宜昌间的航业。 4月，合并长宁轮船公司的长宁小轮，改名为民宁轮。 公司整顿宜渝间的航业序幕由此拉开。 当月，合并涪丰公司的涪丰轮，更名为民康轮；收购接收蜀平公司的福顺轮、囤船各一只，驳船八只，其中福顺轮改名为民主轮；7月16日，民生公司在上海收购永生公司悬挂意大利旗的永年轮，改名为民俗轮。 8月，正式接收川渝地区最早的轮船公司——川江轮船公司全部产业，改蜀亨轮为民贵轮。9月16日，收购英商皮托谦轮船公司的皮托谦轮，改建为民族轮。 12月，民生公司合并中兴公司的万安轮，改名为民宪轮。民宪、民康、民主、民俗、民贵、民族等6轮，都是渝宜段500吨以上轮船，其中，民族、民贵、民俗各轮均在900吨以上，枯水可航行于重庆上海间。 加上租用的南通、昭通2轮，此时，民生公司共有大小轮船22只，航行长江中下游的轮总吨数增加到了7 200吨。[2]

1932年正值民生公司成立7周年之际，"公司之航业，遂由重

---

[1] 张守广，《卢作孚年谱长编》（上），北京：中国社会科学出版社，2014年，第275页，第281页。

[2] 《民生公司在长江》，《新世界》1945年11月号，1945年11月15日，第8页。

庆下游，直达上海，重要各埠，皆有分公司或办事处代办处设立焉"[1]。 5月，宜昌分公司成立，代办处取消。 当月，民生公司成立汉口办事处，6月民主轮直航上海成功，民生公司航线延伸到长江中下游的汉口、南京、上海。 7月1日，经过四年多的业务拓展，民生公司上海分公司正式成立。[2]

1933年5月，收买涪江公司的涪江轮，改名民法轮；收买华阳公司的蜀安轮，改名为民意轮。 7月，收买衡山公司之衡山论，改名民信轮。[3]

1934年1月，收买吉庆公司之吉庆，2月，收买绍兴公司之蜀都，改名为民裕轮，3月收买镇江轮，6月收买美孚油行（美商）美川改名民众，7月收买飞鹰改名民约，12月收买扬子江公司（意籍）光耀改名民泰。[4] 同年，民生公司以廉价购买、打捞英籍轮船万流号，并自行改建为民权轮。

1935年4月，收购意商永游轮，不久沉没（后打捞拆出机器，装入民政轮）；收购彝江轮，改名为民和轮。 6月，民生公司接收美商捷江公司轮船宜安、宜昌、其太、宜兴、宜江、泄滩等轮船、驳船，各轮分别改名为民政、民彝、民泰、民苏、民聚、民勤、民铎。 不久又拆毁其中两船，另造为民运、民立。 捷江公司资本大过民生数十万元，其商业性质，所走的航线，恰与民生公司针锋相对，为事实上的最大劲敌。 收购美商捷江公司轮船表明，民生公司在统一川江的进程中取得了决定性的成功。[5] 卢作孚说，收购捷江公司的轮船后，"这时除了英商太古、怡和，日商日清，法商聚福及华商招商、三北而外，差不多没有旁的轮船公司了"[6]。

[1] 卢作孚，《民生公司历年营业进展概述》，《四川月报》第2卷第4期，1933年4月，第168页。
[2] 《上海分公司四年来发展概况》，《新世界》第101期，1936年9月，第20-23页。
[3] 《民生公司在长江》，《新世界》1945年11月号，1945年11月15日，第8页。
[4] 张守广，《卢作孚年谱长编》（上），北京：中国社会科学出版社，2014年，第475页。
[5] 张守广，《卢作孚年谱长编》（上），北京：中国社会科学出版社，2014年，第513页。
[6] 卢作孚，《一桩惨淡经营的事业——民生实业公司》（1943年10月），凌耀伦、熊甫，《卢作孚文集》（增订本），北京大学出版社，2012年，第412页。

1936 年，民生公司继续建造新轮并改造旧轮。 据《嘉陵江日报》报道，为装运成渝铁路材料而建造的大批轮船已经完成多艘，有民康、民来、民熙、民本、民元、民德、民律、民视、民听等。[1] 本年度，公司拥有轮船总数达 46 只，马力达到 34 700 匹，总吨数达到 20 249 吨。[2]

在激烈的竞争下，不仅是老牌首创的川江轮船公司宣告停业，实力雄厚的外资公司也免不了倒闭的命运。 来往于宜昌和重庆之间的美国的捷江轮船公司，1935 年初宣布破产，西方人将"成长壮大的中国轮船公司"[3]作为其倒闭的主要原因之一。 到抗战前夕，民生公司已经成长为川江最有势力之轮船公司，事业蒸蒸日上，"为国内航界后起之秀"。[4] 川江航运的竞争格局也因此改变，民生公司不仅可以"与各外商公司，分庭抗礼"，[5]且渐渐"握有川江上游霸权"，外资已无法垄断川江航业。[6] 对于民生公司的惊人成绩，从 30 年代以来就有论述，有人归纳为"其进步之主要原因，由于领导得人，夙夜匪懈，刻苦奉公。 其人事管理，厉行训练，振刷精神，由职员、船员乃至水手、学徒、茶役、无不经过训练，使新到职者彻底了解其工作岗位"。[7] 实际上，民生公司的竞争资源优势远远不止商业竞争中的技术指标的优化。 如果我们从民生公司的非经济的优势资源的角度考察，民生公司在这场竞争中获胜的意义是深刻的。

民生公司在商业竞争中主要竞争资源是"经济民族主义"。作为对付川江航业中的西方资本的"帝国主义侵略"行径，卢作

[1]《民生公司建造大批轮船装运成渝铁路材料》，《嘉陵江日报》1936 年 5 月 27 日，第 2 版。
[2] 以上未注释资料来源处，均参见《民生公司十一周年纪念刊》1937 年 3 月，北碚管理局全宗，卷 872，重庆市档案馆藏档案。
[3] Frederick B. Hoyt，"The Open Door Leads to Reluctant Intervention: The Case of the Yangtze Rapid Steamship Company"，*the Diplomatic History* Vol.1，No.2（Spring 1997），p.168.
[4]《二十三年川江航运概况》，《四川经济月刊》第 3 卷第 3 期，1935 年 3 月，第 135 页。
[5]《四十年来川江航业简史》，《四川经济月刊》第 3 卷第 6 期，1935 年 6 月，第 225 页。
[6]《长江航业多受外商操纵 国轮营业难维现状》，《四川经济月刊》第 3 卷第 2 期，1935 年 2 月，第 71 页。
[7] 高廷梓，《中国航政建设》，商务印书馆，1947 年，第 21 页。

孚所倚靠的最有效竞争手段是具有广泛而深厚民众基础的"经济民族主义"资源。 1925 年 2 月，美国捷江公司[1]的货船浪沉一条中国木船，遭到"由中国货船和苦力帮在重庆发起的抵制运动达一年之久"[2]。 继上海五卅惨案，1926 年川江万县惨案的发生，"川人护国热情，油然而起，群起而作抵制仇货之运动"。 万县惨案后，在全国收回内河航运权的一片呼声中，英国在华的内河航运业受到相当的打击，在重庆的英国轮船，泊于港口停止营业，秋季"Kingwo"号离开重庆，Kingwo 偶尔到重庆，同年 12 月，"Sinshan"已赴下游，1927 年 3 月，川东轮（The Chuwan Tung）、川西轮（The Chuwan Hsi）随之赴下游，英轮川北（The Chuwan Pei）已卖给美国标准煤油公司，更名为美隆（Mei lu）。[3] 英轮或相继开赴下游，或将船售给美国，川江上英轮航行之数为之大减。 据 1927 年海关贸易册普通行轮章程记载，重庆关"自上年九五万县惨案发生以来，英商太古船只，绝迹川河，加以怡和之嘉禾商轮，又为英国政府征用，改作兵轮，故本年英商船只，异常减少；若与上年相较，则自 192 只，共 80 057 吨，降至 28 只，7 441 吨"。 同年，重庆关内港行轮章程记载，内港航业"一落千丈"，"溯其原因，不一而足，英轮上年有 171 只，共 23 253 吨，今年全行停驶"[4]。 另据记载，"川江航业，往年多操外人之手，英日轮船，尤有称霸川江之势。 惟英国在五卅惨案后，即相继减少；日本受历年排货之影响，更益以东北事变，没落几尽。"[5]

［1］ 美商捷江公司于 1922 年在上海筹办，1923 年正式成立。 张澍霖，《捷江公司始末记》，《新世界》第 106 期，1936 年 11 月，第 25-28 页。

［2］ Frederick B. Hoyt, "The Open Door Leads to Reluctant Intervention: The Case of the Yangtze Rapid Steamship Company", the Diplomatic History, Vol1, No.2（Spring 1997），p.159.

［3］ F.O. 228/3273 5637/27/40 Communication: Inland Navigation. p.366. 转引自李健民，《民国十五年四川万县惨案》，《中央研究院近代史研究所集刊》第 19 期，1990 年 6 月，第 413-414 页。

［4］《中华民国海关华洋贸易总册》，民国十六年（1927 年）（一）重庆关，第 8-9 页，转引自李健民，《民国十五年四川万县惨案》，《中央研究院近代史研究所集刊》第 19 期，1990 年 6 月，第 414 页。

［5］ 易先，《近年之四川交通概况》，《四川月报》第 3 卷第 1 期，1933 年 7 月，第 7 页。

1926 年至 1931 年，是四川发生的抵制洋货运动的频繁时期，民族主义的持续高涨，"经济民族主义"成为凝聚民众的最有效的口号，也是民生公司参加竞争的坚强后盾。民生公司的兴起与发达与这一大的历史背景同步，因此获得了民众广泛的认同。1934 年，日本日清公司恢复宜渝航线后，"初仍仗其兵舰政策，以期获得实效，不料四川形势，不如意想顺利，故日商又变更策略，利诱本市与日本有深长渊源之汉奸，作其工具"；当日本商人按"原定计划，所有运川倾销之日货，决装日轮，可减水脚，殊云阳丸三次来渝，民众均不与之周旋，提装工友，亦不与之卸货，计划失败"[1]。

统一川江，卢作孚的方法主要有两个：合作与并购。具体而言，凡是华籍的轮船采取合作的方法，即经议定合理价格后，由民生公司支付部分现款给原公司，使其清偿债务，并对急需现款的原公司股东退还股本，期于大部分相关价款，入股民生公司，换取股票。同时，对外国公司，采用收购的方式，即于外国公司的轮船一概付予现金或分期付予现金，不能按价入股民生公司。[2]

川江航运业华商的联合在相当意义上是"经济民族主义"的体现，"川江航务管理处计划联合所有华商轮船公司组织一个大公司以减少内部竞争，同时形成联合阵线以抵制外国公司的竞争"[3]。在这个问题上，刘湘巧妙地运用了"经济民族主义"旗帜，与地方绅商结为联盟，共同抵制了外商的经济侵略行为。甚至在重庆开埠时期就已经操纵重庆的经济命脉的重庆海关也无法控制川江上的航运状况。[4]

应该说，英、美、日等国公司拥有的外国公司所具有的一切优势——享有不平等条约所赋予的特权资源、雄厚的外资、先进的

[1]《日商轮复航后 日清公司近况略述》，《商务日报》1934 年 7 月 29 日，第 7 版。
[2] 张守广，《卢作孚年谱长编》（上），北京：中国社会科学出版社，2014 年，第 514 页。
[3] H. G. W.Woodhead, *The China Year Book*, Chungking, 1932, p.203.
[4] H. G. W.Woodhead, *The Yangtze and Its Problems*, Shanghai：Mercury Press, 1931, p,76.

现代管理思想和具有丰富竞争经验的管理人员，以及西方企业所惯用的破坏和阻扰中国对手发展的强制性价格竞争手段等，它们是民生公司最为可怕的竞争对手；但我们也不难发现，民生公司在近代中国民族资本"后发展"的不利条件下，走的是一条特殊的发展道路模式，即所谓的"后发展优势"或"落后得益"[1]。从民生公司的个案来看，弱小的民族企业是可以同西方大企业进行商业竞争，并可促成企业获得相当的成功的。 在这场竞争中，卢作孚个人所具备的卓越的现代企业家的素质以及公司所依靠的纯"经济"因素以外的竞争发展资源，是民生公司成功的重要原因。 在近代不平等条约体制下的民族资本以特殊的方式回敬了西方企业家的挑战，顶住了西方大企业的竞争压力，从地方资本渐渐发展成为民国时期国内最大的现代航运企业。 可以说，民生公司在这场竞争中扬长避短，利用自己的竞争优势大大胜过了外资企业所拥有的优势，在极短时间内，资本增长迅速，运营航线扩展迅速，成功地与西方大企业进行了竞争，将其资本逐出川江领域，同时还改变了长江中下游轮船航业中外竞争的格局。

二、军人政权与民生公司的成长

卢作孚民生公司的壮大与刘湘的支持分不开。 据刘航琛描述民生公司获得迅速发展的第一步是卢作孚使用了四川各银行的财力，继之以四川督办署的力量，然后再加上上海各银行的支持。周开庆指出，"当时军政力量的有力支持，要为其能迅速发展的要因"[2]。 刘湘支持卢作孚最为关键的一步是 1930 年春卢作孚出任二十一军川江航务管理处处长职，这是以二十一军的名义"统一川江"的第一步。 之后，刘湘给予卢作孚民生公司的支持是多

---

［1］罗荣渠，《现代化新论——中国的现代化之路》，上海：华东师范大学出版社，2013 年，第 166 页。

［2］周开庆，《卢作孚传记》，《川康渝文物馆丛书》第 19 种，台北：川康渝文物馆，1987 年，第 33、29 页。

方面的，关于这一点，当时在渝的航运外资颇有微词。[1] 刘湘支持卢作孚有其深刻的原因。

首先，军人政权政治利益的需要。重庆城市经济资源是刘湘集团的重要财源，选择一个行业部门乃刘湘政府经济战略的关键。换句话说，四川军阀的军事争霸，整合四川，"统一川江"是关键一步，这是促使刘湘全力支持卢作孚的决定性因素。刘航琛提到刘湘支持卢作孚的民生公司，以挽回中国内河航运利权，认为，"甫澄先生因鉴于川江内河航运，几乎都操纵在外国的航商手中，中国人所组设的大都是只有一、两艘船的小公司，不仅谈不上与外国人竞争，甚至有无法生存之虑。因此嘱我召集一次华商轮船业者的会议，希望航业界能够成立一个联合组织，以与英、日、美、法的外国轮船公司对抗竞争。开会的结果很不理想，因为航商各怀私见，虽然在原则上大家都赞成，但一提到具体办法，就有人反对，始终难于达成共同一致的合作步骤。最后甫澄先生决定扶植一家中国航业公司使其壮大，逐渐发生力量，合并川江的小公司。结果是决定扶植民生公司"[2]。我们从同一时期的西方报刊对民生公司所获得的地方军阀政府的支持，这一促使民生公司迅速发展的重要政治资源的极为忌妒的报道中也可以证实这一史实。

卢作孚本人也提到"民十八年善后督办刘甫澄先生，感觉到航业整理的需要，再三要我任川江航运管理处处长，商量了两个月，推迟不得，请他准备了一位最好的副处长，约期半年，半年期满，即办移交，就任在一度调查后，愈知中国籍的轮船公司无不危在旦夕，遂决定第一桩事，请求军事机关扶持航业"，"但经半年的努力，盼望军事机关帮助轮船公司的，完全办到了"[3]。二

---

［1］我们从这一时期的西方传媒和有关长江航运的报告，可以看到许多类似的资料。

［2］刘航琛，《序言》，周开庆、刘航琛，《刘湘先生年谱》，台北：四川文献研究社，1975年，第4页。

［3］卢作孚，《一桩惨淡经营的事业——民生实业公司》（1943年10月），凌耀伦、熊甫，《卢作孚文集》（增订本），北京：北京大学出版社，2012年，第411-412页。

十一军成立的川江航务管理处划成区内所辖江流为其管理范围，并且随着防区的扩大在川江增设办事处，从行政上对航运给予了相当意义的保护。[1] 川江航务管理处是二十一军政务系统中的重要机关，该处"要政设施自多，为人所乐于称道者，厥为检查外籍船舶，查禁违禁物品，而四川人直接间接亦蒙受莫大利益"[2]。在刘湘的支持下，"卢作孚使用了四川各银行的财力，继之以四川督办署的力量，然后再加上上海各银行的支持；民生公司逐渐地在壮大"[3]。

其次，经济利益的需要。川江航运本身的经济利润使得刘湘集团不能放弃。对二十一军，重庆意味着全军的经济基础，而川江航运带来的贸易和税收的利润对重庆城市经济发展的重要作用不言而喻。统一以重庆为中心的川江航运不仅为重庆的都市发展拓宽了腹地，发达的航运业更使重庆在西南内陆的区位优势日益凸现，为都市的经济繁荣奠定了基础。1925年度的重庆海关的报道，"本年有16艘新轮（共计4 177吨），加入了川江航运的队伍。这是重庆埠未来繁荣兴旺的一个迹象"[4]。进入20年代末期，民生公司已经在川江航运业中显示出虎虎生气，预示着川江的统一计划的乐观前景。而以民生公司为代表的川江航运业民族资本的成长与壮大又带动了重庆城市其他新兴产业的兴起和发展。

对刘湘而言，控制川江航运意味着遏制整个四川的贸易税源。事实证明，选择川江航运业也是抓住了重庆城市经济的支柱行业，同时也为刘湘在重庆的"军人干政"获取了相当的合法性

---

[1]《二十一军军部训令中外各轮船公司须一律受水陆检查处检查》，《星槎》周刊第14期，1930年8月30日出版；《航务处积极扶持华轮》，《星槎》周刊第21期，1930年10月18日出版，第2-4页；另参见英国太古公司档案：JJS32/14Box95, Shanghai, 24 Feb. 1933, China Navigation Company Correspondence. John Swire and Sons Archives, School of Oriental and African Studies, London（Annie Reinhardt's note）.

[2]李又渔，《两年来之航政》，《新世界》第51期，1934年8月1日，第57页。

[3]刘航琛，《戎幕半生》，沈云龙，《近代中国史料丛刊续编》第49辑，台北：文海出版社，1978年，第174-178页。

[4]《1925年重庆海关年度报告》，周勇、胡景修：《近代重庆经济与社会发展：1876—1949》，成都：四川大学出版社，第442页。

资源。 刘湘支持卢作孚统一川江航运，客观上扩大了四川与长江中下游的经济联系，实际上也为1935年中央和地方的整合，四川防区制的结束准备了经济前提。 刘湘的川江航运统一的举措和设施，主要以川江航务管理处的管理功能，辅助卢作孚在激烈的中外竞争中统一川江航运。

最后，获取政权合法性资源的需要。 统一川江航运是刘湘在重庆的重要经济举措，这一举措对于刘湘的意义是多重的。 刘湘以政府的力量支持卢作孚统一川江航运业，是其获取军人政权合法性资源的关键举措。 刘湘集团通过支持卢作孚民生公司为代表的城市新兴工商业部门，获得重庆绅商的广泛认同。 在民生公司与刘湘的互动关系中，刘湘所获得的资源远远大于卢作孚的民生公司从刘湘政权获得的政治保护，刘湘因此获得政权合法性的权威，是其政权在重庆稳固的重要的因素。 因支持卢作孚而获得的民间深厚的资源：民族主义的认同资源；民族资本阶层的认同，从而使刘湘政府获得前所未有的政权合法性资源。

卢作孚本人卓越的素质，是刘湘支持他的重要原因。 厉以宁说：卢作孚是一位有"高度创业精神的企业家"[1]。 据刘航琛回忆，刘湘决定支持卢作孚时，"民生公司的规模虽小，但其主持人卢作孚有头脑，有能力，而且为人方正，操守极佳"。 刘航琛还谈及刘湘支持卢作孚的具体办法，即："除了督办署与四川银行金融界的财力协助支持外，对卢作孚个人亦由甫澄先生及余等友好数人集资五千元助其入股民生公司，其目的在使作孚成为享有董事会表决权利的董事兼总经理，而非只能列席董事会只有报告义务的聘任总经理"。 经过"增资改组后"的民生公司，"一面定购适合航行渝宜、渝叙间定期航线的新船，一面则以相当价格的股票接收其他同业的船只，结果在短期内不但使民生实业股份有限公司成为川江最有力量的华商航业公司开发中心，统一了川江的

---

[1] 厉以宁，《卢作孚文集·序》，凌耀伦、熊甫，《卢作孚文集》（增订本），北京：北京大学出版社，2012年，第2页。

航运工作，而且更由于卢作孚出任川江航务管理处处长职务后，配合运用政府的力量，与民间的爱国心，在不动声色、不着痕迹的情形下，将外国籍的航运公司置于川江航务管理处的管辖之下"，[1]开创了自《天津条约》丧失内河航运权以来中国士兵检查外轮的先例。

在这里，我们看到刘湘政府扮演了一个积极的角色，即在不平等条约体系中客观上扶持了地方民族资本，为其成长发挥了积极的作用。这是在近代中国不平等条约体制下的中国民族资本的特殊的抗争形式，即借助军阀政府的力量与民间的民族主义情绪，以超经济的竞争手段回敬了外国资本的条约特权。刘湘集团巧妙借用"经济民族主义"作为民间资本的动员旗帜，既为政权奠定了坚实的财政基础，又使得"军人干政"获得相当的合法性资源，同时还基本保障了城市建设的经济来源。城市早期工业化的缓慢启动，以及卢作孚民生公司为代表的地方民族资本的逐渐成长壮大表明地方民族资本经济率先打破"封闭"的军阀政治理念，为 1935 年中央地方整合奠定了经济基础。

图 5-6　1936 年 12 月《新世界》第 108 期封面

在论及刘湘给予卢作孚民生公司的支持时，我们还应该看到这样一个事实。那就是，从经济投入看，实际上刘湘的二十一军投入川江航运的资金非常有限，甚至可以说，刘湘从民生公司川江航运中获得的好处远远超过对民生公司

---

[1] 刘航琛，《序言》，周开庆、刘航琛，《刘湘先生年谱》，台北：四川文献研究社，1975年，第 4-5 页。

的投入。 而从实际的商业运作看，民生公司在拓展业务的过程中所需要的资金也并非二十一军独力所能提供的。 如果说二十一军给予卢作孚的是政治上发展的"特许"，那么，地方金融资本给予卢作孚民生公司的支持则是从经济上的全力支持。 这样的结果，使民生公司走出了发展的困境。 当发展到相当程度时，便有了突破地域范围的主张，那便是利用沿海的金融资本和"下江人"的参与建设。 从此，在防区体制下的民生公司走出了困境，实现了由地方资本向民族大资本发展模式的彻底转型。

三、现代管理理念与民生公司的辉煌

民生公司的成长开创了近代中国地方民族资本创业的新典型。 无论从哪个角度看，卢作孚创办的民生公司都是一个奇迹。能够从近代不平等条件和军阀政治的夹缝中突破重围，巧妙地用商业经营理念表述其现代化的理想，我们除了研究其超越经济的因素外，还应该分析民生公司所借鉴和采用的一套独特而严密的现代管理理念。 从某种意义上看，卢作孚的现代管理理念是民生公司走向辉煌的关键，也造就了民生公司由一个封闭的内陆防区体制下的弱小资本成长为民族大资本的奇迹。

凌耀伦将卢作孚的管理思想归纳为以下几点：第一，"建立秩序"的组织管理思想，并提出相应的六条原则；第二，"建立群的秩序监督个人"的民主管理思想；第三，重视人的因素，重视人在企业生产中的地位和作用，这是卢作孚管理思想的核心；第四，在物质管理与财务管理上提出了"以最少的物力与财力发挥最大之效用"的基本思想。[1] 从本质而言，民生公司是卢作孚现代化理想的载体。 用卢作孚的话说，是现代化的"实验"。 民生公司是一所现代化的学校，为重庆、四川，乃至整个内陆训练了一群具有"现代意识"的职工，这在二三十年代封闭的重庆是尤其突

---

[1] 凌耀伦，《前言》，凌耀伦、熊甫，《卢作孚文集》（增订本），北京：北京大学出版社，2012 年，第 18-21 页。

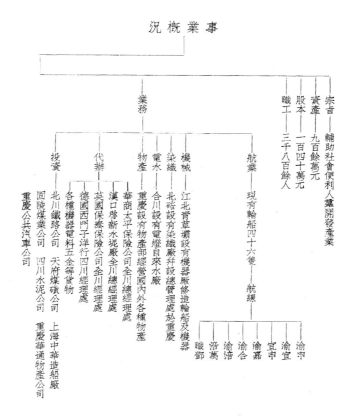

民生實業公司

事業概況

宗旨　輔助社會便利人羣開發產業

資產　九百餘萬元

股本　一百四十萬元

職工　三千八百餘人

航業　現有輪船四十六隻　航線　渝中、渝宜、宜中、渝嘉、渝合、渝洽、渝萬、涪鄧

業務

機械　江北青草壩設有機器廠修造輪船及機器

染織　北碚設有染織廠幷設總管理處於重慶

電水　合川設有電燈自來水廠

物產　重慶設有物產部經營國內外各種物產

代辦　華商太平保險公司全川總經理處、漢口啓新水泥廠全川總經理處、英國保泰保險公司四川經理處、德國西門子洋行四川經理處、各種機器電料五金等貨物

投資　北川鐵路公司、天府煤礦公司、固陵煤業公司、四川水泥公司、重慶公共汽車公司、上海中華造船廠、重慶華通物產公司

图 5-7　民生实业公司事业概况图——《民生实业公司十一周年纪念刊》，1937 年，第 18 页。

出的。　民生公司提出"以个人影响社会，以事业影响环境，以社会影响国家"的口号，把"服务社会、便利人群、开发产业、富强国家"作为公司的宗旨，体现了卢作孚现代化的理念。　就民生公司而言，卢作孚的现代管理理念突出地体现在以下三个方面，即对现代人的训练，现代企业管理的理念，对外投资的现代理念。对现代人的训练是民生公司现代管理理念的核心内容。

卢作孚认为，"中国的根本问题是人的训练"，他指出，"现代文明当中成功的人群，都是有了组织的训练"的。"中国人所以不能解决许多问题，亦不是人的根本问题，不是先天缺乏了什么资源，实是后天所从社会得来的行为缺乏了训练"，"只要人成功，一个公司偶然失败了，会有若干公司成功"。"今天中国什么都不缺乏，……只缺乏有训练的人"[1]。在卢作孚看来，人的训练有三个要点：第一，要有现代整个世界的眼光。要能非常明了整个世界的状况并作出正确决策；第二，要有国家意识，并能明了国家在紧急状态下自己的任务；第三，要在可能的范围内创造一个现代的物质建设和社会组织。[2] 应该说，这三点贯穿了民生公司的成长历史，推动了公司的现代化转型。以民生公司的茶房训练为例，美国学者罗安妮研究指出，民生公司科学而人性的管理方法从制度上克服了传统川江航业中的"茶房危机"，而这一独特的茶房管理方法，亦为后世航运公司乃至国民政府新生活运动所借鉴。[3]

卢作孚说，"个人努力地帮助社会，社会亦尽量的帮助个人，还不够；还得进一步，个人是要帮助所在的事业，使自己有显著的成绩在事业上，事业尤其要帮助所在的社会，使事业有显著的成绩表现在社会上，我们所要求的不是一群人之为自己，而是一群人之为更大的人群；我们所要求的不是事业的大小与他事业比赛，而是事业对于社会帮助的大小与他事业比赛。"[4]按照卢作孚的理想，这样可以造成一群人努力于事业的成功，努力于社会的成功，绝不计较个人的得失的局面。民生公司处处体现"以人为本"的策略，注重人的训练，个人的才能得到充分展示，个人的价值也得到充分的肯定，因此个人的目标与组织的目标是一致的，个人理性和组织理性也是一致的。

[1] 卢作孚，《中国的建设问题与人的训练》，生活书店，1935年，第101、112、167页。
[2] 卢作孚，《四川嘉陵江三峡的乡村运动》（1934年10月1日），凌耀伦、熊甫，《卢作孚文集》（增订本），北京：北京大学出版社，2012年，第278页。
[3] 罗安妮，《卢作孚与茶房：民生公司的管理对于长江航运公司的影响（1930—1937）》，上海中国航海博物馆，《国家航海》第12辑，上海：上海古籍出版社，2015年，第40-65页。
[4] 卢作孚，《建设中国的困难及其必循的道路》，凌耀伦、熊甫，《卢作孚文集》（增订本），北京：北京大学出版社，2012年，第270页。

这个中国西部崭新的现代企业为卢作孚的现代化思想作了最好的诠释。 1932年6月，民生公司开辟了重庆至上海航线，这是长江上最长的直达航班，使得重庆自开埠以来第一次与"下江"有着如此密切的联系。 民生公司也因此成为沟通重庆与外界的桥梁，使川人得以"拨开现局"看到外面世界的"另外一重天地"。[1]

民生公司有响亮的口号：

我们要做两个运动：欢迎省外人到四川来！

促起四川人到省外去！

我们帮助四川：欢迎中国科学社——科学家探察；欢迎工程师学会——工程师设计；欢迎经济学会——金融投资。

我们要从外面介绍到四川来的：帮助开发四川的专门人才；帮助开发四川的经济力量。[2]

无疑，在封闭的四川，民生公司所散发出的现代气息让外省人倍感惊异。 陈衡哲说，"我在重庆的感想，第一是许多机关的真能现代化。 如民生公司，便是办事与教育的合组机关的一个好例子。 公司中的办事人员，在晚上都聚集在一个大礼堂里，不是听讲，便是自修。 那次六团体（美丰，川康，及省立三个银行，航务处，财政特派处，及民生公司。）请张伯苓先生和我们两人去讲演，便是在那大礼堂里的。 那礼堂里充满了学校的空气，聚在那里的六团体的职员们也使我们感到'同行'的意味。 这真可说是做到机关学校化的地步了。"[3]

在防区时代，民生公司新鲜的管理方式给封闭的四川的经济建设和社会发展注入了活力，卢作孚的现代管理、经营的理念，民生公司员工的精神面貌，以及民生公司所充当的沟通川内外的角色，潜移默化地改变着重庆的经济生活和经济结构。

---

[1] 卢作孚，《四川人的大梦其醒》（1930年1月），凌耀伦、熊甫，《卢作孚文集》（增订本），北京：北京大学出版社，2012年3月，第61页。

[2]《新世界》第89期，1936年2月，第18、25、34页。

[3] 衡哲，《川行琐记：一封给朋友们的公信》，《独立评论》第190号，1936年3月1日，第17页。

民生公司第21期茶房训练班　　　　　民生公司训练水手

民生公司训练茶房　　　　　　　民生公司朝会

民生实业公司三峡染织厂广告　　　民生公司投资建设的三峡染织工厂

民生公司办公室

图 5-8　1937 年《民生公司十一周年纪念刊》插图

以对外投资看，按照民生公司"开发产业"的宗旨，卢作孚提出民生公司有"三个运动"，"统一川江"是公司的第一个发展战略，为实现第二个目标，即"将连带的生产事业统一为一个或谋全部的联络"，民生公司从创办之日，就开始了对外投资。

表 5-5　1927—1937 年民生实业公司对外投资情况

投资年份	企业名称	投资金额/元
1927 年	北川铁路公司	188 000
1935 年	天府煤矿	100 000
1936 年	华懋公司	50 000
1936 年	大中华造船厂	120 000
1936 年	四川水泥公司	40 000
1937 年	兴华保险公司	65 000
1937 年	江西光大瓷业公司	2 000
1937 年	聚兴诚银行	25 000
1937 年	嘉陵江纱厂	250 000
1937 年	重庆兴业银行	50 000
1937 年	香港兴亚公司/酒店	500

资料来源：凌耀伦，《卢作孚与民生公司》，成都：四川大学出版社，1987 年，第 145 页、第 157 页；张守广，《卢作孚年谱长编》（下），北京：中国社会科学出版社，2014 年，第 725 页。

从 1927 年到 1935 年，民生公司已在 15 个企业进行了投资，投资金额达 40 余万元。 1935 年 12 月，为便利四川交通和运输，及开发四川所需大量机器，民生公司开始与上海江南制造厂、合兴造船厂、瑞瑢造船厂、老公茂船厂等协议建造民本、民元两艘豪华巨轮，由此民生公司开始进入较大规模的造船时期。[1] 当民生公司在长江航运业中占据优势后，从 1936 年开始较大规模地对外投资。 战前，民生公司投资主要集中在煤矿业、机器制造业、贸易、金融业、食品和保险等行业，保证了航运业的快速发

[1] 张守广，《卢作孚年谱长编》（上），北京：中国社会科学出版社，2014 年，第 563 页。

图 5-9　民生公司投资建设的天府煤矿公司——《民生公司十一周年纪念刊》,1937 年。

展。　其中,北川铁路公司和天府煤矿是战前投资的重点企业。
为保证航运用煤,民生公司对四川省最大的煤矿——天府煤矿公
司进行投资;同时修筑铁路,创办了北川铁路公司,卢作孚任两
个公司的董事长,从而保证了民生公司轮船的用煤。　为造船航运
的需要,公司还投资机器冶炼、建筑木材业;为有利于招徕客货
投资贸易业;为保证客货运输的安全,公司开始大胆投入保险
业。　对外投资的结果是逐渐形成以航运为中心的大型企业资本集

图 5-10　民生公司投资建设的北川铁路——《民生公司十一周年纪念刊》,1937 年。

团，为抗战时期民生公司的发展奠定了坚实的基础。 对外投资也给民生公司带来了巨大的经济效益。 据不完全统计，1937 年民生公司的投资利率是 16.2%，1937 年总公司纯益 35 万元，投资收入 14.5 万元，占纯益 41.7%。[1] 民生公司为代表的重庆民族资本的壮大与发展，也为重庆吸引长江中下游的资本投资重庆，吸引外地建设人才，开辟了重要通道。

现代的经营管理理念让民生公司的现代性获得广泛的社会认同。 在重庆，民生公司是现代企业的象征，投资民生公司乃现代时髦之举。 在民生公司成长过程中，得到地方银行资本的大力支持。 1933 年到 1934 年这两年，是民生公司资本扩张最快速的时期，几乎每月、每季都要向中国、聚兴诚、川康、美丰四个银行贷款（包括北川铁路公司在内），据康心如回忆，美丰银行陆续贷给民生公司的款项，其中有一部分先后转为股本，美丰投给民生公司的股本仅次于对电力公司的投资。 因为民生公司年年赚钱，利息回报高，信用可靠而企业又经营得人，正是美丰银行投资时所要追逐的对象。[2]

值得注意的是，民生公司所吸引的资金，不仅有来自重庆地方的资本，还有不少军阀的闲散资金的投入。 据统计，1926 年至 1937 年，民生公司董事中，有刘航琛、何北衡、唐棣之等二十一军军政人员。 其中，刘航琛在 1935 年担任董事，股份为 6 股。唐棣之 1932 年进入民生公司董事会，[3] 唐对民生公司进行投资，以每股 500 元计，为 5 万元，占总股本 106.3 万元的 4.7%。 1933年，民生公司有 521 位股东，最大的股东只有 100 股，股金 5 万元。 不过，唐是否代表刘湘对民生公司进行投资，这种可能性不大，由于民生公司股权分散，投资再多，也不可能对民生公司进行控制。 1926 年至 1936 年 11 年间，（民生公司）年收益从 2 万多元增到 230 余万元，从利润率情况看，若以收益与股本额相除的方

---

［1］凌耀伦，《卢作孚与民生公司》，成都：四川大学出版社，1987 年，第 173-175 页。

［2］康心如，《回顾四川美丰银行》，《重庆文史资料选辑》第 8 辑，1980 年，第 159-160 页。

［3］据《民生实业股份有限公司十一周年纪念刊》记载唐氏是 1933 年进入公司董事会的。

法计算，最低也是 31%，最高达 137%，年平均利润率达
61.6%。[1] 加之，民生公司扩充股本的渠道日趋多元化，自然没
有必要完全依赖刘湘政权从资金给予扶助。 由于战事频繁，军费
开支极大。 二十一军在 1933 年军费支出为 45 927 038 元，占总支
出的72.33%，比 1932 年增加了近 1 100 万元，[2]很大程度上无钱
进行其他事业的投资。

[1] 凌耀伦，《民生公司史》，北京：人民交通出版社，1990 年，第 87 页。
[2] 匡珊吉、杨光彦，《四川军阀史》，成都：四川人民出版社，1991 年，第 352 页。

较比活生

都市之夜

有人在华堂欢宴有人正搰草根觅食

概

第六章

社会变迁与城市生活

20 世纪二三十年代，重庆的早期现代化在"军人干政"体制下展开。对上海摩登的追逐，让军人的城市有了改革进取的精神。其结果，"军人干政"不仅获得了权威合法性资源，也使得整个社会弥漫一种"小上海"的自满。当体制内部滋生出渴望沟通和交流的发展动力时，除了少数精英以外，大多数重庆人仍然沉浸在自闭式的社会心态中，生活在一个"与外部无关"的世界里。[1] 在防区体制内的北碚建设，以一种崭新的面貌出现，并率先获得了"下江人"的认同，进而对重庆的城市现代化产生了冲击。本章分析防区时代的重庆城市社会变迁，对比卢作孚"北碚模式"的精神建设和潘文华时代引以自满的"小上海"样板，以"下江人""旅外川人"及其话语为参照视野，重点分析"黄金水道"对于"封闭"重庆的意义。

第一节　无法隔阻的交流

防区时代的政治环境是畸形的。走出封闭的军阀防区政治心态，一方面得益于地方精英竭力开放四川的种种举措；另一方面也是这一时期城市社会发展的必然要求。更为重要的是，重庆开埠以后，川江航运的繁荣与发展，使得这一连接重庆与外界的唯一通道始终处于"畅通"的状态。尤其是沿海与广大内陆开通航空线后，对内陆的政治和经济的前景更是好兆头。[2]

一、"下江人"到重庆

民国时期，"下江人"与重庆有着不解之缘。可以认为，是长

---

[1] 在卢作孚有关四川政治的话语中充满了对四川封闭、保守和自私心态的批评。直到 30 年代后期，重庆与外界的"内外隔膜，仍未化解"。有人批评道："闭关自守，不通声气的四川，直到今日，还是和二十年前一样。"见杨若瑜，《纪念辞》《本刊一年来之经过》，《现代读物》一周年特大号，1937 年 1 月 1 日，重庆，第 15-20 页。
[2] Archibald Rose，"A Visit To China," *The China Review*（A QUARTERLY），（London）（April-June，1933），Vol. Ⅱ，No.2，pp.16-17.

图6-1　开放的黄金水道——董时进，《四川人应常到外面考察》，《嘉陵江日报》1931年1月12日。

图6-2　上海、汉口、重庆间之运邮飞机——《上海邮工》1934年第6卷第56期，第1页。

江赋予了"下江人"最初的含义。《汉书·王莽传》中已经出现"下江"一词。 所谓"下江",是指湖北江陵以下地属长江中下游地区。"下江"也指江苏省。 晚清以后,"下江"一词使用频繁。 近代西方人通常用"下江"指代长江下游地区。 1891 年重庆开埠以后,"下江"一词便成为重庆海关的重要用语。 从 20 年代开始,几乎是所有关于重庆商业贸易与川江航运的消息都有"下江"的内容,"下江""下水"以及"下河"等词语使用最为频繁。 伴随重庆城市商贸功能的进一步加强,"下江"一词渐渐有了商业的内涵,"下江棉布""下江色布"[1]也成为重庆市民熟知的时髦商品。

长江轮船航运业的发达与沪渝贸易交流的加强,为"下江"的商人进入川江贸易圈创造了有利条件。 19 世纪末,整个四川的洋布进口是由 31 家商号垄断的,而其中 27 家是重庆商人经营的,他们通过代理人直接从上海进货。[2] 重庆开埠后,与上海发生着频繁的贸易往来,1912 年至 1921 年间,重庆开辟了直达上海的定期客货轮船航线,共有 20 艘轮船,总载重量 13.3 万余吨。[3]重庆的苏货业商店主要销售来自上海的纱、布、针织品、搪瓷用品、玻璃器皿等工业品。 抗战以前,在上海设有采办庄的重庆苏货业商店有三四十家之多。 1936 年的海关统计,重庆向上海输出的货值占了重庆全部输出货值的 51%,而重庆直接从上海输入的货值占重庆全部输入货值的 83.6%。 沈祖炜研究指出,这一数据显示了上海在重庆同外界的商贸联系中的重要地位,[4]以上海为中心的"下江"地区与重庆密切的经贸联系逐渐缩小了重庆与"下江"的距离。

---

[1]《1922—1931 年重庆海关十年报告》,周勇、刘景修,《近代重庆经济与社会发展:1876—1949》,成都:四川大学出版社,1987 年,第 351 页。
[2] 周勇,《重庆:一个内陆城市的崛起》,重庆:重庆出版社,1989 年,第 125 页。
[3]《1912—1921 年重庆海关十年调查报告》,周勇、刘景修,《近代重庆经济与社会发展:1876—1949》,成都:四川大学出版社,1987 年,第 337 页。
[4] 沈祖炜,《近代重庆、上海经济关系探析》,孟广涵,《历史科学与城市的发展:重庆城市史研讨会论文集》,重庆:重庆出版社,2001 年,第 27 页。

图 6-3　1935 年重庆城市景观——夏文焕,《美术生活》1935 年第 21 期,第 27-28 页。

从社会学的意义上看，"下江人"群体的出现与来自长江中下游移民群体有关。长江不仅是连接重庆与"下江"地区的商贸纽带，且成为长江流域人口流动的重要传送带。明清以来，重庆成为移民入川的重要门户，充当了"消化和转移人口的角色"。[1]随川江轮船航运业的发达，重庆与外部的联系更为密切；加之自20年代中期以后重庆进入相对稳定的发展时期，长江航线上的往来"下江"地区商人日渐增多。基本上，这一时期的"外省人"成为包括"下江人"在内的模糊概念，跨省籍的"下江人"群体概念尚未形成。如果一定要将这一时期的"下江"地区的人群定义为"下江人"的话，那么，可以认为"下江人"主要应是"下江"的商人群体。

资料显示，与"下江人"最接近的词语可能是"扬子江人"。1921年章炳麟致电刘湘等四川军人，说"川省为长江上源，襟带六省。自湖南先言自治，而贵省以高屋建瓴之势，应于上游，……此后下江各省，岂敢后人，远效吴、蜀之同盟，近复辛亥之原状，则非特川省一方之福，而我扬子江人皆被其赐矣"。[2]尽管章炳麟并未将"下江"各省的人直呼为"下江人"，却使用了"我扬子江人"，为"下江"各省人在地域范畴上增添了特定社会群体的含义。同一时期，西方媒体在报道中国长江流域事务时常使用"扬子江流域""长江上游"以及"长江下游"等术语，但"扬子江人"概念的使用并不曾为大众所广泛认同。

一般认为，"下江人"一词是抗战时期才出现的。不过，据目前能够看到的资料，"下江人"至少在20世纪20年代中期就见诸文字了。值得注意的是，这个称谓首先出自"外省人"之口。舒心城在20年代中期游历四川时与家人的通信中，在两处明确使用了加引号的"下江人"："今日在途中看到许多事情，都是'下江

[1] 王笛，《清代重庆城市人口与社会组织》，隗瀛涛，《重庆城市研究》，成都：四川大学出版社，1989年，第310页。
[2] 《章炳麟致刘湘、但懋辛祝贺川省自治电》（1921年1月14日），四川省文史研究馆，《四川军阀史料》第3辑，成都：四川人民出版社，1985年，第205页。

人'所不易见到——也许不易想象得到的"；在成都重庆沿线的小客栈中居然也有"'下江人'所通用的洋滋（瓷）脸盆"[1]，这可能是最早出现的"下江人"概念。 20年代末期，重庆产业队伍中的"下江工人"已是颇具影响力的群体，其自我认同的群体意识已十分明显。[2] 此间，"下江人"多半是与"外省人""中原人"乃至"川人"等概念相提并论。

从地域上看，"下江人"通常指长江中下游的各省籍的人士，所谓"扬帮""苏帮"也可看作典型的"下江人"。[3] 在能够看到的文献中，也有将"下江人"定义为江浙人的，如有记载："四川的大中地主，大小军阀，大小官僚，比起下江逃到四川的叫化（花）子似的江浙财团，似乎都是实力派，成为下江人拉拢的对象"。[4] 吴济生撰写的《新都见闻录》一书中，"下江人""江浙人""外省人""秦淮人"等概念含混不分，似乎都是"下江人"。事实上，抗战内迁重庆的"下江人"范畴既宽泛又模糊，甚至四川"本地人"以外的所有"外省人"皆被笼统地视为"下江人"。

"下江人"颇具特色的方言，是"本地人"判断的首要标准。以"口音"认定"下江人"，模糊了"下江人"的群体概念。 笔者在采访重庆抗战老工人时，问及怎么知道谁是"下江人"，被访者绝大多数会不假思索答曰：从"口音"分辨，说"'下江人'说话叽哩咕噜的（意即听不懂）"。 仅少数本地人能区分一些省的方言，甚至有以外地口音判断为"下江人"的。 的确，"听口音毫无问题都是下江人"[5]是一般人判断"下江人"的重要标准。"下江人"自己也说"重庆所有外省旅居之人，即重庆普通所谓'下江

［1］舒新城，《蜀游心影》，中华书局，1939年，第84、110页。
［2］《中共四川临时省委关于各地工运情况的报告》（1930年5月21日），四川省档案馆、四川省总工会，《四川工人运动史料选编》，成都：四川大学出版社，1988年，第123-136页。
［3］薛绍铭，《黔滇川旅行记》，中华书局，1937年，第168页。
［4］陈真，《中国近代工业史资料》第3辑，北京：生活·读书·新知三联书店，1961年，第1280页。
［5］薛绍铭，《黔滇川旅行记》，中华书局，1937年，第179页。

人'"。[1] 张恨水在《巴山夜雨》说，"下江太太"或"下江口音"是典型的以方言指代"下江人"。其实，早在战前陈衡哲也使用了"下江的太太"的说法。[2]

而服饰的差异也是区分"下江人"与"本地人"的重要标志。在对近 20 名老工人的采访中，多数人对"下江人"的衣着以及与重庆人不同的生活习俗有着特别的感受，认为"下江人"比"本地人"穿得好，是"有钱人""做生意的""当官的"。

相对传统、落后的"本地人"，"下江人"通常有一种先进文明代表者的优越感。对僻处内陆的本地人而言，四川的落后与长江中下游的先进文明程度形成鲜明对比，那些来自沿海"工业化""现代化"发达地区的"下江人"简直就是中国最现代的人群。进入 30年代，"下江人"的概念发生了较大的转变，由商业转向政治，同时带有明显地域文化取向，凸显了城市现代化发展的差异性。伴随"下江"的各界要人入川所发表的一系列的话语[3]清楚表明"下江人"与重庆本地人的文化分野，"下江人"群体特征凸现。抗战陪都时期，"下江人"群体的独特的社会优越地位更为明显。[4]

图 6-4 漫画：1935 年的重庆小姐——《商务日报》，1934 年 2 月 21 日。

---

[1] 陆思红，《新重庆》，中华书局，1939 年，第 37 页。

[2] 衡哲，《川行琐记》（三），《独立评论》第 207 号，1936 年 6 月 28 日，第 18 页。

[3] 参见这一时期蒋介石入川后的言论，以及《国闻周报》《新中华》《大公报》《独立评论》《复兴月刊》等报刊有关开发四川的话语。另参见葛绥成《四川之行》、陈衡哲《川行琐记》、黄炎培《蜀道》、吴济生《新都见闻录》、陈友琴《川游漫记》、薛绍铭《黔滇川旅行记》、陆思红《新重庆》等文，这一时期"下江人"留下了关于四川、重庆城市景观的话语是"下江人"现代性的自我认同的重要标志。

[4] 何鸿钧，重庆出版社原编审，20 世纪 40 年代就读于内迁至北碚的复旦大学新闻系，籍贯四川秀山，毕业后在重庆《新民报》任记者。他认为抗战时期"下江人"的问题反映了沿海较高文明与内陆落后文化之间的冲突。据 1995 年 6 月 3 日笔者访问重庆出版社编审何鸿钧记录。

二、"下江人"的认同及群体的壮大

概括来讲，笔者以为抗战前"下江人"获得内陆社会广泛认同的原因主要有以下几点：

第一，川江航运等现代交通事业的发展为"下江人"入川和内陆社会的认同提供了现实的条件。民初，"下江人"率先在长江经济贸易网络中实现了与重庆的自由交往；在军阀混战时期，进出重庆的"轮船运输始终没有中断"。[1] 20 年代后期开始，长江中下游的各中外轮船公司时常有轮船行驶重庆，发达的轮船航运为"下江"地区的人们进入闭塞的天府之国提供了便利。 30 年代初，"轮船航运在长江上游的通航，最近航空邮件的开通，以及长江客运业务的发展，已经使得这个省（四川。——引者注）的发展加速，并且与东部发达地区的联系也得到加强"。[2]

"黄金水道"不仅仅是商业贸易的流通网，这也是一条涌动着的长江流域文化交流的纽带，加之 30 年代中期开始川局出现较为安定的局势，川江上"来往旅客日见增多，以前仅川人来往，外省者不及十分之一，今则各半"。[3] 尤其是 30 年代初期以重庆为中心的航空运输的出现，"自沪赴渝可以直航，自渝至蓉又有飞机可乘，故不独迅速，且甚舒适，若不观三峡风景，则乘巨机由沪至蓉，朝发夕至，几如自沪至京一游，诚缩地有方，蜀道何难矣"。[4]"交通革命，打破许多观念，飞机之促进文化与政治，殆有不可思议之威灵"，[5]"下江人"进入四川，来自沿海的城市文明对重庆人的思想观念、意识的变化产生了深远的影响。

第二，以模仿"上海模式"为特征的重庆城市建设演变出认

---

[1] 周勇、刘景修，《近代重庆经济与社会发展：1876—1949》，成都：四川大学出版社，1987 年，第 442 页。

[2] "Szechuan Decides to Stage Its Own Civil War," *The China Weekly Review*, 11(April, 1931), p.189.

[3] 庄泽宣，《陇蜀之游》，中华书局，1937 年，第 138-139 页。

[4] 庄泽宣，《陇蜀之游》，中华书局，1937 年，第 166 页。

[5] 季鸾，《入蜀记》，《国闻周报》第 12 卷第 19 期，1935 年 5 月 20 日，第 1-6 页。

同"下江人"的社会情势。 从 1926 年开始，重庆处于二十一军"近乎完全自治的"[1]"军人干政"管理模式之下。 20 世纪 20 年代末期开始的重庆城市建制和全方位的市政建设的展开，均以模仿"上海模式"为特征，重庆市市长潘文华甚至还提出"与欧美各先进国家并驾齐驱"[2]的奋斗目标。 这表明重庆的军人政权无法抵御长江下游城市文明的影响和辐射。 刘湘军人政权为获得城市社会的广泛认同，对于沿海的种种现代举措急于模仿，[3]反过来又推助了重庆与"下江"和沿海地区的交流潮。 重庆的这一系列改革被西方人称为现代意义发展的开端，是"按照现代结构"的市政规划。[4] 从 30 年代开始，在传媒的导向下，重庆市民的消费时尚紧随"上海摩登"，在更广泛的社会层面强化了对"下江"地区现代性要素的社会认同。

第三，30 年代初全国传媒的整合效应，壮大了"下江人"的队伍，也增添了"下江人"的优越感，稳定的"下江人"群体形成并逐渐壮大。"九一八"以后全国抗日情绪高涨，"外患一天一天的加紧，更加强了四川地位的重要性"[5]。 与此同时，中央政府借助舆论展开强大攻势，蒋介石反复阐明"四川的治乱即中国兴亡之关键"，"四川之问题，即中国之问题；四川之前途即国家之前途也"[6]，四川成为全国传媒关注的焦点。 1932 年 11 月 20

［1］Robert A. Kapp, *Szechwan and Chinese Republic, Provincial Militarism and Central Power 1911—1938*, New Haven and London：Yale University Press, 1973, p.14.

［2］潘文华，《告全市人民书》，重庆市档案馆藏重庆市财政局全宗，档案号：卷 920，第 69 页。

［3］《重庆商埠月刊》，《九年来之重庆市政》，以及这一时期潘文华在各种公共场合的演讲，均体现了来自"下江"地区的现代性的冲击。

［4］Central Intelligence Agency, edit, *Briefs on Selected PRC Cities, Chungking*, United States of America, Washington：Government Printing Office. November, 1975, p.3. 另参见 J.E. Spencer, "*Changing Chungking, The Rebuild of An Old Chinese City,*" *The Geographical Review*, 29 (1939), pp. 47-50.

［5］张群，《川政统一与刘裁主席》，周开庆、刘航琛，《刘湘先生年谱》，台北：四川文献研究社，1975 年，第 183 页。

［6］蒋介石，《建设新四川之要道》（1935 年 10 月 6 日在成都出席省党部扩大总理纪念周讲演），《四川治乱为国家兴亡之关键》（1935 年 10 月 6 日在成都召辖对四川各高级将领讲演），《对四川绅耆与教育界之期望》（1936 年 4 月 16 日在成都讲演），《四川民众的光明之路》（1936 年 4 月 20 日出席四川省党部扩大总理纪念周讲演），以上载《先总统蒋公思想言论总集》卷 13（第 462-483 页），卷 14（第 222-237 页）。

日，国民政府重申整理川政之令，加速整合川省步伐，"川人治川"封闭政治理念受到严峻的挑战。

南京国民政府"统一四川"的舆论动员，使"开放"四川运动更为热烈，"下江人"广泛介入"到四川去"的行动，成为影响和参与开发西部中国的重要力量。1933 年夏，中国科学社在重庆北碚举行第十八次年会。"此次入川科学社社员皆乘民生实业公司所派之民贵专轮。"[1]1934 年 2 月，全国各地的新闻界组织川康考察团入川考察政治及实业情况。同年 4 月，中国工程师学会应刘湘之特聘组织 25 人的四川考察团，入川考察。5 月，中国银行张公权及上海其他银行代表数人也相继入川考察金融现状。在赞美四川山水秀美的同时，"下江人"独立的文化优越感日益凸现。在"下江人"的话语中，"四川人""省外的人"已经截然分开，表现出"下江人"鲜明的自我认同感。[2]

第四，卢作孚的现代化思想与实践，构筑起重庆与"下江"交往的桥梁。有学者指出："从传统到现代的转型期中，知识分子往往成为现代化的最早的呼唤者"。[3] 卢作孚是民国时期重庆城市现代化的最早呼唤者。这位颇有"追逐现代或更超现代"勇气的地方精英，早已跨越了思想的"现代化"，[4]成功地将"开放"与"发展"理论表述为川江航运的商业实践，开创了同时代民族资本难得的辉煌事业。卢作孚创办的民生公司和北碚建设成为内陆现代事业的象征，深得"下江人"的认同。[5]1933 年 8 月，中国科学社年会在北碚举行，在卢作孚的努力宣传下，会后代表们在重庆一致主张，回上海以后，组织一个委员会，帮助四川的 4

[1] 胡先骕，《蜀游杂感》，《独立评论》第 70 号，1933 年 10 月 1 日，第 14 页。

[2] 葛绥成，《四川之行》，中华书局，1934 年，第 30 页。

[3] 孙立平，《后发外生型现代化模式剖析》，《中国社会科学》1991 年第 2 期，第 215 页。

[4] 根据凌耀伦的观点，卢作孚是近代中国实业界中第一个明确提出"现代化"的口号、内容和目标的人物。见凌耀伦，《论卢作孚的中国现代化经济思想》，杨光彦、刘重来，《卢作孚与中国现代化研究》，重庆：西南师范大学出版社，1995 年，第 17 页。

[5] 在"下江人"的旅川观感中，最为引人注目的话题是卢作孚创办的民生公司胜过外轮的优质服务，民生公司的现代事业形象首先获得"下江人"的认同。另据《新世界》，民生公司朝会的演讲者，常常是来自"下江"的社会名流，他们赞扬民生公司的话语影响颇大。

项工作：1.帮助派人调查地上和地下的各种物产；2.帮助计划一切；3.帮助介绍事业上的专门人才；4.帮助对外接头。本次会后，卢作孚和四川实业界又开始积极运动工程师学会、经济学会来四川开会、考察，以便解决四川发展中的各种问题。[1] 通过旅游，北碚聚集起来的"下江人"队伍既庞大，地位又显赫。与其说北碚因"下江人"逐步成为全国传媒的焦点，还不如说，"下江人"借助北碚率先成长为影响后方社会的独立群体。

"下江人"的形成与认同显示出民国重庆城市现代化借助外部现代化的动力群体资源的动力机制成长轨迹；此外，对"下江人"的广泛认同，也是地方资本发展的内在要求，即必须从体制上突破民初以来四川军阀防区政治构架。在重庆城市现代化历程中，"下江人"是传递"上海模式"的天然媒介；随着与"下江"地区交往的日益密切，重庆与外界的交流再也无法隔阻，而呈现出前所未有的"开放"态势。

第二节　防区体制下的城市生活

那是一个以"上海模式"为榜样的时代。如果一个城市有了"小上海"的称谓，便十分"得意"，因为"小上海者，规模略小而雏形全备之上海事也"，有"像上海"一样的洋楼、饭店，便是有了建设。[2] 潘文华时代的重庆城市建设就是在这个背景下进行的。随着城市建设的开展，重庆的军人阶层在现代化的潮流冲击下对"现代化"的倡导尽管功效甚微，但在封闭的内陆，"现代化"成为一种既合法又时髦的话题，这无疑是对整个市民社会的鼓舞。

---

[1] 卢作孚、朱树屏，《九月廿四日周会中之工作报告》，《工作周刊》第 13-14 期合刊，1933 年 10 月 12 日，第 3-4 页。
[2] 金满成，《重庆的前途·上海的后影》，《新蜀报副刊》第 35 期，1932 年 6 月 20 日。

一、都市人口激增与社会阶层的异动

重庆是一个移民的城市。作为长江上游最重要的港口城市，重庆以其优越的地理位置吸引了大量商业性移民。王笛研究认为，清嘉庆以后，重庆大规模的移民潮基本停止。自辛亥革命以后至抗战爆发，城市人口未出现本质性的变化，原有的移民转化为"土著"，而迁入的人口有限，因而移民在重庆人口中的比例有所下降。民国以后，尤其是抗战前的十年，由于川江内河航运和外贸的发展，城市商业经济的繁荣，新兴产业的出现增加了城市就业的机会，进入重庆的移民潮又开始涌动，城市人口激增。

表 6-1　抗战前的十年重庆城市人口增长的实况

年　度	人　数	年　度	人　数
1927	208 294	1932	268 992
1928	238 423	1933	280 449
1929	238 017	1934	369 396
1930	253 899	1935	379 058
1931	256 596	1936	471 018

资料来源：傅润华、汤约生，《陪都工商年鉴》第一编陪都概况，文信书局，1945年。需要指出的是，目前能够看到的有关战前历年重庆市人口统计的数据存在差异，以此表中1927年的数据为例，据重庆商埠督办公署统计，1927年城市居民有40 947户，177 829人。据该统计说明，此统计系依据纯居民住户人口数据采集而来，"机关、法团、兵营、学校、庙宇等不在此内"。(《户别统计表》，《重庆商埠督办月刊》1927年第1期，第42页)重庆建市以后，市政厅虽设警察局，却不管理户口。1935年以后，重庆人口登记与统计开始由市警察局办理。警察局内设户籍股，并训练专门的户籍警以调查统计全市人口，重庆市人口统计渐臻准确。

表 6-1 显示抗战前十年重庆市人口呈逐年递增的趋势，以 1933 年至 1936 年间重庆人口增幅尤为突出，这一方面是周边农村大批破产农民、游民流入都市，加之南京中央政府成功整合四川，以及这一政治进程所带来的后果；另一方面也是重庆市区面积扩大，城市空间拓展所造成。另据重庆市各警署对城市人口的调查结果，1929 年城市"中外户数"为 45 060 余户，人口约 233 000 余人（不含南北两岸的城市人口）。1935 年至 1936 年，城区人口

骤增九万，这是由于 1935 年 4 月警察局将重庆南北两岸正式划入市区范围，可见城市空间的拓展是城市人口增加的重要因素。 随着新市区的日趋繁盛，重庆市公安局又增设了第十区署。[1] 重庆城市人口的增长势头一直持续到 1936 年。 据重庆市公安局统计，1936 年 2 月，重庆市全市人口：男子 195 720 人，女子 132 085 人，外侨 145 人，共计 327 950 人，这一统计只包括全市十个区署现住居民人口，"尚有流动人口 7 万未列入"[2]。 而另据同年 11 月统计，重庆市户口调查，共计 91 483 户，434 824 人。同年 12 月，重庆市公安局发表 11 月份人口统计，共 444 796 人。[3]

抗战前十年的重庆城市人口的增长除一小部分属人口的自然增殖以外，大多数是外地移民所致。 据重庆商埠的统计数字，20 年代中期，重庆常住人口近 20 余万，流动人口就有 20 余万。[4] 1934 年重庆市区人口性别比例统计，男性有 191 767 人，女性有 118 110 人。 性别比例（男与女一百之比）162.4%。 1935 年城市总人口 428 801 人，其中男性有 310 692 人，女性仅为 118 109 人，1936 年城市总人口增长到 451 897 人。 其中男性有 252 917 人，女性有 198 980 人，1937 年城市总人口 473 904 人，男性有 273 361 人，女性有 200 543 人。[5] 上述数据显示移入城市的人口以男性为多，这无疑与周边涌入城市的男性劳动力为多相印证。对城市生活完全陌生的农村人口，如浪潮般的涌入新都市，被城市吸收，融为一体，逐渐成为城市的"土著"居民。[6] 大量农业人口转化为城市人口，加速了重庆城市化的进程。

---

［1］重庆市政府秘书处，《九年来之重庆市政》第七编公安建设事项，重庆市政府秘书处，1936 年，第 127-128 页。
［2］《四川省重庆市公安局人口调查表》，重庆市档案馆藏重庆市政府全宗 2 目 1527 卷，第 113 页。
［3］张肖梅，《四川经济参考资料》，中国国民经济研究所，1939 年，Y1。 1936 年人口统计，还可参见《重庆市人口统计》，《四川月报》第 9 卷第 1 期，1936 年 7 月，第 307-309 页。
［4］《改良重庆警察之计划》，《重庆商埠汇刊》，重庆商埠督办公署，1926 年，第 28 页。
［5］施居父，《四川人口数字研究之新资料》，成都民间意识社，1936 年，第 36 页。
［6］《重庆市附近农村现状调查》，《四川月报》第 11 卷第 2 期，1937 年 8 月，第 194 页。

至 1937 年，重庆户口籍贯统计显示，全市人口为 473 697
人，其中本籍人口为 209 510 人，占总人口数的 44.2%；外籍人口
为 239 469 人，占人口总数的 50.6%。 在外籍人口中，川省各县
的迁入人口为 216 705，占全部外籍人口的 90.5%。 上述数字表
明，自清代以来的"长距离的省际移民转变为短距离的省内移
民"。[1]

重庆城市人口流动的周期性和复杂性，使城市社会阶层的分
化十分明显。 防区政治体制之下，重庆是军人的世界，是一个
"军权高于一切"的城市。 即使是与军人有关系的人物也占有相
当的地位，这即是所谓的"特殊阶层"。[2] 据观察，当时"在朝
在野之演政治者，因环境关系，不无多少皆与各军有关连"[3]依
附军人成为重庆社会的一大时尚，杜重远为我们描绘了 1932 年重
庆"军人的世界"图景，他写道："我们到了重庆，第一感觉奇特
的，就是军人之多，敝衣赤足，到处都是。 每一军界要人出游
时，则随行差弁四五人，或七八人不等，即军官之女眷出购服物
时，亦有三五兵士为之携男抱女。 此等现象，十年前常见之于东
北各省，不料今日复见之于重庆。 重庆最高机关要算是二十一军
军部了，所有行政教育统归该部直辖。 中国国民党口号曰：'党权
高于一切'，在重庆恐将改为'军权高于一切'吧！"而"最奇怪
者，许多报馆主笔或学校校长，卡片上都冠以军部的咨议或顾问
等等头衔，甚或有几校的校长整天坐在军部而不到校服务
的"。[4] 与特殊的社会地位相适应，则是优越的生活条件。 这
些"社会上的少数有钱人，军阀，大银行家和富裕的地主，则在市
外数英里拥有私人的宫殿似的家宅"。[5]

［1］隗瀛涛，《近代重庆城市史》，成都：四川大学出版社，1991 年，第 384 页。
［2］吕平登，《四川农村经济》，商务印书馆，1936 年，第 137 页。
［3］前溪，《蜀游杂记》，《国闻周报》第 12 卷第 26 期，1935 年 7 月 8 日，第 5 页。
［4］杜重远，《重庆通讯：别后（上）》，《生活（上海 1925A）》第 7 卷第 3 期，1932 年 1 月
　　23 日，第 51-52 页。
［5］［美］白修德、贾安娜，《中国的惊雷》，端纳译，北京：新华出版社，1988 年，第 4 页。

除了在社会上占绝对统治地位的"特殊阶层"军人集团外，城市的社会阶层主要还有以下几种。

城市新兴商人群体。 早在晚清时期，随着近代重庆急剧的社会流动，有一个值得注意的现象，即一些较大的商业资本家出现。 随着进出口贸易的发展，长江上游市场的逐步开放，出现了为洋行服务的或直接从事外贸的商人，他们联络着其他众多的商人，建立了一个紧密联系的商品流通渠道（网络），形成了一个由重庆延伸到各地的以洋行为中心的商业网。 这一部分人在对外贸易中积聚了大量的钱财。 到刘湘时期，重庆金融业畸形繁荣，于是这一时期的巨富就是金融家与商人。"四川资产阶级，过去即有，但民国后，性质转变：第一，即产生金融资产阶级，如银行家之流；其次，即工商资产阶级，随四川工商业之发达而发展，地主资产阶级随新兴地主而发展。"[1]

新兴产业工人群体。 随着重庆现代意义的工业的起步，重庆的工人阶级队伍在壮大。 在火柴业，产生了重庆最早的民族资本和产业工人，至 1936 年重庆已成为中国内陆地区火柴业中心，在 15 家初具规模的火柴厂中，已拥有 3 637 名工人，占全国同行业工人的 35%。 据 1933 年的统计，重庆的产业工人已达 12 938 人，占全国工人总数的 1.6%，表明城市现代工人阶级的逐渐成长。 女性工人比例日渐增多，全市共有缫丝工厂 9 家，有女工 2 000 余人。 其次为玻璃厂、纺织厂、棉织厂、鱼烛厂、机械厂、瓷器厂等，有女工 1 500 余人，总计 3 400 余人；职业女性也开始出现。"本市妇女，昔年并不注重职业，自十六年（1927 年）后，市中各军政机关，乃渐发现有女职员足迹。 其职务范围，不外科员，书记，录事，办事员，见习生，参议，干事等数种，月得生活费金额，为二十元起，至六七十元止。 为全有职业妇女中生活之最优者，惟人数无多，顷市府最近统计，本市合共五十余人。"城市商业的发达，女性开始在商业行业中担任女店员，专任司账，营业

---

[1] 吕平登，《四川农村经济》，商务印书馆，1936 年，第 143 页。

之责，"每月薪资多者为二十元，少者则为二三元，工作时间，除银行业，公司，字号，每日按常规进退外，余如商店，铺户，餐馆，茶楼等，咸皆终日鹄立铺中"，据统计重庆市女店员有600余人，女雇佣工有4 000余人。[1]

1937年重庆职业人口百分比统计，在全市473 691人口中，从事农业的人口仍然有1.21%，工矿业有7.81%，从事商业的人口有13.70%，而交通运输业有9.18%，公务业1.92%，自由职业2.14%，家庭服务业28.08%。而无业人员占29.10%，职业不明的亦有5.22%，失业人口占1.66%。[2] 根据上述统计，城市人口中无业、职业不明，失业以及家庭服务业的比例竟有63.93%，其中从事家庭管理的有97 650人，侍从佣役35 368人，合计13.3万余人，成为职业人口中的最大比例者。

新兴的城市产业工人阶级的队伍在壮大，但仍然处于一个欠发展阶段，文化水平低。据记载，"本市劳工以小工业工人，占大多数"，而所谓劳工主要包括手工业工人，商店工人，商店学徒，人力车夫，码头运输工人；且"一般劳工，智识甚低"。就手工业工人的教育程度而言，"稍识文字者约计十之四五，能阅读报章者不过百分之二三"。[3] 我们从四川生产建设会议上重庆市代表尹静夫的"筹办重庆市技工养成所以养成干部专门技术人才而备后用"提案中，可以窥见重庆劳工的素质。他指出："查重庆市为西南工商重镇，年来公私办理之工厂，日见增多，……至厂中工人，或系来自田间，或系城市失业分子，其于本业工作，既无常识，使用机器，更为困难"。[4]

新型知识分子群体的成长。1935年重庆大学在校学生约200

[1]《重庆市之女子职业》，《四川月报》第5卷第5期，1934年11月，第187-188页。
[2]《重庆市户口统计表》，《四川统计月刊》第1卷第1期，1939年1月25日，第8页。
[3]《本市工人生活》，《工商特刊》1933年创刊号，1933年4月，第53-55页。
[4]《生产建设会之第五日，议工业交通各案》，《商务日报》1934年5月11日，第10版。相关文献还可参见：《社会一瞥：重庆劳工概况》，《四川月报》第2卷第1期，1933年1月，第3-13页；《社会一瞥：重庆黄包车大概况》，《四川月报》第2卷第5期，1933年5月，第146-147页；《社会一瞥：重庆职工及苦力状况》，《四川月报》第4卷第3期，1934年3月，第130-131页。

人，同年数理系、化学系、应化系、机械系、采冶系毕业学生约有50余人。 这一年，重庆大学新聘的教师中，有留美、法国、日本的在沿海工作的教授，以及国内的讲师。[1] 大学的学生及教授被认为是社会上时髦的人群。[2] 1936年末，胡庶华关于在新开发的沙坪坝建立城市文化区的建议，从一个侧面表明城市知识群体的成长与壮大。[3] "自由职业者"，包括学校教师、医师、律师、工程师、技术人员等。"四川随社会文明之进步，新的自由职业份（分）子，逐年加多"。[4]

近代以来，西方人成为影响重庆城市生活的重要因素。 自重庆开埠以来，西方的传教士、领事官、商人、教会的医生等常住这个城市。 统计数字显示，在重庆的外侨呈逐年增加趋势。 据记载，到1922年，法国、英国、美国、加拿大等国传教士在重庆市内设立的各种教堂已有10多处，整个重庆教区有教徒58 102人，培养中国神父69人。[5] 另据1934年度重庆户口总调查，在重庆的外国人有50户，人口总数为120人，其中男性80人，女性40人。[6] 再看1936年的调查统计：重庆市的外侨，男性96人，女性42人，共计138人。 其中英国男性23人，女性9人；日本男性20人，女性12人；美国男性15人，女性11人；法国男性15人，女性9人。 此外，男性中有职业者47人，无职业者9人；女性中有职业者30人，无职业者2人。[7]

事实上，常住重庆的西方人并不多，但因重庆地处西部中国的枢纽地带，自然是西方人进出中国内陆的必经之所。 如果加上驻重庆的英、美、日等国兵舰上的士兵和以重庆为中转站的西方

［1］《重庆大学近讯（三则）》，《四川月报》第8卷第3期，1936年3月，第230-231页。
［2］这一时期《新蜀报》副刊的文学作品中"摩登女郎"与"时髦先生"的职业有"大学教授"，另外，我们从然然君《如此江州》中的女学生形象也可以看出知识群体影响都市时尚的社会现象。
［3］胡庶华，《理想中的重庆市文化区》，《重大校刊》第4期，1936年12月1日，第1-4页。
［4］吕平登，《四川农村经济》，商务印书馆，1936年，第146页。
［5］《重庆教区历史资料》，转引自薛新力，《重庆文化史》，重庆：重庆出版社，2001年，第218页。
［6］《廿三年度重庆户口总调查》，《四川月报》第6卷第1期，1935年1月，第193页。
［7］《成渝万三市外侨人数统计》，《四川月报》第8卷第2期，1936年2月，第235-236页。

传教士，曾经在重庆暂住的外侨也不是少数。[1] 城市军人的家属们，在与在渝的外国侨民交往接触中，逐渐受到他们的影响，喜欢上了打网球等时髦的体育运动。[2]

二、追逐"上海摩登"

"下江人"把成都和重庆比喻为苏州和上海，"重庆是工商世界，成都的社会却完全不同"。[3] 从表面上看，重庆人是颇有"现代的色彩"和"生活节奏快"的"现代人"。[4] 但近代以来积淀起来的反洋教"排外"心态始终弥漫这个城市。 直到 20 世纪30 年代，一位在重庆的美国医生记载，那些"总是全市民中极小的一部分"的洋人得不到当地人民的欢迎，被称为"外国畜牲"。重庆街头的小孩仍然追着外国人骂"洋鬼子"，向他们"吐口水"。 甚至在装潢豪华的舞场，伴舞的舞女也不愿意和外国人跳舞。[5] 这种民族主义的情结在军阀统治时期开始泛化为"排外"。 与军阀"川人治川"的政治理念交织在一起的"排外"，让重庆人在对外开放的道路上很长时期内无法获得理智的认识。

20 世纪 30 年代，重庆人的生活中多了许多"现代"的词汇，正是这些新生事物的冲击，使得重庆人的生活发生了深刻的变化。 现代城市公用事业的词汇频频冲击着市民的感官，电灯、电扇、电话、自来水与百姓生活联系起来，尽管市民不习惯使用自来水……但是，生活的改变是实实在在地呈现在人们的面前。"时代化路灯"也"由沪专轮抵渝"。《商务日报》以"明亮路灯新马

---

[1] 我们从这一时期的西部传教士新闻中可知进出重庆的西方人十分频繁，他们大多数是传教士，希望在中国的内陆西部开设教堂，进行传教工作，这些人不仅是传递上海等沿海信息的重要媒介，且成为辐射重庆周边的主要力量，"重庆传教士协会"成为聚集在重庆的西方人的活动中心。

[2] H. G. Woodhead, edit: *The Yangtze And Its Problems*, Shanghai: The Mercury Press, 1931. p.55.

[3] 黄炎培，《蜀道》，开明书店，1935 年，第 38 页。

[4] 云木，《由重庆说到成都》，《商务日报》1936 年 4 月 21 日，第 14 版。

[5] [美] 贝西尔，《美国医生看旧重庆》，钱士、汪宏声译，重庆：重庆出版社，1989 年，第 177 页，第 223 页。

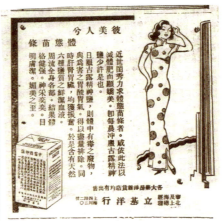

图 6-5　20 世纪 30 年代《商务日报》广告两则

路"的漫画来宣传重庆城市的新变化。[1] 飞机的到来打破了连接重庆与外界的"黄金水道"的独霸地位后,《商务日报》等大众传媒又将乘坐飞机的"时尚"以醒目的新闻标题来报道,重庆军政商学界的要人们率先体验了乘坐飞机的愉悦,他们穿梭于重庆、成都和下江地区之间飞行的消息,都市传媒上每日进出重庆的飞机航班、轮船和汽车的时刻表,和天气预报一同呈现在读者的面前。[2] 重庆与成都航空开班机飞行以后,"凡成渝间往来之军政商学各界,多乘该线飞机去来","航空邮件,亦逐渐增多,以致由渝飞省者,非先期购票不可,否则徒望洋兴叹而已,营业之发达,于此可见"[3]。 每日进出重庆的现代交通工具,如轮船、汽车、飞机等也进入重庆人的日常词汇,连北碚这样的"乡村"也知道飞机了。 文艺作品也追随大众传媒,反映典型城市生活中的新鲜事物,并且透露出浓浓的上海时尚。

重庆人生活的变化,也是从川人出川开始的。 据任鸿隽的回忆,"我们在重庆中学堂——重庆第一个官立的学堂——草草毕业

[1]《时代化路灯大批抵渝》,《商务日报》1935 年 5 月 24 日,第 7 版。
[2] 30 年代中,《商务日报》"本埠要闻"以醒目标题新闻频繁报道军政要人"乘坐飞机办理公务"。
[3]《渝蓉航空将换新飞机》,《商务日报》1934 年 4 月 15 日,第 7 版。

之后，大家的第一个目的，便是怎样的能离开这个闭塞不通气的四川去到外国或至少上海求一点自己认为有用的学问"，那些"生来命好，家境宽裕的朋友们，自然是一帆风顺，往黄浦滩头做时髦的学生去了"，即使是家境困难的青年也要创造条件，"不顾一切冲出夔门"[1]。二三十年代，不少"旅外川人"学成回川以后，热心"组织一个舆论机关，把这外面的新思潮，介绍到我们那闭塞的四川里面去"，"那闭塞的四川太不进步了，比较外面各省，有天堂地狱之别"。[2]

大众传媒具有对人的现代化潜移默化的影响，"从新闻、舆论到时髦风尚和时髦货，传播工具及时报道社会事件和社会变化。它们提供了人们可能绝对不能用别的方法看到的角色模式和生活方式掠影"。[3] 从"下江"回来的川人，频频以"先进"的上海传媒为号召，来批评重庆传媒。[4] 市民们已经不满足一般的新闻了，他们开始追求具有休闲意义的副刊，当然免不了出现读者与编者的讨论，读者群有了不同的口味。重庆的大报，如《新蜀报》和《商务日报》逐渐形成了各自的风格。

《新蜀报》早年即为革命者的喉舌，1921 年创刊，社长为陈愚生。1922 年留法归国的周钦岳担任总编辑。陈毅、肖楚女、漆南薰等先后都是该报主笔，它是重庆最有影响的进步报刊。《新蜀报》关心时事，揭露社会阴暗面，深得知识分子的喜爱，以独特的方式表达军阀政治下渴望自由的呼声。从上海来的编辑金满成主持的《新蜀报》副刊极具特色，显示了重庆社会所经历传统与现代交织的社会矛盾，逐渐形成"酸辣、幽默，富于刺激性"的风格。副刊拥有了固定的读者群，因稿件文字的"刻薄"，题材的

---

[1] 任鸿隽，《怎样离开四川》，《东方杂志》第 32 卷第 1 号，1935 年 1 月 1 日，第 77-78 页。

[2] 《本社社务报告》，《蜀评》第 2 期，1925 年 1 月 1 日，第 57-59 页。

[3] ［美］伊恩·罗伯逊，《社会学》，黄育馥译，北京：商务印书馆，1990 年，第 161 页。

[4] 1922 年至 1931 年，重庆有 10 种日报和 6 家晚报，创办于 1916 年的《商务日报》和 1921 年创办的《新蜀报》是重庆的"两家领袖报纸"，"他们的长期存在和大量发行足证他们在同辈中地位特高"。参见《1922—1931 年重庆海关十年报告》，周勇、刘景修，《近代重庆经济与社会发展：1876—1949》，成都：四川大学出版社，1987 年，第 372 页。

"弹性"，有些内容"可说是新闻"，"所以有时引起读者大加讨论，卒之造成一种空气"。尽管印刷质量"太模糊"，直到1936年底，《新蜀报》是重庆报纸发行销量最多的。[1]《新蜀报》是军阀刘湘统治时期对共产主义思想有大胆而较为正面披露的报刊。这种将革命的话语当作时髦思潮传播，极大地启迪了重庆人的现代意识，读者甚至提出要了解共产党的"真实内容"。由于《新蜀报》的文艺副刊多半是"关怀弱势群体"的纪实性作品，被批评"不是纯粹的文艺作品"。

由重庆市商会主办的大报《商务日报》，因深谙军阀政治"环境"的险恶，其生存方式乃远离政治，提出"纯粹以读者之利益为利益"，"不带任何政治色彩，不受任何政治影响，不为任何私人利用"，"愿本报永远都是民众的"[2]等口号与宗旨；同时，在仿照"京沪"式的副刊、广告制作[3]方面运作较为成功，逐渐形成一种逃避社会现实的"风格"，代表了重庆城市相当一部分市民的心态，即不关心外部的世界，只是沉醉于都市奢靡的生活之中。[4]《商务日报》以商业消息取胜，也是传播都市时尚的信息中心，为都市女性和新兴白领和"小市民"所钟爱。围绕《商务日报》副刊，逐渐形成"小市民"读者群。

《商务日报》以"尽力向着通俗化的方向"作为办报方针[5]表明这一群体的逐渐壮大和城市商业化的取向。《商务日报》"以副刊为招徕雇主的东西，故不惜登载低级趣味的作品，以迎合能够订报的读者"，[6]引发了一场《商务日报》是否应该为"小市民"服务的讨论。在论战中，编辑部明确表示"商副"读者"尤其以

---

[1] 杨凤恩，《重庆的报纸与杂志——不是介绍，不是批评》，《现代读物》第11卷第23期，1936年11月15日，第41页。

[2] 《本报廿周年纪念会纪》，《商务日报》1934年4月27日，第7版。

[3] 《重庆商务日报十二周年纪念特刊》，重庆，1926年，第11页。

[4] 在回答读者对《商务日报》副刊的漫画批评时，编者指出："环境不容尽量画——虽然画的题材容易，我们有时也会想到一些特出的，然而，实际上，读者们想必也会知道我们是在怎样的一个底下，为保全我们报纸的生命计，有时很好的题材，我们也必得割爱"，编者，《论漫画之难——答喋喋君》，《商务日报》1934年8月6日，第14版。

[5] 《编者白》，《商务日报》1935年6月4日，第13版。

[6] 质之，《投入意见箱》，《商务日报》1935年4月2日，第14版。

小市民居多"，承认商副有"迎合小市民的心理"的办报取向。[1] 实际上《商务日报》的"小市民"是一个含糊不清的概念，既是"学生"，又是"店员学徒手艺劳动者"[2]等来自社会底层的大众。 这一读者群多喜好"太低级趣味"的"无聊"的笑话、杂文等，主要的兴趣在"讴山水花月"的"鸳鸯蝴蝶派的小说"，"'红玫瑰'类似的杂志"。 因为作品可以成为"小市民逃避的现实之所"，文化层次和素质的低下是重庆的小市民的最大特征。[3] 30 年代《商务日报》的副刊成为"小市民"的阵地，是城市通俗文化的一个重要窗口。 总体上看，大众传媒推动了重庆人追逐时尚的生活态度，追求上海式的"摩登"被传媒不断放大。

广告是民国时期重庆城市文化商业化最明显的标志。 作为一种以文化为载体，以经济为目的的现代社会的产物，广告最典型地反映出文化与商业的结合并为商业服务的性质。 我们以《商务日报》和《新蜀报》的商业广告为例，从广告数量，所占据的版面，以及广告的类型，都十分接近同一时期上海传媒的广告。 传统的端午节也有了新的内容，市民们以"逛马路""看电影"度过传统的节日。 1934 年的端午节之夜，"从黄昏时候起，仿佛全重庆市的人，都搬出街面来了，无论那（哪）条马路上，总是摩肩接踵的男女老幼，拥塞着各娱乐场所，全都是老早把座票卖完"。[4]

重庆开埠以后，城市的社会习俗已经开始变化了。 据记载，巴县已是"罐头之品，番餐之味，五方来会。 烦费日增，欧酒、巴菰，输自海舶"，"城追西俗，乡染市风，小食几遍通衢，远物以供日用"[5]。 海关报告说，重庆市民"奢侈之风渐增"，"鸡肉、牛肉和猪肉已成了他们的日常食品，丝料代替了布衣，现今只有

［1］编者，《答身矢敢君》，《商务日报》1935 年 3 月 8 日，第 14 版。

［2］编者，《由镜枝引起的话》，《商务日报》1935 年 2 月 17 日，第 14 版。

［3］镜枝，《对于商副的意见》，《商务日报》1935 年 2 月 17 日，第 14 版。

［4］《欲废未废之本市端午节》，《商务日报》1934 年 6 月 19 日，第 7 版。

［5］朱之洪、向楚，（民国）《巴县志》，《中国地方志集成四川府县志辑（6）》，成都：巴蜀书社，1992 年，第 183 页。

最低阶层才穿布衣了，房租已上涨将近一倍"。[1] 消费时尚在慢慢地改变，如"富裕阶层多喜好人造丝织物。 毛织条纹呢稳步上升，而哔叽、斜纹呢和单面斜纹呢销数渐减"，外国的和本国的各种牌号的各级货品都有主顾。"手电筒"，"外国的钟、表、照相（像）器材、乐器和缝衣针"等用品"都在增加买主"[2]。 市民吸烟成为一件"很时髦"的举止，洋卷烟的进口因此"翻了八番"[3]。

20世纪二三十年代，上海成为中国当之无愧的领导时装、时髦新潮流的中心城市，其商业文化的辐射力轻易到达了内陆的重庆。 各种针对时代女性的服装广告也以"风行申杭"[4]为号召，为追逐上海"摩登"的社会时尚推波助澜。 追求新奇流行服饰的女性一为有钱阶层或军人的姨太太，二则是学生群体。 在最繁华的上半城绸布庄店"以售上海花色为多"。[5] 二十一军军部曾就"禁止奇装异服"颁布训令，尤其对那些"自号新式女子，裸膝露肘"予以取缔，"并饬全市警岗随时随地认真实行干涉"。[6] 但仍然无法抵挡上海"摩登"的魅力。 重庆女子追求奇异服装和时髦表现出强烈的追求个性自由的取向。 夏天是时髦女性展示服装的好机会，于是"一般摩登妇女，咸皆奇装异服，时髦趋新，既袒胸而裸膝，复露肘而赤身"。 尽管三令五申，这些新潮女性对二十一军的禁令熟视无睹，"仍然异服奇装，招摇过市，而出其摩登风头"。 于是军部决计采取"新招"，在市区各主要繁华街道，利用军警"用剪刀剪"对付"露肘裸膝"的时髦女性，"被处罚者，平均每天至少在百人以上"，一时间，这些街道被"摩登妇女，均

［1］《1902—1911年重庆海关十年报告》，周勇、刘景修，《近代重庆经济与社会发展：1876—1949》，成都：四川大学出版社，第161页。
［2］《1922—1931年重庆海关十年报告》，周勇、刘景修，《近代重庆经济与社会发展：1876—1949》，成都：四川大学出版社，第351页。 这一期大众传媒的广告上电扇、抽水马桶等欧美流行的现代家庭电器和洁具已经出现在重庆人的视野中了。
［3］《1929年度重庆海关年度报告》，周勇、刘景修，《近代重庆经济与社会发展：1876—1949》，成都：四川大学出版社，第445页。
［4］《商务日报》1934年4月1日，第7版广告。
［5］陆思红，《新重庆》，中华书局，1939年，第180页。
［6］《训令重庆市市长潘文华警备司令李根固为禁止奇装异服以敦风俗一案》，陆军第二十一军司令部政务处，《施政续编》上册，陆军第二十一军司令部政务处，1935年，第35页。

图 6-6　20 世纪 30 年代《商务日报》时尚消费广告

视为畏途"，女学生们也纷纷"改装"，给裁缝们带来了不少生意。[1]

烫发是二三十年代重庆都市时髦女性[2]的象征。 在传统的街头理发工人和理发店的基础上，异军突起出现若干新兴理发店，这些新式理发店不仅装饰店铺，"更添设女技师以广招徕"。据统计，1933 年重庆的新式理发店有 5 家，这些位于高大的洋房中的理发店，雇佣的男女工多的几乎接近 20 名。 理发店装饰不仅"极新式"，且"坐则有弹簧睡椅，刀具多系舶来品"，即使价格

---

[1]　《本市摩登女郎受方》，《商务日报》1934 年 5 月 27 日，第 7 版。
[2]　据二三十年代发表于重庆新蜀报副刊的文艺小说，时髦女性和摩登郎多半与知识女性（学生）或风尘女子有关。 在重庆的方言中"新式女子称摩登"（黄克明，《新重庆》，新重庆编辑社出版，1943 年，第 71 页），这些"新式女子"中，有军人的太太们，也有学校的女学生。 参见弃团，《山城里：太太疯》，《商务日报·副刊》1935 年 2 月 20 日，第 14 版及这一时期《新蜀报》副刊小说。

不菲，却"每日顾客，非常踊跃"。[1] 一年以后，全市设备齐全、"西式"、规模大的理发店有 50 余家，其中以"士威士""美以美""一乐也"等店设备"尤为完备"，"有男女理发师，接应男女顾客，价格由六角起至一元止。但电器烫发则较普通理发为贵，有价昂至三十元者。"[2] 市风崇尚"奢侈"，都市消费的"奢风日炽"，"俨为上海之第二"。市内豪华的理发馆不仅聘请江浙技师，且资本也多半来自"下江人"。66 元享受一次"下江人"理发技术的时尚在 30 年代中期也出现了。[3] 有人还描述了重庆比上海更奢侈的理发业，称价格之离谱，"比记者在欧洲所见之理发店标出的价格还高！"[4] 时人批评重庆是"拜金主义"的地方。[5]

　　这一时期的上海"摩登先生"的标准装束是："头戴铜盆帽（礼帽），手拿司的克（手杖），眼戴金丝眼镜，蓄西式小胡子，口叼雪茄烟，挟一皮包，西装革履"[6]，而同一时期的重庆《商务日报》的漫画中的时髦男女形象已与"上海摩登"十分接近。到 30 年代中期，男性蓄"自由头"发式，衣着西装长裤、革履，女性烫发、津蓝布旗袍是一般的"装束时髦"。重庆的编辑、律师等城市白领群体更是对上海摩登亦步亦趋，休闲消费的去向往往是咖啡馆、西餐馆等处，"着花毛呢单衫，鼻架克罗咪眼镜"。"金丝眼镜""流行发油""马甲"等是一般市民眼中的"报社编辑"的标准装束。[7] 衣食住行之首的服装，在相当程度上表现出市民的身份地位。尤其是当新型职业出现以后，重庆市民的服饰已经将人群划分为不同层次的阶层了。模仿上海摩登的都市新兴

　[1]《重庆之理发店工人概况》，《四川月报》第 3 卷第 2 期，1933 年 8 月，第 119 页。
　[2]《重庆市之理发业》，《四川月报》第 4 卷第 3 期，1934 年 2 月，第 132 页。
　[3]《渝市奢风日炽六十理发一次》，《商务日报》1934 年 9 月 9 日，第 7 版。
　[4] 蜀樵，《重庆漫话》，《申报月刊》第 3 卷第 9 期，1934 年 9 月 15 日，第 84 页。
　[5]《我个人想提出来讨论的几个重大问题》，《商务日报》1931 年 6 月 28 日，第 7 版。
　[6] 忻平，《从上海发现历史——现代化进程中的上海人及其社会生活（1927—1937）》，上海：上海人民出版社，1996 年，第 365 页。
　[7] 刘残音，《重庆通信箱汇刊》（第 1 集），重庆商务日报出版社，1937 年，第 79 页。

阶层的出现是重庆商业文化逐步形成的最重要的标志。[1]

此外，"公文包"也是新兴的"白领"族的服饰的又一标识。[2] 这些人的经历都是长长的几页履历才能写完的。[3] 大学的教授及学生被认为是社会时髦的人群。 这一时期《新蜀报》副刊的文学作品中"摩登女郎"与"时髦先生"的职业有了"大学教授"；而文学作品中塑造的女学生形象也多少反映出知识群体影响都市时尚的社会现象。 新兴知识分子的成长，表明在传统的重庆社会已经出现了新的阶层。

重庆市民追求华贵的消费心态影响了周边的乡村。 巴县"因处于重庆市区附近，习尚奢侈。"[4] 与重庆旧城区一江之隔的江北新城，"其人民习尚俭朴，治家以男耕女织，操勤持劳为务"，不过，新迁入的长期居住城市的政界、学界和工商界人士，"智识较新"，"耳濡目染较新"，追求时尚，在礼仪习俗上也率先"采用新礼"，传统的婚丧场合"行跪拜礼"，他们往往代之"鞠躬仪式"[5]。

都市的繁华和生活，诱惑着周边的农村青年。 一位家住合川县城的青年，从父亲在重庆做生意而知道重庆的繁华，"尤其是父亲（合川县的一个商人），每次他贩米到重庆去了归来时，总带着不少本地方不能买出的东西给我使用，令我对于那些难得的东西，发生爱念，同时对于何以能够买出那些特别的东西来的重庆城，更起了无限的幻想，兼之常常从父亲的闲谈中，又听说重庆是怎样的一个大城市，商埠如何的奢华美丽，有许多鲜见鲜闻的事物，足以令人惊异叹绝……"[6]

---

[1] 30 年代初期以后，《商务日报》逐渐开辟了"漫画"专栏，其中反映重庆都市生活时尚的内容占绝大多数，包括婚姻、择偶、"现代"生活方式、服装等。《如本市女子设计之最新服装》，《商务日报》1934 年 5 月 24 日，第 7 版。
[2] 《商务日报》副刊开始讨论机关人员——白领的"工余生活要怎样才是有意义"，表明重庆的白领阶层的成长。 参见《商务日报》1935 年 6 月 15 日、1935 年 6 月 23 日。
[3] 蓼虫，《履历》，《商务日报》1935 年 6 月 20 日，第 13 版。
[4] 《巴县一瞥》，《四川月报》第 9 卷第 5 期，1936 年 11 月，第 194 页。
[5] 重庆市政府秘书处，《重庆市一览》，重庆市政府庶务股，1936 年，第 98 页。
[6] 然然，《如此江洲》第 1 集上册，上海印书馆发行，1930 年，第 8 页。

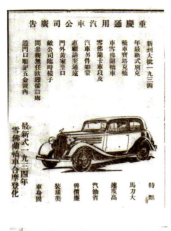

图 6-7　20 世纪 30 年代《商务日报》汽车广告

　　虽然重庆还没有像上海"大世界""新世界"那样大型的游艺场，[1]但集饮食、娱乐于一体的大型娱乐场所也出现了。[2]还有第一流的电影院如新川，"专映舶来片"，各大报每日均有电影、戏曲的广告。重庆最新式的大厦——俱乐部，里面的装修，完全仿照世界各处俱乐部的方式，……"洋化的跳舞场"，还有青

---

[1] 吴济生，《新都见闻录》，光明书局，1940 年，第 148 页。

[2] 广告，《陶园——重庆最高尚完备优美之交际娱乐场所》，唐幼峰，《重庆旅行指南》，重庆书店，1933 年。

年女子充当舞伴。[1] 1933 年，有人描述了重庆城的繁华："自朝天门入城，至大梁（樑）子，寓世界旅馆。楼房四层，巍然大厦，设备完全，俨同海上。"这座建筑在"山巅"的都会，"民屋层叠而上"，经过大规模的市政建设，"马路贯通，商店皆崇楼辉煌，市内汽车、电车、自来水均有，居民约三十万，熙来攘往，络绎不绝。入夜笙歌达旦，繁华之象，比与沪、汉。妇女衣饰，尤极摩登，轻绸薄縠，曳及双踝，领长似鹤，腰细于蜂，不论中下妇女，剪裁悉入式，吴娃虽娇，当亦却步。"[2]总之，重庆城的繁华有一种别致的时髦范儿，就是很明显的洋房子很高、很多，且"连电杆上亦是广告"，各种时尚均充满"很明显的'上海气'"[3]。

重庆的婚俗也有了较大的变迁，"近来多用新式结婚礼，各种旧习已有改易"。[4]旧式靠媒妁的结婚落伍了，"现在通行的，适合时代的是自由的新式结婚，因为它庄严简单，经济节俭"。这种新式结婚就是"集团结婚"。据《巴县志》记载，这种婚礼"此渐染欧风，沿自上海，苟趋简易，非民国礼制所有。"[5]当北碚举行集体结婚时，"游观人众，盛况空前，摩登男女，成群结队，乡下妇孺，亡足倾羡"。[6] 不仅婚俗改变，"自由结婚离婚之风，逐渐普遍，已形成社会重要问题"[7]。

追求时尚的青年开始利用现代传媒征婚。甚至新女性的择偶标准，除了年龄、健康和嗜好外，还要求男方"能通英法语言"，"国学最低须要具高中以上之程度"。[8]有"小重庆"之称的合川，在新的观念冲击下，结婚十年的夫妻也登报离婚了，第一条

[1] ［美］贝西尔，《美国医生看旧重庆》，钱士、汪宏声译，重庆：重庆出版社，1989 年，第 222-223 页。
[2] 李鸿球，《巴蜀鸿爪录》，中国社会科学院近代史研究所近代史资料编辑部，《近代史资料》总 85 号，北京：中国社会科学出版社，1994 年，第 139 页。
[3] 陈叔华，《倘若你住在重庆》，《论语》第 78 期，1935 年 12 月 16 日，第 25-28 页。
[4] 重庆市政府秘书处，《重庆市一览》，重庆市政府庶务股印，1936 年，第 98 页。
[5] 向楚，《巴县志选注》卷 5 礼俗，重庆：重庆出版社，1989 年，第 274 页。
[6] 沐目，《从旧式结婚说到北碚的集团结婚》，《新世界》第 75、76 期合刊，1935 年 8 月 16 日，第 22、24 页。
[7] 《重庆二月份离婚统计》，《嘉陵江日报》1931 年 3 月 10 日。
[8] 《徐娥翠女士登报择婚》，《商务日报》1931 年 5 月 13 日，第 10 版。

图6-8　1933年《重庆旅行指南》刊登的广告——唐幼峰，《重庆旅行指南》，重庆书店，1933年。

理由便是"婚姻完全是由父母包办"，在夫妻"感情早已破碎"的情况下，协商离婚。[1] 文艺作品中也表现接受现代教育的青年反抗家长包办婚姻。[2] 30年代初，重庆的离婚案"逐月有加无已"[3]。

20世纪30年代重庆城市商品经济的市场化培育了都市商业化的氛围，[4]更培育出一个广大的文化消费群体。 这是一种与高雅文化或曰精英文化有着明显区分的，以广大市井小市民为载体并服务于民众的文化，是商业社会的文化表征。 繁华的商业文化让"下江人"十分吃惊，这个西部中国的大商埠，不仅各种土货洋货充斥商号，而且"娱乐的歌舞电影场，和汽车中鲜艳夺目的女人，差不多可比上海的洋场，这却不能不使人惊异。 离海这么远

［1］《我的离婚启事》，《嘉陵江日报》1930年8月9日。

［2］小说《逃亡》反映了一个重庆周边的乡村的一个"中产的家庭"中发生的故事。 家长是一个"年近五十的腐旧不堪的老头子"，他有一个十八九岁的女儿，因为进入了"洋"学堂，受到现代知识的教育，居然要追求自由的恋爱，提出"要做一个时代的新女性，恋爱，只要是纯洁专一的，不是乱爱，也没有什么败坏门风，对于婚姻，那是女儿的终身大事，不需要父母代劳，女儿有对眼睛，会自去选择理想的丈夫的"。 这些话语震惊了周围的人们。 为反抗父亲包办婚姻，她与男友一道逃离家乡，目标是去"繁华"的大上海，最终他们乘坐的开往上海的轮船失事，双双葬身江中。 这悲剧的结尾象征了在封建思想浓厚的重庆，反抗包办婚姻的艰难。 参见秋鸣，《逃亡》，《现代读物》第9卷第20期，1936年9月15日，第72-77页。

［3］《本市四月份离婚案统计逐月有加无已》，《商务日报》1931年5月5日，第10版。

［4］关于重庆商业贸易的繁荣，参见舒新城，《蜀游心影》，中华书局，1939年，第37页；曹亚伯，《游川日记》，中国旅行社，1929年，第29页；上海商业储蓄银行旅行部，《游川须知》，1924年，第34页。

的地方，有这么长足的进步！"[1]

张仲礼指出，"租界是外国势力搅入中国的基地，但也是中国引进西方事物的窗口。设置租界的城市，得风气之先，西方的市政制度和城市管理方法最早地输入运用，城市的开发、更新得到了较早、较大的推动，相对来说，未建有租界的城市，就缺少这样的发展条件。"[2]作为开埠口岸，重庆有日租界。由于缺少租界的示范效应，尽管竭力模仿"上海模式"的建设风格，重庆的"现代"景观并不具备上海那样典型的欧美异域景观；加上潘文华市政期间的市财政的极度窘困，[3]如此负债的状态，投入建设的经费可想而知，其城市的景观自然也只有"点滴""局部"的模仿而已。重庆的日本租界没有对潘文华市政建设产生辐射效应，与此相反，日本人在租界的残暴统治从另一个方面加深了重庆人自近代以来的"仇洋"心态，这对重庆人的生活是有影响的。

三、缓慢的变迁，艰辛的生活

这是一个竭力模仿上海的内陆"小上海"。"军人干政"的封闭体制无法抗拒来自"上海模式"的冲击，但军人政权的各项变革，均以维护防区体制为目标。变革是在"外部现代性因素的冲击"，和试图"摆脱自己的落后状态，消除外部威胁"[4]状态下的一种"被动"回应，但在客观上也为重庆城市现代化的起步准备了基本的条件。

与上海相比，重庆城乡的分野并不明显，"重庆地方，除城内商业区域及附郭住宅区域，比较繁盛，南岸滨江之手工业区域，也还热闹而外，稍进数里，即是山乡，人烟稀少。其江北城区，也清冷得如乡村一样。其余统属荒野居多。所以然者，因为二

---

[1] 黄九如，《中国十大名城游记》，中华书局，1941 年第 3 版，第 106 页。

[2] 张仲礼，《东南沿海城市与中国近代化》，上海：上海人民出版社，1996 年，第 582 页。

[3] 1933 年下半年重庆市政府负债达 28 万元，参见：《重庆市政府负债二十八万元》，《四川月报》第 3 卷第 5 期，1933 年 11 月，第 122 页。

[4] 孙立平，《后发外生型现代化模式剖析》，《中国社会科学》1991 年第 2 期，第 214 页。

水中分，南岸、江北，均为大江所阻，与渝市不相联络，冬季水枯时，渡江尚称稳便，一到夏季水涨，渡江即须审慎，有时并且封渡，不能自由往返，江面上又没有建筑铁桥与大规模的轮渡以为沟通工具，所以一方面人满为患，一方面又地广人稀，号称同一市区之内，隔水相望，而情形悬殊，竟至如此"[1]。尽管城市建设的进展迅速，但直到抗战爆发仍然不能改观沿江地区的面貌。"重庆沿江的外观，非常坍败，不堪入目，只见沿岸高高低低，很峻峭的山城，满排着破旧不堪，用长木支柱的板屋，和七倒八歪斜的茅棚；使初到的人看了，心想重庆号称西南的都会，怎么会潦落到这种样子？这和港、沪等处的码头上一比，真相差得太远了。"[2]

20世纪二三十年代，重庆的生活是相对"稳定"的，但重庆人的"小上海"日子却过得十分艰辛和矛盾。重庆的绅商在军绅政权框架中处于两难境地，这一时期，以《商务日报》为代表的都市传媒反映出重庆商人对刘湘的二十一军政权的无奈心态。

重庆城市的流民[3]众多，已成严重的社会问题。在潘文华任市长九年期间，重庆市政府对涌入重庆的难民，采取了设立救济院、增设"贫民收容所""贫民工厂"和"女子工读社"等诸多举措，甚至议决"禁止乞丐入境案"等，以试图缓解日益严重的城市贫困问题。但重庆始终无法摆脱"难民庇护所"的命运。[4]

---

[1] 吴济生，《新都见闻录》，光明书局，1940年，第5-6页。

[2] 吴济生，《新都见闻录》，光明书局，1940年，第15页。

[3] 据池子华著《中国近代流民（修订版）》（社会科学文献出版社，2007年，第3-4页）：流民是指丧失土地而无所依归的农民；因饥荒岁月或兵灾而流亡他乡的农民；四处求乞的农民；因自然经济解体的推力和城市近代化的吸引力而（盲目）流入城市谋生的农民，尽管他们有的可能还保有小块土地。从重庆城市的下层民众状况看，通常所指的重庆"难民"正是由上述几个方面的周边农民组成。另据1992年6月和1995年6月笔者访问的重庆老人，他们大多系20世纪二三十年代来自重庆附近及其川东、川北的农村，他们为躲避"拉壮丁"进城"找碗饭吃"，也有军阀部队的逃兵。这些进城来另谋出路的农民，除少数获得进入工厂当工人的机会外（当工人也未必是产业工人，而是工厂中的苦力和伙夫），绝大多数从事城市的苦力工作。也有经过同乡或熟人介绍进入兵工厂或其他工厂作伙房杂工，或搬运工等。

[4] 重庆市政府秘书处，《九年来之重庆市政》第四编社会建设事项，重庆市政府秘书处，1936年，第86-89页。

《四川月报》资料显示，1934 年重庆市内的女仆，佣人，"多为各乡及外县之贫苦妇女"，"全市人数约在五万以上"[1]。 从长寿乘轮船几个小时便可以到达重庆，青壮年纷纷"逃往重庆以求衣食"，不仅人数逐年增加，且呈现出季节性的差异。 农民外流季节集中在春冬两季，因为夏秋两季为农业生产季节，春耕、秋收以后，农民便大批涌入重庆了。[2] 而城市现代工业无力吸纳大量乡村人口，"农民转化，究以普通劳动者及流氓无生产者为多"。[3] 连年的天灾，促使饥民涌入都市，传媒类似"常因饥饿以至倒毙街巷"[4]的报道太多。 在这个人口稠密的都会，"贫民丛聚"，当 1935 年夏之瘟疫发生时，那些无力求医的贫苦大众，死亡特多，"市衢之间，日睹僵尸，闾巷相接，时闻惨泣"[5]。甚至"试翻开重庆报纸一看，各处都有饥民抢米吃大户的消息，到处都有股匪盘聚，掠家劫舍"[6]。 据《新新新闻》1937 年 4月报道，"无论都市或乡村，到处饿殍载途，重庆街上，天天有许多饿死的人，最多的时候，一天死到五百人"。

据统计，因严重的旱灾，仅 1935 年的 1、2 月份，周边贫民涌入重庆，市区街头饿死或冻死的达 2 800 人。[7] 周边乡村的女性涌入重庆沦为妓女，"乡村的女儿们，受不了经济崩溃的打击，成群结队地奔投部市，操着肉粉生涯的地狱生活，也是铁一般的事实"。[8] 另据民食平价委员会 1936 年 7 月调查，重庆市区贫民，共有 244 195 人，占全市人口的三分之二。[9] 重庆的难民潮

［1］《重庆市之女子职业》，《四川月报》第 5 卷第 5 期，1934 年 11 月，第 188 页。
［2］《长寿农村概况》，《四川经济月刊》第 4 卷第 1 期，1935 年 7 月，第 156-157 页。
［3］张肖梅，《四川经济参考资料》，中国国民经济研究所发行，1939 年，B23。
［4］《本市街巷间饿殍何多》，《商务日报》1934 年 4 月 6 日，第 7 版。
［5］《时疫救济医局送诊施药》，《商务日报》1934 年 6 月 8 日，第 7 版。
［6］田倬之，《四川问题》，《国闻周报》第 11 卷第 29 期，1934 年 7 月 23 日，第 7 页。
［7］《重庆市死亡统计》，《四川月报》第 10 卷第 3 期，1937 年 3 月，第 278-279 页。
［8］《本市乐女调查》，《商务日报》1934 年 3 月 4 日，第 7 版。
［9］张肖梅，《四川经济参考资料》，中国国民经济研究所，1939 年，Y1。

持续到全面抗战爆发。[1]

重庆的繁荣是畸形的，都市的繁华与周边乡村的贫穷反差极大，享受城市繁荣的仅仅占极少数。[2] 能够享受现代交通工具的，毕竟是极少数的富人们。1933年，一个西方人观察指出，对内陆大多数居民来说，乘坐飞机的费用是异常高昂的。[3] 即使在都市里，贫富悬殊也非常大。[4] 另据当时人的描述，"在此马路日辟，洋房高耸，水电齐全，汽车风驰，一般生活，力求优裕之新重庆，而言救济贫民，岂非荒谬而不识时务！然吾人若非盲瞽，睁目四望：则重庆市人山人海中，衣冠整洁者几人？详询居民五万六千余户之日常生活费用不虞困乏者几家？苟从实地调查：衣冠褴褛，家徒壁立，必较衣食周全者为多，可无疑义，此诚新重庆之玷污与隐患也。"据该文作者估计，在重庆市，男丁人口的一半皆为贫民。[5]

20世纪二三十年代的重庆人还嗜好吸食鸦片。据杜重远的观察，在城里，"随处有面黄肌瘦的瘾君子出现"，这些人"衣不蔽

[1] 1936—1937年间，重庆城市人口中除少部分系"'下江'来渝的人士和眷属"，绝大部分乃是"和内地壮农的抛弃旧业，跑向都市来另求生路"的农民。见吴济生，《新都见闻录》，光明书局，1940年，第119-120页。

[2] 董时进在《四川人应常到外面考察》演讲中指出，"从重庆市方面来看，高楼大厦，商号上充满了都是奢侈品；男女们所着的都特别奢侈。要知道，那些奢侈品大多数都是从外国来的。但是一出城门，看看那些乡下的老百姓，愈是比从前简陋；衣食住大多数不如从前了。这桩事，值得注意，并值得我们想法的，就是我们要使城市底（的）文明渐渐输入乡村去，使其有大概平衡底趋势，不至于各走极端，相差太为悬殊。"《嘉陵江日报》，1932年1月12日。

[3] Archibald Rose, "A Visit To China," *The China Review* (A QUARTERLY), (April-June, 1933), Vol. II, No.2, pp.16-17.

[4] 20世纪二三十年代媒体对于重庆都市的畸形繁荣批评多，相关文艺作品也不少。比较典型的有夏宝坤，《闲话重庆》，《商务日报》1934年11月30日；彭宾，《一幅庄严的图案》，《商务日报》1935年3月12日；曼丘生，《轿夫的悲哀》，《新蜀报副刊》1932年6月27日。30年代中期，《商务日报》上一组漫画生动再现重庆城市生活的两极分化的景观。如《生活比较》，一边是现代都市的面包和牛奶、有电扇的西餐厅，窗外却是骨瘦如柴的黄包车夫在烈日下拉着乘客。《商务日报》1934年7月27日。《都市之夜》，《商务日报》1934年8月9日。此外，有关重庆的游记也记录了城乡生活实况，如薛绍铭，《黔滇川旅行记》，中华书局，1937年。

[5] 古锋，《重庆市救济贫民问题》，《心力》第12期，1934年3月1日，第7页。

体，食不充饥，而青脸长发，酷似城隍庙中的鬼卒！"[1]在重庆的传教士还记录了人们在木船上整日吸食鸦片的情况。[2] 在美国记者吉尔门笔下的重庆，是一个肮脏的鸦片之都，他写道："凡游历重庆者，咸知该地为贩卖鸦片之策源地。 全埠街市污秽，居宅栉比，气候阴暗，鲜见日光，鸦片臭味，随时可闻。"而据一位住在重庆的德国人观察，重庆本地百分之九十的成年人"均吸食鸦片"。[3] 事实上，早在1926—1927年，重庆吸食鸦片的人数在惊人的增长。[4] 鸦片成为城镇居民的主要嗜好和大宗消费，如巴县（1926年）81个集镇，有各类烟馆430余家，平均每场有5家，每家有烟灯6盏。[5] 30年代初，重庆有上、中、下三等鸦片烟馆1 600家，额定烟灯数量达3 197盏。 强行送往诊所治疗的鸦片吸食者的消息随处可见。[6] 重庆有"烟灯比路灯多"的记载。[7] 1935年5月，重庆的文学期刊《山城月刊》创刊，提出该刊的宗旨竟是"使读者在茶余酒后，或公暇睡前，有一件比吸鸦片稍好的消遣"。[8]

在这个被称为"封建时代的乡村"，人们的生活依然是传统和保守的。 城市卫生意识极其淡薄，"倾倒污水和垃圾之处，也就是取用食水之处"，"人们病了，有些人利用三家教会医院，但更多

［1］杜重远，《重庆通讯：别后（上）》，《生活（上海1925A）》第7卷第3期，1932年1月23日，第51-52页。
［2］"A Refugee Letter—On Chungking—Ichang Steamer, CHI PIN," *The West China Missionary News*，（April, 1927），p.18.
［3］［美］吉尔门，《四川游记》（上篇），《四川月报》第3卷第5期，1933年11月，第8页、第14-15页。
［4］Health of the Treaty Ports, Chungking, *in The China Yearbook*，1926—1927，p.726.
［5］四川省档案馆藏1926年巴县各场烟馆登记征费册，转引自秦和平，《二三十年代鸦片与四川城镇税捐关系之认识》，《城市史研究》第19-20辑，天津：天津社会科学院出版社，2000年，第80-81页。
［6］"1950 Opium Smokers Arrested in Chungking"，*The China Weekly Review*，No.22（August 1936），p.416.
［7］相关记载可参见：《重庆最近鸦片售户与吸户调查》，《四川月报》第5卷第4期，1934年10月，第146-148页；《重庆瘾民统计》，《四川月报》第4卷第1期，1934年1月，第97-100页；《四川省各市县人口及烟民统计表》，《四川禁烟月刊》创刊号，1937年1月1日，第84-93页。
［8］《山城人语》，《山城》创刊号，1935年5月5日，第1页。

的人请中医，这些草药医生医病用祖传的方子，方子里从麝香块起至小孩的尿水，什么都有。 人们避免疾病的传染，是把一只雄鸡绑在死人的胸上，这样来避除恶鬼的"。[1] 重庆人对新事物的接受也慢，公共汽车上"男女混杂不清"被认为是有伤"风化"的事。[2] "轿子这样东西，在下江的都市，早已被淘汰了，但在这里，非但数量极多，并且和人力车，公共汽车一般的重要，是一样必须的交通工具"。[3] 直到抗战初期的重庆仍然是一幅传统与现代交错的景观："（重庆）交通器具，有最新式之汽车，行新辟之马路上；亦有最古式之肩舆，行上坡下坡之狭道中"。[4] 居民接受新生事物迟缓，当自来水厂建成时，"大多数的居民，都拒绝使用，他们宁愿用老方法，雇水夫从长江的泥水中挑了满桶的水送到他们的门前。"[5]因此，有西方人认为，和上海、南京，以及汉口等城市相比，重庆更像一个"古代"的城市。[6]

不过，对比上海城市所有的"城市病"，重庆有过之而无不及。 在重庆，都市妓女之多，"神女窟宅，逐处皆是。 除秘密卖淫者不计外，公妓人数，约二千一百余人。 每日消耗，在万元以上"。[7] 重庆较场口一带"除缺少异国情调外，其桃色空气之浓厚"也与上海的北四川路"相仿佛矣"。[8] 美国记者白修德这样描写抗战前的重庆："城市里蒸腾着鸦片气息。 霍乱，痢疾，梅毒和沙眼，腐蚀着人民的健康。 工业是几乎不存在的，教育是原始的"。 因为日夜供电制 1935 年才实现，直到战前，重庆的夜里，

---

［1］ ［美］白修德、贾安娜，《中国的惊雷》，端纳译，北京：新华出版社，1988 年，第 5 页。

［2］ 《公共汽车乘客不守秩序致受警备部取缔》，《商务日报》1934 年 4 月 15 日，第 7 版。

［3］ 杜若之，《旅渝向导》，巴渝出版社，1938 年，第 14 页。

［4］ 陈友琴，《川游漫记》，正中书局，1934 年，第 31 页。

［5］ ［美］贝西尔，《美国医生看旧重庆》，钱士、汪宏声译，重庆：重庆出版社，1989 年，第 2 页。

［6］ "Szechuan's Chungking, New Capital For China," *The China Weekly Review*, 3（September, 1938），p.24.

［7］ 《重庆近况》，《四川月报》第 1 卷第 3 期，1932 年 9 月，第 85-86 页。

［8］ 陆思红，《新重庆》，中华书局，1939 年，第 185 页。

依然是"各家点燃着洋灯或蜡烛"。[1]

都市的传媒这样描述了重庆新旧杂存的景观：

乡里的人大都望着这儿眼红，这儿有高大的辉煌的洋楼，它们耀着二十世纪的迷人的光辉；这儿也有低矮霉湿的贫民人家，它衬出了"文明都市"的高贵！这儿，有大腹便便的商人，身着法兰绒西装的有钱绅士，军官，姨太太……坐在粗壮的轿夫抬着的轿子里，显出英雄的气概。还有，在山城里，爬上爬下的，若有甚事然，莫不是生活榨压下的人儿！哦，你看：那家庭私车与黄包车并驾齐驱呢！

人如潮水一般的涌过去，涌过来，在中间夹杂了小贩的凄绝的歌唱，汽车的叫吼，商店大廉价的嘶声哇气的张罗，车夫的怒骂，饮食店里堂倌的吆喝，高跟鞋橐橐橐……的绝响，……混合奏出了刺耳的都市的交响乐！

警士扬鞭向车夫示威，警士举着手为叫吼的汽车当"马前先行"；黄色宪兵在街头威严的向一个偷偷摸摸吸烟的长衫朋友申斥，一个"大尾巴"模样的军官口含卷烟邈然地走过；……一架1935年式的黑亮汽车，在街心风驰电卷般驶过，……大腹便便的商人……混合演出了都市的循环舞！[2]

总之，设使重庆是个女子，那么她抱着富人或官僚们，使他们酣睡在她的手腕里；她握着穷人的颈，使穷人在她的手指下死亡；她娥媚地诱惑了乡下的青年与妇女来送掉生命，……。她虽然没有赶到汇万恶于一处的上海，但她至少是有着这么的一个野心的。[3]

重庆的城市发展都是建立在周边乡村的极度贫困的基础上的，城市景观始终呈现出极大的二元反差："这个所谓文明进步的重庆，岂仅是马路上是血惨惨的生命？ 朝天门的饿鬼，临江门的苦力。 嘉陵江畔的喘息声，金沙岗上的淫腥气，会府里的贩人

[1] ［美］白修德、贾安娜，《中国的惊雷》，端纳译，北京：新华出版社，1988年，第3、5页。

[2] 彭宾，《一幅庄严的图案》，《商务日报》1935年3月12日，第14版。

[3] 夏宝坤，《闲话重庆》，《商务日报》1934年11月30日。

味，餐馆，旅馆，茶楼，饭店的叫声唱声……何处不是伤心刺目！何处不是血惨惨的生命？ ……何仅重庆是如此？ 大而上海，北平……次而成都，九江……小而江北，倍州……再小而弹子石，马武镇……何处不是血惨惨生命！ 呵呵！ 资本主义的面幕（目）！ 都市文明的结晶！ 军政官人的洪赐！ 官人团保的给予！"[1]

用金满成的话说，重庆的建设，不过是"盲目的想取得'小上海'的名称而努力于上海般的建设"，"这样的建设是会使得大多数人的生活更其悲惨，更其不幸的。 因为目前繁荣的特征大不在平民的公共利益而在私人少数者的利益上了……"，"这个新都市是什么样子的东西呢？ 麻烦的说起来，乃是洋楼，马路，电灯，电话，跳舞场，戏院，妓馆等，……'一言以蔽之'曰：'上海那个样子'罢了"，"于是，以上海作了模型，中国大小有 50 个以上的城市刻意在那里模仿，效法，尽量地去弄到极度上海化。 无论服饰，风俗，一切等等，都以'像了上海'为得意"，"我想到重庆的前途，便是上海的后影，一切上海所犯过的罪，对于人类的妨害，在重庆都要重演一次……"[2]

第三节　崇尚另类精神：北碚的现代生活

20 世纪二三十年代，重庆和近郊的北碚几乎是同时开始了大规模的建设。 两个迥然不同的建设理念所产生的效果是完全不同的。 同样的防区体制下，卢作孚在北碚的建设，无疑是 1935 年四

---

[1] 向宇叔，《残象》，《新蜀报四千号纪念特刊》，1934 年 5 月，第 94 页。
[2] 金满成，《重庆的前途，上海的后影》，《新蜀报副刊》第 49 期，1932 年 7 月 7 日。 熊月之研究指出，在 20 世纪二三十年代的报刊上，"上海化"一词相当流行，反映出普通社会的上海观。 在此语境下，世人对上海的评论"是贬多褒少，骂多赞少"，"上海"已成为奢侈、淫荡、赌博、欺诈等罪恶的象征地，"上海化"已经成为腐朽化的代名词。 参见熊月之，《民国时期关于上海城市形象的议论》，载张仲礼、熊月之、沈祖炜，《中国近代城市发展与社会经济》，上海：上海社会科学院出版社，1999 年，第 146-169 页。 金满成的话语在很大程度上体现了那个时代的知识分子的上海观。

川重庆的另一个图像。 军人市长潘文华管理的重庆被"小上海"的赞誉所笼罩，而卢作孚在二十一军防区内的现代化实践则使得北碚的声誉很快超越了地域的局限，呈现出另类的"样板"效应。当北碚的现代模式为外部世界认同时，这样的生活事实上也影响了"大都市"的重庆，以及重庆周边的乡村。

一、现代精英卢作孚

近代重庆，对外开放的历程和中国所有被迫通商口岸一样，经历了一样的曲折和艰辛。 不同的是，这个内陆城市在现代化的道路上显得异常的步履蹒跚，坚硬的封建残余内壳，现代性要素成长缓慢，制约着重庆人开放意识的成长。 辛亥以后四川军阀战乱不断，封闭自治的军阀心态笼罩着整个四川，从当局到平民几乎没有思考现代化的动力和空间。

杜重远称赞卢作孚是"川中之人杰"[1]，这是外省人对卢作孚的典型话语。[2] 卢作孚一生都致力于现代化建设，是一位颇有"追逐现代或更超现代"勇气的地方精英，其思想体系中最具特色的是"现代化"思想。[3] 需要讨论的是，什么是卢作孚视野中的现代化理念？ 他的现代化资源来自何处？ 在北碚，卢作孚成功地表述了他的现代化思想，逐渐形成一种特殊的"北碚模式"。 有研究者指出，"在一个传统社会中，与外部的现代性最早发生接触的往往就是知识分子，而知识分子所特有的见识与智慧，使他们对现代化挑战有更强的领悟力，同时也更清楚原有体制的缺点和弊病。 因此，在从传统到现代的转型期中，知识分子

---

［1］ 杜重远，《狱中杂感》，上海生活书店，1936 年，第 184 页。

［2］ 卢作孚获得"下江人"的认同，成为"楷模"。 胡先骕说："四川人太能干，太聪明了。贵省卢作孚先生，他作（做）事负责任，有勇敢，多经验，我真佩服。 ……希望列位也取法他的精神和毅力，四川才有办法。"参见胡先骕，《四川农村复兴问题之讨论》（中国科学社第 18 次年会讲词之一），《科学》第 18 卷第 4 期，1934 年 4 月，第 467 页。

［3］ 根据凌耀伦的观点，卢作孚是近代中国实业界中第一个明确提出"现代化"的口号、内容和目标的人物。 见凌耀伦，《论卢作孚的中国现代化经济思想》，杨光彦、刘重来，《卢作孚与中国现代化研究》，重庆：西南师范大学出版社，1995 年，第 17 页。

往往成为现代化的最早呼唤者。"[1]卢作孚正是中国内陆的现代化精英。

1893年4月14日，卢作孚出生于合川县城的一个农民兼小商人之家。合川，这个有"小重庆"之称的嘉陵江上的重要城镇，是重庆城市经济文化的直接辐射区域。青年的卢作孚正是成长在激烈动荡的时代。童年时代卢作孚进入了合川县上最高的学府——瑞山书院读书。据卢尔勤、卢子英回忆，卢作孚自幼好学，天资聪颖，成绩优异，尤以数学、语文成绩超群。1908年，卢作孚到成都的一所补习学校专攻数学，开始他的自学生涯。青年卢作孚不仅对西方自然科学产生了浓厚的兴趣，而且，认真研读卢梭的《民约论》、达尔文的《进化论》、赫胥黎的《天演论》等近代西方名著，对世界各国的政治、经济、军事、社会、文化有了初步的认识。他深受孙中山民主革命学说的影响，并且加入了中国同盟会。辛亥革命爆发以后，卢作孚自然积极投入革命运动。[2]

1914年秋，卢作孚从友人处借了20元钱，从重庆乘蜀通轮去上海，这是他第一次出川。在上海，他结识了著名教育家黄炎培，深受其"教育救国"思想的启迪。[3]同年底，卢作孚到北京，对国内政局颇有感触。五四运动以后，卢作孚应邀任成都宣传新文化的主阵地《川报》的编辑、主笔和记者，同年接任《川报》社长。其间与天津《大公报》，北平《晨报》和上海《申报》建立了联系。[4] 1921年，卢作孚被杨森聘为永宁道教育科长，在川南推行通俗教育活动。少年中国学会会员王德熙和恽代英也参与了卢作孚的试验，提倡放脚，剪辫，男女同学读书，讲清

---

[1] 孙立平，《后发外生型现代化模式剖析》，《中国社会科学》1991年第2期，第215页。

[2] 卢国纪，《我的父亲卢作孚》，北京：人民出版社，2014年，第9-17页。

[3] 黄炎培在民国初年曾任江苏省教育司长，当时已经辞职，担任江苏省教育会常任干事，大力倡导实用主义教育。通过黄炎培的介绍，对教育有浓厚兴趣的卢作孚参观了上海的一些学校和其他教育设施。参见张守广，《卢作孚年谱长编》（上），北京：中国社会科学出版社，2014年，第38-39页。

[4] 卢尔勤、卢子英，《早年的卢作孚和民生公司》，《文史资料选辑》第74辑，北京：文史资料出版社，1981年，第397页。

洁卫生等移风易俗的活动，影响遍及全川。 四川军阀混战中断了他的理想。 卢作孚第二次出川，到江浙考察，这次，除了考察教育，还考察了"寓兵于工"的事业。[1] 1924 年，热衷于"教育救国"的卢作孚开始了他的"第一个实验"——创办成都通俗教育馆。 仅仅一年半时间，这一实验就在军阀混战中夭折了。

1925 年 10 月，卢作孚创办民生公司，以"服务社会，便利人群，开发产业"为宗旨。 这个中国西部崭新的现代企业为卢作孚的现代化思想作了最好的诠释。 而民生公司的"实业救国"理念并非简单意义的建设经济现代化。 卢作孚在《从四个运动做到中国的统一》一文中，明确地使用了"现代化"的概念。 并提出以世界先进国家为目标，以中国实际状况为出发点的现代化模式。 而发表于 30 年代初的《建设中国的困难及其必循的道路》一文是

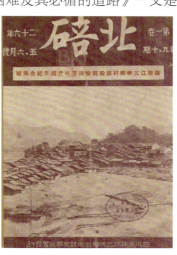

图 6-9 北碚旅游广告——《商务日报》1934 年 5 月 4 日，第 8 版；《北碚》第 1 卷第 9、10 期封面，1937 年。

---

[1] 1922 年 8 月底至 1923 年夏在江浙考察期间，卢作孚参观了上海中华职业教育会、中华职业学校和商务印书馆。 经上海商会介绍，卢作孚还参观了上海市电力厂、锯木厂、造船厂、纺织厂等，并专门走访状元实业家张謇创办的全国著名模范县——江苏南通，参观了张謇兴办的一系列近代事业。 参见张守广，《卢作孚年谱长编》（上），北京：中国社会科学出版社，2014 年，第 72 页。

论述其现代化思想的代表作。[1] 从 1934 年到 1936 年，卢作孚先后发表《中国的根本问题是人的训练》《社会生活和集团生活》《一桩事业的几个要求》《中国应该怎么办》《如何加速国家的进步》等多篇关于对现代化理解的论述。

对中国所面临的国际环境，卢作孚自有其独到的见解。他预见到当今的世界已经是一个"新世界"，"须知这新的世界是一种趋势，正向着整个的社会乃至整个地球推进，它不能停顿，它不能抵御，你可以打倒帝国主义，但不能抵御这些新的世界，……岂止你不能抵御，也没有地方逃避"。[2] 面对这样的新世界，解决中国的内忧外患的根本问题却只有一个办法，那就是"将整个中国现代化"。[3] 中国如果不赶快现代化，不但不能解决内忧外患的问题，就连中国的生存也成问题，于是他呼吁"中国的人不能再安眠于以往的情况当中了……只有跟着人家向前飞跑之一法。最低限度，也要跑去赶着先进的国家，才可以说上生存。"[4] "中国的根本办法是建国不是救亡；是需要建设成功一个现代的国家，使自有不亡的保障；是要从国防上建设现代的海陆空军，从交通上建设现代的铁路、汽车路、轮船、飞机、电报、电话，从产业上建设现代的矿山、工厂、农场，从文化上建设现代的科学研究机关，社会教育机关和学校。这些建设事业都是国家的根本"[5]。他还将中国的现代化概括为四个运动，即："第一是生产运动，第二是交通运动，第三是文化运动，第四是国防运动"[6]。

实际上卢作孚所谓的"中国的根本问题是人的训练"的思想，多少体现了"人的现代化"构想。卢作孚指出，"中国的前途

［1］凌耀伦，《前言》，凌耀伦、熊甫，《卢作孚文集》（增订本），北京：北京大学出版社，2012 年，第 11 页。
［2］卢作孚，《为什么要发行这个小小的半月刊》，《新世界》第 1 期，1932 年 7 月 12 日。
［3］卢作孚，《中国的建设问题与人的训练》，生活书店，1935 年，第 117 页。
［4］卢作孚，《社会生活与集团生活》，《新世界》第 42 期，1934 年 3 月 16 日，第 5 页。
［5］卢作孚，《中国的建设问题与人的训练》，生活书店，1935 年，第 84 页。
［6］卢作孚，《中国的建设问题与人的训练》，生活书店，1935 年，第 117 页。

非常明瞭，不管是社会组织抑或是物质建设，只有迈步前进，追逐现代或更超越现代，不然便会受到现代的淘汰。""我们要进入现代，一向的集团生活即不能不有所转变，不能不有现代的集团组织。 分析起来，不能不有现代的相互倚赖关系，不能不有现代的比赛标准，不能不有现代的道德条件，不能不有现代的训练，不能不训练个人去创造现代的社会环境，同时又不能不创造现代化的社会环境去训练个人。"[1]在此后的建设实践中，卢作孚尤其注重提倡国家意识，创造集团生活和发挥创造力的教育和训练。

民生公司的创办，似乎让卢作孚找到了内陆地区现代化实现途径的信心。 通过民生的轮船，卢作孚以其独特的视野和大胆的设计，借助长江这一"黄金水道"，连接起内陆与沿海，精心规划出了"北碚模式"。

二、"北碚模式"的凸现

在卢作孚的话语中，与"北碚模式"最接近的概念可能是他论及的将嘉陵江三峡的乡村"布置经营成一现代乡镇的模型"[2]。 不过，在卢作孚关于北碚的话语中，我们几乎没有发现类似"模型"的说法。 相反，他对于北碚建设的总结往往是细致的解释。

北碚原属于巴县，位于嘉陵江三峡地区的江、巴、璧、合四县之间。 因为盗匪出没之所，故有四县特组峡防团练局之设，以资镇压。 1927 年 2 月 15 日，卢作孚接受江巴璧合四县特组峡防团练局局长任命，抵达北碚，次日，卢作孚到任。[3]后来，卢作孚谈及初上任时北碚的状况，他说："从民国十六年二月十五日起，那时候的北碚是不大令人感觉兴趣的。 第一治安就不可靠，不像

[1] 周开庆，《卢作孚传记》，《川康渝文物馆丛书》第 19 种，台北：川康渝文物馆，1987 年，第 16-17 页。

[2] 卢作孚，《一桩惨淡经营的事业——民生实业公司》，凌耀伦、熊甫，《卢作孚文集》（增订本），北京：北京大学出版社，2012 年，第 422 页。

[3] 张守广，《卢作孚年谱长编》（上），北京：中国社会科学出版社，2014 年，第 115-117 页。

现在这样的宁静。 第二市容也很难看，如那时北碚街道很小，小的街道中间，还有一条阴沟，每边只容许两人侧身而过……街顶黑暗，不见天日，因下雨的关系，同时也就遮去了阳光。 街上非常之脏，阴沟塞着垃圾和腐水……几无多少工作人员。 地方人士对地方公共建设事业，亦无多少兴趣……"[1]2月18日，卢作孚以江巴璧合四县特组峡防团练局局长身份下达第一道命令，[2]自此开启了在北碚的建设运动。 至1936年2月，四川省政府、四川省第三行政督察专员公署颁布训令，设置嘉陵江三峡乡村建设试验区署，改峡防局为区署，依然设在北碚。 4月1日，实验区署在北碚正式成立，规定把县原属之北碚乡，江北原属之文星、二岩、黄角三镇，璧山原属之澄江镇，归区署管辖，全区共有面积1 800平方公里，人口65 648人。 不过北碚区署只有民政、保安、教育、建设之权，司法、税收仍然属于各县负责。[3]

应该说，"北碚模式"运行独特，其最初的资源来自防区内的一群军队。 北碚建设始于峡防局士兵的"寓兵于工"，峡区的社会治安，社会改革以及公共福利事业的兴建均由这样一群人开始。 这种建设方案可谓军阀防区政治体制的异化。 从卢作孚对广西建设的欣赏与认同看，北碚的建设与广西建设有相似之处。而广西新桂系组建和改造"民团"，武化广西地方社会是典型的将军事化作为地方政治和社会发展的根本动力。[4]用卢作孚的话，即："我们凭藉了一个团务机关——江、巴、璧、合四县特组峡防团务局，凭藉局里训练了几队士兵，先后训练了几队学生，在那里选择了几点——北碚夏溪口以至于矿山北川铁路沿线。 ——试作一种乡村运动"，其目的"是要赶快将这一个乡村

[1] 卢作孚，《我们要"变"，要"不断地变"》，《嘉陵江日报》1943年10月4日，第4版。
[2] 卢作孚，《训令大队部人员一律留任令》（1927年2月18日），重庆市档案馆藏北碚管理局全宗。
[3] 黄子裳、刘选青，《嘉陵江三峡乡村十年来之经济建设》，《北碚》第1卷第5期，1937年1月，第1-35页。
[4] 卢作孚，《广西之行》，《新世界》第80、81合期，1935年11月1日，第79-90页。

现代化起来"。卢作孚为嘉陵江三峡的现代化描绘了一幅蓝图：[1]

1.经济方面

（1）矿业　有煤厂、铁厂、磺厂。

（2）农业　有大农场、大果园、大森林、大牧场。

（3）工业　有发电厂、炼焦厂、水门汀厂、造纸厂、制碱厂、制酸厂、大规模的织造厂。

（4）交通事业　山上山下都有轻便铁路、汽车路、任何村落都可通电话，可通邮政，较重要的地方可通电报。

2.文化方面

（1）研究事业　注意应用的方面，有生物的研究，地质的研究，理化的研究，农林的研究，医药的研究，社会科学的研究。

（2）教育事业　学校有试验的小学校，职业的中学校，完全的大学校；社会有伟大而且普及的图书馆，博物馆，运动场和民众教育的运动。

3.人民

皆有职业，皆受教育，皆能为公众服务，皆无［不良］嗜好，皆无不良习惯。

4.地位

皆清洁，皆美丽，皆有秩序，皆可住居、皆可游览。

这是卢作孚现代化理念中的"第二个实验"，卢作孚说北碚为中心的嘉陵江三峡区域所形成的是一种"理想"，"是要想将嘉陵江三峡布置成功一个生产的区域，文化的区域，游览的区域"。[2]

---

[1] 卢作孚，《四川嘉陵江三峡的乡村运动》，《中华教育界》第22卷第4期，1934年10月1日，第107、112页。

[2] 卢作孚，《建设中国的困难及其必循的道路》（续），《实业杂志》第197期，1934年9月，第7页。

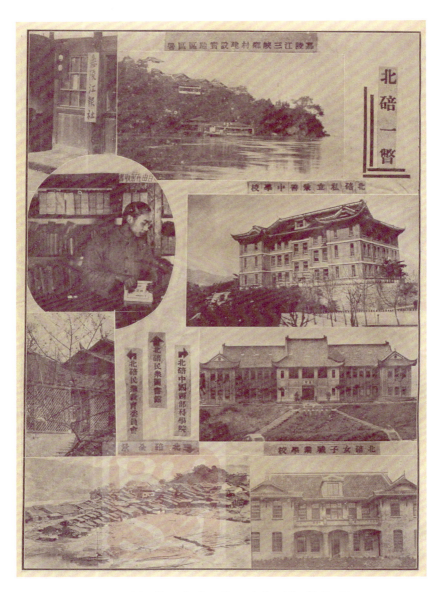

图 6-10 北碚一瞥——《工作月刊》1936 年第 1 卷第 1 期，第 1 页。

在卢作孚的现代化理想中，"北碚模式"主要从两个方面展开：第一是吸引新的经济事业。相继投资和参与兴办北川铁路公司、天府煤矿公司、三峡染织厂，促成洪济造冰厂利用水力；第二是创造文化事业和社会公共事业。创办地方医院、图书馆、公共运动场、平民公园、嘉陵江日报馆、中国西部科学院、兼善中学及其附属小学校、各类民众学校等。其中教育材料又分为有关现代生活的材料、有关识字的材料、有关职业的材料和有关社会工作的材料。[1]

北碚的建设经费是困难的，作为二十一军防区中的一块地盘，它最初的经费来自二十一军。大致说来，北碚建设的经费主要来自几个部分：第一，民生公司纯利润的 5%；第二，二十一军的对峡防局行政费用的补助；第三，北碚嘉陵江的船捐；第四，个人的捐助、捐款；第五，地方企业的投入。

图 6-11　北碚卫生建设——《北碚月刊》,1937 年第 1 卷第 9、10 期,第 1 页。

[1] 张守广,《卢作孚年谱长编》（上）,北京：中国社会科学出版社,2014 年,第 126 页。

尽管卢作孚"力谋生产事业之扩充"来支持北碚的各项文化建设，不过仍然是"经费日益不敷"，从卢作孚在上海采购三峡染织厂的新式机器的困窘状况可知"北碚模式"在相当程度上尚未完全"自给自足"而独立于防区制之外。1930 年 6 月 18 日，卢作孚写信给熊明甫等人，指示他们向刘湘"商借预支补助费"，"如感困难，拟请诸君子一度同往面陈，期望甫公（刘湘。——引者注）亦知峡局有此一群人，而且有此特殊精神，庶几有成功之望也。" 6 月 20 日，卢作孚为峡防局建设事业经费的需求亲笔致函刘湘，他写道："峡中文化事业日益进展，峡局经费日益不敷，万不得已，乃仰赖钧部补助。然军费方绌，何可久累，万不得已，乃力谋生产事业之扩充，以染织为主。此番在沪冒险买有染织机约值银万余元，峡局负债积一年以上，安所得资本以营此事业。又万不得已，函商全体职员停支月薪，然月不过千余元而已，尚须领得钧部补助之费乃能有之。最后万不得已，乃函北衡陈请钧部预发补助费三个月，汇申救济，以释一身重累。此事全仗钧座扶持以有今日，亦全望钧座扶持以辟将来无穷生机也。感激图报，岂惟孚个人而已。临颖不胜依驰。"当天，卢作孚又给熊明甫写信，示意其再致函刘湘，"陈述峡局事业艰苦支持之状"，并敦其协同峡局同人，或"前往面陈"，或请刘航琛"设法通融"，以免"峡局举债太巨"。[1]

　　1932 年 3 月 29 日，卢作孚在致熊明甫等人的信中描述了北碚建设的经费短缺。卢作孚写道："查峡局收入日减，而支出日多，殊非所以持久之计，应即力谋紧缩。所有前此审订之加薪办法应暂缓执行，希召集全体会议宣布之。吾辈一切应以事业之存在为前提。科学院及三峡厂负债已深，偿还无计，如峡局再负债，则真可使全部事业坍台矣。吾辈生活艰难亟应设法，但当事业更艰难时，吾辈应有生活上之忍耐，且尤当积极前进，求得事业上特

　　———————

[1] 以上参见《关于购买织布、织袜机器有关事宜的函》，重庆市档案馆藏，北碚管理局全宗，档案号：0081000100368000024000，第 49-50、30、42-43 页。

异之成绩，以解决经费上困难之问题……"[1]出川考察期间，卢作孚即"深感峡局之事业要图巩固，只有自造生产事业"。[2] 实际上，他已经意识到仅仅依靠二十一军的拨款与补助，是难以维系和扩大北碚的建设事业。

本质上"北碚模式"是试图突破四川军阀防区制而演变出来的一种社会发展模式。 一个有趣的问题是，"北碚模式"的源头在哪里？ 卢作孚在30年代初率团出川考察，寻求答案，我们不难看出"上海模式"的轨迹。 但这是一个没有高楼大厦的"现代化"，也是强调人的现代化"先行"，同时又是一个开放的，依靠外部现代化的因素来建设的模式。"北碚模式"最终的形成，是在1930年春卢作孚出川考察回来之后。 我们姑且将北碚模式作为中国现代化进程中一个颇具典型意义的内陆模式，它糅合了那个时代先进的中国人对理想社会的追求——现代化的蓝图。 根据卢作孚的《东北游记》，"北碚模式"的思路似乎糅合了上海的现代工业技术、德国建设青岛城市的经验、日本建设大连的经验，以及张謇建设南通的经验。[3]

卢作孚在北碚建设最初仅局限在"乡村"，这即卢作孚改变乡村的方案。 应该说，乡村建设的内容是丰富的，从引入经济建设事业，到创办文化事业和社会公共事业，从市政建设到小镇人文环境的建设，从教育事业的兴办到教育培训地方人才，按理说，对一个小小的北碚已经足够了。 高孟先回忆，1930年春，卢作孚率团出川考察是"为谋各种事业的发展"，结果是"带着事业中的问题出去，取得了不少办法转来，并结识了有益于事业的许多友人和社会名流"，尤其值得注意的是卢作孚每考察一地，每接触一

---

[1]《卢作孚关于暂停加薪、节省开支事致熊明甫等函》（1931年3月29日），重庆市档案馆藏北碚管理局全宗，档案号：全宗号0081，案卷号14，补位：265，第79页。

[2]《三峡染织工厂业务概要》，《嘉陵江日报》1931年1月22日。

[3] 卢作孚在《东北游记》，以及给刘湘的信函中均提及在上海大半时间为民生公司、西部科学院、峡防局各事业采购机器。 另参见卢作孚，《东北游记》，凌耀伦、熊甫，《卢作孚文集》（增订本），北京：北京大学出版社，2012年，第83-135页；《关于购买织布、织袜机器有关事宜的函》，重庆市档案馆藏北碚管理局全宗，档案号：008100010036800000024000，第29页。

事、一物、一人，他都"常把自己经营的事业的意义和目的，与全国的建设问题联系在一起"。 1930 年卢作孚出川考察是北碚建设的里程碑。 这次考察对他以后的事业发展"极大的推动作用"。[1]

卢作孚选择的考察地点，江浙和东北各省，是民国时期中国最现代化的地区和城市。 这是北碚与外界沟通与交流的开始。走出四川，意味着"北碚模式"可以突破地域局限，或者说可以突破二十一军的防区体制。 1930 年卢作孚出川考察期间，开始认识到内陆现代化的最大问题乃在于人的素质的提高。 他写信给熊明甫，说"峡局青年能力太低，无法为社会作事业，出川以后，愈有许多证明"。[2] 1930 年夏考察归来，北碚的科学、文教、工矿等企事业有了新的发展和大的改进，卢作孚还充实扩大了他制定的"将来的三峡"的远景规划。 卢作孚沿途走访、拜见的人物均为民国时期政界、学界以及在野名流，这也是最初认同"北碚模式"的人群，其相当一部分是"下江人"。 在卢作孚北碚建设的事业中，"下江人"的参与和卢作孚有意借用"下江人"资源，意义是深远的。

北碚建设与重庆建设几乎是同步的，其结果却形成不同的风格和风貌。"北碚模式"的奇特之处在于北碚人的精神面貌与繁华"都市"的重庆人截然不同。 如果说刘湘的二十一军在重庆的建设停留在模仿"上海模式"的物化层面，卢作孚的"北碚模式"则是从人的现代化训练尝试突破纯粹追赶上海的误区，这在北碚的科学、文化事业的建设上表现尤为突出。[3] 在北碚还有实业实体，修建了北川铁路，开辟了嘉陵江温泉公园、平民公园、运河

---

[1] 高孟先，《卢作孚与北碚建设》，全国政协文史资料委员会，《文史资料选辑》第 74 辑，北京：文史资料出版社，第 102、103 页。

[2] 《卢作孚致熊明甫等函》（1930 年 4 月 10 日），黄立人，《卢作孚书信集》，成都：四川人民出版社，2003 年，第 172 页。

[3] 西部科学院最初的人才还有"归国留学人员"《静生生物调查所秉志关于推荐西部科学院人选致卢作孚函》（1933 年 6 月 24 日），重庆市档案馆藏西部科学院全宗，档案号：0112/13 卷 13。

公园等公共园林成为北碚模式的象征。 小小的北碚改变了外省人对四川的观感，也吸引省外的科学技术力量和资金参与四川的建设。

"北碚模式"归根到底是一种"社会动员"的方式。 从现代化的层面看，社会动员是一个过程，它意味着人们在态度、价值观和期望方面和传统社会的人们分道扬镳，并向现代社会看齐。 这就是扫盲、教育、更大范围的交际、大众媒介和都市化的结果。[1] 在北碚的社会动员中，卢作孚创造了一种崭新的宣传教育方式——办《嘉陵江》报。[2] 这份小小的日报，文字通俗、明白、简练，却刊载着现代的国防、交通、产业、文化各种消息。办报的人也只有一二个，每天却有专人把报送到各乡，并张贴在码头、民众会场、渡船及所有的公共场所，让人阅读。[3] 小报尽管"白话字句很浅，只要读过一两年书的都可以看"[4]，但报纸所传播的信息和产生的影响则是深远的。 正如《嘉陵江》发刊词所言："盼望这个小报传播出去，同嘉陵江那条河流一样广大，至少流到太平洋"，从小小的《嘉陵江》报，可以"看穿四川、中国乃至于五大洲——全世界"。[5]

1928 年 9 月，卢作孚在北碚创办《新生命》画报，对不识字的平民施行教育。 在北碚许多地方建设事业和民众的教育工作，大都是从民间的日常生活和特殊的风俗中开展的。 北碚的"夏节"就是学校的学生、工厂的工人、北碚的市民欢天喜地的盼望着的节日。 夏节期间，会展出民生公司建造的电车、飞机和轮船等内陆地区人们很难见着的现代化的交通工具模型，并配以详细

---

[1] ［美］塞缪尔·P.亨廷顿，《变化社会中的政治秩序》，王冠华、刘为等译，上海：上海人民出版社，2015 年，第 26 页。

[2] 1928 年 3 月 4 日，卢作孚改组《学生周刊》，创办三日刊《嘉陵江》报，不久改为两日刊。 1931 年 1 月 1 日《嘉陵江》改为日刊《嘉陵江日报》，日出 500 份。 报社也开始尝试独立经营，经费纯赖报费收入做开支。 到 1934 年 5 月 16 日，报纸宣布独立经营，改石印为铅印，日出一中张，发行 700 份。 从 1934 年 7 月开始，报纸发行副刊，由对开一小张扩版为对开四版，其中的第三版成为副刊版。

[3] 赵晓铃，《卢作孚的梦想与实践》，成都：四川人民出版社，2002 年，第 67 页。

[4] 卢作孚，《请看嘉陵江六大特色》，《嘉陵江》1928 年 3 月 4 日。

[5] 《介绍嘉陵江》，《嘉陵江》1928 年 3 月 4 日。

的解说。 兼善中学内的科学展览，有机械农具、农产品和动物标本、书画，让人流连忘返。 人们踊跃参加活动，整个北碚的空气，"简直是被一种新的精神燃烧着，充满了动的活力"。 这种崭新的方式，对重庆这样的大都市来说，也是颇为新鲜的，赶来观光北碚夏节的"渝合"两地的人士竟在"千人"以上。[1]

在甘南引的笔下，北碚呈现出一种新气象："……先游街市，今日各机关放假，又有龙舟竞渡，故四乡居民男女老幼均来游览，各街犹如赶集，拥挤不通。 先参观民众医院，该院系旧庙宇所改建，由该院某君领导，参观诊疗室，养病室，人体标本室，博士均一一阅览，并谓成绩如此，已属不易。 此时博士夫人及关邹两夫人因天气亢热，由河边行至医院，颇觉疲乏，遂折回船上休息。 博士等仍由作孚领导前行，至民众图书馆，由主任袁伯坚君解释，谓该馆范围虽不甚大，而所藏书籍，与川省图书馆相较，并不见劣。 以各种杂志而论，该馆共有七十余种，实为川省图书馆之冠。 博士又详视阅书人统计表，见阅小说者并不多，问袁君曰，何以此处阅小说者甚少，其他各处均系阅小说者最多，袁君答曰，吾人预备之小说，均为有意义之小说，故阅小说者甚少。该馆间壁屋子，纯用竹子，既经济，且美观。 出该馆，工人义勇队在公共运动场作军事操，军容雄壮，步伐整齐，博士连声称善。旋参观兼善中学食堂及宿舍。 宿舍内床分上下两层，如轮船上之安置。 室内颇清洁，秩序极佳……迂回登数百级，而至兼善中学，博士入公共运动场时，见中学建筑雄壮，高耸云际，即自摄一影。 入该校，由校长张博和君引导，该校有初中及高小数班，该校学生制有中国各省人口数目比较图，画制精美，博士注目久视。 又参观植物标本室，学生作文成绩室。"[2]

20 世纪 30 年代以来，全国媒体上有关卢作孚北碚建设的报道十分醒目，高度赞赏在四川军阀乱局中的北碚小三峡的地方事业

[1] 雪西，《北碚的夏节》，《工作月刊》第 1 卷第 1 期，1936 年 9 月 1 日，第 80-83 页。
[2] 甘南引，《民生公司招待伍朝枢博士参观北碚温塘记》，《新世界》第 23 期，1933 年 6 月 1 日，第 24-28 页。

建设。《大公报》对北碚建设评论颇有代表性。该报社论指出："以本为匪多捐重之区，得少数苦心人活动其间，竟能建设交通文化等新事业，实足令人神往。"社论还指出，"据闻卢君仅一中学卒业生，其朋辈共事之人，亦大都青年新进之士。要其能吃苦、有耐心、讲信义、具诚意，故能号召资本、组织企业。先之以清土匪、维治安；继之兴学校、振工商。更能以其余力，招致有志少年，探险夷边，为文化研究上尽贡献之力。此在今日举世昏昏，青年意气堕落消沉之际，诚足使懦夫闻而立志，盖天下事有为然后有能有成。"[1]同期，江浙金融界著名人士、中国银行总经理张公权到四川实地考察四川分行业务状况、内地实业，并到北碚考察。后发表游川感想，对卢作孚大加赞扬，称其为四川社会值得注意的"苦心从事社会工作，努力精神建设"的"有志之士"[2]。

和潘文华在重庆的大规模市政建设比较，北碚确实呈现出不同的景观。首先是北碚各事业机关的环境是崭新的，在这里几乎很难看到重庆那样的"小上海"式的洋楼、饭馆、舞厅、影院等，但"办公室布置得十分整齐，地面亦清洁非常，墙壁上都挂上了一幅两幅教育或新智识的图画，及一般民众生活上有关系的表图。每个机关门首当眼处，都张贴着一张该事业机关的概况，使人一望而知其一切内容"，即使是寝室、厨房、厕所，也都清洁、整齐、简朴，任人参观。市街上的食店、客栈的布置也以"新"感人。[3]

在北碚，最现代的高层建筑是中国西部科学院科学大楼和兼善中学等文化教学设施。1930年卢作孚在北碚创办中国西部科学院，这是继中央研究院（1928年）、北平研究院（1929年）之后的一所民办科学院。西部科学院设有生物、地质、农林和理化等

---

［1］《川局混乱中之地方建设》，《国闻周报》第7卷第14期，1930年4月14日，第8-9页。有关游览北碚的见闻还可参见徐亚明，《四川新建设中之小三峡（附图）》，《复兴月刊》第3卷第6-7期，1935年3月1日，第200-213页；恽震，《参观四川小三峡社会事业日记》，《旅行杂志》第7卷第3期，1933年3月，第17-21页。

［2］《张公权畅论游历四川感想》，《商务日报》1934年6月19日，第6版。

［3］雪西，《北碚的夏节》，《工作月刊》第1卷第1期，1936年9月1日，第82页。

4 个研究所，是具有一定规模的综合性科研机构。[1]

北碚建设的特色在"精神"和"人的现代化训练"[2]。《嘉陵江日报》上有关北碚建设的简陋状况的描述，表明北碚所追求的并非着眼于物质层面的目标。 在北碚的夏节中，万人聚集的电影放映场所，"休息及装换片时，更有无线电收音机传播渝，京，沪，汉各地新闻消息"[3]这是一种引导社会迈向开放的舆论导向，北碚的青年成为传播现代文明的主要群体。 1934 年，峡防局积极筹建"六省旅行团"（鄂赣江浙鲁豫六省），其主要目标是促成峡区人民的觉悟，启迪峡区人民的现代意识。 因为"周览国内名城，方于现代社会有所认识"，即对"都市文明"的认识。[4]从这个意义看，北碚人比重庆人更具开阔的视野。 和重庆人不同，走出去的北碚人，更愿意从上海采购现代化的机器，有关农业科技、天文、西湖风光、各省风景以及欧洲大战的状况的幻灯片，也多作为平民娱乐的教育资料。[5]

我们从 20 世纪 30 年代初卢作孚上海、江浙之行考察的记录看，他"竭力留意生产事业"，组织人员考察大、小工厂，学习技术，采购样本。 派出人员在上海学习的是"织袜、织布、制标本、染织等技术"，参观上海等地的收获是为峡局的生产事业购买的机器设备；而重庆，追赶的是上海时髦式的大众娱乐消费，在都市的传媒上充斥着以欧美、上海等为核心的时尚广告。

北碚始终朝着建立"一个大众公共享受的城市"的目标努力。 以群众性体育活动为例，1928 年北碚建立的民众体育场，面积约13 952平方米，有足球场一个，篮球场一个，器械场一个，还有沙坑。 以后又扩建了一个篮球场，两个网球场。 1929 年 4 月

---

［1］《西部科学院概况》，《复兴月刊》第 3 卷第 6、7 期合刊，1935 年 3 月 1 日，第 2-5 页。
［2］《嘉陵江日报》在头版头条的"中外新闻"栏，介绍上海新亚旅馆之新式经营之道，乃是对茶房的服务训练。 这种训练要求茶房服务招待须极其殷勤，态度极其诚恳，仪式极其有礼貌，以及动作极其敏捷。 参见《新式经营之上海新亚旅馆》，《嘉陵江日报》1934 年 7 月 16 日，第 1 版。
［3］雪西，《北碚的夏节》，《工作月刊》第 1 卷第 1 期，1936 年 9 月 1 日，第 86 页。
［4］《峡区积极筹备中之六省旅行团》，《嘉陵江日报》1934 年 5 月 26 日，第 1 版。
［5］《平民娱乐场由沪带回幻灯片》，《嘉陵江日报》1931 年 11 月 7 日。

20 日至 26 日，四川近代体育史上规模最大、参加面最广的运动会在北碚民众体育场召开，重庆及江、巴、璧、合及北碚 38 个单位、社会团体的 1 161 名运动员参加。 1930 年，峡防局聘请江苏成烈体育专科学校的李治臣、邓步官为北碚体育场体育指导员，提高此间的运动水平。[1] 因此，这里看不到上海、重庆那般"丢了大部分的农村、山林、河流"的建设，也几乎没有"只顾都市，而不顾其他"的公共事业，更没有那只有极少数人能够享受繁荣的"畸形的资本主义的建设"[2]。 北碚注重生态的建设，绿化很成功。 郁郁葱葱的洋槐、伞状的法国梧桐以及随风飘扬的杨柳成为北碚城的重要标志。

三、对"军人干政"的冲击

如果说，民生公司从川江航运的商贸层面构架起重庆与外界交往的桥梁，实现了传统社会的开放态势；北碚则是卢作孚精心雕琢的一个与乘坐民生轮船入川的"下江人"直接接轨的舞台。 北碚建设最大的特点不是物质层面的建设，而是人的建设。 正因为如此，才有了距离重庆不过几十公里的北碚给人的印象是"安宁、整洁、进步和人的精神振奋"。[3]

对这个"平地涌现出来的现代化市镇"，重庆人与"下江人"都赞叹不已。 杜重远把北碚比喻为"昔称野蛮之地，今变文化之乡"。 1935 年参谋团一行在畅游北碚后也感叹："今则北碚不仅有大自然的美，且已用人力去改造一番，因峡区各事业，都是现代化，组织化，艺术化，在最近将来不仅望北碚事业这样，还望四川建设都这样。"[4] 他们认为北碚并不比江苏的南通和无锡落

---

[1] 赵晓铃，《卢作孚的梦想与实践》，成都：四川人民出版社，2002 年，第 58-60 页。

[2] 金满成，《重庆的前途，上海的后影》（四），《新蜀报副刊》第 38 期，1932 年 6 月 23 日。

[3] 赵晓铃，《卢作孚的梦想与实践》，成都：四川人民出版社，2002 年，第 7-8 页。

[4] 《中央行营参谋团第一批来北碚参观》，《嘉陵江日报》1935 年 2 月 21 日，第 2 版。

后。[1] 这个被称为"川中之洞天福地""世外桃源"[2]的地方，其精神建设大于物质建设。[3] 张公权在 1934 年游历四川后，赞赏卢作孚是致力于四川革新的有志之士，其苦心从事的社会工作乃"努力精神建设"。[4] 黄炎培说"北碚两字名满天下，几乎说到四川，别的地名很少知道，就知道有北碚。 与其说因地灵而人杰，还不如说因人杰而地灵吧！"[5]美国《亚洲》撰文称赞"北碚是至今为止中国城市规划中最为杰出的典型"。[6] 1932 年太虚大师参观北碚，感叹北碚在几年间由一个从前人们不能安居，外地人也视为畏途的恐怖区域，变成一个勃勃生气，有种种新事业的建设区。 并以"建设人间净土"为题，对峡区青年演讲，他高度赞扬卢作孚领导的北碚建设，认为北碚的成就证明佛法上所谓净土之意，不必定在人间之外，人间亦可造成净土。[7] 对外省人而言，在旅游业中崛起的北碚，几乎是四川省"现代化"的代名词。[8]

通过旅游，北碚聚集起来的"下江人"队伍既庞大，地位又显赫。 北碚因为"下江人"逐步成为全国传媒的焦点，"下江人"也借助北碚率先成长为影响后方社会的重要群体。 北碚聚集了许多优秀的人才，说北碚动员了国内的人才也不过分。 卢作孚为事业寻找人才，"曾访遍省内、国内，甚至国外，如聘德国人傅得利为

[1]《第二批参谋团人员昨游览北碚后演说》，《嘉陵江日报》1935 年 2 月 23 日，第 2 版。
[2]《随张公权来川之张肖梅谈考察观感（续）》，《商务日报》1934 年 6 月 21 日，第 6 版。另据贺伯辛，《八省旅行见闻录》记载，"近五年来，北碚及温泉之胜，同时脍炙人口。各地来此游人，几无日无之"，"北碚印象，街市清洁，秩序井井。 至公务人员之生气勃勃，市民之努力工作，皆极堪钦佩。"见《八省旅行见闻录》，开明书店，1935 年，第 8、11 页。
[3] 中国科学社总干事杨先中称赞北碚精神上的建设比江苏南通更加完备，见《北碚富于精神建设》，《嘉陵江日报》1933 年 8 月 27 日。
[4]《张公权畅论游历四川感想》，《商务日报》1934 年 6 月 19 日，第 6 版。
[5] 黄炎培，《蜀道》，开明书店，1936 年，第 114 页。
[6] T.H. Sun, "Lu Tso-fu and His Yangtze Fleet," Asia, (June 1944), p.248.
[7] 赵晓铃，《卢作孚的梦想与实践》，成都：四川人民出版社，2002 年，第 133-134 页。
[8] 中国科学社 1933 年赴北碚开会，称赞"北碚本一小村落，自卢作孚氏经营后，文化发展，市政毕举，实国内一模范村也。"《中国科学社第十八次年会纪事》，《科学》第 18 卷第 1 期，1934 年 1 月，第 132 页。

昆虫研究员，聘胶济铁路总工程师徐利氏为北川铁路工程师，后改聘丹麦人守儿慈为北川总工程师等"。[1] 卢作孚作为四川省建设厅长，也频繁往来与（于）重庆与"下江"之间，接洽沪银行组织银团入川投资事宜，"沪各大银行当局，对入川投资极表同情"。[2]

亨廷顿指出，"当人们意识到他们自己的能力，当他们开始认为自己能够理解并按自己的意志控制自然和社会之时，现代性才开始。现代化首先在于坚信人有能力通过理性行为去改变自然和社会环境。"[3] 按照卢作孚的理想，是要把"今天以后，我们有了这样大的一群，中国学术上，教育上，有地位、有声誉的人来替我们把四川近年的真象（相）介绍出去，使外间的人了解我们四川内部的真情实况，不像今天以前外间的人都怀疑四川，提起四川的问题都漠不关心。今天以后，不单是要使外间的人都明了四川的真象（相），而且是要使外间的人都以技术的力量或经济的力量来帮助四川，以促成四川各种实业的经营，今天以后要把外间的人向来对于四川的观念根本转变过来"。[4] 他主张"用力运动外省人都到四川来"，"以成群的集团力量帮助四川"，"拼命运动，白日不够继之以夜"，他要实现把"四川造成租界吸引世界上的人和钱"，以期将"魔窟"变为"桃源"，把"天府"造成"天国"。[5]

北碚人的生活甚至感染了大重庆。重庆的传媒上大幅广告登载民生公司轮船航班的广告的"好消息"，让北碚成了重庆人向往

［1］高孟先，《卢作孚与北碚建设》，全国政协文史资料委员会，《文史资料选辑》第74辑，第97页。
［2］《沪各大银行当局，对入川投资极表同情》，《新新新闻》1937年1月12日，第5版。
［3］［美］塞缪尔·P.亨廷顿，《变化社会中的政治秩序》，王冠华、刘为等译，上海：上海人民出版社，2015年，第82页。
［4］卢作孚，《中国科学社来四川开年会以后》（1933年10月），凌耀伦、熊甫，《卢作孚文集》（增订本），北京：北京大学出版社，2012年，第202-203页。
［5］卢作孚，《中国科学社来四川开年会以后》（1933年10月），凌耀伦、熊甫，《卢作孚文集》（增订本），北京：北京大学出版社，2012年，第207页。

的理想观光、休闲场所。[1] 重庆城里的人到北碚游览因公路的修筑而更加方便，"由重庆往温泉公园，清晨在千厮门纸码头搭小河汽船，约六个小时可到；渝简马路北碚支路修成后，由重庆随时搭汽车两小时可到。"[2]北碚的"三峡布短服"风行重庆。 到过北碚的重庆人开始感悟，北碚是"人中人的"社会，是"具有生命要素的社会"，是"流动的社会"。[3] 参观北碚后的重庆绅商愧叹"繁华的重庆反不如一个乡村的建设"。[4] 北碚建设竟可作为周边各县市政建设的"样板"，甚至江北"改革地方一切事业，大致都要仿照北碚"，比如公共体育场、公园、果园、马路、办理消费社及银行等。[5] 当重庆人以"逛街""看电影"来过传统的中秋节时，离市区 90 里的北碚的端午节则充满了另类的精神：当地的西部科学院理化研究所举行落成典礼，峡防局民众教育办事处举办大规模的展览，据游北碚归来的某君谈，当日公共体育场开民众大会，表演国术、比赛游泳、竞划龙舟，甚至相距一二百里的人都来参观，盛极一时。 北碚人丰富的精神生活吸引了重庆周边的地区，连重庆的记者在报道重庆市民过传统的端午节时，也要以赞许的口吻报道北碚的盛况。[6]

1935 年，四川省新政府成立，刘湘决心提倡以重庆和成都作为建设新四川的"模范区"，希望"给一般人看看，使他信仰，使他仿效"，并提出可以先将成都重庆划为模范区，先从这两个地方来着手"试验"，待"成绩良好，再行慢慢的普及推广到各地去。"[7]这不能不说是"北碚模式"的刺激作用。 范崇实给卢作

[1] 《商务日报》1934 年 5 月 3 日，第 8 版广告。 都市传媒向市民传递的信息是：北碚是重庆人新型的休闲场所。
[2] 峡防局，《嘉陵江三峡游览指南》，民福公司代印，1933 年，第 1 页。
[3] 《峡局是富于生命的社会》，《商务日报》1933 年 1 月 31 日。
[4] 《一批重庆绅商来峡参观》，《嘉陵江日报》1931 年 7 月 22 日。
[5] 《静观镇模仿北碚》，《嘉陵江日报》1931 年 9 月 23 日。
[6] 《欲废未废之本市端午节》，《商务日报》1934 年 6 月 19 日，第 7 版。
[7] 《刘主席在联合纪念周讲演推行新运之步骤》，《四川省政府公报》第 26 期，1935 年 11 月 11 日，第 2 页；《刘主席在扩大纪念周讲演建设四川三大要素》，《四川省政府公报》第 27 期，1935 年 11 月 21 日，第 2-3 页。

孚的信中对北碚同人深表"感佩"，并希望社会上"还有一群人，还有多群人，照这样积极行动"，"希望各方面的朋友，多方赞助这些群人的积极行动，多方提倡，多方响应，以收共鸣交响之效果"，甚至表示"准备要来加入你们这一群人"[1]。

与严酷镇压重庆地区的中国共产党活动不同，刘湘对体制内成长起来的温和的变革力量，采取了比较宽容的态度。 刘湘曾表示，他试图借鉴北碚建设的经验。 在参观北碚峡防局建设后，他说来北碚是"想找朋友解决教建两问题"，而这次参观，让他感觉找到了两年未曾解决的"答案"。 北碚的建设甚至感动了刘湘，他说："峡防局像一股清泉"，处处体现了"我"的特色，而并非照搬的现代化。刘湘又说北碚并非"西洋式徒供消耗奢侈的洋八股"[2]。

作为二十一军的防区，北碚本该与重庆周边的乡村一样贫穷不堪和难民成群；作为乡村，北碚似应同重庆周边乡镇一样，向往重庆城的追逐物质文明的奢华时尚，并在军人治下"现代化"的辐射下逐渐趋同于"小上海"的模式。 但是，北碚却实实在在地实践着另外一种现代化的理念。 尤其可贵的是，当军阀政治的防区体制下共产主义运动的合法性受挫时，卢作孚以其坚韧的毅力和独特的商业运作方式沟通了重庆与外界，从根基上解构了"军人干政"的防区体制。

[1] 范崇实，《响应（致卢作孚函）》，《新世界》第 59 期，1934 年 12 月 1 日，第 71 页。
[2]《刘甫澄军长在峡防局讲演》，《嘉陵江日报》1931 年 9 月 1 日。

第七章

城乡互动与反哺失衡

近代以来，重庆城区与周边的农村有着悠久、密切的联系。这种城乡互为依存的关系是考察刘湘治理下重庆城市现代化的重要内容。抗战前十年，随着重庆城市商业贸易功能的加强，都市对周边农村的辐射力和吸引力增强，扩大了城乡的经济联系，"乡染市风"的城镇也逐渐形成层次；与此同时，重庆的畸形繁荣与周边的极度贫困形成巨大差异，乡村在相当程度上制约了重庆城市的发展。整体而言，刘湘时期的重庆城市发展最大的障碍，或者说是致命的弱点就是周边农村始终处于一种极度的贫困之中。本章将对防区制下的重庆城乡关系与都市发展的关系做一初步的讨论。

第一节　防区时代重庆城市腹地的变迁

四川军阀的防区制，以及频繁的战争，常常人为地割裂了具有天然联系的自然经济板块——上下川东或川西南北等，打破已有的经济区域平衡，导致对重庆城市经济吸纳力的减弱与破坏。

一、防区体制下的腹地变迁

从地理学的角度讲，城市的腹地，又可称附庸地，系指与某一城市或港口有经济联系的内地或背后地。城市腹地的大小，通常受背后地的山脉位置、走向和高度，以及河流的长度、流域的面积等条件的影响；并随着天然河流航运条件的改善、交通道路的修建、工农业生产的发展、产销区域的移动所引起的经济联系的改变而变化。同时，城市所拥有的腹地面积的大小，也是衡量都市经济繁荣的关键指标。本文所指的腹地，有两个层次，第一是重庆地区，包括重庆城市市郊农村；第二是指与重庆保持有经济联系的内地或者背后地。

一个城市对周边地区的吸附和辐射的能力取决于与城市发生

流通地区的范围和流通量。 王笛研究指出，"在近代长江上游地区，存在着围绕 8 个城市运转的经济和商业贸易区域，即以重庆为中心的上川东区，以成都为中心的川西区，以南充为中心的川北区，以乐山为中心的上川南区，以宜宾为中心的川南区，以泸州为中心的下川南区，以万县为中心的川东区和以广元为中心的川西北区"[1]，作为长江上游商品集散中心，重庆借助长江水系资源沟通了以上八个经济区域。 重庆位于长江和嘉陵江交汇处，商贾辐辏，既是川东的巨埠，又是全省的经济中心。

重庆腹地的范围大致属于四川盆地内的川东山地区带，与从地形上的川东褶曲带大致相符。 这一范围，西接川北浅丘区、川南微褶区，以华蓥山、永川西山、新店子背斜为自然境界；北以毛坝场、温汤井构造线与盆边划开；南界东段以南川、綦江县界为断，西段截江津、合川南部山地所属的盆地边缘；东界沿石柱山脉，北端至万县城东，向北直上以接于北界，南端顺山脉走向西南延伸而触于南界。 该区面积南北狭长，可分为南北二部，以江北、巴县之东界划开；南部包括江北、巴县、璧山、铜梁（一部）、永川、江津各县，通称为上川东；北部包括邻水、大竹、垫江、梁山、达县（一部）、宣汉（一部）、开江、开县（一部）及长寿、涪陵（一部）、丰都（一部）、忠、万（一部）等县，通称为下川东。[2] 上下川东区域以陆路交通和水运航线为经纬还形成了直接为重庆经济服务的沿江的小城镇群，如下川东线上的璧山、铜梁，上川东线上之永川，长江沿岸的江津、白沙、朱家沱等，上下川东地区是构成重庆直接的经济辐射地区，也是城市腹地体系的主体部分。

隋唐时期，巴渝地区战乱较少，经济有所发展，农业逐渐成为主要生产方式，大批汉族居民迁入丘陵地区定居，先进的农耕技术得到普及，重庆周边的腹地逐渐形成。 各种旱地粮食作物以

---

［1］ 王笛，《近代长江上游城市系统与市场结构》，《近代史研究》1991 年第 6 期，第 106 页。
［2］ 郑励俭，《四川新地志》，正中书局，1946 年，第 341 页。

及多种经济作物的生产，对重庆城邑的形成和发展起着至关重要的作用。宋代，巴渝地区农业进一步发展，水稻广泛的种植，梯田的开垦，灌溉条件的改进，使巴渝地区的农业收成有了更多的保证，因而出现"民食稻鱼、凶年不忧，俗无愁苦"[1]的景象。清代以前，重庆腹地主要为附近州县，即重庆府直辖县、合州、涪州和泸州、顺庆府、绥定、遂宁、阆中等地。[2]自1891年重庆开埠以来，"通商以后，华洋杂处。所属各厅州县，皆称繁富。且当冲要"[3]。

随着重庆商贸的发展和川江轮船航运的开辟，城市的腹地已经发生了变化。河流通航使得重庆城市的腹地面积得以扩展。换言之，贸易范围愈广，则都市之吞吐量愈大。如果说在开埠以前，重庆城市的腹地主要是嘉陵江一带和綦江流域及长江重庆以上段的沿江部分地区。那么，开埠以后，尤其是进入20世纪以来，随重庆城市人口的聚集，经济势力的增长，商业和金融业的发展，近代工业的进步，经济辐射能力的增强，重庆与川西地区及滇北、黔北、康藏、陕南、甘南等地域的经济联系日趋密切，重庆城市的经济波动对这些区域也逐渐产生着较大的影响，这些区域逐渐被纳入重庆的经济轨道。

从水系资源看，重庆几乎可以囊括四川全省的辽阔腹地。[4]长江上游轮船航运的繁荣推动了重庆腹地的拓展。民国时期，作为川江航运的枢纽、西南地区的贸易中心城市，重庆的"经济力场"实际已经具有吸纳和辐射全川的功能。时人评论说："长江沿岸除上海汉口而外，殆无其匹，其地位之重要，隐握长江上游之

[1] 彭通湖，《成都、重庆历史发展的轨迹和特点》，孟广涵，《历史科学与城市发展：重庆城市史研讨会论文集》，重庆：重庆出版社，2001年，第162页。
[2] 隗瀛涛，《近代重庆城市史》，成都：四川大学出版社，1991年，第176页。
[3] 周询，《蜀海丛谈》，沈云龙，《近代中国史料丛刊》第1辑，台北：文海出版社有限公司，1973年，第153-154页。
[4] 《重庆水系图》，重庆市政府秘书处，《重庆市一览》，重庆市政府庶务股，1936年，第59页。

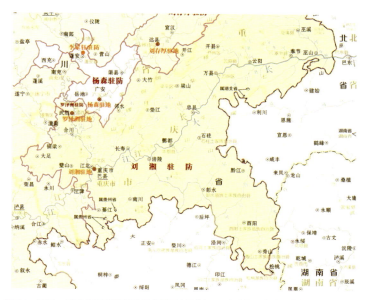

图 7-1　1926—1930 年四川军阀防区格局图（部分）——《重庆历史地图集》第二卷，西安：西安地图出版社，2017 年。

牛耳，西南诸省之锁钥"。[1] 从地形地理看，在重庆之西部及北部，属川北丘陵地区，面积极广，囊括嘉陵江、渠、涪、沱诸流域。这一流域全部为白垩纪之赤色软质页岩所覆盖，夹以薄层之软质砂岩，水平重叠，"此项土壤，生产力极强，虽邱（丘）陵起伏，而农业极盛，堪与成都平原媲美。其嘉，渠，涪诸流域，又适为重庆都市之直接附庸地，助长其都市之发育"，"重庆界于两不同地形及不同土壤之间，成为四川盆地之边缘地带，且拥有广大沃壤为其基础，故其都市之繁荣，亦即应运而生"。[2]

防区制的形成人为地改变了重庆与周边腹地的天然联系，对重庆的城市经济的发展产生了深远的影响。民国时期，重庆腹地因军阀混战而变化不定。早在防区制形成之初，刘湘驻防的戍区

---

[1] 袁著，《重庆都市发展之地理的根据》，《四川经济月刊》第 9 卷第 5 期，1938 年 5 月，第 53 页。

[2] 袁著，《重庆都市发展之地理的根据》，《四川经济月刊》第 9 卷第 5 期，1938 年 5 月，第 55 页。

仅有川东九县，即：潼南、永川、合川、武胜、璧山、大足、隆昌、荣昌、铜梁等县。 1919 年 4 月，刘湘的防区增加了江北、长寿、安岳、邻水四县。 随着刘湘的二十一军在四川军阀政治整合进程中逐渐走向强大，二十一军的防区不断扩大，重庆周边的腹地出现稳步扩展态势。 据 30 年代初对二十一军防区的调查，其防区的覆盖面积已经越出川东区域，不仅获得自流井等，而且戍区主要分布在川北、川东和长江沿岸以及重庆周边的中小城镇约 28 个县。 加上四川其他各县，防区数总共达 46 个县之多。[1] 至 1932 年年底，二十一军所属新旧戍区已拥有 56 个县。[2] 这些县区分属于川东道区域、上川南区域（部分），永宁道（部分）和下川南区域（部分），[3] 并位于沿岷江、沱江、金沙江、嘉陵江、扬子江诸流域，"可利用航船，或汽艇，及旧式之帆船，作转运工具"，有"出产既富，复不濒临河流"的合川，武胜，潼南，铜梁，永川，荣县，隆昌等县区，也有深处"崇山峻岭，转运为艰"的开县、开江、邻水、大竹、垫江、梁山、南川等县。 为加强新旧戍区的管理与建设，二十一军提出了构筑防区各县的水运、陆路交通的"腹地交通之联络线"的宏大规划。 该建设规划的原则是"以形势，地位，及政治，经济，农，工，商业文化发展，种种要素之集中点"的重庆为总枢纽，以梁山为东区之中心，铜梁为北区之中心，内江为西区之中心，泸县为南区之中心。 以"接通产地，与河流之距离点，或干线之距离点为原则，得以便利内地之运输"为目标。[4] 1934 年初，二十一军新旧戍区各县已增至

[1] 李白虹，《二十年来之川阀战争》，中国科学院近代史研究所近代史资料编辑组，《近代史资料》1962 年第 4 期，北京：中华书局，1963 年，第 78-80 页。
[2] 《廿一军新旧戍区区长人名表》，《四川月报》第 1 卷第 6 期，1932 年 12 月，第 137-139 页。
[3] 《四川省之地理》，《复兴月刊》第 3 卷第 6、7 期合刊，1935 年 3 月 1 日，第 8-12 页。
[4] 《二十一军部规划全戍区公路干线》，《四川月报》第 2 卷第 5 期，1933 年 5 月，第 119-120 页。

69 个县，[1] 同年底，又增至 72 个县。

1932 年的 "二刘大战" 打破了四川军阀防区制的均衡机制，战争结束后，刘湘的二十一军防区的经济财富已然超过其他军阀之总和。 随着二十一军成区各县的增加，以及重庆市政建设的推进，与重庆有直接、间接经济联系的周边地区大为拓展。 尤其是以重庆为中心的公路建设，"使其附庸地之面积，有加速扩展之趋势，而内地交通点上所产生之重要都市，即成为重庆市之主要卫星，举其要者为成渝公路，自重庆起，经壁（璧）山，永川，荣昌，隆昌，内江，资中，资阳，简阳等县，而达成都，长四四一公里，二日即达，所经诸地，均属繁富之区"[2]。 换句话说，"这个城市的腹地实际上包括了整个四川省，以及南边、西边和北边几省的部分地区"[3]。 大致而言，这些腹地大致可分为三类：第一类，即与重庆城市有直接贸易经济关系的地区，这些地区是重庆的商品集散地，不经其他转换口岸，而以重庆城市为唯一的经济流通、商品交换地。 如川东地区（万县以下除外）、川南地区、川北地区的南充、达县以内数县，被称为 "重庆城市腹地的核心区域"，这些地区在 30 年代还未出现较大的工业城市或交通枢纽，大都还只能以重庆这个西南地区最大的工商业城市作为经济流通、商品交换的唯一或主要对象，因而成为重庆的主要粮食供应地、农副产品及原料产地，并通过重庆与外地市场发生联系和进行经济交往；同时，这些地区也是重庆城市工业制造品和经重

---

[1]《廿一军成区各县县长一览》，《四川月报》第 4 卷第 1 期，1934 年 1 月，第 122-123 页。二十一军驻防成区伴随军事胜利不断拓展，有旧成区与新成区之提法。 1932 年底前，二十一军防区为 28 个县，之后达到 56 县、58 县、69 县，至 1934 年底扩展为 72 个县，相关记载还有：《本部新旧成区各县管狱员一览表》，国民革命军第二十一军司令部政务处，《施政汇编》上编第二册司法纲要，1933 年，第 241-246 页；《国民革命军第二十一军成区各县大宗物产调查表》，国民革命军第二十一军司令部政务处，《施政汇编》上编第二册建设纲要，1933 年，第 108-117 页；《成区各县县长一览表》（1934 年 12 月），陆军第二十一军司令部政务处，《施政续编》，1935 年，第 601 页。

[2] 袁著，《重庆都市发展之地理的根据》，《四川经济月刊》第 9 卷第 5 期，1938 年 5 月，第57 页。

[3] Robert A. Kapp, *Chungking as a Center of Warlord Power*, 1926—1937, in Mark Elvin and William Skinner edit, The Chinese City Between Two Worlds, New Haven and London：Stanford University Press, 1974. p.143.

庆转口的外地产品和舶来品的重要销售市场。有研究者依据分水岭和交通线，推测重庆的直接附庸地应为 109 656 平方公里，其计算的区域，则为丰都、梁（梁）山、开江、万源、南江、广元、昭化、梓潼、盐亭、三台、简阳、内江、隆昌、永川、江津、綦江、南川、彭水、酉阳、秀山、黔江、涪陵诸县。[1] 这一估计正好覆盖了二十一军的防区领域。

第二类，四川盆地内与重庆经济往来密切的紧密区域，即以某一中心城市为集散市场的间接附庸地区域，川西地区的成都市，所拥有的川西平原广大的附庸地，因与重庆经济有紧密的联系而成为重庆的间接附庸地，通过间接附庸地，重庆城市对周边地区辐射的范围延展至川西、川南的广大地区。

第三类，是盆地四周与重庆有一定经济联系的周边区域，包括云贵高原、横断山地、甘南山地、秦巴山地的部分地区，即黔北、滇北、康藏、甘南、陕南等地区，这些区域对外较为封闭，区域经济较为落后，与重庆的联系较为松散。[2]

二、城市经济对乡村的吸纳

19 世纪末到 20 世纪 30 年代，是近代重庆商业贸易中心的形成时期。这一时期，以重庆为中心的商品交换和流通，在相当程度上反映出城市与周边腹地的经济关系。重庆开埠，进出口贸易发展迅速，呈现波浪式发展的增长趋势。从 1905 年起，开始洋货直接进口，土货和内地初级产品直接出口，这使重庆市场与世界资本主义市场直接联系起来。一个以重庆为中心的洋货分销网和土货购销网开始形成。王笛认为，"近代中国在 19 世纪末已形成了若干以一个大都市为中心的经济区域，长江上游以重庆为中心作为一个独立的经济巨区，又可分为若干较小的，有若干层次的经济区"，这一时期，以重庆为中心的商品交换和流通，在相当程

［1］袁著，《重庆都市发展之地理的根据》，《四川经济月刊》第 9 卷第 5 期，1938 年 5 月，第60 页。
［2］隗瀛涛，《近代重庆城市史》，成都：四川大学出版社，1991 年，第 177 页。

度上反映出城市与周边腹地的经济关系。 换句话说，重庆城市经济的现代化过程也是该城市的腹地网络发育成长的过程，在这一过程中，城乡互动以一种辐射与反哺的方式运行，由此产生了伴随重庆城市现代化过程的城乡——核心与边缘——的互动关系。这即是王笛称之为"较为完整的、连续不断的、以城市为中心的流通主体的空间结构网"[1]。

就民国时期重庆城市历史发展的实况看，在城市化并不充分的条件下，城市等级网络结构具体表现为城乡经济关系。 可以认为，20世纪二三十年代，以重庆为中心的城市经济区域的空间网，实质上就是城市与周边腹地的城乡经济系统。 一方面，城市经济力场的强弱制约着周边经济的发展与走向，另一方面，处于经济中心边缘的乡村则对都市有着反哺与制衡的功能。 重庆附近的周边农村，由于与重庆的天然地域联系，使其率先得城市现代化风气之先，卷入现代化的时间相对较更远的腹地为早。

重庆与腹地乡村的经济关系更主要表现在城市对乡村山货土产的吸收。 四川是山货出产的主要省份，几乎整个四川东、西、南、北都是产地，与四川毗邻的云南、贵州、西康、甘肃等省的部分山货，也取道四川，销往东部。 通常，这些山货集中在10多个城市，主要是川东的重庆、江津、合川、涪陵、万县，川南的叙府（宜宾）、嘉定（乐山）、泸州、雅安，川西的灌县、成都、内江，川北的遂宁、潼川（三台）、江油、广元、渠县。 而重庆优越的地理条件，居于四川盆地水系枢纽，成为山货转口贸易的中心。 通过山货贸易，重庆与周边腹地乡村建立起极为密切的经济联系。

自1890年外国洋行相继在重庆收购山货，出口品种由最初数种增至30余种，数量急剧上升。 以经重庆出口的猪鬃、熟皮、生牛皮、羊皮、木耳、五倍子、大黄、麝香、未列名药材等9种为

---

[1] 王笛，《近代长江上游城市系统与市场结构》，《近代史研究》1991年第6期，第105、107页。

例，1891—1895 年平均每年出口 112 万海关两，到 1911—1915 年平均每年出口 578 万海关两，净增了 4 倍。 在经重庆出口的货物中所占比例由 28.8% 上升至 45.4%，[1]居出口贸易中的重要地位。

重庆的山货以外销为主，主要销往美国（13 种）、日本（13 种）、法国（12 种）、英国（12 种）、德国（9 种）、意大利（2 种）以及中国香港（7 种）。 据重庆海关资料，20 世纪 20 年代是重庆土货出口增长最快的时期。 1922 年重庆土货出口突破了 2 000 万两（海关两），1929 年又突破 3 000 万两，到 1930 年已达 3 491.4 万两。 这一状况表明，重庆市场一旦与外部市场（国内、国外）建立起比较稳定的互相依存的关系以后，其内部商品经济就在流通中稳步发展，而重庆则担负起了四川商品流通中心的作用。 另据对 1930 年重庆商品结构的调查，大宗出口的货物形成以农产品、农产品加工品和轻工业原料为主的格局，参见表 7-1。

表 7-1　1930 年重庆出口商品结构表（单位：万海关两）

品　名	价　值	品　名	价　值	品　名	价　值
生丝	1 187.56	夏布	554.24	白蜡	29.42
猪鬃	218.02	桐油	305.67	大黄	25.50
生牛皮	69.45	烟叶	106.45	羽毛	14.09
熟皮	5.97	糖	2.87	火麻	14.11
羊皮	142.82	木耳	86.68	姜黄	3.70
药材	411.73	五倍子	57.07	麝香	3.89
盐	103.99	生漆	49.83	牛油	0.51

资料来源：本表据甘祠森，《最近四十五年来四川省进出口贸易统计》中的《最近四十五年来重庆大宗进出口货物数量与价值统计》表编制，转引自隗瀛涛，《近代重庆城市史》，成都：四川大学出版社，1991 年，第 125 页。

1930 年，重庆 2520 万元的出口货物中，大宗出口商品有 21 种，全部都是来自腹地农村的山货，包括生丝、猪鬃、牛皮、羊

---

[1] 甘祠森，《最近四十五年来四川省进出口贸易统计（1891—1935）》，民生实业公司经济研究室，1936 年，第 77-95 页。

皮、夏布、桐油、糖、生漆、白蜡、药材等。到抗战前夕，在重庆经营山货业的有107家。其中堆栈22家，资本13.39万元；字号15家，资本13.4万元；中路11家；洗房59家，资本15.3万两。[1] 重庆已经成为西方殖民经济掠夺农村的中转站。

西方列强通过不平等条约，利用重庆的区位优势，编织了一个对周边农村掠夺的巨大网络。从1891—1915年，通过重庆海关的对外贸易总值由285万海关两增至3 582万海关两。四川出口的主要商品均为农副产品或加工品，如生丝、猪鬃、牛皮、羊皮、桐油、白蜡等。而进口的主要是国外的工业品，如棉纱、棉布、煤油、五金矿石等。开埠以后，外国资本主义的商品倾销，促使重庆、川东一些地区的农村自然经济开始解体，使这些地区的农民开始卷入国内和世界资本主义市场，促使城乡商品经济的发展，也为重庆城市近代资本主义的经济发展创造了商品市场和劳动力市场。

蚕桑业在四川历史悠久，到了近代，随着生丝出口国外而发展迅速，成为被外国资本主义掠夺原料刺激起来的典型行业。据统计，1871年，川丝六千包首次从上海出口国外，"在沿海省份和外国市场上，已开始与浙江丝竞争了"。1891年重庆开埠后，出口生丝逐年递增，1891—1895年平均每年出口价值为888 933海关两，到1911—1915年平均每年为3 707 792海关两，二十余年间增加了3倍多。随着生丝出口的刺激，农村蚕桑业在清末民初出现空前兴旺的局面。原来的蚕桑基地产量上升，达到鼎盛。如川东的江北厅，在1873年后"渐植渐多"，至光绪末年，"大凡自业者几无不种桑养蚕"。而巴县在道咸时还"寂焉无闻"，清末始渐兴盛，乃至有"百石之田，夷为桑土"者。[2]

重庆开埠前，周边农村普遍是"耕织结合"的植棉纺纱织布

---

[1] 隗瀛涛，《近代重庆城市史》，成都：四川大学出版社，1991年，第121、125、129、181页。

[2] 谢放，《近代四川农村经济研究》，硕士学位论文，四川大学历史学系，1985年，第20-21页。

地区。 重庆开埠后，四川农村中小农业与家庭手工业相结合的自然经济已经显现初步解体态势，农民和市场的联系明显增强。 重庆周边的农村受到的冲击较为明显，大量廉价的洋纱、洋布和其他日用机制品洋货如海产品、毛织品、煤油、染料、西药、金属制品，乃至洋伞、洋钉、鸦片烟灯等涌入了四川市场。 加上近代交通运输业的发展，对重庆及沿江城镇的自然经济结构起了极大的冲击作用。

在机器棉纱布的冲击下，不少依赖手织为生的手工业者丧失了生计。 传统手工业呈现衰退的景象：在巴县，过去"纺花手摇车家皆有之，每过农村，轧轧之声，不绝于耳，棉纱畅行，此事尽废。 今所习见着，织布而外，惟编草帽，辑草履而已"[1]。 长寿农村在 1920 年代中期，"副业，多为养蚕，纺织等事"，至 1935 年，"洋纱，洋布，人造丝……已将农村的副业破坏无余"[2]。 "东溪镇在其西二里许，为綦江县第一大镇，街市繁盛过于县城。 居民均善织布，全镇有织布机 2 000 余架，近则因洋布行廉价倾销，此手工织布业随受打击而衰退"。[3] 一贯以自己种棉花，自己纺纱、织布的农民，在穿着上开始部分依赖市场，通过购买洋纱或少量的洋布解决衣着问题。 小农业与家庭手工业相结合的生产方式已初步变化。

自然经济解体的另一表现是农村阶级关系的变化，即新兴军阀地主的出现。 从这一时期重庆周边农村阶级关系的变化可以看出重庆城市对周边农村的冲击与影响。 据吕平登研究，30 年代最初的三年，四川农民构成变迁剧烈，自耕农数量逐年递减。 此时，土地已经高度集中在少数地主手中，土地兼并日趋剧烈，自耕农、半自耕农仅占有少数土地，佃农几乎完全没有土地。 30 年代，地主阶级的构成也发生很大的变化。 军阀通过政治强权大肆掠夺、兼并土地，成为新兴的大地主阶层。 我们以重庆及其周边

---

[1] 民国《巴县志》卷12，工业，1939 年刻本，第 7 页。
[2] 《长寿农村概况》，《四川月报》第 6 卷第 6 期，1935 年 6 月，第 141 页。
[3] 薛绍铭，《黔滇川旅行记》，中华书局，1937 年，第 158 页。

农村为例。 参见表7-2。

表 7-2　农民阶层的变动（据 1935 年度调查）

市　县		地主/%	自耕农/%	半自耕农/%	佃农/%
重庆	户数	2	1	5	92
	占田	95.6	0.4	4	60
涪陵	户数	2	18	10	90
	占田	69	20	19	67
南川	户数	9	5	6	79
	占田	85	9	7	80
綦江	户数	8	4	5	80
	占田	88	7	6	82
江津	户数	7	3	3	89
	占田	92	2	3	89
永川	户数	7	4	3	70
	占田	85	3	3	83
荣昌	户数	6	22	17	80
	占田	88	35	20	70
七县	户数	5.9	8.1	7	82.9
平均	占田	86	10.9	8.9	68.1

资料来源：吕平登，《四川农村经济》，商务印书馆，1936 年，第 177-181 页。

此表系 1935 年度对四川 30 县地主及各种农户户数及占田数的调查比较，笔者仅取川东七县的数字。原表 30 县的总平均数为：地主以 7.6% 的户数占田达 77.6%，自耕农以 13% 的户数占田 8.1%，半自耕农以 10% 的户数占田 9.7%，佃农以 79% 的户数占田 69.8%。而川东七县的平均数则为笔者统计；由于此表涵盖了土地所有权与使用权交叉的调查要素，故而其百分比仅用于显示农民阶层异动的趋势。此外，四川军阀地主经营土地的特征导致大小佃农十分发达，更凸显了本表的特异性。

纵观上表，重庆及其周边农村的变动特征：第一，乡村的阶级关系发生了深刻变化，土地高度集中于少数地主之手，"以农民破产较早，为进步经济区域，故土地集中，地主绝对的少，占百分之二至五"。 尤其值得注意的是军阀地主以其雄厚的政治经济实力，大量兼并土地，打破了近代以来的农村阶级结构，形成"新兴地主"集团。 据 1935 年谭义父对四川 10 个县新旧地主情况的调查统计调查，这些新兴地主往往集中在都市附近的经济发展地区和富庶州县，以川东地区和重庆附近农村的军阀地主最集中，[1]重庆军阀占地主户数 6.6%，占该地区地主拥有田地的 60%；占田最高者达 4 000 亩，平均每户占田 2 500 亩。重庆官僚地主占地主总户数的 14%，占全县地主拥有土地的 26%，占用最高者 1 000 亩，平均每户占田 500 亩。官僚占地主总数的 12%，占全县地主拥有田地的 28%，占田最高者为 500 亩，平均每户占田 300 亩。[2] 随着这一时期四川

图 7-2 《四川农村之病态》——《四川农业》第 1 卷第 4 期，1934 年，第 5 页。

土地基本转移到新兴军阀官僚地主手中，社会游资投于土地买卖者逐渐减少，甚至地价"竟落至原价百分之十五至二十，且有送人亦不要者，田地买卖现几至绝迹。"[3] 上述地主构成的变化表明，自耕农、半自耕农土地流失的去向，新的军阀地主、官僚地主的出现加速了农民的破产，土地愈加集中到一小部分大地主手中，农村阶级分化严重，地主同佃农的对立日益尖锐。

三、城市经济对乡村的辐射

随着西方经济、政治、文化的渗透，开埠以后的重庆逐渐开始由传统向近代城市转型。20 世纪二三十年代重庆城市化的兴起、发展的外向辐射率首先影响到周边农村，加强了周边农村经济与城市市场和国内外市场的联系，农村经济的产业结构发生了

---

[1] 张肖梅，《四川经济参考资料》，中国国民经济研究所，1939 年，A20-23。
[2] 吕平登，《四川农村经济》，商务印书馆，1936 年，第 86-91 页。
[3] 吕平登，《四川农村经济》，商务印书馆，1936 年，第 96 页。

一系列与城市化进程相适应的变化。

农村家庭副业的发展，改变了世世代代以土地为生，以土地为本的传统农业社会的结构。农村手工业的兴起和经营手工业的收入逐渐超过农业，手工业产品通过商品化的渠道进入市场，将僻处内陆的四川农民拉入了商品市场的机制，最典型的是为重庆生产大米的农民。[1] 农村生产方式的变迁逐渐引导农民走出了传统的社会生活，农村社会开始与城市社会接近。重庆强大的商贸吸附功能，既改变了乡村的经济环境，也带动了周边农村经济结构的变迁。

重庆的城市发展对周边农村的冲击主要表现在为城市居民消费生活服务的蔬菜、瓜果、花卉、禽蛋的农村副业生产的变化上。重庆市郊农民副业，其生产额较大者，以猪、蜂、蚕、鸡四者为最。①养猪农人，每年可出值 145 600 余元，每头市价在 10 元至三四十元之间。②市属蜂场，蜂桶约 110 余桶，每年收入市值共 34 600 余元。③蚕户，现虽较昔递减，现尚有 700 家左右，每年市茧入值，为 27 800 余元。④鸡，为市民唯一的滋养品，故办理鸡场者尚多，全年入值，亦在 24 000 余元。[2] 据 1934 年的调查，重庆附近农村副业发达，适应城市生活的蔬菜、花卉、果树的种植面积大大超过了主要粮食作物的种植面积，这是周边农村受城市影响的结果。谷类占耕种面积的 0.25%，而蔬菜则占 0.35%，花卉占 0.22%，果树占 0.05%，同期的豆类占耕种面积的 0.03%，麦占 0.02%。[3]

新式农业经营也出现了，"重庆系商埠地区，新式农业经营发

---

[1] 抗战以前，重庆城市逐渐形成对周边乡村的粮食供应依靠，以 1934 年重庆市场大米交易量已达 60 万~70 万石，即 13 万~15 万吨。当时重庆城市人口（包括巴县和江北县城人口）约 40 万，每天约需要大米 220 吨，年消耗约 8 万吨，占全市大米交易量的 52%~62%。另据重庆市米粮同业公会调查，1930—1934 年的 5 年中，重庆市场每石米最高价为 5.8 元，最低为 1.45 元，平均价为 2.659 元。照此价计算，1934 年重庆大米交易量 60 万~70 万石，即价值 160 万~186 万元。而当年重庆出口土货（来自各农村）价值 1 744.787 2 万元，重庆通过大米与腹地农村的经济关系仅及此款的 1/10，或者更低。参见隗瀛涛，《近代重庆城市史》，成都：四川大学出版社，1991 年，第 178-180 页。

[2]《重庆市区农民之副业》，《四川月报》第 7 卷第 3 期，1935 年 9 月，第 128 页。

[3]《重庆农村状况》，《四川月报》第 4 卷第 4 期，1934 年 4 月，第 90 页。

达，地主之自营果园树圃及其他之新式园圃者亦多，故佃农占田，只百分六十，不及川西之多。 但重庆之新式农业经营，是由地主经营，带资本主义性，故自耕农等极没落"[1]。 另据记载，巴县"农家多种蔬以供啜食，近市城者，非徒自啜，且鬻诸市，挈蓝而往，盈囊而归，日有所获，月有所积，一圃之利，倍蓰于稻田，又以稻田获稻归之主人，蔬圃之利为佃农所独有，近市之农专力种蔬，肥料人工，往往疏于田而勤于圃，顾其私也"[2]。 同样是巴县，"有以新法养蜂者，成立场所，已有数处（有川师、蜀农、兄弟、达利、兴隆等养蜂场），多购买意大利蜂种，以木箱畜之，分蜂取蜜，最为便利。 将来成绩昭著，一县农民皆知效法则获利多矣"[3]；饲养鸡鸭也是因为都市"近来人情奢侈，繁于宾宴，城中豪富，需以治具者尤多，一膳之设，动伤数禽，饕餮者多行不仁，豢养者因以为利，常有小贩至乡镇收集入城，一尾之价，饼金数角，农妇尤乐多养之。 惟鸡性好斗，不能合群，驱之出门，又为蔬圃害，故养之不能过多。 养鸭则不然，一群之鸭，动辄百千，以一竿驱策之，逐水觅食能往来百里内外，人则裹糇粮，荷寝具随之，转徙类似它族游牧者，支棚夜宿，号曰鸭棚"[4]。

周边农村商品生产的发展，表现在经济作物的种植面积的扩大，和农副产品商品量的增加。 随着农副产品商品化的发展，出现了一些以生产某种农副产品为主的专门化生产区域。 从经济景观看，上下川东区域的农业盛产橘、茶、烟、麻、桐油等五种经济作物。 如柑橘分布在长江、沱江、嘉陵江流域，而主要集中于川东的江津、合川、巴县等县。 而桐油产量最丰的区域位于"重庆以下大江沿岸之下东各县，如云阳、万县、邻水、忠县、长寿、涪陵、丰都、石砫（柱）是也"[5]。 江津江北各县者还是白麻产区，其白麻质细色美，与区外之合江并为川东主要白麻产区，以

[1] 吕平登，《四川农村经济》，商务印书馆，1936 年，第 182 页。
[2] 民国《巴县志》卷 11，农桑，1939 年刻本，第 23 页。
[3] 民国《巴县志》卷 11，农桑，1939 年刻本，第 25 页。
[4] 民国《巴县志》卷 11，农桑，1939 年刻本，第 24 页。
[5] 胡焕庸，《四川地理》，正中书局，1938 年，第 46 页。

江津为制造夏布中心；产于长寿涪陵丰都忠万沿江各县者称为涪麻；产于达县、大竹、邻水及区外之蓬安、巴中一带者称为绥麻，涪绥二种皆属青麻，质硬色污贩运省外。[1]

江津、巴县、长寿与合川又是四川省橘柑主产地域。以江津为例，据 1936 年底的调查数据，该县近两年内出产柑橘每年大概产值在十万元以上，于是，"专门培植橘柑苗木者亦不少，附县城有园子四家，苗木数量约五六百万株，乡场亦甚多专门培植以牟利者，于冬季农隙之时，每见重庆市面有背负或手提一二株橘柑苗作样式以寻觅买主，即系来自江津，价值每千十余元、二三十元不等，大抵广柑苗木比红橘柑苗木每千约高一二十元，因广柑之价值高于橘柑故也"[2]。另据 1936 年建设厅的统计调查，合川的柑橘生产量最多，为 4 500 万个，而江津、巴县、长寿、万县的柑橘产量则依次为 3 600、2 300、1 500、1 000 万个。[3] 再看长寿县，至 1935 年，该县农家已多从事于柑橘的栽培，柚子成为长寿特产之一，"农家已将桑树砍掉，蚕具弃掉，一切东西都卖掉，从事于柑橘的栽培""百分之七八的农家，也靠以为生"[4]。巴县的柑橘栽培"植树多而培壅得宜者，一岁之获，可一二千金，次数百金，最少者亦数十金，售给近乡与邻县都市外，或由贾舶运销宜昌、沙市间，全年产额约得金数十万利之大，倍于田"[5]。

此外还形成了农村副业生产发达区，如铜梁、璧山、江北、巴县的造纸业发达，"农家多操为副业"，"榨菜制造；为江、巴、涪、丰、忠各县之独擅品，以涪陵为中心"[6]。涪陵榨菜业自开埠以后兴起，到民国初年发展到 20 余家手工工厂，"菜农自种自制

[1] 郑励俭，《四川新地志》，正中书局，1946 年，第 342 页。
[2] 《成渝路沿线经济概观（续）》，《四川经济月刊》第 6 卷第 6 期，1936 年 12 月，第 8、19 页。
[3] 胡焕庸，《四川地理》，正中书局，1938 年，第 15 页。
[4] 《长寿农村概况》，《四川经济月刊》第 4 卷第 1 期，1935 年 7 月，第 156 页。
[5] 民国《巴县志》卷 11，农桑，1939 年刻本，第 22 页。
[6] 郑励俭，《四川新地志》，正中书局，1946 年 1 月，第 342 页。

的副业也开始发展起来"，外销数量增至 3 万坛，运销京、津、沪、粤、闽和东北等地。[1] 1934 年，涪陵县政府为扩大涪陵榨菜的外销，开始采用新法制成榨菜罐头，并筹设榨菜罐头公司。[2]

在璧山，"全县农民多以织土布为副业，川省著名，远销云贵，城内布商特多"[3]。据记载，璧山县"全境农民，及居家民户，每于农暇，改以织布为生"[4]。所织土布因物美价廉，"布质经久耐用"，"染色之鲜艳顺时，故花纹调合美观，与洋货无异。"在四川省内的销场也十分广阔，如永川、荣县、隆昌、泸县、江津、綦江、合江、叙永、古宋、合川、广安、岳池、武胜等县，均可见有璧山"土布之踪迹"。另据商会估计，璧山土布每年销路已达二百万匹以上。[5]

随着川江航运的繁荣，以重庆为中心的川江航运的网络使重庆及其腹地连成一片。借助便利的川江航运，周边农村逐渐形成一个腹地发展带状的中小城镇网络。这些地区较快的受到城市现代化的熏陶，发展迅速，以合川、涪陵、江北、南川等城镇为例。这些城市不仅成为重庆市的低级市场，而且是重庆向乡村转换的枢纽市场。重庆周边农村商品经济的繁荣，逐渐产生了一些地处交通要道的城镇商品流通中心，使得重庆与周边农村的联系通过这些城镇的辐射力和吸引力得以扩大。

成渝之间的重要城镇荣昌，"街道宽整，两面房屋建筑，敞亮高耸，颇有广东各县风味。永川建筑，多用白灰粉墙，高大轩敞，与西式洋房大致类似"[6]。涪陵"地当黔江入大江之口，为渝万间一重镇。县城周围约十里，城垣不整，街道南高北低，成

[1]《解放前四川的榨菜业》，《四川文史资料选辑》第 15 辑，政协四川省委员会，1964 年 7 月，第 132 页。

[2]《涪陵榨菜采用新法制成罐筒》，《四川农业》第 1 卷第 3 期，1934 年，第 71 页；《涪陵筹设榨菜制罐》，《四川农业》第 2 卷第 2 期，1935 年 2 月 28 日，第 73 页；《涪陵筹设榨菜制罐头公司》，《四川月报》第 6 卷第 2 期，1935 年 2 月，第 141-142 页。

[3] 胡焕庸，《四川地理》，正中书局，1938 年，第 34 页。

[4]《璧山农民以织布为副业》，《四川月报》第 7 卷第 3 期，1935 年 9 月，第 127-128 页。

[5]《璧山土布销场转旺》，《四川月报》第 6 卷第 5 期，1935 年 9 月，第 90 页。

[6] 向尚等，《西南旅行杂写》，中华书局，1937 年，第 299 页。

阶级状，惟正街为一新辟马路，平坦整洁，颇有大埠之风"。[1]
江津县位于巴县之西南方，县城在长江之南，滨江建筑，地势平
坦。江津为重庆与叙泸水道往来必经之地，因有轮船与重庆相
通，"交通益称便利"[2]。这个四川省的富庶之区，"每年米谷杂
粮，由水道输往重庆与下川东各县，农产之香柑，花生亦著名，有
'江津香柑'之特称，工业方面，丝与夏布之缫织亦盛，附城有大
丝厂数家，该县各夏布织造厂，通用之麒麟、商林，诸牌货，在上
海，山东，朝鲜，行销甚畅"[3]。除盛产柑橘外，江津还"以元
酒、柑橘、花生、菜子（籽）、桐油、猪、鸡、麻布等为大宗，每
年元酒约产 1 000 万斤，柑橘约产 5 700 万枚，花生约产 86 万斤，
菜子（籽）约 5 万石，桐油约 150 万斤，猪约 9 万只，鸡约 20 万
只，麻布约 9 万疋"[4]。而重庆北面的合川县，位于嘉陵江、渠
江、涪江三江汇流之处，交通便利，农业发达，本地人自誉有"小
重庆"之称。合川县城占地约三里，居民五万人，"商业繁盛，货
物辐辏，商店连檐栉比，街道整齐清洁"。"举凡往来成都及小川
北一带者，皆由重庆乘船至此，再换肩舆以达潼南或岳池；以交
通而言：实为川北门户；由此东下重庆，仅水路一百八十里，且有
小火轮可通焉"，[5]该县"工业殊发达，有纺织、火柴、造纸等
工厂"[6]。而江北县"地居长江上游，在巴山北带，与重庆隔江
相望，为陆路通涪（陵）万（县）江（津）垫（江）之要
冲"。[7]此外，位于沱江与长江的交汇口的泸县，溯沱江而上，
可通内江、简阳，顺长江而下，可通重庆、万县，该县吸纳沱江流
域富庶之区的糖，盐，夏布，以及川南的桐油山货并转输于下游
的重庆，"水运之繁，仅次于重庆、万县"。[8]

［1］薛绍铭，《黔滇川旅行记》，中华书局，1937 年，第 171 页。
［2］《成渝路沿线经济概观（续）》，《四川经济月刊》第 6 卷第 6 期，1936 年 12 月，第 2 页。
［3］《四川各县经济调查之一般》，《四川经济月刊》第 4 卷第 2 期，1935 年 8 月，第 46 页。
［4］《成渝路沿线经济概观（续）》，《四川经济月刊》第 6 卷第 6 期，1936 年 12 月，第 8 页。
［5］张肖梅，《四川经济参考资料》，中国国民经济研究所，1939 年，M41。
［6］胡焕庸，《四川地理》，正中书局，1938 年，第 133 页。
［7］《江北商业概况》，《四川经济月刊》第 2 卷第 6 期，1934 年 12 月，第 17 页。
［8］胡焕庸，《四川地理》，正中书局，1938 年，第 132 页。

周边农村对口岸城市的支持，或者说口岸城市对周边农村的倚靠，首先表现在各周边农村几乎无不例外的作为口岸城市最重要的农副产品供应地而存在。非农业产业中新兴手工业，乡村工业的发展，如毛巾、织袜业、草帽业等因城市居民日常消费而生产。四川省的夏布工业即以隆昌、荣昌、内江、江津、中江为中心。[1]

重庆都市化的发展影响了周边乡镇的商业新兴行业的繁荣和格局。周边农村的城镇化速度较快，因靠近大都市，尚未脱离农村色彩的中小城镇也渐渐有了"都市"的气息。比如涪陵县，"电话已逐渐普及于各乡镇，电机达百余部之多"，1932年县城内更设广播电台收音机一部，消息颇灵通。[2] 在万县，洗染业"应时代之需要"而产生，由于"着洋服者日多，而衣皮毛服者亦为不少，其生意之多，取价之高，当然获利特多"，成为万县商业行业中的新兴部门。另外，"世人崇尚奢侈，以衣服新奇为荣耀"，因此西装、旗袍等摩登时装是"花样百出"，服装业异常红火，以致"每当夏冬两季，该业常有应接不暇之势"，而"纯以城市人之买卖为主体"的帽鞋业也"营业颇不弱"。[3]

重庆与周边农村的广泛和密切的联系，推动了这一地区的经济生活向近代化的演变。周边的城镇、乡村由于与重庆天然的地缘联系，较早卷入重庆的城市化进程。周边农村卷入重庆的城市现代化的发展进程中，既支持了重庆的城市现代化的发展，同时也获得了发展的利益。但是，20世纪二三十年代，周边农村是以巨大代价卷入了重庆的城市现代化，重庆腹地的乡村呈现出的是极度贫困的景象。

［1］胡焕庸，《四川地理》，正中书局，1938年，第41页。

［2］张鉴虞，《四川涪陵农村概况》，《农村经济》第3卷第3期，1936年1月1日，第149-150页。

［3］《万县商业调查》，《四川月报》第6卷第6期，1935年6月，第105、106、109页。

第二节　竭泽而渔的农村政策

重庆是一座"因商而兴"的城市。 区域商品经济的发展是重庆城市发展的基础，而重庆城市商业的发展又是以整个四川商品经济的发展，特别是嘉陵江流域的川中、川北、川东北地区的经济发展为依托。 然而，防区制遏制了重庆在长江上游的区位优势和商贸经济的资源优势，使得重庆城市发展空间碎片化。 由于军阀政治竭泽而渔的政策，以及城市功能的弱小，无法形成良好的城乡互动效应与发展环境。 刘湘时期，重庆城市的畸形繁荣与乡村的贫困化反差太大。 一方面重庆周边农村的贫穷和破产放大了本已存在的城乡二元结构；另一方面，军阀政治的负面效应，致使反哺失衡，重庆城市化陷入恶性循环之中。

一、二十一军在防区内的搜刮

除了因卷入世界市场所受的资本主义以廉价农产品的剥削外，刘湘时期的捐税繁重是导致周边农村经济破坏的重要原因。[1] 如前所述，防区内的税收是军阀财政收入的基本来源，是军阀统治赖以存在和发展的经济基础。 而来自农村的田赋等税收则是财政收入的主要来源。[2] 四川军阀在各自的防区内，不仅征收田赋，且有田赋附加和田赋预征。 所谓田赋附加，是在征收田赋时，附加上各种杂税。 田赋附加税由驻军自由加派，没有定制。 不仅名目繁多，且逐年增加，异常苛重，如军需借款、临时

---

[1] 由于四川军阀的苛捐杂税的层层盘剥，不仅严重阻碍了农村经济的发展，以重庆为中心的贸易地位也受到严重的挑战，重庆进出口贸易萎缩，且运销渠道也改变，取道他途。参见平汉铁路经济调查组，《重庆经济调查》经济类第 3 种，1937 年。

[2] 民初以来，四川田赋沿用清代田赋的四项征收，改地丁为正税。 到 30 年代，四川历年正赋税已比民初普遍上涨了 2 倍多。 四川田赋的增长，除正供之外，更多的来自附税。 这种上涨速度远远高于全国的平均速度。 据统计，1934 年，四川每亩水田的正附税高于全国平均水平数 22%，旱地的正附税高于全国平均水平数 37%，四川农民负担之重可见一斑。 见彭通湖，《四川近代经济史》，成都：西南财经大学出版社，2000 年，第 221 页。

军费、国难救急费、安川费、契约印花费、"剿赤"费，保安总费等多种名目，其数额之巨，远远超过正赋。以二十一军防区内的江津田赋附加为例，1927 年每石附加税为 3 元，1928 年为 6 元，1929 年 9 元，1930 年 12 元，1931 年 22 元，1932 年 36 元，1933 年上半年竟达 30.60 元，由上可知，1933 年仅上半年征收的附加税，是 1927 年的 10 倍，如再以全年计算，则达 20 倍！[1]

据 1933 年度对涪陵农村纳税情况的调查，当年农民所缴捐税种类有 46 种之多。[2] 再从 1935 年底涪陵县建设科的统计数据看，该县田地总计正粮征银 257 632 元，赋税杂派名目有：鸦片外销税、鸦片内销税、红灯捐、瘾民捐、临时军费、田赋公债、田房契税、油榨捐、矿税、查验契印花、百货统捐、烟酒税、肉税、春贴捐、乡镇民丁训练电话自治费、食盐正税、食盐副税、食盐整理票、食盐抵补费、食盐查验费、食盐特别费、食盐印花税等。此外，赋税附加名目有：团粮、教育契税附加、建设契税附加、财务契税附加、教育肉税附加、区校肉税附加、重大肉税附加、川师肉税附加、财务肉税附加、县指委会肉税附加、信托鸦片附加、财务榨菜附加、国税印花鸦片附加、教育鸦片附加、特业会鸦片附加、志仁堂鸦片附加、图书馆鸦片附加、护运鸦片税、益库券、井内桥食盐马路附加、江津学款附加、重庆码头捐。以上正粮、杂派及附加，每年共为 5 577 932 元，足见涪陵人民负担之重。[3]

表 7-3　1933 年二十一军防区各县田赋征收附加统计表（单位：元）

各　县	田赋附加	各　县	田赋附加	各　县	田赋附加
巴县	47.15	奉节	25.20	泸州	16.59
江北	44.00	巫山	51.00	荣县	12.60
长寿	51.35	巫溪	116.571	眉山	10.00

[1] 镜蓉，《江津人士之裁减附税运动》，《四川月报》第 2 卷第 5 期，1933 年 3 月，第 176 页。

[2] 郑望谷，《涪陵农情调查》，《四川善后督办公署土产改进委员会月刊》第 1 卷第 4 期，1934 年 10 月，第 100-103 页。

[3] 张鉴虞，《四川涪陵农村概况》，《农村经济》第 3 卷第 3 期，1936 年 1 月 1 日，第 146-149 页。

各 县	田赋附加	各 县	田赋附加	各 县	田赋附加
南川	37.60	酉阳	12.60	宜宾	18.00
垫江	42.21	永川	32.00	江安	22.50
涪陵	30.00	大足	39.64	犍为	12.00
武胜	43.353	合江	18.00	屏山	18.00
铜梁	33.00	纳溪	16.853	长宁	19.80
璧山	41.00	叙永	5.00	高县	22.06
石柱	79.90	古宋	18.20	兴文	20.00
万县	49.79	富顺	9.32	井研	8.041
云阳	11.70	内江	33.48	仁寿	7.00
开江	7.00	威远	18.00	乐山	12.30
彭山	10.00	峨眉	10.00	洪雅	2.75
青神	3.00	丹棱	6.64		

资料来源:匡珊吉、杨光彦,《四川军阀史》,成都:四川人民出版社,1991年,第401-402页。

表7-3显示二十一军防区各县1933年田赋附加的征收状况,附加最多的是巫溪县,这年每两正税附加116.571元。 若以民初征收田赋改两为元时的标准,每两折1.6元,1933年田赋附加税已比正税的几十倍。 另据民国报刊揭露,以上44个县的田赋附加数据系各县政府所呈报,显然是大大缩小了数字。 如巴县报的是47.15,而实际征收为65元。 江北报的数字是44元,而实际征收为52元。 眉山报的是10元,而实际征收为32元。 丹棱报的是6.64元,而实际征收为44.98元。 此外,以上实征并不包括团甲的加派,即实征比呈报的每两附加税额多18%~577%。[1]

在四川军阀中,二十一军防区内赋税尚属较轻,但对既有的"一年一征"粮税计划,二十一军政务处财政局以"军需浩繁,需用颇亟"致函各县,表达修正既有征粮计划的愿望。[2] 对田赋附

---

[1] 彭通湖,《四川近代经济史》,成都:西南财经大学出版社,2000年,第289页。
[2] 《政务处致函各县征收粮税》,《四川月报》第1卷第4期,1932年10月,第1-2页。

图7-3 《民间意识》1935 年第 2 卷第 2、3、4 合期封面

加的繁重，1932 年二十一军司令部有通令戌区各县实行减轻人民负担的记载，该通令要求，"所有前定一年征收临时军费一次，及粮税一年四征之原案，从本年底止即一并撤销。每年只分上下季征粮税两次，其数目概以财政厅所规定者为准"。该通令还就军费征收做出保证，规定在"二刘大战"结束后"即完全蠲免"，还对当年"所收明年一二三各月摊款，除准抵扣二十一年临时军费及下季粮额外；其他多拨之数，并准以明年上季粮款扣除。"[1]事实上，在二十一军防区各县的田赋附加，大都超过正税，已经严重影响了正税的收入，所谓"影响所及，妨害正供"，1934 年，二十一军军部再度通令各县，规定"各项附加，非经呈准，不得擅行征收"。[2]

更为严酷的剥削是田赋预征。所谓田赋预征，是在一年内，不仅征收当年的田赋，而且预先征收以后若干年的田赋。实际上，田赋预征在河北、山西、山东、福建、湖南、湖北、广东、河南、安徽、陕西"各省皆尝行之，然皆不如四川之甚"。[3]在四川军阀中，刘湘的二十一军规定的预征次数最少，即每年 4 征。不过在实际的征收中，往往超过此数。如 1933 年巴县、犍为田赋预征 6 次，青神为 7 征。1934 年二十一军防区各县的田赋预征已达 2 860 万元，为 10 年前全省田赋总额的 4 倍多。[4]再加上无限制的预征，每年征收数年甚至数十年之田赋，远超其他省份的平均数的四倍，四川田赋负担之重，为全国之冠。而与同时期日、美等国比较则更加苛繁，是日本的十倍，美国的二十一倍。[5]据 1934 年统计，二十一军防区内的资中县预征年份已达 1971 年，犍为县则预征至 1975 年。[6]

[1]《戌区人民减轻担负》，《四川月报》第 1 卷第 6 期，1932 年 12 月，第 1 页。
[2]《二十一军严禁各县擅征粮税附加》，《四川月报》第 5 卷第 1 期，1934 年 7 月，第 43-44 页。
[3] 许达生，《苛捐杂税问题》，《中国经济（南京）》第 1 卷第 4、5 期合刊，1933 年 7 月，第 5 页。
[4] 吕平登，《四川农村经济》，商务印书馆，1936 年，第 465 页。
[5]《四川农村负担赋税之概况》，《四川月报》第 6 卷第 6 期，1935 年 6 月，第 137 页。
[6] 匡珊吉、杨光彦，《四川军阀史》，成都：四川人民出版社，1991 年，第 407 页。

再以二十一军防区部分县田地产量、征收田赋的对比，考察田赋征收、附加及预征的苛重程度，如：①眉山县：1934年11月，每两粮征田赋和附加税八十六元二角六仙。每粮一两的田地，平均可收谷四十五石，每石约值三元，可售一百三十五元。除去税款仅余四十八元七角四仙。②丹棱县：1934年10月，田赋四征，每两粮征田赋和附加税四十四元九角五仙。每两粮田土约收谷三十五石，每石值二元八角，可售九十八元。除去税款，仅余五十三元零五仙。③江安县：1934年9月，田赋四征，一两粮共纳田赋和附加税大洋一百一十八元三角，折合毫洋一百四十二元。每粮一两之耕地可收谷十八石，每石售毫洋八元，共收入毫洋一百四十四元。缴纳赋税后，余毫洋二元，折合大洋一元。[1] 田赋预征是四川军阀搜刮农村的重要手段，繁重庞杂的赋税政策更加深了农村的残破程度。

烟税[2]是四川军阀的重要财源，是残害农村经济的主要因素。在重庆开埠之前，四川已经饱受鸦片之害。在1850年，由于清政府已无力禁烟，为了削弱鸦片进口，防止白银外流和增加税收，清政府特许在山西、四川、云南、贵州等省种植鸦片，鸦片很快在四川泛滥开来。重庆开埠以后，四川鸦片的种植更是变本加厉地进行。在1905—1908年，四川每年产鸦片一直居全国之首。据重庆海关报告的估计，四川鸦片产量甚至约占全国鸦片总产量的50.7%。鸦片不仅在四川部分农村已成为一项最重要的作物，且成为重庆开埠后，四川与国内及国际的商品贸易输出的大宗。有人估计其输出额已经超过生丝及丝织品而居首位，成为平衡四川贸易逆差的最重要的货物。鸦片在四川农村的泛滥成灾，是外国资本主义和本国封建势力带给广大农民的一种罪恶。[3]

---

[1] 匡珊吉、杨光彦，《四川军阀史》，成都：四川人民出版社，1991年，第409-410页。
[2] 烟税，又称鸦片税。可分为三种，一为种烟税，二为运销税，三为红灯捐。运销税四川称为过道印花税。四川的红灯捐，称为民瘾捐，分二种，甲种为营业灯捐，乙种为吸户捐，均按灯计算，捐额每日每盏自二元至十余元不等。参见许这生，《苛捐杂税问题》，《中国经济（南京）》第1卷第4、5期合刊，1933年7月，第6-9页。
[3] 彭通湖，《四川近代经济史》，成都：西南财经大学出版社，2000年，第197-198页。

防区制时代，四川各军皆以烟税为重要的财源。强迫种植鸦片的结果，使得四川省"遍地罂粟"，四川产烟之多，烟民之众，为全国之冠。据四川禁烟善后督办公署文件记载，四川省在防区制时代，每年产烟量是 120 万担到 140 万担。1932 年四川鸦片产量在 4 万万两以上，"以每亩产烟五十两计，则川省鸦片田亩为八百万亩"[1]。另据民国报刊文献记载，由于四川省"各军皆以烟税为重要的财源，故二十余年来，四川始终努力于造毒，全省一百四十余县，其不种烟的，殆不及三五县。"[2] 而全川种烟最多的县份多在刘湘的二十一军的防区之内，比如重庆附近的永川、武胜、长寿、南川、涪陵、邦（丰）都、垫江等县。[3] 胡先骕指出，"世界上无一个国家的健全经济，健全文化是建筑在烟税上面的。这种非正常的税收，只有中国的四川，四川的重庆才算最多。"[4] "二刘大战"前，刘湘的防区虽小，"惟渝万为川土及滇黔北部烟土出省之门户，运出省外之过道税每担二百四十元，约计这种收入，每年当在千万以外。"[5]

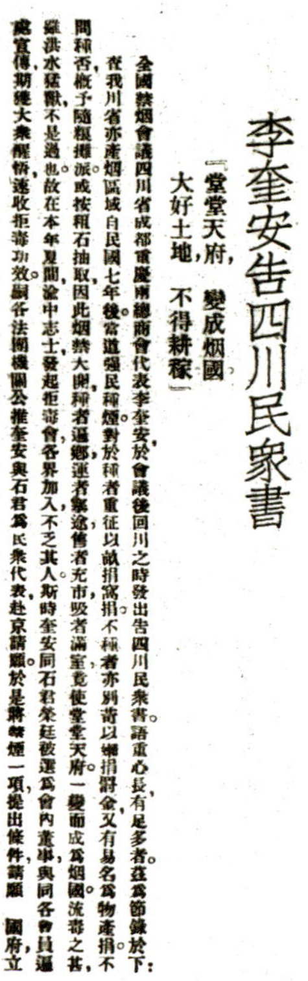

图 7-4 《李奎安告四川民众书》——《拒毒月刊》1929 年第 28 期，第 25 页。

李奎安告四川民众书

"堂堂天府，变成烟国大好土地，不得耕稼"

全国禁烟会议通过四川省成都重庆南部总商会代表李奎安於会议後四川之时发出告四川民众书情重心长有无多者在各节兹录於下：

查我川禁烟区域自民国七年糜官废商因此烟禁大开稍者遏断迷有象途者无市贩者无室竟使堂堂天府

叹洪水猛兽也不是遍也故自本年夏间论中志士发起扫毒会界人加入不乏其人斯时李奎安同石彦荣廷诸委员通

藏官债期限大衆稍情違政布毒功效嗣各法闻风公拒名民衆代表赴京請願於是督办奉命各員員国府立

國種否樞子随瓶繼派或按租石抽馬因此烟禁大開稍者遇断

[1] 章有义，《中国近代农业史资料》第 3 辑，北京：生活·读书·新知三联书店，1957 年，第 50 页。
[2] 许达生，《苛捐杂税问题》，《中国经济（南京）》第 1 卷第 4、5 期合刊，1933 年 7 月，第 7 页。
[3] 陈望谷，《建筑在鸦片烟上的涪陵农村》，《中国农村》第 1 卷第 6 期，1935 年 3 月 1 日，第 84 页。
[4] 胡先骕，《四川农村复兴问题之讨论》，《科学》第 18 卷第 4 期，1934 年 4 月，第 462 页。
[5] 许达生，《苛捐杂税问题》，《中国经济（南京）》第 1 卷第 4、5 期合刊，1933 年 7 月，第 8 页。

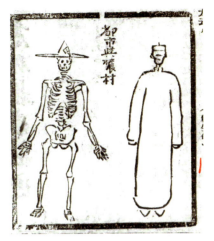

图7-5 漫画:都市与农村——《商务日报》1934年5月23日。

重庆附近最著名产烟区为涪陵,这是万县、重庆间之重镇,四川的一等县。涪陵有"烟乡"之谓,这里抽大烟成"相习成风","一个市镇,除了几间饭店,茶社外,几乎全部是烟馆,烟馆的人总比茶馆饭店的人多,烟铺总比茶酒店热闹,似乎人民宁肯抽大烟不愿吃白米似的。"[1]据统计,涪陵"农田广植鸦片",该县鸦片种植面积已经达到全县农田面积的25%。[2]仅以该县大柏镇为例,据调查,全镇附近农家共计1 148户,"他们可以说是每家种鸦片的。此外,每到种植鸦片的季节,还有那些住在镇上的小商人或小地主们,临时搬入附近的农村去,租了几'石'地,从事鸦片经营"。[3]另有文献记载,三十年代中期,涪陵年产鸦片二万三千余担,在县政府与地方机关共同收入之捐税,有三百余万元,若在县境出售,则又可得千万余元之内销正税和附加,其税率已超过百分之百。[4]

为了从鸦片种植、贩运中获得最大利润,增加税收,四川军阀各部纷纷以"寓禁于征"为名目,强迫农民种烟,并且从种植、运销到零售、吸食各个环节都标立名目,苛征烟税。如在种植时有"窝捐",收割过秤时有"秤捐",进入购销市场有"特捐",

[1] 张鉴虞,《四川涪陵农村概况》,《农村经济》第3卷第3期,1936年1月1日,第142、151页。
[2] 《四川农业生产现状》,《四川经济月刊》第3卷第4、5两期,1935年4—5月,第161页。
[3] 李珩,《涪陵大柏镇的鸦片经营》,《东方杂志》第32卷第14期,1935年7月16日,第106页。
[4] 陈锡纯,《四川农村衰落之原因及其救济刍议》,《农村经济》第2卷第9期,1935年7月,第34-38页。

在贩运途中有"护送费"；
实行"统收统销"，除正税
外有"统费"，转口外销有
"出口税"；邻省烟土运入
有"进口税"；开设烟馆供
人吸食或自己置灯吸食有
"红灯捐"等。 这些税捐
在税收时，还另有各种名义
的"附加"。 如"印花附
加""江防附加"等，开设
字号、行店、烟馆或行商小
贩作收购运销零售的以及瘾
民都要缴纳"执照""牌

图7-6 漫画：苛捐杂税——《商务日报》1934年7月3日。

照"或"登记费"之类的税款；烟馆熬煮烟膏时则有"锅炉捐"，
拒绝种烟的农民则要估收所谓"懒捐"。[1] 刘航琛回忆说，"那
时中央政府在宜昌所收的鸦片烟税，每担二千元；四川所收则仅
六十元一担。 这样低的税，是提倡种烟，不是禁烟；对于财政无
补，对于禁烟无效。 拟定政策，应使两者之一获得成功。 如果由
我决策，虽不能征收如中央之数，至少也不能少于一千二百元一
担（合中央所定征收数六折），这个数目，说是为财政也可，如果
人们以为高，可以不种，这样就叫禁烟；如果不以为高而继续栽
种，便叫开源。"[2]

此外，盐税及其他日用品的重税，是增加农民的日常开支的
重要因素。 层层关卡的交通税的勒索极大阻碍了农产品的贸易。
有学者指出，四川军阀的田赋预征之苛重为全国之冠，加上种种
附加在田赋上捐税，以及地方官吏的浮收勒索，兵匪的骚扰肆

---

[1] 许达生，《苛捐杂税问题》，《中国经济（南京）》第1卷第4、5期合刊，1933年7月，
　　第7页。
[2] 沈云龙、张朋园、刘凤翰，《刘航琛先生访问纪录》，台北："中央研究院"近代史所口述
　　历史丛书第22辑，1990年，第31页。

虐，几乎将四川农村逼入无法生存的地步，农村社会一派残破。

二、极度贫困的乡村社会

四川军阀防区制的"赋税繁苛，税制庞杂"日渐加深着重庆周边农村的残破程度。当这种"公然使用武装力量与毫无节制地榨取财富变成了决定权势大小和职位高低的手段，那么，这个社会迟早必然会耗尽它的经济资源。军队需要持续保持并扩充实力，这注定了会毫无止境地加重四川经济的压力。其结果是，地方军阀本身的经济基础也必将受到危害，由于外来因素而急剧恶化的四川经济的信号，在三十年代中期出现了"[1]。

图7-7 漫画：巨手紧压下之农民——《新新新闻五周年纪念刊》1934年纪念刊，第161页。

军阀官僚地主的疯狂掠夺，重重盘剥的苛捐杂税，致使农民的负担异常沉重，窒息了农村经济的生机，农业生产呈现迟滞、萎缩的严重破产局面。大量耕地荒芜，重庆荒地达 16 200 亩。[2] 自耕农大量地减少，巴县农村"因农村奇穷，无人买业"；荣昌、隆昌、内江一带农民，"以债台高垒，纷纷拍卖田产，去年每石租之田价已由一百元降至四十余元，亦无人接受承买"[3]。

农村残破的结果便是农民的借贷。据民国文献记载，四川的

［1］ Robert A. Kapp, *Szechwan and Chinese Republic*, *Provincial Militarism and Central Power* 1911—1938, New Haven and London: Yale University Press, 1973, p. 61.
［2］ 温贤美，《四川通史》第7册，成都：四川大学出版社，1994年，第92页。
［3］《四川农村没落之现状》，《四川经济月刊》第3卷第3期，1935年3月，第127页。

农家借贷，全属高利，因缴税纳捐，无不需要现金，在青黄不接之际，一家家计所出，或婚丧疾病之费，与夫增加押租，在极度贫乏之农民，自不得不投农村高利贷之罗网。 于是农村中之现金借贷及其利率，乃更随农民支出之增多及农村破产之程度而相继高涨。 重庆附近农村高利贷异常活跃。"重庆为商务繁富之区，人口众多，贫富不齐；每有作小本经营之贫民，苦于环境的压迫，本钱无多，最初则仰给典当；嗣则无物可当，乃不得不从事借贷，以作剜肉补疮之计。""每到农忙及年底，各村多有专以放款为生之

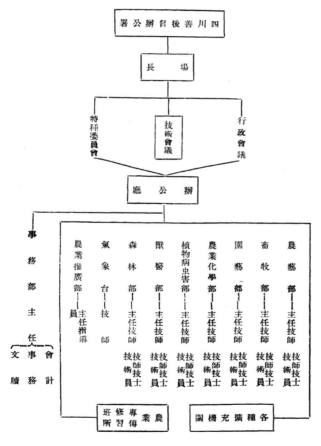

图 7-8　四川中心农事试验场组织系统图——《施政汇编》下编第四册建设章令，1933 年，第 42 页。

人，据巴县二十三年十一月统计，竟有七百余人之多，其所定利率，多在三四分左右。如届偿还之期，无法付债，每逾一日，其罚金当倍于平常利息二倍至三倍不等。"通常，农民高利借贷有现金借贷、粮食借贷，及农具借贷之分。从现金借贷的利率看，泸县为最高，如，1932年每百元之年利最高为25元，1933年则为40元；而现金借贷利率中最高者，即"打打钱"，如借洋一元，一场（三天）即须付出二角或三角之高利。至于粮食借贷，以隆昌县为例，通常是农民于每年四月，借谷一石，至八月付还新谷一石五斗。如遇青黄不接之际借谷，自五六月起至七八月止，两月之间，借谷一石，至期还一石五斗，似较现金借贷更为刻毒；无力购买农具的贫苦农民，不得不高利借贷农具。巴县农村，借牛一匹，每日须纳租一角至二角不等，若借用骡，每日应纳租金一角左右，如在农忙之间，则较之平日，租价尤为昂贵。[1] 涪陵农村的高利贷组织——"因利局"，"其剥削至为残毒，而农人或小商人汗血之所得，悉集中于若辈之手"。[2]

农村缺乏劳动力，因农民生活无法维持，弃家远移，成为防区制时代四川农村中之平常现象。由此，"荒地增加，农产减退，自为其必然结果。"据《民间意识》的文献记载，30年代中期，重庆近郊农村的荒芜土地已经高于已耕种的农田。另据1934年的数据，二十一军防区的合川、古蔺、长寿、丰都、綦江等县呈现出农村残破的景象，如：合川，全县人口六十余万人之中，生活无着落者，达四十余万人；古蔺，一千余户农民弃家远逃，无法生活，而饿死者竟在三千人以上；长寿，有二十余万农民无法继续从事耕种，占全县人口的百分之五十；丰都，农民仅同德镇二万三千余人中，有一万一千五百余人，"不能举火"；在綦江，全县农民四十余万人中，"不能举火者，达五万一千余人"。[3]

---

［1］《四川农村所受高利贷剥蚀之素描》，《四川月报》第6卷第4期，1935年4月，第105-108页。

［2］陈西蜀，《四川涪陵农村的地租和高利贷》，《农业周报》第4卷第24期，1935年6月21日，第788页。

［3］《四川农村穷状》，《四川经济月刊》第3卷第4、5两期，1935年4—5月，第165-166页。

在苛捐杂税压迫下，"靠出卖劳动力以图糊口的佃农们，出卖了劳动力而糊不了口，不得已弃了旧业跑向这四川第一大都市来"[1]。长寿县，距离重庆汽船往来不过数小时，"在二十一军成区内列为二等县，每月的款目，专缴奉二十一军者，起码以七八万计，供地方用者，亦仍以万计，故人民不胜其苦"。在高利贷者的盘剥，苛捐杂税的重压之下，加之自然灾害，"农民欲死不得，欲生不能，因此胆大者，踪入绿林，劫财以生；胆小者则逃往重庆，以求衣食；至如过老过少的人，行乞而死于道途者，不胜其数。"表7-4为1933年到1935年长寿农村人口逃往重庆的统计。

表7-4　长寿农村农民离村(赴重庆)人数统计

单位:人

	春	夏	秋	冬	合　计
1933 年	537	219	182	567	1 505
1934 年	574	320	211	593	1 698
1935 年	695	379	321	782	2 177

资料来源:《长寿农村概况》,《四川经济月刊》第 4 卷第 1 期,1935 年 7 月,第 157 页。

据上表可知，农民离村人数在逐年增多，而逃离乡村的人数变化与季节密切相关。冬季因天寒粮尽，"农人衣食无着，不得不赴渝卖力"。故农人离村者，多初夏回来，秋季粮食告收，农人勉强以荍麦度日，从事种稻，待秋收后又返回渝。事实上，农民大批"弃家远移"，向外迁徙已成四川乡村劳动力缺乏的"唯一特征"。[2] 如1936年二十一军防区内，雷波、马边、峨边及屏山四县的农民逃离乡村的人口已达6万人；古宋全县人口有278 293人，迁往外乡人口为8 210人；合川、綦江、江北等县在1930年至1935年的五年间，涌入重庆之农民共计8 640人。[3] 值得注

[1] 薛绍铭，《黔滇川旅行记》，中华书局，1937 年，第167-168 页。
[2] 陈晋，《从四川乡村崩溃谈到四川乡村建设》，《统一评论》第 2 卷第 2 期，1936 年 6 月 1 日，第 6 页。
[3] 仲弓，《四川农村崩溃与人口压迫》，《民间意识》第 3 卷第 2、3、4 期，1936 年 2 月 29 日，第 20 页。

意的是，逃离乡村的人群并非纯粹的贫苦农民，苛捐杂税重压下的乡村中小地主也日趋贫困，"自中产以下，已多无法生活，除死亡流离外，其现存者，亦不过勉力挣扎"[1]。农村中的中小有产者破产是四川农村经济崩溃的重要现象，在层层转嫁剥削的链条中，"只有大地主能够维持。他们大半自身是统治阶级，或统治阶级的附属品，剥削是不会加到他们的身上，而可以将负担转嫁到一般人民的身上。"[2]据另据 1934 年从重庆发出的通信，四川省内涌入重庆的难民"有很多小资产阶级"[3]。

农民离村，为农村人口减少的直接的原因。当兵、拉壮丁、沦落为匪、去都市做工业劳动者，灾荒、战争、失业、离境求活、贫穷都是农民离村的原因。据 1935 年 10 月中央农业实验所对全川农民离村原因的调查，农村经济破产占 4.7%，耕地面积过小 2.7%，乡村人口过密 2.3%，农村金融困敝 5.5%，水灾 2.0%，旱灾 11.4%，匪灾 15.7%，其他灾患 11.0%，贫穷而生计困难者 14.9%，捐税苛重者 15.7%，佃租率过高 2.3%，农产歉收 1.6%，农产物价格低廉 2.0%，副业衰落 0.4%，求学 0.8%，其他不明原因占 7.0%。[4] 又据 1935 年对全省离村农民的去向百分比的调查，到城市逃难 14.5%，到城市工作 18.9%，到城市谋生 16.8%，到城市住家 10.9%，到别处逃难 7.6%，到别村务农 16.2%，迁到别村 10.4%，到垦区开垦 2.4%，其他 2.3%。[5]

理论上讲，周边农村劳动力等生产要素向开发中的口岸城市转移，在城市的早期现代化的进程中起着重要的作用。但事实上，20 世纪 30 年代周边农村劳动力涌入重庆并非由于重庆城市工业的拉动，而是由于农村单方面的极度贫困造成。这些涌入都市

---

[1] 昌裕，《破碎之四川农村》，《国闻周报》第 13 卷第 28 期，1936 年 7 月 20 日，第 25-28 页。

[2] 《四川农村一般地危机》，《四川月报》第 2 卷第 2 期，1933 年 2 月，第 122 页。

[3] 云葆，《一幅现实的流民图》，《社会周报（上海）》第 1 卷第 38 期，1934 年 12 月 28 日，第 751 页。

[4] 《农民离村之原因》，《农情报告》第 4 卷第 7 期，1936 年 7 月，第 179 页。

[5] 章有义，《中国近代农业史资料》第 3 辑，北京：生活·读书·新知三联书店，1957 年，第 893 页。

图 7-9　漫画：如此全川！——
《赈务旬刊》1936 年第 33 期，封 2 页。

图 7-10　漫画：朱门酒肉臭　灾区人吃人
——《赈务旬刊》1936 年第 29 期，第 2 页。

的农民充当了"流动"人口，虽然过着流动的生活，却能逃避乡村
极度贫困的生存状态，"因为去就任何一个低贱的职业，首先可以
维持低级生活，不致于冻饿。其次免除任何的剥削。这现象的
结果，就成为农村工作人口的减少，都市人口的增多"[1]。就涌
入重庆的乡村壮丁的去处看，除了一部分归属"兵""团""匪"，
一部分的确是因为纱厂、军事工业、丝业、陶业的发展，工人逐年
加多。"但工厂方面的工人数量，究竟有限，于是跑向都会，以普
通劳动者的姿态出现，或者并（拼）普通劳动也不肯拼着体力去
干，那只有以无业流氓和乞丐为归宿了。如成、渝两地人力车
夫、山轿夫的年有增加，以及马路街坊上游手好闲人与叫化（花）
乞丐的多，都是明证。"[2]

　　背井离乡的农民逃往重庆城市去谋求底层的职业，致使同一
时期重庆城市人口出现"病态激增"的趋势。据记载，1934 年重
庆市区八个月期间，全市人口迁入者持续增多；而以 1933 年和 1934
年重庆市人口的职业统计看，无职业人口增加较快。[3] 此外，在
逃亡重庆的农村女性中，有沦落为娼妓的。据民国报刊文献，这
些在灾荒中的年轻女子，都向都市或繁华的县城跑。他们去那里

　［1］《四川农村一般地危机》，《四川月报》第 2 卷第 2 期，1933 年 2 月，第 121-122 页。
　［2］吴济生，《新都见闻录》，光明书局，1940 年，第 119-120 页。
　［3］仲弓，《四川农村崩溃与人口压迫》，《民间意识》第 3 卷第 2、3、4 期，1936 年 2 月 29
　　　日，第 21 页。

无亲无故，给人作女佣人又无人要，便只得在栈房、旅馆中，出卖肉体。 合川的旅馆栈房中妓女比客还多，重庆磁器口镇上，不久也曾驱逐了四十余流娼，至于重庆市，则随时都在驱逐流娼。[1]

城乡差距的扩大和城乡关系的恶化，是后发外生型的现代化失衡的表现之一。 城市与农村成为两个不同的世界，一方面是重庆城市的畸形繁荣，另一方面却是周边乡村的破产。 重庆周边农村壮农逐渐消失，剩余的只是些老弱妇女，致使农业生产力大为减退。 军阀的剥削造成农村生产力极度的疲敝，表现在资金劳动力减少、失衡的市场交易，使农村经济缺乏原生动力。 20 世纪 30年代中期以后，重庆周边农村对于城市发展的制约已经十分明显；而"在四川十余年来的内战已消灭了民间所有的元气"[2]。有外省人记录下对四川农村残破景象的观察，称："数日来看大城市，非常繁华，山水非常秀丽。 但一看民间状况，真令人不忍说出。 年来因兵匪骤增，鸦片遍种，旱灾迭现，苛税重重，四川的人民，遂由'天府'而入'地狱'"[3]。

针对日益破碎的农村经济，二十一军军部出台若干"拨款救济农村"计划，敦促金融界贷款转济乡村经济。 如发起组织农村银行，额定资本为一千万元，拟于重庆设立总行，戍区所属各县各设分行。 从田赋公债中提拨三分之一，作为总行基金，三分之二作为分行活款。 由刘湘亲任董事长，甘绩镛副之，财务处处长唐棣之任总行长。[4] 在戍区各县，还采取了以下救助举措，如：江津、泸县等地"就地筹设农村银行"，甚至"以其成绩之优劣，为县长功过之标准"。[5] 在珙县，设农民借贷所，由各乡富绅筹款借贷。 在叙永，由救济院贷款，且每区筹借租谷百余石。 在筠

---

[1] 刘仲痴、甘伯厚，《灾荒中的四川》，《中国农村》第 3 卷第 6 期，1937 年 6 月 1 日，第 115 页。

[2] 甘祠森，《四川旱灾的成因与现状》，《新中华》第 5 卷第 10 期，1937 年 5 月，第 1 页。

[3] 葛绥成，《四川之行》，上海中华书局，1934 年，第 25 页。

[4] 《二十一军将成立农村银行》，《四川月报》第 2 卷第 6 期，1933 年 6 月，第 39 页；《廿一军部催解农村银行基金》，《四川月报》第 5 卷第 2 期，1934 年 8 月，第 23 页。

[5] 《二十一军戍区救济农村之实施》，《四川月报》第 2 卷第 4 期，1933 年 4 月，第 187 页。

连，设农民借贷委员会，筹集赈款实施借贷。 在忠县，由全县 71 个乡镇分别筹洋六七千元，设借贷所实施借贷。 在武胜，一方面由各乡富绅借款低利出借，另一方面由县府严禁高利贷盘剥，同时由军部核发粮契税券，以资周转。 在邻水，以军部发行的公债利息四千余元充作救济基金。 在璧山，"将各乡新收积谷，无息贷与贫民，秋后归还"，同时在"各乡设立轻利贷款所，由各乡富绅筹资建立，利率至高一分"。 在江北，成立轻利贷款所。[1]

二十一军军部还拟定颇为详尽的"地方建设计划"，其中关于地方农业建设计划提出三年逐步实施，如：规定第一年度"改良特产""设置县苗圃""治理乡村道路""设置水利委员会修治各县塘堰水利""设置农场，分区试验农产品""奖励农家副业及园艺"。 第二年度，"实施改良农村播种""积极劝导进行农村副业生产""指导养蚕及消毒杀蛹工作""办理农制工厂""提倡棉作，改良种棉，研究土质，培植施肥诸法"。 第三年度，"普及各乡苗圃""奖励农村副业生产""推广农业改良"[2]等项。 在巴县龙隐镇，军部以"暂租学田壹百余亩"建立中心农事试验场，提倡各县主要与农家副业有关之绵、桐及菜蔬果木等经济作物的良种培育，"遴派专员驰赴省外各地选购良种，除供给该场种子外，进一步准备发给成区各县多植棉种。 凡属土壤施肥，更遴专家悉心研究"[3]。

刘湘更是发表其对于开发川省土特产资源以应对农村破产、振兴民族经济的乐观看法，他指出，"救川之道，莫若从事于生产建设"，然而，"重工业之建造，动费巨资，非可一蹴而几，必有充分之准备，乃可以见诸实行，以目前四川环境而论，有雄厚之资本乎，有优异之专材乎，曰未之有也，既如是，为挽救当前之危

---

[1]《二十一军成区各县救济农村计划》，《四川月报》第 2 卷第 4 期，1933 年 4 月，第 188-189 页。 有关二十一军救济乡村计划，还可参见《各县之救济农村方法》，《四川月报》第 5 卷第 5 期，1934 年 11 月，第 124-128 页。

[2]《二十一军成区地方建设》，《四川月报》第 2 卷第 5 期，1933 年 5 月，第 83-85 页。

[3] 国民革命军第二十一司令部政务处，《施政汇编》上编第二册建设纲要，1933 年，第 103 页。

机，则改进土产实为对症良药，无需巨量资金，仅少数专家负责指导而已足，轻而易举，有利无弊，故湘先就督办署成立土产改进委员会，择本省工产之有特殊性者，如糖、纸、瓷、夏布、丝织、草帽等十余类，先成立专门委员会，聘请对各该业有专门学识或有特殊经验者为委员，一面统计调查，一面悉心研讨，数月以来，成效虽未大显，而影响所及，良足庆慰"[1]。

应该说，二十一军成区的农业规划是宏大的。然而上述诸多举措并未能改变农村日益残破的趋势。20世纪30年代初，四川农村已经出现"饥民遍野，食草吞泥"的残破景象。生活在最底层的农民几乎挣扎在死亡线上。1931年，川东发生米荒，涪陵、荣昌、万源、隆昌、南川、綦江、永川、兴文等县，"沟壑道旁，辄有饿殍"，"一般男女老幼，拖团带囷，络绎成群，挖取麻头、芭蕉头，及觅枇杷树皮、白泥仙米，等等充饥，皆鸠形鹄面，惨不忍睹"。[2] 1934年，巴县出现粮食恐慌，因为头年的旱灾，该县"现存之谷，供全区人民之食，仅能支持一月左右，因是树皮草根，采食殆尽，其最可悯事，以白善泥果腹者，亦复不少"。很快，粮食恐慌波及二十一军成区各县，如合川、古蔺、武胜、岳池、垫江、涪陵、兴文、忠县、长涛、开江、安岳、邻水。[3] 1936年夏，四川大旱，农民几乎"限于绝望"中。据《大公报》记者观察说，四川农村经济，早已枯竭，再遇空前旱灾，故生机立绝。[4] 此次受灾区域之广，在全川149县中，竟有110余县受灾。[5] 二十一军防区各县中，遭遇重灾的县就有：綦江、江安、

[1] 《刘督办题辞》，《四川善后督办公署土产改进委员会月刊》第1卷第1期，1934年7月，第2页。

[2] 《川东一片米荒》，《军农月刊》第9期，1931年4月1日，第7-8页。

[3] 罗叶，《四川饥民蜂起（重庆通信）》，《骨鲠》第28-29期，1934年4月，第17-20页。

[4] 《极度严重的川灾》，《新四川月报》第1期，1937年6月6日，第34页。有关1937年1—4月四川各县受灾状况，参见施居父，《客观检讨四川全境农村灾情要点》，《民间意识》第4卷第4期，1937年4月15日，第40-43页；施居父，《客观检讨四川全境农村灾情要点》（续），《民间意识》第4卷第5期，1937年5月15日，第50-55页；霜，《多灾之四川》，《赈务旬刊》第48期，1936年11月21日，第1页。

[5] 一说受灾县数为148县。参见任乃强，《四川经济地理大纲》，《经济杂志》第1卷第3期，1936年9月，第9页。

合江、纳溪、奉节、忠县、武胜、潼南、达县等县；次重灾区县有：犍为、筠连、威远、荣县、兴文、叙永、南溪、石柱、广安、江北、泸县、合川、长宁、隆昌、丰都、万县、井研、垫江、邻水、长寿、内江、高县、仁寿、涪陵、古宋等县。残酷的现实致使农民卖妻鬻子惨状频发，在武胜、铜梁等县"随处皆可发见"此种景况。在潼南等县"各乡常有男妇引抱幼孩，沿街求卖，其价值每一小孩至多不过五六元，少者二三元不等，晚间路上，均有女孩遗弃，任人拾取"。[1] 1937 年，四川农村再次遭遇空前的旱灾，受灾人数占全省人口的大半。据当年重庆海关的报告，周边农村的灾害所导致的农村受灾人数估计有 3 000 万，"一向以内地农业丰歉为转移的重庆贸易深受影响。"[2]

王先明在研究 20 世纪二三十年代的中国"农业恐慌"时指出，导致这场城乡背离化进程中的"乡村危机"，"不只是乡村社会本身的问题，也不是这一历史时期的突发现象，而是近代以来中国社会在外力的冲击下，由传统向现代社会转型中，社会经济、政治变革所引发的负面效应不断积累的结果"[3]。事实上，20 世纪 30 年代四川军阀防区制下所呈现出来的"乡村残破"远较

图 7-11　漫画：无能为力——《新新闻五周年纪念刊》1934 年纪念刊，第 158 页。

---

［1］《四川农村穷状》，《四川经济月刊》第 3 卷第 4、5 期，1935 年 4—5 月，第 166 页。

［2］《1937 年度重庆海关年度报告》，周勇、刘景修，《近代重庆经济与社会发展：1876—1949》，成都：四川大学出版社，1987 年，第 463 页。

［3］王先明，《乡路漫漫：20 世纪之中国乡村（1901—1949）》（下册），北京：社会科学文献出版社，2017 年，第 552 页。

全国性"农业恐慌"更为严峻，犹如"整个农村都生着臃肿溃烂之癌"[1]。

究其原因，恐怕只能从防区体制上寻找。 从根本上说，造成重庆与周边农村互动关系的不平衡，乃是由于军阀防区政治下的重庆与周边的人为的割裂状态，迫使在多数情况下重庆的城市现代化只能在城乡分裂的空间中展开；这种分裂的空间结构使得周边的农村被抛在现代化的进程之外，并且承担了现代化启动的重负。 整个二三十年代，重庆周边的农村陷入了严重的衰败、贫困与动荡之中，涌入重庆的难民潮基本没有停止过。 严重阻滞了重庆城市现代化的进程。 当时人批评四川"许多事业，不能建设，而不能建设的最大原因，即是农村经济破产"，"至于四川农村如此破碎的根本原因，我觉得是养兵过多和牢不可破的防区制度所

图7-12 1936年巴县大春荒——《美术生活》1936年第27期，第36页。

[1] 王纪元，《建设四川问题之一考察》，《申报月刊》第4卷第20号，1935年12月15日，第44页。

致"。[1] 冯和法抨击说，"四川号称最富庶的省份，而同时也是超经济的剥削最厉害的地方。在这里，最能看出'人祸'的力量之巨大，有形的人吃人算不得什么，最奇惨的是潜在的无形的那种人吃人的方法。"[2] 吕平登也指出，"四川农村崩溃，已成为铁的事实，而其崩溃之程度，且较中国之任何省份为尤甚！至其崩溃之原因，则由于农业技术本身与天灾者不过十之一二，而由于封建势力之剥削，军事之扰乱者则十之七八"。[3]

乡村的极度贫困，给重庆城市商业发展带来了极大的影响，致使城市商业日趋萧条。本质上讲，刘湘的二十一军给重庆带来的是另一种不稳定，即苛捐杂税的重压使得城市经济严重萎缩。这也提前透支了城市的经济资源，且割断了重庆与周边农村的天然经济联系，使城市化的外部环境受到严重干扰，也极大地消耗了重庆城市的经济资源。应该说，刘湘在推动救济农村的工作方面是努力的，不过他没有也不可能解决造成农村破碎的根本问题，因此，他的举措往往是没有结果的。

防区制结束后，四川省新政府在刘湘的指示下，力图挽回农业极度贫困的境地，第一次有了系统的发展农业的政策。四川省政府拟定建设的规划程序是：第一，改进现在的产业——农业及其副业；第二，设计新兴产业——工商业及交通事业；第三，设计重工业——从大规模采矿到重工业。[4] 应该说，卢作孚就任建设厅厅长期间，将四川的农业建设放在了首位，这在一定程度上是对防区体制下军阀横征暴敛农村的政策的矫正。

[1] 胡先骕，《四川农村复兴问题之讨论》，《科学》第 18 卷第 4 期，1934 年 4 月，第 461 页。
[2] 冯和法，《四川的大灾荒》，《中国农村》第 3 卷第 6 期，1937 年 6 月 1 日，第 46 页。
[3] 吕平登，《四川农村经济》，商务印书馆，1936 年，第 569 页。30 年代舆论有关四川农村经济崩溃及原因分析的报道文本另可参见郭逸樵，《过迟救川灾》，《赈务旬刊》61、62 期合刊，1937 年，第 3-5 页；勉予，《灾荒日趋严重之振灾问题》（续），《赈务旬刊》第 30 期，1936 年，第 4 页；青眼，《贪污土劣铁蹄下之四川农村问题》，《民间意识》第 2 卷第 2、3、4 期，1935 年 2 月 28 日，第 10 页；居父，《苛捐杂税之横溢与农民之没落》，《民间意识》第 2 卷第 2、3、4 期，1935 年 2 月 28 日，第 21-24 页；陈锡纯，《四川农村衰落之原因及其救济刍议》，《农村经济》第 2 卷第 9 期，1935 年 7 月，第 35 页。
[4] 《四川近年建设概况》，《四川月报》第 10 卷第 6 期，1937 年 6 月，第 148 页。

结　语

综上所述，笔者以"权力""冲突"与"变革"的逻辑展示抗战前十年重庆城市现代化的历史变迁，并在此基础上试图对内陆城市重庆的发展轨迹作理论的概括。

如果从学术界对城市现代化的定义看，[1]20世纪二三十年代的重庆怎么也够不上一个现代化城市的称号。不过，从重庆城市发展的历史阶段看，1926年至1937年重庆城市现代化呈现出一种特殊的模式，即"军人干政"范式。这一时期，重庆经历了一个畸形的、不充分的早期现代化过程，这一过程异常缓慢，且十分艰辛，反映出近代中国内陆城市现代化的必然轨迹。

这是一个竭力模仿上海的内陆"小上海"。"军人干政"的封闭体制无法抗拒来自"上海模式"的冲击，但军人政权的各项变革，均以维护防区体制为目标。刘航琛不止一次谈到刘湘邀他共进"事业"，这个事业就是"统一"军阀纷争的四川省，刘湘成功地完成了这个事业。问题是当我们研究这一段历史的时候，不能不探究刘湘经营、管理重庆的出发点是什么？同样值得研究的是，这些举措的结果对重庆城市现代化又意味着什么？

当我们审视刘湘在重庆的建设"业绩"时，我们不难发现二十一军诸多"现代化"举措与其支持的"军事现代化"有关。1934年刘湘决定筹建重庆钢铁厂，这个西南地区第一个近代炼钢企业是他早在军阀混战时期为生产武器而试图建立的炼钢厂。刘湘在重庆发展电话事业也出于政治控制的需要，重庆附近的乡村电话非常发达，通信联络的本意乃严密监视共产党的活动。重庆就是"在外部条件的刺激或威胁下"，而试图"摆脱自己的落后状态，消除外部威胁"[2]的矛盾中发展起来的，既带有盲目性，又有随意性。

作为四川军阀第二代的代表，刘湘虽无良好教育或留洋背

---

[1] 有学者指出，以下6条是衡量现代化城市的标准，即：（1）高效能的基础设施；（2）先进、高效的生存和经营手段，尤其是现代化生产技术；（3）高质量的生活环境；（4）高水平的管理；（5）教育极大普及、人民的文化程度高；（6）城市的经济实力强。参见李其荣，《对立与统一——城市发展历史逻辑新论》，南京：东南大学出版社，2000年，第315页。

[2] 孙立平，《后发外生型现代化模式剖析》，《中国社会科学》1991年第2期，第214页。

景，却对有现代化思想的精英采取了认同态度，这是 20 世纪二三十年代重庆城市现代化难得的条件。[1] 30 年代初，在成功实现川军内部权力整合后，刘湘更加热心城市建设。[2] 参谋团入川后，重庆作为统一的中央政权区域，开始获得与全国政治、经济同步发展的条件；南京中央政府以政治整合带动城市发展，为缩小重庆与"上海模式"的巨大差距创造了机会。 1935 年秋，晏阳初在四川推行平民教育工作。 作为新的四川省政府主席，刘湘不仅积极与晏阳初往来函电研讨，且急电邀请晏阳初协助四川省建设，表现出相当的诚意。 1936 年 10 月四川省政府设计委员会正式成立，用刘湘的话说，即"建设新四川的奠基典礼。 在总工程师晏阳初的带领下，今后四川省一般民众的愚、穷、弱、私诸病症的医治，端赖设计委员会诸公的筹划。"四川省的建设也将沿着"调查""设计""实验"与"推行"的逻辑展开。 用晏阳初的话说，即在中国传统政治与学术分离的状况下，四川省当局认为今后建设须有学术的协助，这是政治进步的新方面，无论如何困难，不得不促成向新方面去求进步、求现代化。[3]

的确，刘湘的变革已经超越了他本人所追求的"统一四川"事业，在客观上为重庆城市现代化的启动和发展准备了基本的条件：他任用立志推行现代化建设的卢作孚等人参与城市行政管理，他在四川军阀中的绝对权威使重庆在防区时代得以保有近十年的"安稳"日子；他利用政治、军事权威，动员民间资源，干预城市经济，扶助弱小民族资本，为条约口岸外资垄断下的民族资本打开了一条特殊的成长道路；他支持卢作孚统一、发展川江航

---

[1] 卢作孚的现代化思想及其"北碚模式"的凸显，成为重庆城市建设的重要"示范"。 刘湘清楚表明其试图借鉴北碚建设的经验。 刘湘在参观北碚峡防局后演讲道，北碚的做法解决了他思考两年之久的"教建"问题，北碚的建设实践似乎就是刘湘需要的"答案"。 参见刘湘，《刘甫澄军长在峡防局讲演》，《嘉陵江日报》1931 年 9 月 1 日。

[2] 在四川军阀中，刘湘对于建设地方的热情与诸多举措是比较突出的。 1933 年"中国科学社第 18 届年会"在北碚召开，刘湘表现出异常诚挚的建设热情，不仅接待科学社理事专家，负责全部入川费用，且到达重庆的科学家们"畅谈四川建设规划"。 参见珣，《中国科学社第十八次年会纪事》，《科学》第 18 卷第 1 期，1934 年 1 月，第 133 页。

[3] 吴相湘，《晏阳初传——为全球乡村改造奋斗六十年》，台北：时报文化出版事业有限公司，1981 年，第 377 – 380 页。

运，给重庆带来的是超越经济的资源，即重庆与外界的文化交流与沟通，打开了引进"下江"地区人力资本和资金参与西部建设的"黄金水道"；他支持现代意义工业发展计划，重庆在长江上游的经济中心城市地位初步确立等。

军—绅政权的构架，也使得刘湘的二十一军政权具有无法克服的弱点，即军备竞争的需要始终优于城市建设的需要。 本质上说，"中国近代军阀的军队不是现代国家的军队，军—绅政权也不是现代国家应有的政权"[1]，军人政权的封建性、掠夺性大大降低了其政权的权威合法性。 对城市经济，谈不上建立良好的发展环境。 防区制下的"军绅"联盟的经济关系也是畸形的。 有人评述道："他们是各个防区内的土皇帝，所有该防区内一切的一切，断没有能摆脱他们的关系而能独立存在者，你要想模（摹）仿基尔特社会主义吗，他们那会放手不管，你要讲建设事业吗，他们若认为有利可图，便加入为大股东，你干到结果，等于帮他们干了，你如不要他们入股，他们便抽你绝大的捐税，使你的事业根本不能存在，有时他们就不抽你的大捐税，使你的事业存在，可是他们高兴之时，随便一道命令，就可以将你所办的事业，予以没收，你还能希望你的事业有怎么样的成功，可以影响他们的军事政治吗？ 这未免太可笑了。"[2]然而，防区体制内北碚的变迁，以及卢作孚在北碚所进行的广泛社会动员和政治参与的变革模式既动摇了四川军阀防区体制的根基，又使得防区体制赖以存在的军—绅政治构架的合法性面临挑战。

与沿海地区的城市的发展相比较，刘湘的重庆改革无疑是滞后与迟到的变革，也是一种相当被动的变革。 这是一场相对封闭状态下的军人政权自上而下的自我变革，因而也使重庆城市的现代化陷入一种"畸变"的困境。 首先，军人干政体制下的变革举措，是以拥有充分集中的政治权威为后盾，以及享有这种权威的合法性为前提的。 就"后发外生型"的发展逻辑言，现代化早期

---

[1] ［加］陈志让，《军绅政权——近代中国的军阀时期》，桂林：广西师范大学出版社，2008年，第182页。

[2] 吾真，《论四川底进步》，《一八社刊》第2期，1932年5月，第64-65页。

阶段运用国家机器的强大力量将有限的现代化基础与资源动员起来，也是必经的过程。刘湘集团以军人政府的权威动员民间各种资源，客观上推动了重庆城市的发展，这种"权力政治"和"非经济因素"在推动近代重庆城市发展的过程中显示了巨大的作用。但带来的负面效应也是严重的，如"川人治川"的"封闭"的心态根深蒂固，弥漫整座城市的是一种"与外部无关"的生活态度，以及从民主意义上体现出反现代化的本质内核，包括反对民主政治，对待中共的高压政策等。

20世纪30年代的重庆现代化的起步是在全国舆论的压力以及中央整合的权威危机的条件下被迫启动。从根本上说，重庆军人政府实施现代意义的举措缺乏主动性。由于城市工业化的软弱，整个社会尚未形成真正意义上的现代化推动力量。换句话说，"军人干政"下的重庆城市社会内部，缺乏推动现代化经久不衰的内在动力，城市的现代化不得不在很大程度上依靠外部现代性因素——"上海模式"——的拉动。

从总体上讲，战前十年刘湘以及二十一军在重庆的政权扮演了一个不自觉的城市现代化的"启动者"和"推进者"的角色。在纪念抗战一周年时，黄季陆对刘湘这样评价道："刘甫澄先生是自七七抗战以来，第一个是死于职守的最高级军事长官。他虽然不是死于疆场，像我们四川的王铭章将军那样壮烈，却是他由于孱弱的身体，躬率了川军健儿出川抗战，积劳致疾而不幸病故的。四川人口的众多，土地的肥美，在全中国要占第一位。然而在过去的二十几年当中，四川军人除掉内战，关着夔门剑阁，自己残杀火拼外，对于国家的贡献实在太少了。刘甫澄先生他是打破二十余年四川纷乱的局面，而统一四川的第一人。因为有了四川的统一，痛苦呻吟的四川同胞才比较得了一点生机。更因为四川的能够统一，才能推进抗战，以四川的人力物力去报效国家，使四川人在这五千年来未有的民族抗战大时代获得了不少的光荣……在他的地位和所处的时代，对于四川，对于中国已经尽了最大的任务"[1]。 这一评价应该说是公允的。 刘湘统治时期，重庆的城市发展尽管大打折扣，但在现代化的进程中迈出了值得肯定的一步。 从无到有，也是重庆在 20 世纪二三十年代转型期中迈出的艰难而值得肯定的一步，为重庆在抗战时期的超出常规的发展奠定了基础。

————————————

[1] 黄季陆，《悼刘甫澄先生》，周开庆、刘航琛，《刘湘先生年谱》，台湾：四川文献研究社，1975 年，第 177 页。

主要参考文献

中文部分

档　案

（一）中国第二历史档案馆馆藏档案

重庆海关档案

重庆关（Semi-official Correspondence）全宗 32060—32074

（二）重庆市档案馆馆藏档案

北碚管理局全宗

重庆市警察局全宗

重庆电力股份有限公司全宗

重庆市各商业同业公会全宗

重庆市银行商业同业公会全宗

重庆市自来水股份有限公司全宗

重庆市政府全宗

重庆市财政局全宗

重庆海关全宗

川盐银行全宗

川康平民商业银行全宗

东川邮政管理局全宗

国立重庆大学全宗

各地旅渝同乡会档案汇集全宗

聚兴诚商业银行全宗

民生实业股份有限公司全宗

美丰商业银行全宗

四川省第三区行政督察专员公署全宗

四川省立教育学院全宗

四川省立川东师范学校全宗

四川水泥股份有限公司全宗

天府煤矿股份有限公司全宗

中国西部科学院全宗

（三）四川省档案馆馆藏档案

四川省善后督办公署全宗

陆军第二十一军司令部全宗

（四）美国斯坦福大学胡佛研究所档案馆馆藏档案

蒋介石日记手稿本（Chiang Kai-shek Diaries），Hoover Institute Archives，Stanford University.

地方志及报刊

民国《巴县志》，重庆，1939 年

民国《重庆乡志》，藏重庆市图书馆

民国《长寿县志》

民国《涪陵县志》

民国《江北厅志》

民国《合川县志》

民国《江津县志》

民国《南川县志》

《巴县留京学生会会报》（北京），1923 年

《北碚月刊》（四川巴县），1937 年

《北京大学四川同乡会会刊》（北平），1934 年

《财务月刊》（重庆），1927 年

《重大校刊》（重庆），1936 年—1937 年

《重庆商埠月刊》（重庆），1927 年

《重庆市市政公报》（重庆），1928 年

《崇实报》（重庆），1926 年—1933 年

《川事评论》（南京），1932 年

《川盐特刊》（重庆），1929 年—1934 年

《大公报》（天津），1926 年—1937 年

《大观》（重庆），1933 年

《大夏四川同乡会会刊》（上海），1928 年

《大夏四川同学会会刊》（上海），1933 年

《道路月刊》（上海），1926 年—1937 年

《地学杂志》（南京），1930 年

《东方杂志》（上海），1926 年—1938 年

《独立评论》（北平），1933 年—1936 年

《复兴月刊》（上海），1932 年—1937 年

《工商特刊》（重庆），1933 年

《工作月刊》（四川巴县），1936 年

《革命军人》（重庆），1933 年

《骨鲠》（南京），1934 年—1935 年

《观海》（上海），1931 年

《国立成都大学旅沪同学会会刊》（上海），1930 年

《国民公报》（重庆），1935 年

《国闻周报》（天津），1926 年—1937 年

《华西日报第一周年纪念专刊》（成都），1935 年

《华西月刊》（重庆），1937 年—1938 年

《建设月刊》（重庆），1929 年

《嘉陵江日报》（四川巴县），1928 年—1937 年

《经济杂志》（重庆），1936 年

《拒毒月刊》（上海），1926 年—1937 年

《聚星月刊》（汉口），1925 年—1934 年

《科学》（上海），1934 年—1935 年

《礼拜六》（上海），1932 年—1937 年

《论语》（上海），1932 年—1936 年

《旅行杂志》（上海），1927 年—1933 年

《美术生活》（上海），1934 年—1936 年

《民大四川同乡会会刊》（北京），1926年

《民间意识》（成都），1934年—1937年

《前途》（上海），1933年—1937年

《钱业月报》（上海），1926年—1936年

《商务日报》（重庆），1923年—1938年

《申报月刊》（上海），1932年—1935年

《生活（上海1925A）》（上海），1926年—1933年

《时事月报》（南京，汉口），1929年—1938年

《四川官报》（成都），1904年—1910年

《四川禁烟月刊》（成都），1937年

《四川经济月刊》（重庆），1934年—1938年

《四川旅沪同乡会会刊》（上海），1932年

《四川留日同学会年刊》（上海），1927年

《四川省善后督办公署土产改进委员会月刊》（成都），1934年

《四川省政府公报》（成都），1935年—1937年

《四川县训》（成都），1935年—1936年

《四川文献》（台北），1966年—1982年

《四川问题》（南京），1932年—1933年

《四川月报》（重庆），1932年—1938年

《商务日报》（重庆），1926年—1937年

《蜀道》（重庆），1929年

《蜀铎》（北平），1935年—1936年

《蜀评》（上海），1924年—1936年

《蜀文》创刊号（上海），1928年

《西南评论》（南京），1935年—1936年

《西蜀青年》（上海），1928年

《现代读物》（重庆），1936年—1937年

《心力》（重庆），1933年—1934年

《星槎》（重庆），1928年—1932年

《新生》（上海），1948 年

《新四川月报》（上海），1937 年

《新世界》（重庆），1934 年—1937 年

《新新新闻五周年纪念刊》（成都），1934 年

《新蜀报》（重庆），1926 年—1938 年

《新蜀报四千号纪念特刊》（重庆），1934 年

《新文化》（南京），1934 年—1935 年

《新中华》（上海），1933 年—1937 年

《一八社刊》（上海），1932 年

《渝报》（重庆），1897 年—1898 年

《渝声季刊》（北京），1923 年—1926 年

《政刊》（重庆），1931 年

《政务月刊》（重庆），1932 年—1934 年

《赈务旬刊》（成都），1935 年—1937 年

《政治评论》（南京），1932 年—1935 年

《中行月刊》（上海），1930 年—1937 年

《中央周报》（南京），1928 年—1937 年

文献及资料集

北碚管理局：《北碚概况报告书》，1950 年。

曹亚伯：《游川日记》，中国旅行社，1929 年。

陈友琴：《川游漫记》，正中书局，1934 年。

陈真：《中国近代工业史资料》第 3 辑，北京：生活·读书·新知三联书店，1961 年。

黄淑君：《重庆工人运动史（1919—1949 年）》，重庆：西南师范大学出版社，1986 年。

重庆市地方志编纂委员会：《重庆市志》第 7 卷，重庆：重庆出版社，1999 年。

重庆市地方志编纂委员会总编辑室：《重庆市志》第 1 卷，成

都：四川大学出版社，1992年。

重庆市地方志编纂委员会总编辑室：《重庆名人辞典》，成都：四川大学出版社，1992年。

重庆大学秘书处：《重庆大学1934年度一览》，1935年。

重庆市规划局、重庆市勘测院：《重庆历史地图集》第二卷，西安：西安地图出版社，2017年。

《重庆商务日报十周年纪念特刊》，重庆，1924年。

《重庆商务日报十二周年纪念特刊》，重庆，1926年。

重庆市政府秘书处：《九年来之重庆市政》，重庆市政府秘书处，1936年。

重庆市政府秘书处：《重庆市一览》，重庆市政府庶务股，1936年。

重庆中国银行：《重庆经济概况》，重庆中国银行，1934年。

重庆中国银行：《宜昌到重庆》，中国银行，1934年。

窦季良：《同乡组织之研究》，正中书局，1943年。

杜若之：《旅渝向导》，巴渝出版社，1938年。

杜重远：《狱中杂感》，上海生活书店，1936年。

废止内战大同盟会：《四川内战详记》，北京：中华书局，2007年。

冯和法：《中国农村经济资料》（下），台北：华世出版社，1978年。

傅润华、汤约生：《陪都工商年鉴》，文信书局，1945年。

甘祠森：《最近四十五年来四川省进出口贸易统计（1891—1935）》，民生实业公司经济研究室，1936年。

高廷梓：《中国航政建设》，商务印书馆，1947年。

葛绥成：《四川之行》，上海中华书局，1934年。

郭廷以、王聿均、张朋园：《贺国光先生访问纪录》，台北："中央研究院"近代史所《口述历史》（七），1996年。

郭寿生：《各国航业政策实况与收回航权问题》，上海华通书局，1930年。

上海中国航海博物馆：《国家航海》第 12 辑，上海：上海古籍出版社，2015 年。

国民参政会川康建设视察团：《国民参政会川康建设视察团报告书》，国民参政会川康建设视察团，1939 年。

国民革命军第二十一军司令部政务处：《施政汇编》（上、下），国民革命军第二十一军司令部政务处，1933 年。

国民革命军第二十一军政训处宣传科：《刘甫澄军长讲演集》第 1 集，1928 年。

国民政府主计处统计局：《中华民国统计提要》，商务印书馆，1936 年。

贺伯辛：《八省旅行见闻录》，开明书局，1935 年。

贺国光：《八十自述》，中国国民党中央委员会党史委员会：《革命人物志》第 16 集，台北："中央"文物供应社，1977 年。

贺国光：《国民政府军事委员会委员长行营参谋团大事记》（上、中、下册），北京：军事科学院军事图书馆，1986 年影印本。

贺耀组：《重庆要览》，重庆市政府，1945 年。

胡光麃：《波逐六十年》，沈云龙：《近代中国史料丛刊续编》第 62 辑，台北：文海出版社，1979 年。

胡春惠：《民初的地方主义与联省自治》，北京：中国社会科学出版社，2001 年。

胡焕庸：《四川地理》，正中书局，1938 年。

黄九如：《中国十大名城游记》，中华书局，1941 年第 3 版。

黄炎培：《蜀道》，开明书店，1936 年。

黄子裳、刘选青：《嘉陵江三峡乡村十年来之经济建设》，《北碚》，1937 年第 1 卷第 5 期，第 1-35 页。

江巴璧合四县峡防团务局：《两年来的峡防局》，1929 年。

中国科学院近代史研究所近代史资料编辑组：《近代史资料》1958 年第 6 期，北京：科学出版社，1958 年。

中国科学院近代史研究所近代史资料编辑组：《近代史资料》

1962 年第 4 期，北京：中华书局，1963 年。

《蒋中正"总统"档案：事略稿本》，台北："国史馆"印行，2008 年。

李鸿球：《巴蜀鸿爪录》，中国社会科学院近代史研究所近代史资料编辑部：《近代史资料》总 85 号，北京：中国社会科学出版社，1994 年。

凌耀伦、熊甫：《卢作孚文集》（增订本），北京：北京大学出版社，2012 年。

刘残音：《重庆通信箱汇刊》第 1 集，重庆商务日报社，1937 年。

刘航琛：《戎幕半生》，沈云龙：《近代中国史料丛刊续编》第 49 辑，台北：文海出版社，1978 年。

沈云龙、张朋园、刘凤翰：《刘航琛先生访问纪录》，台北："中央研究院"近代史研究所口述历史丛书第 22 辑，1990 年 6 月初版。

卢作孚：《中国的建设问题与人的训练》，生活书店，1935 年。

卢作孚：《两市村之建设》，《卢作孚研究》，2014 年第 1 期（总第 37 期），第 2-6 页。

陆军第二十一军司令部政务处：《施政续编》（上、下册），陆军第二十一军司令部政务处，1935 年。

陆思红：《新重庆》，中华书局，1939 年。

民生实业公司十一周年纪念刊编辑委员会：《民生实业公司十一周年纪念刊》，民生实业股份有限公司，1937 年。

吕芳上：《蒋中正先生年谱长编》1—6 册，台北："国史馆"，中正纪念堂管理处，中正文教基金会，2014 年。

吕平登：《四川农村经济》，商务印书馆，1936 年。

南岸区政协：《开埠文化专辑》，重庆市南岸区历史文化系列丛书之三，2010 年。

聂宝璋：《中国近代航运史资料》第 1 辑（下册），上海：上海人民出版社，1983 年。

陪都建设计划委员会：《陪都十年建设计划草案》，1946 年5 月。

彭泽益：《中国近代手工业史资料》第 1—3 卷，北京：中华书局，1962 年。

上海商业储蓄银行旅行部：《旅川须知》，1924 年。

张梓生、章倬汉：《申报年鉴》，申报馆特种发行部，1934 年。

施居父：《四川人口数字研究之新资料》，成都民间意识社，1936 年。

石荣廷、李奎安：《四川重庆各法团机关李石两代表请愿纪录》，上海蜀评社，1928 年。

舒新城：《蜀游心影》，中华书局，1939 年。

陆丹林：《市政全书》第 5 版，中华全国道路建设协会，1931 年。

四川第十三次劝业会：《四川第十三次劝业会报告书》，四川第十三次劝业会，1934 年。

四川省档案馆、四川省总工会：《四川工人运动史料选编》，成都：四川大学出版社，1988 年。

四川省档案馆：《四川省档案馆指南》，成都：四川人民出版社，2015 年。

四川省文史研究馆：《四川军阀史料》1—5 辑，成都：四川人民出版社，1981—1988 年。

四川省档案馆：《四川保路运动档案选编》，成都：四川人民出版社，1981 年。

四川省政府：《四川省概况》，四川省政府，1939 年。

四川省政府建设厅秘书室统计股：《四川省建设统计提要》，四川省政府建设厅，1938 年。

中国人民政治协商会议四川省委员会文史资料研究委员会：《四川文史资料选辑》第 22 辑、第 25 辑、第 74 辑，成都：四川人民出版社，1981。

唐幼峰：《重庆旅行指南》，重庆书店，1933年。

王洸：《中国航业》，商务印书馆，1933年。

王洸：《中国水运志》，台北：台湾中华大典编印会，1966年。

文公直：《最近三十年中国军事史》，沈云龙：《近代中国史料丛刊》第64辑，台北：文海出版社，1971年。

吴济生：《新都见闻录》，光明书局，1940年。

龙显昭：《张澜文集》，成都：四川教育出版社，1991年。

谢增寿、何尊沛、张广华：《张澜文集》，北京：群言出版社，2014年。

吴重齐：《巴县成都实习调查日记》（1938年），萧铮：《民国二十年代中国大陆土地问题资料》第137辑，台北：成文出版社有限公司、（美国）中文资料中心，1977年12月初版。

峡防局：《嘉陵江三峡游览指南》，民福公司，1933年。

向尚等：《西南旅行杂写》，中华书局，1937年。

《新蜀报四千号纪念特刊》，新蜀报编辑部，1934年。

邢长铭：《巴县及重庆实习调查日记》（1928年），萧铮：《民国二十年代中国大陆土地问题资料》第139辑，台北：成文出版社有限公司、（美国）中文资料中心，1977年12月初版。

向楚：《巴县志选注》，重庆：重庆出版社，1989年。

薛绍铭：《黔滇川旅行记》，中华书局，1937年。

严中平等：《中国近代经济史统计资料选辑》，北京：科学出版社，1955年。

《杨森传记资料》1—5辑，台湾：天一出版社，1985年。

杨世才：《重庆指南》，重庆书店，1939年。

叶茂林：《四川善后会议录》第1—2册，沈云龙：《近代中国史料丛刊续编》第31辑，台北：文海出版社，1976年。

喻守真等：《全国都会商埠旅行指南》，中华书局，1926年。

张肖梅：《四川经济参考资料》，中国国民经济研究所，1939年。

章有义：《中国近代农业史资料》第 3 辑，北京：生活·读书·新知三联书店，1957 年。

赵正平：《四川专号》，上海新中国建设学会，1935 年。

郑璧成：《四川导游》，中国旅行社，1935 年。

郑励俭：《四川新地志》，正中书局，1946 年。

中共四川省委党史工作委员会：《万县九五惨案》，成都：四川省社会科学院出版社，1986 年。

中共四川省委党史研究室：《第一次国共合作在四川》，成都：四川大学出版社，1996 年。

中共重庆市委党史工作委员会：《大革命时期的重庆》，内部发行，1984 年。

中共重庆市委党史工作委员会：《五四运动在重庆》，内部发行，1987 年。

中共重庆市委党史研究室、四川杨闇公基金会：《杨闇公文集》，重庆：重庆出版社，1997 年。

中共重庆市委党史工作委员会等：《漆南薰遗著选编》，内部发行，1987 年。

金国宝：《中国经济问题之研究》，中华书局，1935 年。

中国人民政治协商会议全国委员会文史资料研究委员会：《辛亥革命回忆录》第 3 集，北京：文史资料出版社，1962 年。

中国人民政治协商会议四川省合川县委员会文史资料研究委员会：《合川文史资料选辑》第 6 辑，1989 年。

中国人民政治协商会议四川省泸州市委员会文史资料工作委员会：《泸州文史资料选辑》第 9 辑，1986 年。

中国民主建国会重庆市委员会、重庆市工商业联合会文史资料工作委员会：《重庆五家著名银行》，《重庆工商史料》第 7 辑，重庆：西南师范大学出版社，1989 年。

《国民政府军事委员会委员长行营参谋团职员录》，行营参谋团办公厅编印，1935 年 9 月，四川省档案馆藏民国资料，资料号：3-497/4。

中国科学院近代史研究所中华民国史组：《中华民国史资料丛稿：人物传记》第四辑，北京：中华书局，1977 年。

中国工程师学会：《四川考察团报告》，1935 年。

中国国民党中央委员会党史史料编纂委员会：《革命文献》第 1—117 辑，台北：中国国民党中央委员会党史史料编纂委员会，1953—1989 年。

中国第二历史档案馆：《中华民国档案资料汇编》第 1—5 辑，南京：江苏人民出版社，1979—1998 年。

中华建设学会：《中华建设学会对目前川局之建议》，1933 年。

周传儒：《四川省一瞥》，商务印书馆，1926 年。

周开庆：《民国川事纪要》，台北：四川文献研究社，1974 年。

周开庆、刘航琛：《刘湘先生年谱》，台北：四川文献研究社，1975 年。

周开庆：《卢作孚传记》，《川康渝文物馆丛书》第 19 种，台北：川康渝文物馆，1987 年。

周询：《蜀海丛谈》，沈云龙：《近代中国史料丛刊》第 1 辑，台北：文海出版社，1973 年。

周勇、刘景修：《近代重庆经济与社会发展：1876—1949》，成都：四川大学出版社，1987 年。

朱汇森：《中华民国史事纪要（初稿）》（1926—1937 年），台北：中华民国史料研究中心，1987 年。

庄泽宣：《陇蜀之游》，中华书局，1937 年。

研究著述

［英］阿奇博尔德·约翰·利特尔：《扁舟过三峡》，黄立思译，昆明：云南人民出版社，2016 年。

［英］阿绮波德·立德：《穿蓝色长袍的国度》，王成东、刘

皓译，北京：时事出版社，1998 年。

［法］白吉尔：《中国资产阶级的黄金时代（1911～1937年）》，张富强、许世芬译，上海：上海人民出版社，1994 年。

［美］白修德、贾安娜：《中国的惊雷》，端纳译，北京：新华出版社，1988 年。

［美］贝西尔：《美国医生看旧重庆》，钱士、汪宏声译，重庆：重庆出版社，1989 年。

［美］C. E. 布莱克：《现代化的动力——一个比较史的研究》，景跃进、张静译，杭州：浙江人民出版社，1989 年。

［美］保罗·柯文：《在中国发现历史——中国中心观在美国的兴起》，林同奇译，北京：中华书局，1989 年。

陈祥云：《刘航琛与四川金融业的发展（1930—1949）》，《辅仁历史学报》，2014 年第 33 期。

陈祥云：《刘航琛与四川工业的发展（1931—1949）》，《辅仁历史学报》，2015 年第 34 期。

陈志让：《军绅政权：近代中国的军阀时期》，桂林：广西师范大学出版社，2008 年。

陈旭麓：《近代中国社会的新陈代谢》，北京：中国人民大学出版社，2015 年。

池子华：《中国近代流民（修订版）》，北京：社会科学文献出版社，2007 年。

［日］大里浩秋、孙安石：《租界研究新动态（历史·建筑）》，上海：上海人民出版社，2011 年。

邓少琴：《近代川江航运简史》，重庆：重庆地方史资料组，1982 年。

邓少琴等：《重庆简史和沿革》，重庆：重庆地方史资料组，1981 年。

杜恂诚：《民族资本主义与旧中国政府（1840—1937）》，上海：上海人民出版社，2014 年。

费成康：《中国租界史》，上海：上海社会科学院出版社，

1991 年。

［美］费正清、赖肖尔：《中国：传统与变革》，陈仲丹等译，南京：江苏人民出版社，1992 年。

［美］费正清：《剑桥中华民国史》第 1、2 部，章建刚等译，上海：上海人民出版社，1991—1992 年。

［美］郝延平：《中国近代商业革命》，陈潮、陈任译，上海：上海人民出版社，1991 年。

黄立人：《卢作孚书信集》，成都：四川人民出版社，2003 年。

黄天华：《从"僻处西陲"到"民族复兴根据地"——抗战前夕蒋介石对川局的改造》，《抗日战争研究》，2012 年第 4 期。

［美］吉尔伯特·罗兹曼：《中国的现代化》，国家社科基金"比较现代化"课题组译，南京：江苏人民出版社，2014 年。

姜进：《都市文化中的现代中国》，上海：华东师范大学出版社，2007 年。

姜进、李德英：《近代中国城市与大众文化》，北京：新星出版社，2008 年。

［美］柯文：《在传统与现代性之间——王韬与晚清改革》，雷颐、罗检秋译，南京：江苏人民出版社，1994 年。

匡珊吉、杨光彦：《四川军阀史》，成都：四川人民出版社，1991 年。

李宝明：《国民革命军陆军沿革史》，北京：中华书局，2018 年。

李其荣：《对立与统一——城市发展历史逻辑新论》，南京：东南大学出版社，2000 年。

凌耀伦：《卢作孚与民生公司》，成都：四川大学出版社，1987 年。

凌耀伦：《民生公司史》，北京：人民交通出版社，1990 年。

连玲玲：《打造消费天堂：百货公司与近代上海城市文化》，北京：社会科学文献出版社，2018 年。

来新夏等：《北洋军阀史》（上、下册），天津：南开大学出版社，2000 年。

［美］李欧梵：《上海摩登——一种新都市文化在中国（1930—1945）》，毛尖译，北京：北京大学出版社，2001 年。

［美］罗兹·墨菲：《上海——现代中国的钥匙》，上海：上海人民出版社，1986 年。

卢国纪：《我的父亲卢作孚》，北京：人民出版社，2014 年。

［美］卢汉超：《霓虹灯外：20 世纪初日常生活中的上海》，段炼等译，太原：山西人民出版社，2018 年。

陆远权：《重庆开埠与四川社会变迁（1891—1911 年）》（华东师范大学博士论文），2003 年。

罗荣渠、牛大勇：《中国现代化历程的探索》，北京：北京大学出版社，1992 年。

罗荣渠：《现代化新论——中国的现代化之路》，上海：华东师范大学出版社，2013 年。

罗荣渠：《从"西化"到现代化——五四以来有关中国的文化趋向和发展道路论争文选》，北京：北京大学出版社，1990 年。

［美］M.J.列维：《现代化的后来者与幸存者》，吴荫译，北京：知识出版社，1990 年。

马剑、孙琳：《日本京都大学藏清末〈重庆租界商埠图〉》，《历史档案》，2013 年第 3 期。

马敏：《过渡形态：中国早期资产阶级构成之谜》，北京：中国社会科学出版社，1994 年。

马敏：《商人精神的嬗变——近代中国商人观念研究》，武汉：华中师范大学出版社，2001 年。

［美］帕克斯·M.小科布尔：《江浙财阀与国民政府（1927—1937 年）》，蔡静仪译，天津：南开大学出版社，1987 年。

［美］齐锡生：《中国的军阀政治（1916—1928）》，杨云若、萧延中译，北京：中国人民大学出版社，2010 年。

［美］塞缪尔·P.亨廷顿：《变化社会中的政治秩序》，王冠

华、刘为等译，上海：上海人民出版社，2015年。

　　［美］西里尔·E.布莱克：《比较现代化》，杨豫、陈祖洲译，上海：上海译文出版社，1996年。

　　茅家琦等：《横看成岭侧成峰——长江下游城市近代化的轨迹》，南京：江苏人民出版社，1993年。

　　彭通湖：《四川近代经济史》，成都：西南财经大学出版社，2000年。

　　彭宗诚：《刘湘及其与国民政府之关系》（台湾政治大学历史研究所硕士论文），2000年。

　　乔诚、杨续云：《刘湘》，北京：华夏出版社，1987年。

　　史全生：《中华民国经济史》，南京：江苏人民出版社，1989年。

　　四川省文史研究馆：《民国四川军阀实录》（第1—3辑），成都：四川人民出版社，2011年。

　　［美］施坚雅：《中华帝国晚期的城市》，叶光庭等译，北京：中华书局，2000年。

　　唐学锋：《刘湘与重庆财团的兴起》（四川大学未刊硕士论文），1987年。

　　唐学锋：《简述抗战前的重庆财团》，《西南师范大学学报》（人文社会科学版），1992年第2期。

　　王笛：《跨出封闭的世界——长江上游区域社会研究（1644—1911）》，北京：中华书局，2001年。

　　王笛：《茶馆：成都的公共生活和微观世界，1900—1950》，王笛译，北京：社会科学文献出版社，2015年。

　　王东杰：《国中的“异乡”：近代四川的文化、社会与地方认同》，北京：北京师范大学出版社，2016年。

　　王希：《中国和世界历史中的重庆——重庆史研究论文选编》，重庆：重庆大学出版社，2013年。

　　王先明：《乡路漫漫：20世纪之中国乡村（1901—1949）》（全2册），北京：社会科学文献出版社，2017年。

隗瀛涛、周勇：《重庆开埠史》，重庆：重庆出版社，1997年。

隗瀛涛：《近代重庆城市史》，成都：四川大学出版社，1991年。

隗瀛涛：《中国近代不同类型城市综合研究》，成都：四川大学出版社，1998年。

隗瀛涛：《重庆城市研究》，成都：四川大学出版社，1989年。

吴相湘：《晏阳初传——为全球乡村改造奋斗六十年》，台北：时报文化出版事业有限公司，1981年。

萧功秦：《危机中的变革——清末现代化进程中的激进与保守》，上海：上海三联书店，1999年。

谢本书、冯祖贻：《西南军阀史》（第1卷），贵阳：贵州人民出版社，1991年。

谢本书、牛鸿宾：《蒋介石与西南地方实力派》，郑州：河南人民出版社，1990年。

谢放：《近代四川农村经济研究》（四川大学未刊硕士论文），1985年。

忻平：《从上海发现历史——现代化进程中的上海人及其社会生活（1927—1937）》，上海：上海人民出版社，1996年。

许纪霖、陈达凯：《中国现代化史：第一卷 1800—1949》，上海：生活·读书·新知上海三联书店，1995年。

许纪霖：《无穷的困惑——黄炎培、张君劢与现代中国》，上海：上海三联书店，1998年。

杨森：《九十忆往》，张玉法、张瑞德：《中国现代自传丛书》第2辑，台北：龙文出版社股份有限公司，1990年。

虞和平：《商会与中国早期现代化》，上海：上海人民出版社，1993年。

张瑾：《重庆时期的宋美龄研究》，北京：东方出版社，2018年。

张瑾：《民国时期四川军阀政治的特殊构架——防区制》，《南京大学学报特辑：民国研究》，1999 年总第 5 辑。

张瑾：《权力、冲突与变革——1926—1937 年重庆城市现代化研究》，重庆：重庆出版社，2003 年。

张瑾：《"新都"抑或"旧城"：抗战时期重庆的城市形象》，《四川师范大学学报》（社会科学版），2015 年第 6 期。

张瑾：《"城市史研究的新疆域：内陆与沿海城市的比较研究"国际学术会议论文选编》，重庆：重庆大学出版社，2016 年。

张守广：《卢作孚年谱长编》（上、下），北京：中国社会科学出版社，2014 年。

张守广：《简论四川财团的形成、发展与特点》，《西南师范大学学报》（人文社会科学版），2005 年第 1 期。

张晓耿、张译丹：《昨夜西风——重庆开埠影像志》，重庆：西南师范大学出版社，2017 年。

张宪文等：《中华民国史》第 1—4 卷，南京：南京大学出版社，2006 年。

张玉法：《中国现代史论集　第五辑　军阀政治》，台北：台湾联经出版事业公司，1980 年。

张仲礼：《中国近代城市企业·社会·空间》，上海：上海社会科学院出版社，1998 年。

张仲礼、熊月之、沈祖炜：《中国近代城市发展与社会经济》，上海：上海社会科学院出版社，1999 年。

张仲礼、熊月之、沈祖炜：《长江沿江城市与中国近代化》，上海：上海人民出版社，2002 年。

张仲礼：《东南沿海城市与中国近代化》，上海：上海人民出版社，1996 年。

张仲礼：《近代上海城市研究》，上海：上海人民出版社，1990 年。

章开沅、罗福惠：《比较中的审视：中国早期现代化研究》，杭州：浙江人民出版社，1993 年。

赵晓铃:《卢作孚的梦想与实践》,成都:四川人民出版社,2002 年。

周勇:《重庆通史》第 1—2 册,重庆:重庆出版社,2014 年。

周勇:《重庆:一个内陆城市的崛起》,重庆:重庆出版社,1989 年。

英文部分

Government Documents and Archives:

Foreign Relations of the United States, 1923—1945. United States Government Printing Office, Washington.

Central Intelligence Agency, Chungking City, in Briefs on Selected PRC Cities, United States of America. Washington: Government Printing Office, 1975.

China Navigation Co. Correspondence Swire Archives, SOAS, London.

Periodicals and Newspapers:

Asia, New York, 1917—1945.

The China Press Weekly, Shanghai, 1933—1937.

The Chinese Recorder, Shanghai, 1930—1935.

The China Weekly Review, Shanghai, 1926—1940.

The China Critic, Shanghai, 1928—1937.

The Far Eastern Review, Shanghai, 1926—1936.

China Today, New York, 1935—1937.

The New York Times, New York, 1926—1939.

The North China Herald and Supreme Court and Consular Gazette, Shanghai, 1891—1939.

The West China Missionary News, Chengtu and Chungking, 1923—1936.

Books and Articles:

Bird, Isabella, 1899. *The Yangtze Valley and Beyond: An Account of Journeys in China, Chiefly in the Province of Sze Chuan and Among the Man-tze of the somo Territory*. Repr. London: Virago Press, 1985.

Blackburn Chamber of Commerce, 1898. *Report of the Mission to China 1896—1897*. Blackburn: The Northeast Lancashire Press Company, 2015.

Cochran, Sherman. *Big Business in China Sino-foreign Rivalry in the Cigarette Industry 1890—1930*. Cambridge, Mass: Harvard University Press, 1980.

Cochran, Sherman. *Inventing Nanjing Road: Commercial Cultural in Shanghai, 1900—1945*. Ithaca: Cornell University Press, 1999.

Cochran, Sherman. *Chinese Medicine Men: Consumer Culture in China and Southeast Asia*. Cambridge: Harvard University Press, 2006.

Goodman, Bryna. *Native Place, City, and the Nation: Regional Networks and Identities in Shanghai, 1853—1937*. Berkeley: Univ. of California Press, 1995.

Esherick, Joseph. *Remaking the Chinese City: Modernity and National Identity, 1900 to 1950*. University of Hawaii Press, 2002.

Hoyt, Frederick B. "The Open Door Leads to Reluctant Intervention: The Case of the Yangtze Rapid Steamship Company," in *Diplomatic History* Vol.1, No.2 Spring 155-169, 1997.

Kapp, Robert A. *Szechuan and the Chinese Republic, Provincial Militarism and Central Power, 1911—1938*. New Haven and London:

Yale University Press, 1973.

Kapp, Robert A. "Chungking as a Center of Warlord Power, 1926—1937," in *The Chinese City Between Two Worlds*, ed. By Mark Elvin and G. William Skinner. Stanford: Stanford University Press, 1974, pp.143-170.

Little, Archibald J. *Through the Yangtze Gorges or Trade and Travel in Western China*. London: Sampson Low, Marston, Searle & Rivington Ltd, 1888.

Little, Archibald J. *The Far East*. Oxford: Clarendon Press, 1905.

Lyman P. VanSlyke. *Yangtze: Nature, History, and the River*. Stanford, California: Stanford Alumni Association, 1988.

Richthofen, Feridinand Von. *Baron Richothfen's Letters, 1870—1872*. Shanghai: North China Herald, 1903.

McIsaac, Lee. The Limits of Chinese Nationalism—the Workers in Wartime Chongqing, Ph.D. Dissertation. Yale University, 1994.

Spencer, J.E. "Trade and Transshipment in the Yangtze Valley," in *Geographical Review*, Vol.28, 1938.

Spencer, J.E. "Changing Chungking: the rebuilding of an old Chinese city," in *Geographical Review*, Vol.29, 1939.

Sun, T.H. "Lu Tao-fu and His Yangtze Fleet," in *Asia*, June, 1944.

Stapleton, Kristin. Police Reform in a Late-imperial Chinese City: Chengdu, 1902—1911, Ph.D.Dissertation. Harvard University, 1993.

Stapleton, Kristin. *Civilizing Chengdu: Chinese Urban Reform, 1895—1937*. Harvard University Asia Center, 2000.

Woodhead, H.G.W. *The Yangtze and its Problems*. Shanghai: Mercury Press, 1931.

Woodhead, H.G.W. *The China Yearbook*. Shanghai: North China Herald, 1923—1936.

Yeh, Wen-Hsin, 1997. "Shanghai Modernity: Commerce and

Culture in a Republican City," in Frederic Wakeman Jr. and Richard Louis Edmonds, eds., *Republican China*. Oxford: Oxford University Press, 2000, pp.121-140.

Yeh, Wen-Hsin. *Shanghai Splendor: Economic Sentiments and the Making of Modern China, 1843—1949*. Berkeley: University of California Press, 2007.

2003 年版后记

本书是我博士论文的修改稿。 1999年博士毕业后，我开始了论文的修改工作，一改就是三年。 不过，从严格意义上讲，呈现在读者面前的这部书稿仍然只是重庆城市历史研究的一个阶段性成果，如果拙著的出版能引发本领域更为深入的思考，那么将是一件幸事。

对我来说，真正在学术上起步是从1996年秋考入南京大学历史系随张宪文教授攻读博士学位开始的。 当终于完成这沉甸甸的、对我来说十分艰难的博士论文时，我心中不禁感慨万千。 我首先要感谢我的导师张宪文教授。 从博士论文的选题到史料的收集，从论文提纲的酝酿、修改到论文的写作，都是在他悉心指导下完成的。 导师严谨、求实的学风和高标准的要求让我不敢有丝毫的懈怠。

我要感谢我的第二导师，美国康奈尔大学历史系高家龙教授。 他启发我选择了一个可以突破20世纪二三十年代重庆城市现代化研究的关键人物——卢作孚。 我的博士论文选题是从卢作孚研究开始的。 1997年秋至1998年春，我在该校做访问学者。 在此期间，高家龙教授实际上承担起我的学术导师的职责。 他对我的博士论文选题提纲给予了热情的鼓励和诸多的建议。 在他的指导下，我完成了我的第一篇关于卢作孚研究的论文初稿，这篇初稿成为我博士论文的重要内容。 作为一个研究近代中国商业史的美国专家，他以特有的敏感让我第一次如此关注卢作孚。 从他那里，我受到了无限的启发。

在过去的六年中，我有幸认识了美国学术界一群研究近代中国历史的颇有生气的青年博士。 共同的研究兴趣和领域，使我体验到重庆城市研究与国际学术界对话和接轨的重要性。 他们本着对中国历史文化的热爱所构建的富于启发性的构架和观点，对重庆城市研究有相当的启发性。 我的博士论文和即将出版的书稿也凝聚了这些朋友的无私帮助。

我要特别感谢美国佛蒙特大学历史系麦岚博士。 实际上，自1992年以来，我们之间的学术交流就没有中止过。 1998年2月，我应邀去佛蒙特大学亚洲系做访问学者，并帮助她完成博士论文的资料整理工作。 重庆城市历史研究成为我们交流的主题，麦岚女士对抗战时期重庆的思考是独特的。 她关于"下江工人"的研究，促使了我对 20 世纪二三十年代重庆的深入思考。 与此同时，她不仅提供给我她个人搜藏的珍贵资料，还就刘湘时期重庆历史的若干重要问题与我作了多次深入的探讨，让我受益匪浅。

在美国，我还得到当时在那里攻读博士学位的王笛先生的热情帮助。 王笛先生曾是四川大学隗瀛涛教授领导的"重庆城市史研究"课题组的主研。 早在我赴美国之前，我就与他通信讨论选题。 到了美国，他对我论文选题的肯定和赞赏让我更坚定了自己研究的方向。

我要特别感谢美国肯塔基大学历史系司昆仑博士，她是美国研究民国四川历史的青年专家。 1998 年春，我们相识于在华盛顿举行的美国亚洲学会年会。 我回国后，司昆仑女士给我寄来了她的博士论文和她有关民国四川历史研究的论文。 此后，她一直关注我研究的进展，从鼓励和支持我申报国际研究基金，到推荐我参加台湾"中央研究院"历史语言所主办的"中国的城市生活：十四至二十世纪"国际学术会议，为书稿的修改和完善提供了最大的帮助。 我将修订完成的书稿寄送给她并请她作序，她欣然应允。 她以一个美国学者的眼光，提供了个人的读后感。

我要感谢美国普林斯顿大学历史系毕业的博士罗安妮。 1999年春，她到重庆查阅博士论文资料。 共同的研究领域和兴趣，使我们的讨论很深入。 她将自己在英国搜集的长江上游航运外资企业档案中有关卢作孚的珍贵文献复印给我。 回到美国后，她又继续将她搜集的英国商人阿奇博尔德·约翰·立德的资料寄给我。这些珍贵的史料，是我修改书稿的重要文献。

我要特别感谢南京大学图书馆、南京图书馆、美国康奈尔大学的东亚图书馆、美国佛蒙特大学的图书馆、重庆市博物馆、重庆市档案馆、重庆图书馆、重庆市地方志编委会、重庆地方史研究室给我提供的方便。

作为一个重庆人，能对我所热爱的城市的历史进行深层次研究，是我个人的兴趣所在，也得益于重庆史学界两位著名教授的关心与扶助，他们是已故的杨光彦教授，重庆城市研究专家周勇教授。早在1995年，我应周勇教授的邀请参加四川省"八五"期间哲学社会科学重点项目《重庆通史》课题组，他在学术上对我的信任和"压重担"是我能在这一领域自由发展的重要因素。

从深层次上解读20世纪二三十年代重庆城市发展的历史。卢作孚是一个不能不研究的重要人物。在我的博士论文答辩会上，专家们对我研究卢作孚的视角颇感兴趣，并指出了今后进一步修改的方向。博士毕业后，我的论文修改工作也就从研究卢作孚开始了。近年来，卢作孚研究的队伍逐渐成长与壮大。这些年，民生实业（集团）有限公司研究室致力于推动卢作孚与民生公司历史的研究，我有关卢作孚的研究得到了该研究室的大力支持。研究室兼职研究员赵晓铃女士对卢作孚的思考一直启发着我。研究室青年研究助手龙海帮助我搜集、整理资料，做了不少工作。

在书稿即将出版付印时，还传来了南京大学的好消息，我的博士论文被评为2002年度南京大学优秀博士论文。我感谢所有关心和帮助过我的南京大学的老师和同学，没有他们的帮助，我不会取得这样的好成绩。

最后，我要特别感谢我的父母亲，也特别感激我的公公、婆婆。这些年，是他们全身心地为我们的小家操持家务，使我得以在学业上无后顾之忧。我还要感激我的丈夫邓松林和儿子邓思齐，是他们的爱和理解支撑我走过这些年的学术苦旅。谨以此书献给我的家人。

张 瑾

2002年9月于重庆

增订本后记

本书稿于 2003 年 4 月由重庆出版社初次出版。 拙著出版后，得到了学界同仁的肯定与好评，并于 2005 年 9 月获重庆市第四次社会科学优秀成果二等奖。 2019 年 3 月，拙著又被评为"改革开放 40 年重庆史研究重要学术成果"。

实际上，在过去的十余年里，我的研究兴趣和重点转向了抗战时期的重庆，主要致力于海内外档案文献中的重庆城市新史料的发掘、整理与研究。 期间，我还从"城市与传媒"介入到战时重庆报刊史的研究，发表的论文也重点聚焦大轰炸时期重庆城市形象与战时首都建设等专题。 我还出版了《抗战时期中国共产党在重庆的舆论话语权研究》和《陪都岁月：重庆时期的宋美龄研究》两本著作。 对战时重庆形象的研究经历，赋予我观察和思考重庆城市史的多种视角，也常常提示我，对 20 世纪二三十年代重庆历史的再次重估，或许是突破抗战时期陪都历史研究的下一个方向。

如果没有重庆大学出版社的"重庆近代城市历史研究丛书"出版计划，可能就不会有本书的增订出版，至少不会这么快。2015 年 5 月，时任重庆大学出版社社长助理（现任出版社副总编辑）的雷少波，发来他拟定的"重庆近代城市历史研究丛书"策划草案，邀我为其出谋划策。 这份草案提出系统出版有关重庆城市史研究的学术著作或资料丛书的计划，通过打造学术精品，意欲建设成"研究重庆的学者的出版中心"和"有关重庆城市史的文献资料中心"。 从出版社的角度，策划者还特别关注学术著作的可读性。 为适应大众阅读的需求，方案提出为重庆市民了解、认识重庆提供系统、精美的城市史读本的目标。 我对这个出版计划十分赞许，并提出了个人的一些建议。 我由衷地感谢雷少波，正是他的执着与努力，最终促成了这套重庆市重点图书的出版计划，让我得以再度拾起这一搁置已久的课题。 2016 年年初，《权力、冲突与变革：1926—1937 年重庆城市现代化研究》纳入"重庆近代城市历史研究丛书"第一辑出版计划，书稿的补正和修改工作也因此启动。

20 世纪二三十年代，是近代重庆城市史上一个承上启下的关键时期。 刘湘治理下的重庆城，也是近代中国军阀史上极富地域色彩的个案。 事实上，迄今为止学术界的相关研究不尽如人意，这一时期重庆城市史可供探究的空间还很大，可以深挖的话题也不少。 诸如，军人治理下的重庆城市空间改变的实质、城市景观变化的细节及其规律究竟如何？ 1929 年，即在重庆建市的当年，由刘湘推动创设的重庆大学对重庆城市现代化进程的意义何在？1935 年南京国民政府统一川政，结束防区制后的"新四川"建设目标与效果又如何？ 全面抗战爆发前两年多的"新四川"建设成果为抗战内迁后的重庆城市化又奠定了怎样的基础？ 上述问题也自然成为本书修订计划拟重点聚焦和拓展的内容。

　　本书稿的修订工作着眼于对史料的再发掘、系统整理与补充，尽其所能以丰富的史料，展现 20 世纪二三十年代历史画卷中的微观细节，多面向解读刘湘时期的重庆城市化诸问题。 在初版书稿既有的"权力""冲突"与"变革"的逻辑框架下，增订本主要完成了两项任务。 一是对原书稿个别引文和措辞进行纠错与补正。 二是在跟进学术前沿的同时，对新发掘的民国报刊、档案文献，以及部分外文文献等进行甄别补充。 与此同时，增订本还对全书稿的文字表述和阐释进行了完善，并专门增补了各章的历史文献书影、历史地图与插图。 某种程度上，增订本开启的是一项长期而艰巨的任务，由于时间和水平的局限，呈现在读者面前的书稿仍然是一部阶段性的成果。 原来计划增补的部分史料还未完全展开，而拟作增补阐释的相关主题也未能全部完成。 最遗憾的是，因篇幅关系，近十万字的"刘湘治渝"年谱与史料辑录稿没能最终纳入，这些专题文献并非简单的史料长编，其中所蕴含的可供继续延伸的话题与细节，只有留待下一部书稿来完成了。

　　本书的修订与顺利再版，得到了诸多同仁、朋友的帮助与支持。 重庆市社科院原文史研究所研究员邓平，还在拙著刚纳入再版计划时，就提出应补充一刘湘年谱稿，以作附录。 我很感谢邓平兄的建议，我们曾就此想法有过多次的交流。 随后，系统发掘与整理刘湘的年谱资料成为增订本"重建史实"的基础工作，为重新审视防区体制下"军人干政"的特质，及其与重庆城市变迁之关系提供了多元的视角。我还要感谢重庆地方历史研究专家、《重庆历史地图集》（第二卷）编审胡道修，是他为增订本各章的重庆历史地图插图提供了无私的帮助，慷慨与我分享了他自己保存的重庆历史地图高清文件。

增订本最艰巨的工作是对史料的系统爬梳、整理和补充。我要感谢一群在重庆大学跟随我攻读硕士学位的研究生，他们为本书的顺利出版贡献了力量。已陆续毕业离校的罗梓嘉、付筱竹、夏琛斐、武孟影、田竞开、孔娇娇和张爱林，先后协助我做了史料的收集与录入工作。他们还分别承担了书稿各章的校读与注释核查的任务。台湾大学历史系博士研究生刘得佑，也为我搜集整理台湾地区的相关学术史动态，并利用便利检索了"国史馆"相关档案文献。

本书稿增补文献主要得益于重庆市档案馆、重庆图书馆、南京中国第二历史档案馆、台北"国史馆"、美国斯坦福大学胡佛研究院档案馆、哈佛大学档案馆等机构的收藏文献与民国报刊文献数据库的支持。特别感谢南京中国第二历史档案馆马振犊、李宁为我到馆查阅档案提供的帮助和便利。还要感谢重庆市档案馆张雪艳、于巧巧和姚旭，这些年来她们对我的每一次到馆查阅都给予了周到的安排与关照。书稿的注释校核是一项既耗时又烦琐的工作，期间遭遇新冠肺炎疫情，注释校核工作不得不"停摆"。感谢重庆市档案馆唐润明先生的鼎力支持，在市档案馆阅览室有限开放的条件下，为我特别安排"增加"的座位，解决了我的燃眉之急。我还要感谢重庆图书馆的袁佳红、唐伯友和谭小华的大力支持，他们总是在我需要帮助的时候为我提供查询资料的各种便利。在四川省档案馆工作的庞家陵，是我在川大历史学系读本科的同班同学，她的鼎力支持与帮助更是让我倍感温馨。不仅如此，家陵还亲自接待和关照我派去查阅资料的研究生，为本书稿增补文献的查询提供了最大的便利。

重庆大学出版社重点图书编辑部的张慧梓为本书的出版倾注了大量的心血。 慧梓是一位具有高度敬业精神的责任编辑，她生性活泼，充满激情的工作态度极具感染力，与她一起工作非常愉快。 她对书稿编辑质量的认识与高要求更体现出她过硬的专业素质。 正是她的细致阅读，让我得以避免拙著中那些令人汗颜的错误。 我的两位研究生，孔娇娇和罗浩丹同学也先后协助慧梓承担了书稿的部分编校工作。 她们还不辞辛劳往返于重庆大学图书馆、重庆图书馆和重庆市档案馆，出色地完成了书稿征引文献注释的查核任务。 我还要感谢民生公司研究室的蔡艾玲，是她慷慨地伸出援手，帮忙承担了第一章、第五章和第六章的校读任务，并对书稿各章所征引的卢作孚与川江航运史、民生公司史等相关文献进行了细致的查核与校正。

　　最后，要特别感谢我的丈夫邓松林。 这些年，他一直都是我学术工作的坚强后盾，让我可以随时摆脱家务琐事的烦扰。 松林可能比我更急于看到拙著的再版，他不仅挤出时间帮忙通读了书稿，还对书稿的诸多表述提出批评意见。 就在书稿即将定稿之时，我经历了一场手术。 如果没有他的悉心照顾与鼓励，我很难坚持完成本书稿再版的任务。

张　瑾

2021 年 7 月于重庆大学虎溪校区